Mathias Hildebrandt · Manfred Brocker (Hrsg.)

Der Begriff der Religion

Politik und Religion

Herausgegeben von
Manfred Brocker (Katholische Universität Eichstätt-Ingolstadt)
und Mathias Hildebrandt (Universität Erlangen-Nürnberg)

In allen Gesellschaften spielte der Zusammenhang von Politik und Religion eine wichtige, häufig eine zentrale Rolle. Auch die Entwicklung der modernen westlichen Gesellschaften ist ohne die politische Auseinandersetzung mit den traditionellen religiösen Ordnungskonzepten und Wertvorstellungen nicht denkbar. Heute gewinnen im Westen – und weltweit – religiöse Orientierungen und Differenzen erneut einen zunehmenden gesellschaftlichen und politischen Einfluss zurück. Die Buchreihe „Politik und Religion" trägt dieser aktuellen Tendenz Rechnung. Sie stellt für die Sozialwissenschaften in Deutschland, insbesondere aber für die Politikwissenschaft, ein Publikationsforum bereit, um relevante Forschungsergebnisse zum Zusammenhang von Politik und Religion der wissenschaftlichen Öffentlichkeit vorzustellen und weitere Forschungsarbeiten auf diesem Gebiet anzuregen. Sie ist deshalb offen für verschiedene disziplinäre und interdisziplinäre, theoretisch-methodologische und interkulturell-vergleichende Ansätze und fördert Arbeiten, die sich systematisch und umfassend mit wissenschaftlich ergiebigen Fragestellungen zum Verhältnis von Politik und Religion befassen. Die wissenschaftliche Auseinandersetzung mit „Politik und Religion" soll damit in ihrer ganzen Breite dokumentiert werden, ohne dass die Herausgeber dabei mit den jeweilig bezogenen Positionen übereinstimmen müssen.

Mathias Hildebrandt
Manfred Brocker (Hrsg.)

Der Begriff der Religion

Interdisziplinäre Perspektiven

VS VERLAG FÜR SOZIALWISSENSCHAFTEN

Bibliografische Information Der Deutschen Nationalbibliothek
Die Deutsche Nationalbibliothek verzeichnet diese Publikation in der
Deutschen Nationalbibliografie; detaillierte bibliografische Daten sind im Internet über
<http://dnb.d-nb.de> abrufbar.

1. Auflage 2008

Alle Rechte vorbehalten
© VS Verlag für Sozialwissenschaften | GWV Fachverlage GmbH, Wiesbaden 2008

Lektorat: Frank Schindler

Der VS Verlag für Sozialwissenschaften ist ein Unternehmen von Springer Science+Business Media.
www.vs-verlag.de

Das Werk einschließlich aller seiner Teile ist urheberrechtlich geschützt. Jede Verwertung außerhalb der engen Grenzen des Urheberrechtsgesetzes ist ohne Zustimmung des Verlags unzulässig und strafbar. Das gilt insbesondere für Vervielfältigungen, Übersetzungen, Mikroverfilmungen und die Einspeicherung und Verarbeitung in elektronischen Systemen.

Die Wiedergabe von Gebrauchsnamen, Handelsnamen, Warenbezeichnungen usw. in diesem Werk berechtigt auch ohne besondere Kennzeichnung nicht zu der Annahme, dass solche Namen im Sinne der Warenzeichen- und Markenschutz-Gesetzgebung als frei zu betrachten wären und daher von jedermann benutzt werden dürften.

Umschlaggestaltung: KünkelLopka Medienentwicklung, Heidelberg
Druck und buchbinderische Verarbeitung: Krips b.v., Meppel
Gedruckt auf säurefreiem und chlorfrei gebleichtem Papier
Printed in the Netherlands

ISBN 978-3-531-16057-3

Inhaltsverzeichnis

Vorwort 7

Mathias Hildebrandt/Manfred Brocker
Der Begriff der Religion: interdisziplinäre Perspektiven 9

I. Der Begriff der Religion: ideengeschichtliche Perspektiven

Matthias Riedl
Vera religio – ein Schlüsselbegriff im politischen Denken
des spätantiken Christentums 33

Michaela Rehm
Keine Politik ohne Moral, keine Moral ohne Religion?
Zum Begriff der Zivilreligion 59

Clemens Pornschlegel
„Les princes sont des dieux".
Zum Religionsbegriff des französischen Staates 81

II. Der Begriff der Religion: disziplinäre Perspektiven

Hans-Michael Haußig
Zum Religionsverständnis in Hinduismus, Buddhismus, Judentum und Islam 101

Sabine A. Haring
Der Begriff der Religion in der Religionssoziologie: eine Annäherung 113

Arne Moritz
Infallibilität als sozial konstruierte Form religiösen Glaubens
und ihre Folgen für das Verhältnis von Religion und Politik 143

Michael Droege
Der Religionsbegriff im deutschen Religionsverfassungsrecht –
oder: Vom Spiel mit einer großen Unbekannten 159

III. Der Begriff der Religion: politikwissenschaftliche Perspektiven

Antonius Liedhegener
Religion in der vergleichenden Politikwissenschaft:
Begriffe – Konzepte – Forschungsfelder 179

Christian Schwaabe
Die Religiosität der Gesellschaft: Systemische und lebensweltliche
Kontexte des spätmodernen „Zwangs zur Häresie" 197

Michael Haus
Authentizität und Religion:
Zum Religionsbegriff im Denken des Kommunitarismus 227

Christl Kessler
Ist fundamentalistische Religion auch fundamentalistische Politik?
Sozialwissenschaftliche Fundamentalismuskonzeptionen im Vergleich 257

Reinhard W. Sonnenschmidt
Die politischen Implikationen des Religiösen
in den Neuen Religiösen Bewegungen 283

Herausgeber, Autorinnen und Autoren 297

Vorwort

Der vorliegende Band ist die sechste Publikation des Arbeitskreises „Politik und Religion" der Deutschen Vereinigung für Politische Wissenschaft (DVPW). Der Arbeitskreis versteht sich als politikwissenschaftliches, aber auch interdisziplinäres Dialogforum, das die Frage nach dem Verhältnis von Politik und Religion einer grundsätzlichen Bestimmung zuführen und diese Thematik in der politikwissenschaftlichen Forschung damit stärker etablieren will.

Nachdem der Arbeitskreis zunächst mit dem Themenzyklus des ambivalenten Prozesses der Säkularisierung in modernen westlichen Gesellschaften seine Arbeit aufgenommen und die Ergebnisse der Beschäftigung mit diesem Gegenstand in den beiden Bänden „Säkularisierung und Resakralisierung" (Wiesbaden 2001) sowie „Religion – Staat – Politik" (Wiesbaden 2003) veröffentlicht hat, wurde ein zweiter Tagungszyklus unter dem Titel „Politik und Religion im interkulturellen Vergleich" in Angriff genommen. Die Resultate dieses Tagungszyklus' wurden in drei Bänden publiziert: „Unfriedliche Religionen? Das politische Gewalt- und Konfliktpotenzial von Religionen" (Wiesbaden 2005), „Politik und Religion in der Europäischen Union: Zwischen nationalen Traditionen und Europäisierung" (Wiesbaden 2006) sowie „Friedensstiftende Religionen? Religion und die Deeskalation politischer Konflikte" (Wiesbaden 2007).

Der Arbeitskreis eröffnete in der Folge einen neuen Tagungszyklus, der sich dem Thema „Politik und Religion" wiederum unter stärker theoretischen Fragestellungen widmete. Dieser Zyklus wurde mit einer Tagung unter dem Titel „Der Begriff der Religion" vom 15. bis 17. Juli 2005 in Wildbad Kreuth eröffnet. Der hier vorliegende Band versammelt die überarbeiteten Vorträge dieser Konferenz. Die Beiträge konzentrieren sich im Wesentlichen auf ideengeschichtliche Perspektiven der Genese und Differenzierung unseres modernen Religionsbegriffs (I), analysieren aus religionswissenschaftlicher, soziologischer, philosophischer und juristischer Perspektive die Tragweite des modernen Religionsbegriffs (II) und diskutieren aus politikwissenschaftlicher Perspektive seine vielfältigen politischen Implikationen.

Wir danken allen Autorinnen und Autoren für ihre Mitwirkung. Danken möchten wir auch der Hanns-Seidel-Stiftung und dem Bildungszentrum Wildbad Kreuth für ihre freundliche Unterstützung. Dank gebührt ebenfalls Frau Eva-Helena Ostertag-Henning und Frau Barbara Matzner für die Formatierung und das kritische Korrekturlesen des Manuskriptes.

Die Herausgeber, im Januar 2008

Der Begriff der Religion: interdisziplinäre Perspektiven

Mathias Hildebrandt/Manfred Brocker

1. Die Problematik des Begriffs ‚Religion'

Die weltpolitischen Entwicklungen zu Beginn des 21. Jahrhunderts lassen es als immer dringender erscheinen, dass sich auch die Politikwissenschaft nicht nur in empirischer, sondern auch in theoretischer Hinsicht verstärkt dem politischen Problemkomplex ‚Religion' widmet. Zwar hat sich die politikwissenschaftliche Auseinandersetzung mit religiösen Phänomenen in den letzten Jahren verstärkt (vgl. Hildebrandt 2005), aber eine theoretische Grundlagenreflexion, die sich insbesondere dem Begriff der ‚Religion' annimmt, ist bisher weitgehend ausgeblieben (vgl. Gebhardt 2004; Liedhegener i. d. B.). Dies mag zum Ersten damit zusammenhängen, dass die fundamentalen Begriffe einer Disziplin nicht regelmäßig zum Gegenstand grundlegender theoretischer Überlegungen werden, sondern nur dann, wenn sie als problematisch erscheinen. So gibt es neben den zahlreichen Einführungen in die Politikwissenschaft nur eine überschaubare Menge an Beiträgen, die den Begriff der ‚Politik' bzw. den Begriff des ‚Politischen' in systematischer Absicht reflektieren, die aber nicht immer aus der Feder von Politikwissenschaftlern stammen, sondern auch von Juristen, Philosophen und Soziologen verfasst wurden (Schmitt 1933; Sternberger 1962, 1978; Krockow 1970; Rohe 1978; Lefort 1986b; Vollrath 1987; Gerhardt 1990; Arendt 1993; Beck 1993; Nassehi 2003).

Besteht in der eigenen Disziplin schon eine gewisse Zurückhaltung, sich permanent mit den grundlegenden Begriffen auseinanderzusetzen, so ist es zum Zweiten nicht verwunderlich, wenn Begriffe, die nicht als genuiner Bestandteil der eigenen Wissenschaft betrachtet werden, nicht einer systematischen Reflexion zugeführt werden. Allerdings scheint es angesichts der Tatsache, dass die Politikwissenschaft sich vermehrt kulturellen und religiösen Aspekten der politischen Wirklichkeit öffnet und Begriffe wie ‚Politische Religion', ‚Politische Theologie', ‚Bürgerreligion', ‚Zivilreligion', ‚Reichsreligion' oder ‚Staatsreligion' etablierte Konzepte in der Disziplin sind, angemessen, sich auch mit dem Begriff der ‚Religion' auseinanderzusetzen.

Denn zum Dritten kann man nicht selbstverständlich davon ausgehen, dass man schon wisse, was ‚Religion' ist und dass Einigkeit darüber herrsche, welche

Phänomene als ‚Religion' oder ‚religiös' zu bezeichnen wären und welche nicht. Dieser (noch nicht systematisch) reflektierte Dissens über zumeist implizite Religionsbegriffe zeigt sich z. B. an den immer wiederkehrenden Auseinandersetzungen um die eben genannten Konzepte ‚Politische Religion' und ‚Zivilreligion' etc. und deren Anwendung auf verschiedene Phänomene. Handelt es sich z. B. beim Nationalsozialismus oder Stalinismus tatsächlich um politische *Religionen* oder um Ersatzreligionen, die den Begriff der Religion gar nicht verdienen, da sie vielmehr säkulare Ideologien seien? Ist es angemessen, den bundesdeutschen Verfassungspatriotismus als ‚Zivilreligion' und die Auslegung der freiheitlich-demokratischen Grundordnung durch das Bundesverfassungsgericht als ‚Politische Theologie' zu bezeichnen oder handelt es sich ‚lediglich' um eine systematische Auslegung säkularer Rechtsprinzipien? Enthält das Konzept der Unantastbarkeit der Menschenrechte, ihre Tabuisierung, ein sakrales Element, das es rechtfertigen würde, sie als ‚Zivilreligion' zu bezeichnen, obwohl ein expliziter Gottesbezug kein allgemein anerkannter Bestandteil der Idee der Menschenrechte ist? Die Entscheidung dieser Fragen ist zweifelsohne in hohem Maße von der jeweils bevorzugten Definition des Begriffs ‚Religion' abhängig.

Aber der Begriff der Religion ist nicht nur im Hinblick auf die genannten Beispiele problematisch und umstritten, sondern auch im Hinblick auf einen interzivilisatorischen Vergleich. Wie noch genauer zu zeigen sein wird, ist der Begriff der ‚Religion' ein relativ junges Produkt der europäischen Ideengeschichte und daher sehr eng an die politisch-religiösen Konstellationen dieses Kontinents gebunden. Die Übertragung des Begriffs auf andere Zivilisationskomplexe trifft auf das Problem, dass diese Zivilisationen in ihrem Selbstverständnis über keinen eigenständigen Religionsbegriff verfügen, der dem europäischen Religionsbegriff äquivalent wäre (vgl. Haußig i. d. B.). Mit dieser Übertragung gehen zweifelsohne Interpretationsprobleme einher, die sich nicht eindeutig klären lassen. So stellt sich z. B. die Frage, ob der Konfuzianismus eine Religion, eine ethische Lehre oder eine Philosophie sei. Abgesehen davon, dass die Beantwortung dieser Frage spezifizieren müsste, von welchem Konfuzianismus die Rede ist – den überlieferten Gesprächen des Konfuzius, dem chinesischen Reichskonfuzianismus oder einem der vielfältigen Neo-Konfuzianismen – so wird die Antwort wahrscheinlich nicht eindeutig ausfallen und zeigen, dass keine dieser drei genannten westlichen Kategorien das Phänomen Konfuzianismus bzw. die Phänomene der vielfältigen Konfuzianismen angemessen zu erfassen vermag (vgl. Hildebrandt 2003).

Auf der anderen Seite ist aber auch zu beobachten, dass der westliche Begriff der Religion von den nicht-europäischen Zivilisationen rezipiert und dem eigenen Selbstverständnis anverwandelt wurde. Dies hat zur Folge, dass sich beispielsweise die Konfuzianer in Südkorea einerseits aus politischen und steuerrechtlichen Gründen als Religionsgemeinschaft konstituierten, aber andererseits sich auch heftige Auseinandersetzungen darüber liefern, ob der Konfuzianismus tatsächlich eine Religion sei oder nicht. So zeigt dieses Beispiel einen politischen, sozialen und intellektuellen Anverwandlungsprozess nicht-westlicher Kulturen an das westliche Selbstverständnis, ohne dadurch allerdings mit diesem identisch zu werden (vgl. Daiber 1998).

Es wäre nun aber kurzsichtig, diesen Wanderungsprozess des Begriffs der Religion als einen einseitigen Vorgang misszuverstehen. Folgt man dem Religionssoziologen Joachim Matthes, so „kann man sicher sein", dass aus

> „diesen ‚anderen Welten', (...) aus der des Islam, des Buddhismus, des Hinduismus etwa, (...) uns *dieser* Begriff ohnehin künftig zurückgereicht [wird], aufbereitet und bearbeitet aus kulturell jeweils differenten und, nicht zuletzt, auch untereinander differierenden Erfahrungen heraus" (Matthes 2000: 82).

Welche Probleme mit diesem Rückexport verbunden sein werden, wird die Zukunft erst noch erweisen müssen. Aber wenn die grundsätzliche Diagnose zutreffend ist, dass ‚Religion' bzw. ‚religiöse Phänomene' – was immer darunter zu verstehen ist – auch politische Implikationen haben und die durch die westliche Geschichte geprägten Religionsbegriffe sich als problematisch erweisen – sowohl bei der Analyse westlicher als auch nichtwestlicher politisch-religiöser Phänomene – dann besteht für die Politikwissenschaft durchaus Anlass, den Begriff der Religion zu reflektieren.

Angesichts der Tatsache, dass sich eine ganze Reihe von wissenschaftlichen Disziplinen, wie die Theologie und die Religionswissenschaft, aber auch Subdisziplinen, wie die Religionspädagogik, die Religionsphilosophie, die Religionspsychologie und die Religionssoziologie mit dem Begriff der Religion auseinander gesetzt haben und es eine ganze Reihe von Büchern mit dem Titel *Was ist Religion?* gibt (Volkelt 1913; Micklem 1952; Nishitani 1982; Alves 1985; Falk 1986; Idinopulos 1998; Sundermeier 1999), die letztlich zu keiner eindeutigen und allgemein geteilten Definition des Begriffes ‚Religion' geführt haben (vgl. Kerber 1993; Feil 2000a), wäre es vermessen zu glauben, dass ein politikwissenschaftlicher Reflexionsprozess geeignet sei, diese Probleme zu lösen. Da für die Politikwissenschaft der Begriff der Religion relatives Neuland ist, kann es hier nicht um mehr gehen, als eine politikwissenschaftliche Rezeption der interdisziplinären Diskussion des Religionsbegriffs anzustoßen und dazu beizutragen, einige für diese Disziplin relevante Probleme zu benennen, ohne einen Anspruch auf Vollständigkeit zu erheben.

Eine erste Annäherung an den Begriff der Religion wird zunächst in ideengeschichtlicher Perspektive vorgenommen, weil sich hier bereits die vielfältigen Dimensionen des Begriffs zeigen, die auch und gerade aus politikwissenschaftlicher Perspektive von Interesse sind. Anschließend werden die Probleme der Definition des modernen Begriffs der Religion im 20. Jahrhundert idealtypisch anhand der drei vorherrschenden Definitionsstrategien, dem funktionalistischen, dem substantialistischen und dem phänomenologischen Religionsbegriff diskutiert. Die aus dieser Erörterung gewonnenen Ergebnisse werden im Anschluss systematisiert und münden in eine Problemannäherung aus politikwissenschaftlicher Perspektive.

2. Die ideengeschichtliche Genese des Begriffs ‚Religion'

Im Folgenden geht es nicht darum, die gesamte Ideengeschichte des Begriffs zu rekapitulieren. Dieser Aufgabe hat sich Ernst Feil ausführlich gewidmet. Es kommt hier vielmehr darauf an, die wesentlichen Ergebnisse seiner bisherigen (noch nicht vollständigen) Forschungen zu rezipieren und auf ihre Nützlichkeit für politikwissenschaftliche Fragestellungen hin zu befragen (zum Folgenden vgl. Feil 1986: 39ff.).

Bekanntlich stammt unser moderner Begriff der ‚Religion' vom lateinischen Begriff *religio*. Im Allgemeinen werden zwei Etymologien dieses Wortes angeboten, die beide von Laktanz stammen: „‚religio' bedeutet demnach entweder *genaues Beachten*, die *Gewissenhaftigkeit*, das zu tun, was den Göttern gegenüber zu tun ist, oder *Bindung* an Gott." Interessant ist nun der Nachsatz von Feil: „Obwohl beide Etymologien nicht unmöglich sind, wird entgegen der Vorliebe theologischer Autoren für die zweite Etymologie in der klassischen Philologie die erste bevorzugt" (Feil 1986: 41). Die Präferenz der klassischen Philologie für die erste Variante ist durchaus nachvollziehbar, und zwar aus folgenden Gründen:

Der Begriff der ‚religio' ist im römischen Kontext, anders als unser moderner Begriff der Religion, kein Ober- oder Sammelbegriff, sondern einer von mehreren Begriffen, die das semantische Feld unseres modernen Religionsbegriffes und darüber hinaus abdecken. Insbesondere in Ciceros *De natura deorum* wird der Begriff ‚religio' oft im Kontext anderer Begriffe wie ‚pietas', ‚sanctitas', ‚fides', ‚cultus deorum', ‚societas' und ‚iustitia' verwendet. Das durch diese Begriffe abgesteckte semantische Feld lässt auch einige Strukturen erkennen: nicht ‚religio', sondern ‚pietas' ist der zentrale Begriff; sie steht in einem „Begründungsverhältnis" (47) zu ‚religio'. Noch genauer lässt sich argumentieren, dass die ‚pietas' eine Teiltugend der politischen Kardinaltugend der ‚iustitia' ist, insoweit sie Gerechtigkeit gegenüber den Göttern übt, aber durchaus auch eine profane Tugend im Umgang der Menschen untereinander ist. Man könnte also umgekehrt argumentieren, die (politische) Gerechtigkeit erfordert nicht nur die Tugend der ‚pietas' als einer persönlichen Einstellung und Haltung gegenüber den Mitmenschen, sondern auch gegenüber den Göttern, die sich in der ‚religio', d. h. der sorgfältigen Ausübung des ‚cultus deorum' äußert, wie er (im Selbstverständnis Ciceros) seit Generationen von den Römern gepflegt wurde. Damit ist die ‚religio' ein Bestandteil des ‚mos maiorum', durch die die ‚fides' und die ‚societas' des Menschengeschlechts bewahrt wird. Sie ist also eine öffentliche Tugend, die in besonderer Weise geeignet ist, die *res publica* zu erhalten. Dass diese ‚religio' gerade für Cicero eine eminent politische Bedeutung hatte, zeigt seine letztlich ambivalente Haltung ihr gegenüber.

Denn einerseits hat er ein inniges Glaubensverhältnis zu den Göttern nicht für zentral erachtet. Das mag damit zusammenhängen, dass für ihn und andere Mitglieder der gebildeten Schichten der Glauben an die Götter mehr als zweifelhaft war und der Glaube an die römische ‚theologia civilis' durch den Glauben an die ‚theologia naturalis' der Philosophen ersetzt wurde. So unterschied Cicero in diesem Punkt zwischen der ‚theologia naturalis', der er als Philosoph anhing und der ‚theologia civilis', der er als Bürger und öffentliche Person seine ‚religio' erwies, um diese vor dem Volk, dem die ‚theologia naturalis' unverständlich sei, nicht zu untergraben. Dass ein Glaube an die ‚theologia civilis' gleichwohl von politischer Bedeutung war, zeigt die weitere römische Geschichte. Mit dem Niedergang des Glaubens an die römischen Götter und deren Ersetzung durch östliche Religionen und Kulte ging zunächst die römische Republik und später das weströmische Reich unter (vgl. Riedl i. d. B.).

Auch im Christentum ändert sich an der relativ untergeordneten Verwendung des Begriffs ‚religio' nichts (vgl. zum Folgenden Feil 1986). Nicht nur im frühen Christentum, sondern das gesamte Mittelalter hindurch stellt er keinen Sammel- oder Oberbegriff dar, obwohl komparatistische Formulierungen wie ‚religio Romana', ‚religio Christiania' und ‚vera religio' durchaus zu finden sind. Aber der Begriff ‚religio' ist ebenso wie im römischen Sprachgebrauch in ein semantisches Feld eingebunden und anderen Begriffen wie ‚pietas', ‚cultus', ‚doctrina', ‚secta', ‚fides' oder ‚lex' neben- bzw. untergeordnet. ‚Religio' als Gottesverehrung bleibt weitgehend eine Tugend der Gerechtigkeit, ist aber eindeutig dem Begriff ‚fides' untergeordnet, der nunmehr zum zentralen Begriff für die Bezeichnung der eigenen ‚Religion' wird. Ansonsten werden mit dem Begriff ‚religio' die monastischen Orden und ihre Angehörigen bezeichnet. Jedoch bleiben auch im mittelalterlichen Sprachgebrauch die politischen Konnotationen des semantischen Feldes erhalten. Gerade in ‚religionsvergleichenden' Schriften bzw. ‚Religionsdialogen', in denen sich die Christen mit dem Judentum, der Philosophie und dem Islam auseinander setzen, sind ‚fides', ‚lex', ‚secta' und gelegentlich ‚vita' die zentralen Begriffe. Nicht nur die Wahrheit des (christlichen) Glaubens wird gegen die ‚superstitiones' auf der Grundlage des offenbarten Gesetzes verteidigt, sondern die ‚leges' sind auch konstitutiv für je eigentümliche Lebensformen, politische Ordnungen und moralische Haltungen. Der Glaube wird damit zur Grundlage eines sozialen und politischen Ordnungszusammenhangs, vergleichbar mit der römischen ‚theologia civilis' (vgl. Hildebrandt 2008).

Erst im Humanismus und der Reformation finden sich bei Marsilio Ficino, Nikolaus von Kues, aber auch bei den Reformatoren und im Dokument des Augsburger Religionsfriedens ein häufigerer Gebrauch des Terminus ‚religio', der darauf hindeutet, dass er sich nunmehr als Sammelbegriff „im allgemeinen Sprachgebrauch in rasch wachsendem Maße durchzusetzen" scheint (Feil 1986: 271), ohne die anderen Begriffe wie ‚fides' und ‚lex' zu ersetzen bzw. zu verdrängen. Interessanterweise hat der Begriff ‚religio' allerdings während des gesamten 16. Jahrhunderts „offenkundig keine fundamentale Bedeutung für die Theologie" (Feil 1997: 115), während die Verfasser der einschlägigen *Politica* dieses Jahrhunderts „ständig [aber nicht ausschließlich] von ‚religio' sprechen", ohne dem „Thema besondere Aufmerksamkeit" zu widmen (208). „Bis zum Ende des Jahrhunderts und darüber hinaus hat sich zweifellos jene ursprüngliche klassisch-römische Bedeutung erhalten" (337), die die ‚religio' als unverzichtbar „für die Konstitution und Legitimation des Gemeinwesens" erachtet. Es bestand nach wie vor ein grundlegender Konsens darin, dass ‚pietas et religio', ‚religio et cultus' und ‚religio et timor Dei' einen unverzichtbaren Bestandteil der politischen Ordnung darstellen.

> „Atheismus scheint nirgends politisch akzeptabel. (...) Denn die Voraussetzung bleibt unangefochten, daß es Gott gibt und daß er von wesentlicher Bedeutung für das politische Zusammenleben ist, daß er insbesondere die menschliche Verläßlichkeit fördert, indem er die Furcht der Menschen weckt, im Falle schwerer, unbereuter und nicht vergebener Vergehen letztlich ewige Strafen verbüßen zu müssen" (206).

Ganz offensichtlich ist in diesem Kontext ‚religio' in erster Linie ein politischer und kein theologischer Begriff. In diesem Zusammenhang prägt Tomaso Campanella in seiner *Civitas soli* den Begriff der ‚religio politica'. Es ist aber auch zu beobachten, dass „ein beträchtlicher Anteil der Autoren des 16. Jahrhunderts die Zu- bzw. Unterordnung der ‚religio' zu jener Kardinaltugend der ‚iustitia' nicht mehr" (339) erwähnt. Möglicherweise kann dies als erstes Anzeichen einer Entpolitisierung des Begriffs ‚religio' gewertet werden, was aber nicht überbetont werden sollte. Zwar finden sich in diesem Jahrhundert auch erste Ansätze zur Formulierung einer ‚religio naturalis', die die konfessionellen Gegensätze zu überwinden suchten, aber es kann noch nicht durchgängig vom Versuch einer politischen Neutralisierung der ‚religiones' gesprochen werden, um durch Toleranz, Glaubens- und Religionsfreiheit die Konflikte zu überwinden, auch wenn die Autoren sich überwiegend gegen die Anwendung von Gewalt aussprechen mit dem Hinweis, in der ‚religio' sei nichts zu befehlen (339).

Erst im Laufe des 17. Jahrhunderts wurden die alten Begriffe ‚lex' und ‚secta' vollständig von ‚religio' verdrängt, der nun auf der einen Seite zunehmend in vergleichender Funktion verwandt wurde und auf der anderen Seite gewisse Tendenzen zur Verinnerlichung bei Spinoza, Locke und Bayle aufwies. Auch der Begriff ‚religio naturalis' findet sich, ohne jedoch damit eine Dichotomie zwischen Vernunft und Glauben zu verbinden (Dierse et al. 1998: 651f.).

Dies beginnt sich nun im Laufe des 18. Jahrhunderts deutlich zu ändern. Der Begriff der ‚Naturreligion' (nun nicht mehr lateinisch, sondern in den jeweiligen Nationalsprachen) beginnt sich durchzusetzen. Er bleibt dabei durchgängig an die Vernunft gebunden. Nicht Glaube und Vernunft und auch nicht Religion und Vernunft sind die entscheidenden Antithesen. Statt dessen entwickeln sich zwei andere, wesentlich wichtigere Gegensatzpaare.

So wird zum Einen die natürliche Religion der offenbarten Religion gegenübergestellt. Die natürliche Religion bleibt dabei immer an die Vernunft gebunden, insoweit ihre Inhalte durch die Vernunft als einsehbar galten, während für die offenbarten Religionen zunehmend der früher für nichtchristliche Religionen reservierte Begriff der ‚superstitiones' verwandt wurde. Während die natürliche Religion mit dem Prädikat universell bezeichnet wurde, galten die offenbarten Religionen auch in ihren konfessionellen Spielarten als partikulare Phänomene.

Zum Anderen wird zunehmend zwischen den inneren und den äußeren Aspekten der Religion unterschieden. Die inneren Aspekte der Religion unterlagen im Zeitalter der Vernunft zunächst eines Moralisierungsprozesses, in dem die Inhalte von Religion im Wesentlichen auf die vernünftige Gotteserkenntnis, Gottesglaube, die Einhaltung der Gesetze und die moralischen Tugenden und Pflichten zur Wahrung der Gerechtigkeit reduziert wurden. In dieser Konzeption der natürlichen Religion spielen auch wieder die politischen Überlegungen zweifelsfrei eine führende Rolle vor theologischen Überlegungen, wie sie sich dann in Rousseaus Begriff der ‚religion civile' niederschlagen (vgl. Rehm i. d. B.). Auf der anderen Seite werden die äußeren Aspekte als ein zumeist überflüssiges Beiwerk erachtet und damit Offenbarung, Kult, Wunderglauben und theologische Spekulationen als Aberglauben, *delusions* oder

Absurditäten disqualifiziert. Die wahre Religion bestehe eben in dieser trans- und postkonfessionellen natürlichen Religion. Während die Vertreter einer ‚religio politica' des 16. Jahrhunderts durchaus noch diese äußeren Aspekte der Religion als notwendige Grundlage des politischen Gemeinwesens erachteten, wurden im 18. Jahrhundert gerade diese rituellen und dogmatischen Elemente der Konfessionen als Konfliktpotenzial wahrgenommen, die es zu überwinden galt (vgl. Dierse et al. 1998: 653-673).

Während die Aufklärung, gerade die französische, zwar radikale Kritik an den überlieferten Offenbarungsreligionen übte, erhielt sie die Verbindung zwischen Vernunft und Religion im Begriff der natürlichen Religion aufrecht, die dann gerade bei Kant in seinem Begriff der ‚vernünftigen Religion' wohl ihre anspruchsvollste Formulierung fand. Allerdings brachte gerade das Ende des 18. Jahrhunderts und die mit ihr anhebende Romantik eine nicht unwesentliche Transformation des Verständnisses dieser inneren Aspekte der Religion. Diese werden nun u. a. von Spalding und Schleiermacher zunehmend von der Vernunft entkoppelt und mit dem Gefühl, der Empfindung und dem Gemüt in Zusammenhang gebracht und damit zumindest tendenziell ent-rationalisiert. In diesem Zusammenhang entsteht nun auch der subjektivierende Begriff der ‚Religiosität' (vgl. 653, 662f., 677f.).

Im Laufe des 19. Jahrhunderts multiplizieren sich die Religionsbegriffe in vielfältigen philosophischen und wissenschaftlichen Strömungen, die im Rahmen dieser Abhandlung daher nur noch selektiv skizziert werden können. Während die Rechtshegelianer, in Nachfolge ihres Meisters, die Religion in unterschiedlicher Weise als „Selbstbewusstsein Gottes" konzipieren, führen die Linkshegelianer die Religionskritik der französischen Aufklärung in nunmehr radikalisierter Form fort. Ihre Gegnerschaft begrenzt sich nicht mehr auf die etablierten Offenbarungsreligionen, sondern dem Anspruch nach auf jede Form von Transzendenzbezug, die auf unterschiedliche Weise als menschliches Produkt und Selbstentfremdung des Menschen von sich selbst kritisiert wird und überwunden werden muss. Dabei stellt sich natürlich die Frage, ob die Religionskritiker des 19. Jahrhunderts in ihrem Bemühen, die Religion auszumerzen, nicht ihrerseits moderne Formen säkularer bzw. politischer Religionen aus der Taufe gehoben haben (vgl. 683-690).

Im Gegensatz zur Religionskritik des Linkshegelianismus knüpfen die entstehende Religionsphilosophie und die sich formierende Religionswissenschaft in positiver Weise an den Deismus der Aufklärung an. Die Religionswissenschaft kann insbesondere auf die Anthropologisierung der Religion als einer universellen Disposition des Menschen bei Kant, Heydenreich und Herder zurückgreifen und die Religion als das Fundament einer jeglichen Kulturleistung

Der Begriff der Religion 17

verstehen. Dabei wird diese Disziplin von der Hoffnung genährt, dass sich hinter der Vielfalt der positiven Religionen, die *eine* wahre Religion zeige bzw. finden lasse. „Die Suche nach dem Ursprung und dem ersten geschichtlichen Auftreten von R[eligion] wird so für viele Forscher [u. a. H. Spencer, E. B. Tylor, J. G. Frazer] identisch mit der Suche nach der Definition von ‚R[eligion]'" (692). Stärker an das romantische Verständnis von Religion knüpft die Religionspsychologie an, die mit W. James und R. Otto die individuellen Erfahrungen, Gefühle (*emotions, sentiments*) und Bewusstseinsinhalte an die Stelle des Göttlichen bzw. des Heiligen setzen und von dort her versuchen, Religion systematisch zu klären. Dieser aus dem modernen Protestantismus gewonnenen Individualisierung von Religion steht allerdings die Völkerpsychologie eines W. Wundt entgegen, die Religion keineswegs als ausschließlich individualpsychologisches Phänomen betrachtet, sondern weiterhin in einem sozialen Kollektiv verankert. Im Denken Sigmund Freuds überschneiden sich Religionspsychologie und Religionskritik, insoweit er Religionen als „universelle Zwangsneurose" bezeichnet (691-693).

Trotz dieser in der Romantik und der Religionspsychologie vorfindbaren Individualisierung, Emotionalisierung und Verinnerlichung kann der These des katholischen Theologen Ernst Feil, dass dieses verinnerlichte Verständnis von Religion den Kern des modernen Religionsbegriffs ausmache, nicht zugestimmt werden (vgl. auch die Beiträge in Feil 2000a). Im Gegenteil haben einerseits die vielfältigen, sich der Religion widmenden wissenschaftlichen Disziplinen eine unüberschaubare Vielzahl von Religionsdefinitionen hervorgebracht, wie bereits angemerkt wurde, und andererseits hat die zu Beginn des 20. Jahrhunderts entstehende Religionssoziologie ihre Definitionen und ihr Verständnis von Religion immer als eine soziale und niemals nur individuelle Erscheinung verstanden, wenngleich diesbezüglich durchaus Differenzen bestehen, wie sich an einem Vergleich zwischen der deutschen und der französischen Religionssoziologie zeigen lässt, wodurch nicht nur unterschiedliche nationale Wissenschaftstraditionen, sondern auch unterschiedliche nationalstaatliche Religionsverständnisse begründet werden.

Die durch den Protestantismus geprägten Begründer der deutschen Religionssoziologie, Weber und Simmel, tendierten dazu, die Religion zunächst als ein individuelles Phänomen wahrzunehmen, ohne es jedoch darin aufgehen zu lassen. Weber begriff auf der Grundlage seiner am sozialen Handeln ausgerichteten Verstehenssoziologie, ohne den Begriff der Religion direkt zu definieren, religiöses Handeln als „ein mindestens relativ rationales Handeln", das sich an übernatürlichen Mächten orientiert (Weber 1956: 245, 247), um von dort aus seine sozialen, ökonomischen und politischen Konsequenzen in der Geschichte zu untersuchen (vgl. Weber 1988). Im Übrigen war es Weber, der, wirkungsgeschichtlich am effektivsten, Religion in die Nähe des Irrationalen geschoben hat, obwohl er der jüdisch-christlichen Religion historisch einen Rationalisierungsschub attestierte (vgl. Feil 1987).

Noch deutlicher wird der protestantische Einfluss bei dem aus einem zum Christentum konvertierten jüdischen Elternhaus stammenden Georg Simmel, der zunächst Religiosität aus der Bewusstseinsintentionalität und bestimmter Verhaltensformen „des Individuums zur Gottheit" entstehen lässt, die dann über eine „Totalität des Weltbildes" als Religion zum Gestaltungsprinzip der Gesellschaft wird (Dierse et al. 1998: 694f.). Dieses sich auf das persönliche religiöse Erlebnis konzentrierende Verständnis von Religion zeigt sich auch bei Ernst Troeltsch und wird auch in der deutschen Nachkriegssoziologie von den Religionssoziologen Gustav Mensching und Joachim Wach vertreten (vgl. 707).

Ganz anders gestaltet sich dagegen das Religionsverständnis des ebenfalls aus einem jüdischen Hause stammenden französischen Begründers der Soziologie, Emile Durkheim. Er begriff Religion ausschließlich als ein soziales und kollektives Phänomen:

„Eine Religion ist ein solidarisches System von Überzeugungen und Praktiken, die sich auf heilige, d. h. abgesonderte und verbotene Dinge, Überzeugungen und Praktiken beziehen, die in einer und derselben moralischen Gemeinschaft, die man Kirche nennt, alle vereinen, die ihr angehören" (Durkheim 1994: 75).

Durkheim steht mit diesem Religionsverständnis in einer spezifisch französischen Tradition der Religionsauffassung, die nicht nur historische, sondern bis in die unmittelbare Gegenwart reichende politische Konsequenzen sowohl für das Verhältnis von Politik und Religion als auch für Staat und Kirche hat (vgl. Pornschlegel, Haring und Droege i. d. B.).

3. Der Religionsbegriff seit dem 20. Jahrhundert

Jenseits dieser nationalstaatlichen Differenzen in den religionssoziologischen ‚Wissenschaftskulturen' hat sich jedoch die Religionssoziologie im Laufe des 20. Jahrhunderts zu einer „synthetischen Wissenschaft" entwickelt, die zum Einen „aus der Verbindung mehrerer Wissenschaften entsteht", unter denen „Soziologie und Religionswissenschaft" und – so lässt sich hinzufügen – der Ethnologie die Hauptrolle zufallen (Savramis 1997: 530), die zum Anderen auch nationalstaatliche Diskursgrenzen mehr und mehr überschreitet. Mit der Internationalisierung und Interdisziplinierung des ‚religions-wissenschaftlichen' Diskurses rückt auch zunehmend die Frage nach der Definition des Begriffs in den Vordergrund, deren Beantwortung nationale und disziplinäre Grenzen überschreitet. Deshalb wird im letzten Abschnitt dieses ideengeschichtlichen Überblicks die weitere Entwicklung nicht mehr disziplinären Kriterien folgend nachvollzogen, sondern es werden die drei wesentlichen Definitionsstrategien vorgestellt, die die Debatte um den Begriff der Religion dominieren: der Funktionalismus, der Substantialismus und die Phänomenologie, die allerdings nicht immer trennscharf zu unterscheiden sind und ineinander fließen.

Funktionalistische Religionsbegriffe entspringen in erster Linie der Ethnologie (B. Malinowski, A. R. Radcliffe-Brown, C. Lévi-Strauss, C. Geertz) und der Soziologie (T. Parsons, R. N. Bellah, Th. Luckmann, P. Berger, N. Luhmann, H. Knoblauch, F. X. Kaufmann). Ohne hier in eine detaillierte Diskussion der von den verschiedenen Autoren vorgeschlagenen Funktionen einzutreten, sei generalisierend darauf hingewiesen, dass funktionalistische Ansätze jede inhaltliche Definition von Religion ablehnen, um kulturspezifische und ethnozentrische Verzerrungen im interreligiösen Vergleich zu vermeiden.

„Der funktionalistische Religionsbegriff ist (...) deswegen nützlich, weil er es vermeidet, spezifische Inhalte von Religion festzulegen bzw. besonderen kulturellen Vorstellungen von Religion aufzusitzen. (...) [Er] legt nicht apriori Inhalte der Religion fest, sondern eruiert, was Menschen glauben, was sie für religiös halten – und was in seinen Folgen und Funktionen dann als Religion zur gesellschaftlichen Wirklichkeit wird" (vgl. Knoblauch 2000: 74).

Funktionalistische Religionsbegriffe fragen vielmehr danach, was Religion im Hinblick auf das Individuum und die Gesellschaft leistet bzw. leisten kann. Im Allgemeinen werden u. a. folgende Funktionen unterschieden: „Identitätsstiftung, Handlungsführung, Kontingenzbewältigung, Sozialintegration, Welt-Distanzierung und Welt-Kosmisierung" (Haring i. d. B.). Sicherlich können noch andere Funktionen wie z. B. Sinnstiftung, Legitimation und Welterklärung hinzugefügt werden, ohne damit die vielfältigen Funktionen von Religionen erschöpfend katalogisiert zu haben. So vorteilhaft funktionalistische Definitionen des Begriffs Religion sind, indem sie eine apriorische Einengung des Untersuchungsfeldes durch substantialistische Definitionen vermeiden, so sprengt eine derart weite Begriffsbestimmung doch das Untersuchungsfeld und eine klare Abgrenzung zwischen religiösen und nicht-religiösen Symbolsystemen geht verloren bzw. kann auf dieser Ebene gar nicht erreicht werden. Besonders deutlich wird dies z. B. bei der bewusst weit gehaltenen Definition von Clifford Geertz:

"Eine Religion ist (1) ein Symbolsystem, das darauf zielt (2) starke, umfassende und dauerhafte Stimmungen und Motivationen in den Menschen zu schaffen, (3) indem es Vorstellungen einer allgemeinen Seinsordnung formuliert und (4) diese Vorstellungen mit einer solchen Aura von Faktizität umgibt, dass (5) die Stimmungen und Motivationen völlig der Wirklichkeit zu entsprechen scheinen" (Geertz 1983: 48).

Geertz wählte diese weite Begriffsdefinition bewusst, um auch moderne politische Bewegungen – wie z. B. Nationalismus, Kommunismus, Nationalsozialismus und Faschismus – als Religionen erfassen zu können, die bereits zuvor von anderen als „politische Religionen" bezeichnet wurden (vgl. z. B. Eric Voegelin 2005 [zuerst 1938] und Hans Maier 1996, 1997, 2003).

Dieses Abgrenzungsproblem ließe sich natürlich durch substantialistische Begriffsdefinitionen lösen, die ein inhaltliches Kriterium zur Verfügung stellen, um religiöse von nicht-religiösen Symbolsystemen zu unterscheiden. Es sind auch eine ganze Reihe derartiger Vorschläge unterbreitet worden, die den Glauben an „geistige Wesen" (E. B. Tylor), die „personification of natural phenomena" (J. G. Frazer), eine „Macht außerhalb" (A. R. Radcliffe-Brown), „superhuman beings" (M. E. Spiro) (vgl. Dierse et al. 1998: 692, 708f.) oder „subjektive Mächte" (Dux 1993: 50) als *conditio sine qua non* für die Definition des Begriffs der Religion vorschlugen. Aber der „Glaube an übermenschliche Wesen als inhaltliche Minimalbestimmung" trifft auf das Problem, dass „sie nicht allen historischen Religionen gerecht" wird (Stietencron 1993: 115f., Anm. 3) und damit nicht alle religiösen Phänomene zu erfassen vermag.

Diesem Problem versuchte man entgegen zu treten, indem diese Minimalbestimmung zum Begriff der Transzendenz verallgemeinert und anthropologisiert wurde. Schon Malinowski sprach davon, dass die biologischen Bedürfnisse des Menschen nicht durch angeborene Verhaltensmuster geregelt sind und deswegen durch kulturelle Artefakte, zu denen auch die Religion gehöre, gesteuert werden müssen. Auch Thomas Luckmann definiert die „elementare Bedeutungsschicht" seines „Religionsbegriffs" durch „das Transzendieren der biologischen Natur" des Menschen und bezeichnet dies als „religiöses Phänomen" (Luckmann 1991: 87f.). Auch Hubert Knoblauch rekurriert auf diese Konzeption:

> „Religion beruht auf der grundlegenden Fähigkeit des Menschen, seine biologische Natur transzendieren zu können, wobei aus sozialphänomenologischer Perspektive verschiedene Ebenen der Transzendenz unterschieden werden können" (Knoblauch 2000: 74).

Bei diesem Rückzug auf den Begriff der Transzendenz stellt sich jedoch die Frage, welche Form von Transzendenz in einem Symbolsystem eine hinreichende Bedingung dafür ist, dieses Symbolsystem als Religion zu klassifizieren. Der Rekurs auf die Transzendenz bewegt sich damit in einem „hermeneutischen Zirkel", weil dieser Begriff seinerseits „erklärungsbedürftig" ist (Stietencron 1993: 116). Luckmann unterscheidet zu diesem Zweck zwischen kleinen, mittleren und großen Transzendenzen.

„So lässt sich eine vereinfachende Typologie von ‚Transzendenz'-Erfahrungen formulieren: Erstens, wenn das in der gegenwärtigen Erfahrung angezeigte Nicht-Erfahrene grundsätzlich genau so erfahrbar ist wie das gegenwärtige Erfahrene, wollen wir von ‚kleinen' Transzendenzen innerhalb des Alltäglichen sprechen. Zweitens, wenn das Gegenwärtige grundsätzlich nur mittelbar und nie unmittelbar, dennoch aber als Bestandteil der gleichen Alltagswirklichkeit erfahren wird, wollen wir von ‚mittleren' Transzendenzen sprechen. Drittens, wenn etwas überhaupt nur als Verweis auf eine andere, außeralltägliche und als solche nicht erfahrbare Wirklichkeit erfasst wird, sprechen wir von ‚großen' Transzendenzen" (Luckmann 1991: 167f.).

Mit dieser Differenzierung löst Luckmann allerdings nicht das Abgrenzungsproblem zwischen religiösen und nicht-religiösen Symbolsystemen, weil seiner Ansicht nach die

„grundlegende Funktion der ‚Religion' darin besteht, Mitglieder einer natürlichen Gattung in Handelnde innerhalb einer geschichtlich entstandenen gesellschaftlichen Ordnung zu verwandeln. Religion findet sich überall dort, wo aus dem Verhalten der Gattungsmitglieder moralisch beurteilbare Handlungen werden, wo ein Selbst sich in einer Welt findet, die von anderen Wesen bevölkert ist, mit welchen, für welche und gegen welche es in moralisch beurteilbarer Weise handelt" (165).

Indem der ursprünglich substantialistische Begriff der Transzendenz derart erweitert wird, dass er auf die Funktion der moralischen Transformation und Integration natürlicher Gattungsmitglieder in gesellschaftliche Ordnungszusammenhänge abzielt, mutiert der substantialistische Religionsbegriff wiederum in einen funktionalistischen, der an der Abgrenzungsproblematik scheitert. Die logische Konsequenz dieses weiten Religionsbegriffs besteht darin, dass man

„jedes System als Religion untersuchen [muss], das der Integration und Legitimation der sozialen Ordnung dient, auch solche Systeme, die nicht die Existenz einer übernatürlichen Sphäre voraussetzen" (Clanton 1973: 86, zit. nach Knoblauch 1991: 12).

Im Übrigen ist auch der Begriff des ‚Übernatürlichen' als Abgrenzungskriterium nicht unproblematisch, da er im Kontext der scholastischen Naturrechtslehre in die philosophische Debatte eingeführt wurde und an das sich im Laufe der westlichen Aufklärung entwickelnde Naturverständnis gebunden bleibt, das in dieser Form in anderen Kulturen und Religionen nicht zu finden ist, bzw. nur insoweit die westliche Naturwissenschaft rezipiert wurde. Das Gleiche gilt für den Begriff des Empirischen bzw. Überempirischen, um zwischen religiösen und nicht-religiösen Symbolsystemen zu unterscheiden, wie dies z. B. der Religionssoziologe R. Robertson versucht hat:

„Religiöse Kultur ist das Gefüge von Überzeugungen und Symbolen (und Werten, die sich direkt daraus ergeben), die eine Unterscheidung zwischen einer empirischen und einer überempirischen, transzendenten Realität betreffen, wobei alles, was das Empirische berührt, von der Bedeutung her dem Nicht-Empirischen untergeordnet ist" (Robertson 1973: 64, zit. nach Dierse et al. 1998: 709).

Die zweite Definitionsstrategie, mit der versucht wurde, dieses Abgrenzungsproblem in den Griff zu bekommen, führt zu ‚phänomenologischen' Begriffsdefinitionen, die „postulierte Grundgegebenheiten der religiösen Erfahrung (das Heilige, das Numinose; sakral und profan)" (Stietencron 1993: 115) in das Zentrum der Definition stellen. Wie gezeigt, haben diese Begriffsbestimmungen ihre Wurzeln im romantischen Religionsverständnis, das von William James und Rudolf Otto weitergeführt wurde, können aber auch an Emile Durkheim und Mircea Eliade anschließen. Diesen Definitionsweg sind z. B. die Religionssoziologen Andrew M. Greeley (1969), Peter L. Berger (1974), Hans Mol (1976) und der Religionswissenschaftler Hubert Seiwert (2002) gegangen, wobei hier unterschieden werden muss zwischen der individualpsychologischen religiösen Erfahrung des Heiligen oder Numinosen einerseits und der Konstruktion von Sakralität auf sozialer bzw. politischer Ebene andererseits.

„Durch Sakralisierung werden bestimmte Bereiche der sozialen Wirklichkeit dem ungehinderten Zugriff entzogen. Normen sind, wenn und solange sie sakrale Bedeutung haben, unveränderbar. Personen sind, wenn und solange sie sakrale Bedeutung haben, unantastbar" (Seiwert 2002: 263).

Auch der Rekurs auf das Heilige, Numinose oder Sakrale ist ein nicht ganz unproblematisches Definitionskriterium des Begriffs Religion. Zum Ersten schränkt der Rückgriff auf die individualpsychologische Erfahrung des Heiligen die Religion auf die Religiosität spezifischer Individuen ein, die im mittelalterlich-christlichen Kontext als ‚homini religiosi' bezeichnet wurden. Die gesamte soziale und äußere Dimension von Religion wird dabei vernachlässigt. Zum Zweiten setzt der Begriff des Sakralen den Begriff des Profanen für seine Sinnhaftigkeit voraus, was seine universelle Verwendung im interzivilisatorischen Vergleich problematisch macht. Denn die „kulturanthropologische Forschung [hat] etwa für afrikanische Kulturen in Frage gestellt (...), ob eine Trennung von Profanem und Sakralem tatsächlich aufrechtzuerhalten ist". Damit stellt sich die Frage, „ob Vorstellungen des Heiligen (...) nicht eine besondere Form religiöser Vorstellungen darstellen" (Knoblauch 2000: 73f.). Drittens lässt sich anhand der oben zitierten Definition des Begriffs ‚Sakralisierung' von Hubert Seiwert leicht zeigen, dass diese auch auf die Artikel 1 und 20 (in Verbindung mit Art. 79 III) des Grundgesetzes angewandt werden können. Somit bietet der Rekurs auf ‚das Heilige' auch kein trennscharfes Kriterium zwischen religiösen und nicht-religiösen Symbolsystemen (vgl. Colpe 1977). Denn auch im Rahmen so genannter säkularer Symbolsysteme werden Normen und Personen etc. ‚sakralisiert'.

4. Der Begriff der Religion aus politikwissenschaftlicher Perspektive

Was lässt sich als Ergebnis dieser kritischen Bestandsaufnahme der Bemühungen um eine Definition des Begriffs der Religion festhalten?

Ausgehend von den Arbeiten des Religionswissenschaftlers Winfried Cantwell Smith (1962) setzt sich zunehmend die Einsicht durch, dass der Begriff der Religion ein Produkt der westlichen Kultur ist. „Nur nachklassische westliche Sprachen besitzen überhaupt ein besonderes Wort für Religion und trennen anders als andere Zivilisationen religiöse von anderen kulturellen Manifestationen" (Dierse et al. 1998: 711). Diese Trennung ist im Wesentlichen ein Produkt der Theologie des Christentums (‚Mein Reich ist nicht von dieser Welt'), der Genese des Christentums als Minderheitsreligion, die sich zunächst vom *Imperium Romanum* distanzierte (‚Gebt dem Kaiser, was des Kaisers ist und Gott was Gottes ist'), diese Trennung zwischen *Imperium* und *Sacerdotium* institutionell durch die mittelalterliche Geschichte trug und bedingt durch Reformation, Aufklärung und Revolution zunehmend zu einer Trennung der *res publica* und der *res sacra* im Sinne einer Trennung von Politik und Religion (genauer: Christentum) und einer Trennung von Kirche und Staat führte – auch wenn dieser Prozess keineswegs linear verlief.

Umgekehrt bedeutet dies, „dass es in anderen als der neuzeitlich-abendländischen, christlich geprägten Kultur vielleicht gar kein genaues Äquivalent zu unserem Begriff Religion gibt – und das würde heißen, dass es nicht nur an dem sprachlichen Ausdruck fehlt, sondern dass Religion in unserem Sinne auch als Gegenstand, als bewusstseinsrelevantes Phänomen nicht existiert". Der Wissenschaftler, „der Religion konsequent am westlichen Begriff festschreibt, wird also entweder sein Religionsverständnis auf fremde Kulturen projizieren und sie damit verfälschen – das ist leider die Regel –; oder er findet dort kein Äquivalent bzw. nur ein defizientes Äquivalent von Religion. Beides verstellt den Zugang zum eigentlichen Forschungsgegenstand" (Stietencron 1993: 124f.; vgl. Haußig i. d. B.). Die Konsequenz aus dieser Problematik könnte sein, wie Ernst Feil aus anderen Gründen vorgeschlagen hat, den Religionsbegriff fallen zu lassen, was uns allerdings vor das Problem stellen würde, die so entstandene Lücke durch einen anderen komparatistischen Begriff wie z. B. ‚Glauben' zu ersetzen, der jedoch aufgrund seines engeren Fokus noch größere Probleme mit sich brächte, da er zu sehr die inneren Aspekte der Religion auf Kosten ihrer äußeren Aspekte hervorhebt (vgl. Stietencron 2000: 136). Auf der anderen Seite ist Stietencron allerdings der Auffassung, „dass man daraus die Konsequenz ziehen sollte, den Begriff der Religion nicht allzu ernst zu nehmen, ihn auch probeweise zur Disposition zu stellen, um zu sehen, ob es nicht auch andere Möglichkeiten gibt, um das Gemeinsame der Religionen in einem einheitlichen Begriff besser zu erfassen" (Stietencron 1993: 147). Ein solcher Begriff ist allerdings nicht in Sicht.

Wie sich gezeigt hat, ist es insbesondere schwierig in einer auf universale Anwendbarkeit abzielenden Definition des Begriffs der Religion ein Kriterium anzugeben, das religiöse von nicht-religiösen Symbolsystemen zuverlässig unterscheidet:

„vor allem gelang es nicht, das spezifisch Religiöse an religiösen Handlungen, religiösen Institutionen, religiösen Erfahrungen etc. zu bestimmen und von nicht-religiösen Handlungen, Institutionen und Erfahrungen begrifflich klar zu scheiden. Immer erwies sich die Unterscheidung als vom Kontext abhängig und daher nicht allgemeingültig" (Stietencron 1993: 116).

Diese Problematik zeigt sich nicht nur in der Anwendung auf die Symbolsysteme nicht-westlicher Kulturen, die sich gar nicht als Religion verstehen, sondern auch in der Anwendung auf so genannte säkulare westliche Symbolsysteme, die durchgängig auch Charakteristika aufweisen, die wir im Westen als religiös bezeichnen würden.

Einigkeit besteht allerdings darin, dass es sich bei Religionen – was immer man im Einzelnen darunter versteht – um Symbolsysteme handelt, in denen die Menschen ihre Existenz in Gesellschaft und Geschichte auslegen und ihr Leben ordnen. Allerdings gibt es eine ganze Reihe anderer Symbolsysteme, die genau die gleiche Funktion übernehmen, wie z. B. Mythos, Magie, Metaphysik, Philosophie, Ethik, Recht, Ideologien, Weltanschauungen und auch die verschiedenen

Wissenschaften in unterschiedlichem Grade, die wir im Westen gewohnt sind als säkulare Symbolsysteme zu deuten. Aber diese kategoriale Unterscheidung zwischen religiösen und säkularen Symbolsystemen ist gar nicht so eindeutig, wie unser ‚aufgeklärtes' Selbstverständnis suggeriert. Möglicherweise bietet aber gerade die Einsicht in die Unmöglichkeit einer kategorialen und (mehr oder weniger) hermetischen Unterscheidung und Trennung zwischen den verschiedenen Symbolsystemen die Möglichkeit, diese entlang eines Kontinuums zu denken. In diesem Kontinuum wären die Übergänge von einem Symbolsystem in das andere fließend und nicht scharf getrennt, sodass verschiedene Mischformen auftreten können, die Elemente aus unterschiedlichen Kategorien in sich integrieren und deshalb nicht ausschließlich einer Kategorie zugeordnet werden können ohne wesentliche Elemente dieses symbolischen Selbstverständnisses in der Forschung zu vernachlässigen.

Eine Bestandsaufnahme aus der Perspektive der (vergleichenden) politischen Ideengeschichte scheint genau diese Annahme zu bestätigen. Der griechische Mythos hat nicht nur revelatorische Momente, sondern tritt auch in der Sprache von Ethik und Recht auf. Die griechische Philosophie eines Sokrates, Platon und Aristoteles ist nicht nur Philosophie, sondern auch religiöse Kultgemeinschaft, die sich auch auf eine mehr oder weniger rationalisierte Form der Gotteserfahrung beruft. Das römische Recht hat auch eindeutige religiös-kultische Konnotationen und Gottesbezüge. Die israelitische Offenbarungsreligion tritt im Wesentlichen in Form des Gesetzes in Erscheinung und die christliche Religion hat mit der Scholastik nicht nur eine rationalistisch argumentierende Theologie hervorgebracht, sondern ist auch ein enges Bündnis mit der klassischen Philosophie eingegangen. Die Offenbarungen des Islam treten ebenso wie die jüdische Religion in Form des göttlichen Gesetzes, der *sharia*, in Erscheinung und die vielfältigen Formen des Konfuzianismus entziehen sich, wie bereits angemerkt, einer einseitigen Kategorisierung, insoweit sie ethische, philosophische, religiöse, kultische und metaphysische Elemente aufweisen.

Die gleiche Uneindeutigkeit bzw. Multidimensionalität lässt sich auch für die modernen, zumeist als säkulare Ideologien und Weltanschauungen bezeichneten Symbolsysteme diagnostizieren, denen ein positivistisches Weltbild zugrunde liegt. Das gilt nicht nur für die positivistische Kirche eines Auguste Comte, der explizit die christlichen Kirchen als Vorbild für die Formierung und Organisation seiner Weltanschauung nimmt, sondern auch für die vielfältigen Ideologien und Weltanschauungen, die im 19. Jahrhundert im Anschluss an die französische Revolution entstehen. Für den Konservatismus eines de Maistre, de Bonald oder Cortes ist dies offensichtlich und bedarf keiner weiteren Ausführungen. Aber ebenso zeigen die verschiedenen europäischen Nationalismen religiöse Züge, indem sie durch den Rückgriff auf die jüdisch-christliche Idee des auserwählten Volkes die jeweils eigene Nation sakralisieren und in ein privilegiertes Verhältnis zu Gott stellen. In den sozialistischen Ideologien und Bewegungen kann sich dagegen ein transnational verstandenes und innerweltlich umgedeutetes messianisches und soteriologisches Erbe des Christentums bis zum Ende des 20. Jahrhunderts erhalten. Im Nationalsozialismus verschmolzen beide Elemente in dem Bemühen, die christlichen Kirchen durch eine nationalsozialistische Kirche zu ersetzen, an der nicht nur Deutschland, sondern die Welt genesen sollte.

Mit der politischen Revitalisierung des Christentums durch die christlichen Parteien in Europa und die Aussöhnung der beiden christlichen Kirchen mit der modernen pluralistischen, liberalen Demokratie und den Menschenrechten nach dem II. Weltkrieg hat auch unser modernes ‚säkulares' Selbstverständnis eine religiös-christliche Unterfütterung erhalten, die in Europa – anders als in den USA – zweifelsohne einem Erosionsprozess ausgesetzt ist. Es wäre verfehlt, diesen Entchristianisierungsprozess als einen Säkularisierungsprozess zu deuten, an dessen Ende die Religion bzw. jedes religiöse Element aus unserem modernen symbolischen Selbstverständnis ausgeschieden wäre. Hierfür spricht nicht nur das Argument, dass sich das religiöse Leben aus den christlichen Kirchen in individualisierter Form in das Privatleben zurückgezogen oder seine Erfüllung in Neuen Religiösen Bewegungen gefunden hat (vgl. dazu Schwaabe und Sonnenschmidt i. d. B.), sondern auch der Hinweis, dass selbst das (nichtchristliche) Fundament der liberal-demokratischen Verfassungsordnung religiös (nämlich „zivilreligiös") gedeutet werden kann (kritisch hierzu Rehm i. d. B.).

Zusammenfassend lässt sich feststellen, dass auch und gerade für die Politikwissenschaft eine intensivere Beschäftigung mit dem Begriff der Religion sich als notwendig erweist. Denn weit davon entfernt ein unumstrittener und unproblematischer Begriff zu sein, zeigt sich bei näherer Betrachtung, dass die Begriffsbestimmung sowohl in wissenschaftlicher als auch in politischer und verfassungsrechtlicher Hinsicht ganz erhebliche Konsequenzen einerseits für die wissenschaftliche Bearbeitung des Problemkomplexes Politik und Religion und andererseits für den politischen Umgang mit den verschiedenen Religionen in einer pluralistischen Demokratie hat.

Literatur

Alves, Rubem A. (1985): Was ist Religion? Zürich.
Arendt, Hannah (1993): Was ist Politik. Fragmente aus dem Nachlaß. München.
Beck, Ulrich (1993): Die Erfindung des Politischen. Frankfurt a. M.
Bendel, Petra/Hildebrandt, Mathias (Hrsg.) (2005): Integration von Muslimen. München.
Berger, Peter L. (1974): Some Second Thoughts on Substantive Versus Functional Definitions of Religion. In: Journal for the Scientific Study of Religion 13: 125-133.
Brocker, Manfred/Hildebrandt, Mathias (Hrsg.) (2008): Friedensstiftende Religionen? Religion und die Deeskalation politischer Konflikte. Wiesbaden.
Clanton, G. (1973): Peter Berger und die Rekonstruktion der Religionssoziologie. In: Wissenschaft und Praxis in Kirche und Gesellschaft 3: 78-95.
Colpe, Carsten (Hrsg.) (1977): Die Diskussion um das ‚Heilige'. Darmstadt.
Daiber, Karl-Fritz (1998): Die Ausbildung von organisatorischen Strukturen im modernen Buddhismus und Konfuzianismus. In: Keil/Jetzkowitz/König (1998): 149-162.
Dierse, U./Ratschow, C. H./Lorenz, S./Feil, E./Jaeschke, W./Schmidinger, H. M./Elsas, Ch. (1998): Art. Religion. In: Ritter (1998): 632-713.
Durkheim, Emile (1994): Die elementaren Formen des religiösen Lebens. Frankfurt a. M.
Dux, Günter (1993): Der Begriff der Religion in der Religionssoziologie. In: Kerber (1993): 47-110.
Erkens, Franz-Reiner (Hrsg.) (2002): Die Sakralität von Herrschaft. Berlin.
Feil, Ernst (1986): Religio. Die Geschichte eines neuzeitlichen Grundbegriffs vom Frühchristentum bis zur Reformation. Göttingen.
Feil, Ernst (1987): Antithetik neuzeitlicher Vernunft. „Autonomie-Heteronomie" und „rational-irrational". Göttingen.
Feil, Ernst (1997): Religio. Zweiter Band: Die Geschichte eines neuzeitlichen Grundbegriffs zwischen Reformation und Rationalismus (ca. 1540-1620). Göttingen.
Feil, Ernst (Hrsg.) (2000a): Streitfall „Religion". Diskussionen zur Bestimmung und Abgrenzung des Religionsbegriffs. Münster.
Feil, Ernst (2000b): Zur Bestimmungs- und Abgrenzungsproblematik von ‚Religion'. In: Feil (2000a): 5-35.
Feil, Ernst (2001): Religio. Dritter Band. Zur Geschichte eines neuzeitlichen Grundbegriffs im 17. und frühen 18. Jahrhundert. Göttingen.
Fürstenberg, Friedrich (2000): Was lehrt eine begriffsgeschichtliche Religionsanalyse? In: Feil (2000a): 55-58.
Gebhardt, Jürgen (2004): Politik und Religion. Eine historisch-theoretische Problemskizze. In: Walther (2004): 51-71.
Geertz, Clifford (1983): Dichte Beschreibung. Frankfurt a. M.
Gerhardt, Volker (1990): Der Begriff der Politik. Bedingungen und Gründe politischen Handelns. Stuttgart.
Greely, Andrew M. (1969): Religion in the Year 2000. New York.
Greschat, Hans-Jürgen (2000): Religionsbegriff und Religionsgeschichte. In: Feil (2000a): 59-62.
Hildebrandt, Mathias/Brocker, Manfred/Behr, Hartmut (2001): Säkularisierung und Resakralisierung in westlichen Gesellschaften. Ideegeschichtliche und theoretische Perspektiven. Wiesbaden.
Hildebrandt, Mathias (2003): Politik und Religion in den konfuzianisch geprägten Staaten Ostasiens. In: Minkenberg/Willems (2003): 456-477.
Hildebrandt, Mathias (2005): Einleitung: Unfriedliche Religionen? Das politische Gewalt- und Konfliktpotenzial von Religionen. In: Hildebrandt/Brocker (2005): 9-35.

Hildebrandt, Mathias/Brocker, Manfred (Hrsg.) (2005): Unfriedliche Religionen? Das politische Gewalt- und Konfliktpotenzial von Religionen. Wiesbaden.
Hildebrandt, Mathias (2008): Mittelalterliche Religionsdialoge. Auf der Suche nach einer interreligiösen Hermeneutik. In: Brocker/Hildebrandt (2008): 29-70.
Hummel, Gert (1993): Religion und Psyche. Der Begriff der Religion in der Religionspsychologie. In: Kerber (1993): 13-46.
Idinopulos, Thomas A. (1998): What is Religion? Origins, Definitions and Explanations. Leiden.
Keil, Siegfried/Jetzkowitz, Jens/König, Matthias (Hrsg.) (1998): Modernisierung und Religion in Südkorea. Studien zur Multireligiosität in einer ostasiatischen Gesellschaft. München.
Kerber, Walter (Hrsg.) (1993): Der Begriff der Religion. München.
Knoblauch, Hubert (1991): Die Verflüchtigung der Religion ins Religiöse. Thomas Luckmanns Unsichtbare Religion. In: Luckmann (1991): 7-41.
Knoblauch, Hubert (2000): Für einen weiten Religionsbegriff. In: Feil (2000a): 73-77.
Kremp, Werner/Meyer, Berthold (Hrsg.) (2001): Religion und Zivilreligion im Atlantischen Bündnis. Trier.
Krockow, Christian von (1970): Der Begriff des Politischen, Politische Kultur und Politische Bildung. In: Gesellschaft, Staat, Erziehung 15: 281-292.
Lefort, Claude (1986a): Essais sur le politique XIX.-XX. siècle. Paris.
Lefort, Claude (1986b): Permanence du théologico-politique? In: Lefort (1986a): 251-300.
Luckmann, Thomas (1991): Die unsichtbare Religion. Frankfurt a. M.
Maier, Hans (Hrsg.) (1996): Totalitarismus oder politische Religionen 1. Paderborn/München.
Maier, Hans (Hrsg.) (1997): Totalitarismus oder politische Religionen 2. Paderborn/München.
Maier, Hans (Hrsg.) (2003): Totalitarismus oder politische Religionen 3. Paderborn/München.
Matthes, Joachim (2000): Verlegenheiten um „Religion". In: Feil (2000a): 79-83.
Micklem, Nathaniel (1952): Was ist Religion? Stuttgart.
Minkenberg, Michael/Willems, Ulrich (Hrsg.) (2003): Politik und Religion. Wiesbaden.
Mol, Hans (1976): Identity and the Sacred. Oxford.
Nassehi, Armin (Hrsg.) (2003): Der Begriff des Politischen. Baden-Baden.
Nishitani, Keji (1982): Was ist Religion? Frankfurt a. M.
Reinhold, Gerd (Hrsg.) (^{3}1997): Soziologie-Lexikon. München/Wien.
Ritter, Joachim (Hrsg.) (1998): Historisches Wörterbuch der Philosophie. Band 8. R-Sc. Darmstadt.
Robertson, Roland (1973): Einführung in die Religionssoziologie. München.
Rohe, Karl (1978): Politik: Begriffe und Wirklichkeiten. Einführung in das politische Denken. Stuttgart.
Savramis, D. (1997): Art. Religionssoziologie. In: Reinhold (1997): 530-534.
Schmitt, Carl (1933): Der Begriff des Politischen. Berlin.
Seiwert, Hubert (2002): Sakralität und Herrschaft am Beispiel des chinesischen Kaisers. In: Erkens (2002): 245-265.
Sternberger, Dolf (1962): Begriff des Politischen. Frankfurt a. M.
Sternberger, Dolf (1978): Drei Wurzeln der Politik. Frankfurt a. M.
Stietencron, Heinrich von (1993): Der Begriff der Religion in der Religionswissenschaft. In: Kerber (1993): 111-158.
Sundermeier, Theo (1999): Was ist Religion? Religionswissenschaft im theologischen Kontext. Ein Studienbuch. Gütersloh.
Voegelin, Eric (2005): Politische Religionen. München (zuerst 1938).
Volkelt, Johannes (1913): Was ist Religion? Leipzig.
Vollrath, Ernst (1987): Grundlegung einer philosophischen Theorie des Politischen. Würzburg.
Wagner, Falk (1986): Was ist Religion? Studien zu ihrem Begriff und Thema in Geschichte und Gegenwart. Gütersloh.

Wagner, Falk (1993): Der Begriff der Religion in der Religionsphilosophie. In: Kerber (1993): 159-219.
Walther, Manfred (Hrsg.) (2004): Religion und Politik. Zu Theorie und Praxis des theologisch-politischen Komplexes. Baden-Baden.
Weber, Max (^{4}1956): Wirtschaft und Gesellschaft. Tübingen.
Weber, Max (1988): Gesammelte Aufsätze zur Religionssoziologie. 7 Bde. Tübingen.

I. Der Begriff der Religion: ideengeschichtliche Perspektiven

Vera religio – ein Schlüsselbegriff im politischen Denken des spätantiken Christentums

Matthias Riedl

1. Einführung

Das Evangelium des Johannes berichtet, wie Jesus von Nazareth nach seiner Gefangennahme und dem Verhör durch die jüdische Hohepriesterschaft dem römischen Prätorium überstellt wird. Das Verhör durch den Statthalter Pontius Pilatus wird folgendermaßen wiedergegeben:

> „Pilatus (...) fragte ihn: Bist du der König der Juden? Jesus antwortete: Sagst du das von dir aus, oder haben es dir andere über mich gesagt? Pilatus entgegnete: Bin ich denn ein Jude? Dein eigenes Volk und die Hohenpriester haben dich an mich ausgeliefert. Was hast du getan? Jesus antwortete: Mein Königtum ist nicht von dieser Welt. Wenn es von dieser Welt wäre, würden meine Leute für mich kämpfen, damit ich den Juden nicht ausgeliefert würde. Aber mein Königtum ist nicht von hier. Pilatus sagte zu ihm: Also bist du doch ein König? Jesus antwortete: Du sagst es, ich bin ein König. Ich bin dazu geboren und dazu in die Welt gekommen, dass ich für die Wahrheit Zeugnis ablege. Jeder, der aus der Wahrheit ist, hört auf meine Stimme. Pilatus sagte zu ihm: Was ist Wahrheit (*ti estin aletheia*)?" (Joh. 18,33-38).

Mit der Frage nach der Wahrheit beendet Pilatus diese denkwürdige Unterredung. Es ist an dieser Stelle nicht von Belang, ob sich diese Szene tatsächlich so abgespielt hat. Sicherlich aber gibt sie Erfahrungen aus der Anfangszeit des Christentums wieder. Und in diesem Sinne steht in der zitierten Textstelle Jesus für das Christentum und seine Botschaft überhaupt, während Pilatus eben der Statthalter der römischen Ordnungsmacht ist, mit deren Unverständnis die junge christliche Gemeinde konfrontiert ist. Wenn nun Pilatus fragt „Was ist Wahrheit?", dann nicht weil er das Wort „Wahrheit" nicht kennt, sondern weil er sich als Römer unfähig zeigt, eine sinnvolle Verbindung zwischen den Bereichen des Religiösen bzw. des Politischen und dem Begriff der Wahrheit herzustellen. Jesus spricht von einer Königsherrschaft, die nicht von dieser Welt ist, einer politischen Realität, die alle irdischen Reiche übersteigt; und zugleich beansprucht er, dass dieses Königtum auf einer Wahrheit beruht, die einer transzendenten göttlichen Quelle entspringt. Der Horizont des Pilatus dagegen beschränkt sich auf die diesseitige Ordnung, und ihn interessiert vor allem, ob dieser Jesus und seine Anhänger ein irdisches Reich zu errichten trachten und somit die römische Oberherrschaft in Frage stellen. Sein pragmatischer Geist fragt nicht nach der Wahrheit der Verkündigung Christi, sondern nach deren politischem Schadenspotenzial.

Ich beanspruche nicht, dass meine Interpretation dieser Bibelstelle die einzige ist oder dem vielschichtigen Text in irgendeiner Weise gerecht wird. Vielmehr dient mir die Passage dazu, meine erste These zu veranschaulichen. Sie lautet: Durch die christliche Offenbarung setzt sich im westlichen Denken allmählich eine Neuheit durch, die bis in die Gegenwart folgenreich ist, nämlich: Im Bereich des Politischen wird Anspruch auf objektive Wahrheit erhoben. Meine zweite These legt den geographischen und historischen Rahmen für meine Untersuchung fest. Ich will zeigen, dass im lateinischen Westen die intellektuelle Aneignung dieser Neuheit in der Debatte um die *vera religio* geschieht. Die These impliziert, dass, wie noch genauer gezeigt werden wird, *religio* ursprünglich ein vornehmlich politischer Begriff ist.[1]

Wenn ich mich im Folgenden auf spätantike Autoren des lateinischen Westens beschränke, so lässt sich dies mit zwei Argumenten rechtfertigen. Erstens, der Begriff der Religion ist unleugbar lateinischen Ursprungs und bewahrt auch in seiner christlichen Umformung genuin römische Bedeutungsgehalte. Das Griechische kennt weder einen vergleichbaren Begriff noch einen abgrenzbaren lebensweltlichen Bereich, auf den ein solcher Begriff sinnvoll bezogen werden könnte.[2] Zweitens, in der so genannten Spätantike formiert sich das spezifische Selbstverständnis der westlichen Gesellschaft, das sich später in der römischen Katholizität und, seit Begründung des westlichen Kaisertums unter Karl dem Großen, im Europagedanken fortsetzt (Franz Georg Maier 1998: 11f.; Dempf 1954: 133ff.; Heer 1953: 21ff.). Der Epochenbegriff ‚Spätantike' und seine Konnotationen lassen sich zum Teil auf den Geschichtsmythos der Humanisten, zum Teil auf die Dekadenztheorien von Historikern wie Edward Gibbon zurückführen. Sie verzerren bis heute unser Bild von jener Zeit, insofern suggeriert wird, dass es sich um die Spätphase einer Epoche handelt. Die moderne Geschichtsschreibung hat dies freilich längst korrigiert, doch hat dies außerhalb der Fachkreise keine nachhaltige Wirkung im historischen Bewusstsein hinterlassen. Es ist sicherlich angemessener, mit Franz Georg Maier von einer „Verwandlung der Mittelmeerwelt" zu sprechen, die sich prägend bis in unsere Gegenwart hinein auswirkt (Maier 1998: 8). Maier schreibt:

> „Aus der einen Welt mit der einen Hauptstadt sind in einem Prozeß fruchtbarer Differenzierung drei neue Welten mit eigenen Kraftzentren geworden: das westliche europäische Mittelalter, das griechisch-orthodoxe Byzanz und die arabisch-islamische Region – jede einen eigenen Kulturtypus repräsentierend" (Maier 1998: 18).

Die Debatte um die *vera religio* ist vor allem durch die so genannte apologetische Literatur des Westens überliefert. Sie wird erstmals an der Wende vom zweiten zum dritten Jahrhundert greifbar, in einigen der frühesten literarischen Zeugnissen des lateinischen Christentums überhaupt, und erreicht ihren Höhepunkt und Abschluss im politischen Hauptwerk des Augustinus, das seine apologetische Zielsetzung schon im Titel kundgibt: *De civitate Dei contra paganos* (Über die Bürgerschaft Gottes gegen die Heiden). Die Tatsache, dass sich die ersten politiktheoretischen Ansätze des Christentums in der apologetischen Literatur finden, verweist auf einen grundlegenden Unterschied, der die formative Phase des Christentums von der Frühphase des islamischen Zivilisationsprozesses unterscheidet. Wie schon in der eingangs zitierten Bibelstelle deutlich wird, entwickelt sich das Christentum innerhalb des römischen Imperiums und muss sich von Anfang an mit seinen Ordnungsbegriffen auseinander setzen. Da die Apologeten aber den römischen Bildungskanon verinnerlicht hatten und sich ihrerseits philosophisch gebildeten Gegner gegenüber sahen, öffneten sie die christliche Lehre einer rationalen Argumentation (Ottmann 2002: 313ff.). Die philosophische Terminologie, die zum Teil schon im griechischen Text des Neuen Testamentes angelegt war, blieb dem Christentum auch dann erhalten, als die heidnische Gegnerschaft verschwand und prägte nachhaltig die theologische und dogmatische Entwicklung (Maier 1998: 62f.). Der Islam dagegen schuf sich durch die Einigung der arabischen Stämme und die von Medina ausgehende Expansion der *ummâ* gleichsam seinen eigenen Zivilisationsraum. Sein Offenbarungstext war in einer Sprache verfasst, die den Philosophen fremd war, und es bestand zunächst auch kein Anlass, sich gegen konkurrierende Intellektuelleneliten zu verteidigen. Im frühen Islam gibt es daher keine Literaturtradition, die der christlichen Apologetik vergleichbar wäre, aber auch keine anerkannte Notwendigkeit einer philosophischen Explikation der Offenbarung (Leaman 2002: 7ff.).

Am Rande will ich noch auf eine Besonderheit der behandelten Epoche verweisen. Fast alle Apologeten, die in der Debatte um die *vera religio* eine herausragende Rolle spielen, sind gebürtige Afrikaner. Die frühe und nahezu vollständige Islamisierung Nordafrikas hat aus unserem historischen Gedächtnis weitgehend die Tatsache verdrängt, dass zwischen dem späten zweiten und dem frühen fünften Jahrhundert ein intellektuelles Zentrum des Westens nördlich der Sahara lag.

2. Minucius Felix

Der erste Teil der Analyse befasst sich mit der vorkonstantinischen Apologetik. Der Gräzist Eric R. Dodds hat in geschichtspsychologischer Absicht versucht, gleichsam die ganze Epoche auf die Couch des Analytikers zu legen. Nach seiner Diagnose handelt es sich bei der Periode zwischen Marc Aurel und Konstantin dem Großen um ein „Zeitalter der Angst" (Dodds 1992: 19). Dodds schildert folgende Symptome: Der Mensch fühlt sich im sinnlich erfahrbaren Kosmos nicht mehr wohl. Das innerweltliche Streben und Tun wird vermehrt als vergeblich, nichtig und gar als unwirklich erfahren. Freilich hat schon Platon der körperlichen Welt einen geringeren Realitätsgehalt eingeräumt als der intelligiblen Welt; aber dieses Abstufungsverhältnis wird nun radikalisiert oder gar in einen Gegensatz umgedeutet. Vor allem gnostische Strömungen begreifen die materielle Welt als das Böse schlechthin oder vermuten hinter ihr einen bösen Schöpfer. Auch wo die Welt nicht nachgerade als wesenhaft böse erfahren wird, wird sie doch, wie bei den Christen, als dem Bösen verfallen beschrieben, oder, wie in den zeitgenössischen Philosophien, als die Sphäre des Irrelevanten und Unwirklichen, die das Eigentliche verdeckt, als ein Gefängnis, in dem die Seele festgehalten wird, oder schlicht als absurdes Theater begriffen. Der Mensch fühlt sich als Fremder, als ein Pilger fern der Heimat, der ahnt, dass er seine Bestimmung außerhalb dieser Welt suchen muss, sei es in der mystischen Schau des transzendenten Seins, sei es in der Erlösung durch den Tod zum jenseitigen Leben (Dodds 1992: 22ff.).

Wenn man nun nach den Gründen für die allgemeine existenzielle Unsicherheit fragt, zeigt sich schnell die Unzulänglichkeit der psychologischen Methode von Dodds, der jede religiöse Regung mit Schuldkomplexen erklären will, die ins Unterbewusstsein verdrängt wurden.[3] Das Verdienst von Dodds liegt darin, darauf aufmerksam gemacht zu haben, dass Christen und Heiden gleichermaßen von der Grundstimmung der Zeit erfasst waren, dass die Erlösungsreligionen, die neuplatonische Modephilosophie und der Gnostizismus Symptome einer allgemeinen Gemütslage sind. Die Frage jedoch, warum die Menschen gerade in dieser Epoche so große Unsicherheit verspürten und die Orientierung auf das Jenseits die breiten Massen erfasste, bleibt unbeantwortet. Es scheint aussichtsreicher, einen Blick auf das Politische zu werfen, nicht zuletzt, weil die prägenden spirituellen Strömungen der Zeit ein gestörtes, ein ablehnendes oder gar ein Nicht-Verhältnis zum Politischen aufweisen.

An der Wende vom zweiten zum dritten Jahrhundert ging das Römische Reich einer schweren Krise entgegen, die zunächst vor allem äußere Gründe hatte.[4] Im Norden und Nordosten hatten sich die germanischen Stämme in Bewegung gesetzt und bedrängten die Grenzen des Imperiums; im Osten waren es die Parther, die unter den kultischen und politischen Reformen der Sassanidendynastie erstarkten und den persischen Anspruch auf Weltherrschaft erneuerten. Ihre modernisierte Armee mit ihrer gepanzerten Reiterei war den römischen Truppen militärisch überlegen. Um noch einmal Franz Georg Meier zu zitieren:

"Seit dem Beginn des 3. Jahrhunderts aber stießen Angriffe auf die Reichsgrenzen im Nordosten und Osten das Imperium aus der gewohnten Situation überlegener Abwehr in einen wirklichen Existenzkampf. Auf die Mentalität großer Teile der Reichsbevölkerung muß diese Krisensituation als Schock gewirkt haben. Einem politisch interesse- und verantwortungslos gewordenen Bürgertum, das sich mit obrigkeitlicher Förderung auf Privatleben und Erwerb konzentriert hatte, ging das in zwei Jahrhunderten ausgebildete Sekuritätsbewußtsein verloren" (Maier 1998: 24).

Die neue Furcht vor dem äußeren Feind äußerte sich unter anderem darin, dass die Städte im Reichsinneren und schließlich sogar Rom wieder befestigt wurden. Aber die politischen und sozialen Konsequenzen der Krise reichten wesentlich weiter. Vor allem erlangte das Militär eine bisher unbekannte Bedeutung. Mit der Regierung des Thrakers Maximius (ab 224) begann die chaotische Zeit der Soldatenkaiser. Die Herrscher wurden von den Truppen auf den Thron gehoben, konnten sich aber im Schnitt nur zweieinhalb Jahre an der Macht halten, bis sie jeweils gemeuchelt wurden. Erst den illyrischen Kaisern gelang in der zweiten Jahrhunderthälfte eine teilweise Konsolidierung des Imperiums.

Schon die Dynastie der Severinen hatte die Nivellierung der römischen Bürgerschaft betrieben: Kaiser Caracalla erließ 212 die *Constitutio Antoniniana*, die das Bürgerrecht auf die gesamte Reichsbevölkerung ausdehnte. Durch den Strukturwandel des Militärs verstärkte sich dieser Prozess der Nivellierung, der formal die Zahl der Bürger erhöhte, in Wahrheit aber aus Bürgern Untertanen machte. Im Heer wurden die Italiker gegenüber Soldaten orientalischer oder germanischer Herkunft allmählich zur Minderheit und sahen sich alsbald aus den Führungspositionen verdrängt. Das Reich wurde bis in die Zivilverwaltung hinein militarisiert, die Wirtschafts- und Finanzpolitik den militärischen Interessen angepasst. Die alten Eliten der Senatsaristokratie, die schon lange den schleichenden Verlust ihres politischen Einflusses hinnehmen mussten, wurden weiter marginalisiert. Allmählich nahm das Kaisertum absolutistische Züge an und stütze sich immer ausschließlicher auf das Militär.

Mit der innenpolitischen Entwicklung ging ein tiefgreifender religiöser Wandel einher.[5] Der polytheistische Kult der Republik, der in der frühen Kaiserzeit noch einmal eine Renaissance erlebte, verlor an Boden. Dagegen entsprachen die monotheistischen oder henotheistischen Kulte, die die Herrscher aus ihrer orientalischen Heimat mitbrachten, viel besser der Konzentration der politischen Macht in der Hand des Kaisers sowie der Hierarchisierung der Gesellschaft. Auf neuen Göttern wie dem Baal von Emesa, Sol Invictus und Mithras beruhte nun der Herrscherkult und die Religiosität großer Teile des Militärs; die Vergöttlichung der Kaiser fiel damit nicht länger in die zivilreligiöse Kompetenz des Senats. Während der gesamten Kaiserzeit setzte sich die Entmündigung des von jeher aristokratisch geprägten Bürgertums fort und beraubte die Menschen, die sich vorher in der politischen und kultischen Einheit der *res publica* aufgehoben gefühlt hatten, ihres Daseinssinns. Darüber hinaus erschwerte der wirtschaftliche Niedergang, der auf die Militarisierung des Reiches folgte, wenigstens im Bereich des Privaten ein erfolgreiches und erfülltes Leben zu führen. So kam es, dass die orientalischen Erlösungsreligionen und in ihrem Gefolge auch das Christentum allmählich auch in Rom und dem italischen Kernland und selbst in der Oberschicht große Anhängerschaften finden konnten. Sie vermochten das starke Gemeinschaftsgefühl und den Daseinssinn zu vermitteln, die die Römer einst aus der *res publica* bezogen hatten.[6]

Aus der krisenhaften ersten Hälfte des dritten Jahrhunderts ist ein Dialog überliefert, der die Debatte um die *vera religio* ausdrücklich zu seinem Thema macht, der *Octavius* des Minucius Felix.[7] Die Rahmenhandlung beschreibt eine beinahe heitere Szene, in der der Autor mit seinen Freunden, dem Heiden Caecilius und dem Christen Octavius, am Badestrand von Ostia lustwandelt. Nach Auskunft des Autors besteht der Inhalt des Dialogs im Vorgang der Bekehrung des Heiden vom Aberglauben zur wahren Religion (Oct. I,5). Diese auf Cicero (De nat. deorum II,72; vgl. Fausch 1966: 14) zurückgehende Frontstellung von *superstitio* und *religio* wird in der Rede des Heiden und der Gegenrede des Christen zum Ausdruck gebracht, an die sich am Ende des Dialogs die Bekehrung des Caecilius zum Christentum anschließt. Die Bedeutung der Schrift besteht nun weniger in der Darstellung christlicher Glaubensinhalte; denn Octavius versucht seinem Widerpart das Christentum intellektuell schmackhaft zu machen, indem er weder auf die Bibel verweist, noch die Erlösungstat Christi besonders hervorhebt. Jesus von Nazareth als historische Person spielt keine Rolle, wie dies fast bei allen Apologeten und Kirchenvätern der Fall ist. Vielmehr zeichnet sich das Werk gegenüber anderen apologetischen Schriften durch die Dialogform aus, die uns ein ausgezeichnetes Bild der römisch-heidnischen Gegnerschaft des Christentums vermittelt.[8] Obschon sich Christ und Heide alle denkbaren Vorwürfe an den Kopf werfen, unterscheidet sich doch die Leichtigkeit der Rahmenhandlung und die zivilisierte Weise, in der die Gesprächsteilnehmer miteinander umgehen, ganz deutlich von dem literarischen Berserkertum eines Tertullian, der mit Sarkasmus und brutalem Spott über seine heidnischen Gegner herfällt. In dem ausgewogenen und keineswegs inkonsistenten Portrait, das Minucius Felix von der Person des römischen Heiden Caecilius zeichnet, vereinen sich der Skeptiker, der bald stoische, bald epikureische Philosoph, der zivilreligiöse Pragmatiker und konservative Verteidiger des *mos maiorum*.[9]

Caecilius folgt zu Beginn seiner Rede der Ansicht der Skeptiker, wonach „alles Wissen im Bereich des Menschen unsicher und zweifelhaft ist und eigentlich immer in der Schwebe bleibt, dass alles nur als wahrscheinlich, nicht als wahr gelten darf (*omnia verisimilia quam vera*)" (Oct. 5,2). Es sei sinnlos, die Grenzen der menschlichen Unzulänglichkeit überwinden zu wollen und nach dem Überirdischen zu forschen (Oct. 5,5-6). Wenn man die Welt betrachte, könne man doch keinerlei ordnendes Walten einer Vorsehung feststellen. Vielmehr vollziehe sich alles kosmische Geschehen in einer endlosen Kreisbewegung. Selbst Mensch und Tier seien nichts weiter als eine beliebige Verbindung jener Elemente, in die sie am Ende wieder zerfielen. Naturkatastrophen, Seuchen und Kriege träfen gute und schlechte Menschen gleichermaßen, gute Herrscher kämen ebenso an die Macht wie schlechte, die Hand eines göttlichen Lenkers sei nirgendwo zu erkennen (Oct. 5,8-12). Das Fazit lautet:

„(...) entweder ist die Wahrheit nicht sicher erkennbar, sie bleibt verschleiert und entstellt, oder – was glaubwürdiger ist – die von aller Gesetzmäßigkeit freie Fortuna herrscht im unsteten Wechsel der Verhältnisse" (Oct. 5,13).[10]

Gleich im Anschluss lässt Caecilius die konservative Haltung gegenüber sozialen, moralischen und kultischen Fragen erkennen, wie sie zu allen Zeiten fast natürlich aus dem Skeptizismus gefolgert wurde.

„Wenn also entweder das Walten der Fortuna gewiss ist oder aber die Natur ungewiss, dann ist es weitaus verehrungswürdiger und besser, dass sich die Diener der Wahrheit der Lehre der Alten anschließen, die überlieferten Weisen der Gottesverehrung pflegen (*religiones traditas colere*) und jene Götter verehren, die dich die Eltern weniger vertraulich kennen als vor allem fürchten lehrten; statt über das Göttliche (*numina*) zu urteilen, sollte man den Vorfahren vertrauen, die in der Einfachheit der Zeit des Weltenbeginns sich Götter zu Freunden oder zu Königen gewannen" (Oct. 6,1).

Es versteht sich von selbst, dass dieser Haltung gegenüber der *religio* keine Wahrheitskriterien zugrunde liegen. Der römische Begriff *religio* bezieht sich vor allem auf die kultische Praxis, auf den Gottesdienst und das Opfer, jedoch nicht auf konkrete Glaubensinhalte. In diesem Sinne beharrt Caecilius auf dem politischen Nutzen des Götterkultes, der sich in der Erfolgsgeschichte des Römischen Reiches manifestiere. Es folgt ein Bekenntnis zur römischen Zivilreligion, wie es in dieser Prägnanz selten zu finden ist. Gerade die Offenheit der römischen Kultgemeinschaft, die ohne Rücksicht auf Wahrheitserwägungen die Götter der Besiegten anerkennt, erklärt nach Ansicht des Caecilius den Erfolg der Römer:

„So konnten sie ihre Macht und ihren Einfluss über den ganzen Erdkreis ausdehnen, so hat sich ihr Reich bis jenseits der Sonnenbahnen, ja sogar über die Grenzen des Weltmeeres hinaus ausgebreitet. Denn: im Kriege übten sie sich in religiöser Tugend (*virtus religiosa*); die Stadt befestigten sie mit der Verehrung der Heiligtümer (*sacrorum religiones*), der Reinheit der vestalischen Jungfrauen, den Würden und Vorrechten ihrer Priester; belagert und auf dem Kapitol eingeschlossen, verehren sie noch ihre Götter, von denen ein anderer sich längst wegen ihrer Ungnade abgewandt hätte, und schreiten dahin durch die Reihen der Gallier, die solche Kühnheit des Glaubens bestaunen, waffenlos, nur gewappnet mit dem religiösen Kult (*cultu religionis armati*); noch im Siegestaumel, auf den eben eroberten feindlichen Wällen, verehren sie schon die besiegten Gottheiten (*victa numina*); von überallher laden sie fremde Götter und machen sie zu den ihren; selbst unbekannten Gottheiten und Manen errichten sie Altäre. So gewinnen sie sich, indem sie die Heiligtümer (*sacra*) aller Völker aufnehmen, auch ihre Reiche. (…) überall wirst du finden, wie sie die Riten aller Götterkulte (*religiones*) aufgenommen haben, entweder als Dank für eine göttliche Gnade oder um einen drohenden göttlichen Zorn abzuwenden (…)" (Oct. 6,2-7,2).

Gerade der letzte Satz dieses Zitates verweist auf das *do ut des*, den Leitgedanken der römischen *religio*. Ein Römer verehrt die Götter, weil er sich von ihnen in dieser Welt etwas Konkretes erwartet, sei es Schutz, Reichtum oder Familienglück, oder weil er Unheil von sich fernhalten will. Schon Cicero verwies darauf, dass die Grundbegriffe des römischen Kultes, *sanctitas*, *pietas* und *religio*, nur dort Sinn haben, wo die Sorge der Götter um das diesseitige Wohl der Menschen vorausgesetzt wird (De nat. deorum I,3).[11] Selbst der Skeptiker zweifelt nicht an dem Wohl, das den Römern aus ihrem Kult erwächst. Die Ehrfurcht (*timor*) vor den Göttern stärkt den politischen Zusammenhalt, die militärische und zivile Moral. Die Frage nach der Wahrheit der Götter stellt sich in diesem Zusammenhang freilich nicht. Die *religio* ist altehrwürdig (*vetusta*), nutzbringend (*utilis*) und heilsam (*salubris*), schließt Caecilius seine Lobesrede (Oct. 8,1), um gleich darauf zu zeigen, warum die Christen dies alles in Gefahr bringen. Erst aus dieser zivilreligiösen Perspektive werden viele Vorwürfe verständlich, die in jener Zeit gegen das Christentum vorgebracht wurden.

Weil das Christentum, das von der Egalität der jenseitigen Heilsgemeinschaft ausgeht, prinzipiell allen Bevölkerungsschichten gleichen Zugang zu den gottesdienstlichen Handlungen gewährt, zersetzt es in den Augen des Heiden die Ordnung der *civitas*, die etablierten sozialen und kultischen Differenzierungen zwischen Patriziern und Plebejern, Patronen und Klienten, Herren und Sklaven, Männern und Frauen. „Aus dem untersten Bodensatz (*de ultima faece*) sammeln sich da die Ungebildeten und die leichtgläubigen Weiber, die wegen der Beeinflussbarkeit ihres Geschlechtes ohnedies auf alles hereinfallen", schimpft Caecilius (Oct. 8,4). Da die Christen unter den gegebenen Umständen zur Heimlichkeit gezwungen waren, unterschieden sie sich in den Augen heidnischer Römer kaum von den esoterischen Mysterienkulten mit ihren oft blutigen Initiationsritualen (vgl. Oct. 9,5). So wettert Caecilius gegen die Nichtöffentlichkeit des schändlichen

Kultes (*pravae religionis obscuritas*) (Oct. 10,1), die die Subversivität des Christentums noch einmal verschärft.

„[Die Christen] bilden eine gemeine Verschwörerbande (*profana coniuratio*), die sich in nächtlichen Zusammenkünften, bei Feierlichkeiten mit Fasten und menschenunwürdiger Speise nicht im Heiligen (*sacrum*), sondern im Verbrechen verbrüdert; eine obskure, lichtscheue Gesellschaft, stumm in der Öffentlichkeit, in Winkeln geschwätzig" (Oct. 8,4).

Der heidnische Kult dagegen, werde von den Christen in aller Öffentlichkeit verachtet. Ihre „trügerische Hoffnung auf eine Auferstehung" bewirke, dass ihnen der Sinn für den diesseitigen Nutzen des Götterkultes abgeht und die Folter- und Todesstrafen für den kultischen Frevel kaum abschreckende Wirkung zeigen (Oct. 8,4-5). Selbst die abwegigsten Gerüchte, die unter den Römern kursierten – bei den christlichen Zusammenkünften mit ihren Brüder- und Schwesternbünden, handle es sich in Wahrheit um inzestuöse Orgien – fügen sich in diese Argumentationslogik ein (Oct. 9,2; 9,6-7). Denn im Grunde will der Heide nur auf eines hinaus: Die Christen zerstören die *pietas*, die Frömmigkeit, die sowohl gegenüber den Eltern als auch gegenüber den Göttern geboten ist, die Tugend, die die soziale und kultische Ordnung der *civitas* trägt. Aus römischer Sicht ist das Christentum eine in jeder Hinsicht unfromme Vereinigung (*inpia coitio*) (Oct. 9,1).

Doch das Christentum ist noch in weiterer Hinsicht mit der zivilreligiösen Maxime des *do ut des* unvereinbar. Denn jener Gott, den, so sagt Caecilius, kein freies Volk dieser Erde kennt, erwies sich als machtlos, als er das Volk der Juden, das ihn lange als einziges verehrte, in die römische Gefangenschaft gehen ließ (Oct. 10,3-4). Er, der verspricht, die Auferstandenen zu retten, scheint noch nicht einmal den Lebenden helfen zu können. Den Gläubigen wird ein schwammiges Bild jenseitiger Freuden vermittelt, dafür sollen sie sich aber der diesseitigen Freuden – selbst der anständigen – enthalten (Oct. 12,4-5). Noch weniger lassen sich mit dem *do ut des* der Gnadengedanke und das damit verbundene Prädestinationsproblem vereinbaren. Der christliche Gott erscheint als ein ungerechter Richter, „der an den Menschen ihr vorbestimmtes Los (*sors*) und nicht die freie Willensentscheidung (*voluntas*) straft" (Oct. 11,6). Caecilius schließt seine Kritik des Christentums mit einem Aufruf zur Skepsis:

„Darum: Wenn euch noch etwas Weisheit oder Bescheidenheit geblieben ist, so gebt es auf, die Räume des Himmels und die geheimen Zusammenhänge der Welt zu durchforschen. Es ist genug, das unmittelbar vor euren Füßen Liegende zu erkennen, besonders für so ungebildete, ungehobelte, plumpe, bäurische Köpfe! Wem es nicht einmal gegeben ist, die politischen Dinge (*civilia*) zu verstehen, dem ist es erst recht verwehrt, über die göttlichen Dinge (*divina*) zu streiten" (Oct. 12,7).

Man solle es lieber mit den skeptischen Akademikern halten, die wie ihr Stammvater Sokrates erkannt hätten, dass „im Eingeständnis der Unwissenheit die höchste Weisheit" liegt und in den höchsten Fragen allein der Zweifler ein Philosoph bleibt (Oct. 13,2-3); „denn sonst wird entweder ein weiberhafter Aberglaube (*anilis superstitio*) herbeigeführt oder aber die Religion wird ganz zerstört (*omnis religio destruatur*)" (Oct. 13,5).

Viele der Argumente, die Caecilius vorbringt, sind nun nicht gerade neu und finden sich, wie noch gezeigt wird, zum Beispiel auch bei Seneca. Doch erst die christliche Perspektive lässt es als heuchlerisch erscheinen, aus Opportunität am Kult festzuhalten, wenn man die Falschheit seiner theologischen Prämissen schon erkannt hat. Unter den Intellektuellen der späten Republik und der frühen Kaiserzeit war diese Haltung einigermaßen verbreitet und galt aus Gründen politischer Utilität als unumgänglich. Allerdings war die pragmatische Argumentation nur solange plausibel, als der Bestand der *civitas* von der Pflege des Kultes abzuhängen schien. Doch unter den bereits beschriebenen politischen Bedingungen im dritten Jahrhundert litt sie an inneren Widersprüchen. Die *civitas*, von Cicero als Rechtsgemeinschaft der Bürger (*iuris societas civium*) definiert (De re publ. I,49), und der sie stützende polytheistische Kult drohten durch die sozialen Entwicklungen und die religionspolitischen Entscheidungen der orientalischen Kaiser zum Auslaufmodell zu werden. Nur noch Minoritäten, deren Führer sich aus dem alten Senatorenadel rekrutierten, hielten an den Göttern fest, die ihrer Ansicht nach Rom groß gemacht hatten.

Unter diesen Bedingungen ist es mehr als erstaunlich, dass die Protagonisten der *vera religio* – das gilt selbst noch für Augustinus, dessen De civitate Dei zwei Jahrhunderte nach dem *Octavius* verfasst wurde – sich fast ausschließlich gegen diese aristokratische Minderheit wandten, die ohnehin zur Marginalisierung verurteilt zu sein schien. Die Mysterienkulte, die im Wettbewerb um die spirituelle Orientierung der Massen viel gefährlichere Konkurrenten gewesen sein mussten, werden entschieden seltener thematisiert. Für das Phänomen gibt es mehrere Erklärungen, die durch den *Octavius* bestens illustriert werden. Erstens, lange bevor das Christentum zur Religion der Massen wurde, sahen sich die Christen scharfen Angriffen von Seiten der Zivilreligion ausgesetzt, weil sie, anders als die Juden und die Anhänger der Mysterienkulte, den Kult öffentlich verachteten. Die politischen Miseren, unter denen das Reich zu leiden hatte, wurden daher gerne den Christen angelastet, da sie den Schutzgottheiten nicht den gebührenden Respekt zollten. Zweitens, das Christentum drang dem exoterischen Wesen seiner Botschaft gemäß an die Öffentlichkeit. Dort aber kollidierte es nicht mit den Mysterienkulten, sondern mit der Zivilreligion. Drittens, eine literarische Auseinandersetzung war mit den Protagonisten der östlichen Religionen kaum möglich, sondern nur mit jenen Heiden, die derselben Bildungsschicht entstammten. Die literarische Basis der Debatte um die *vera religio* sind die Werke des Cicero, Varro, Sallust, Vergil und Livius. Minucius Felix und Tertullian waren Juristen, Laktanz, Arnobius und Augustinus Rhetoriker; sie hatten die gleichen Ausbildungswege durchlaufen wie ihre Gegner und waren oft persönlich mit ihnen bekannt (Andresen 1991: vff.). Auch die Dialoggegner im *Octavius* werden schon zu Beginn als Freunde vorgestellt, als sie sich noch als Christ und Heide gegenüberstehen. Die Szene ist durchaus realistisch.

Die Rede des Caecilius, der dieses gebildete Heidentum paradigmatisch verkörpert, lässt andererseits verständlich werden, warum die christlichen Apologeten in verschiedene Richtungen argumentieren mussten. Sie konnten es nicht dabei belassen, der Falschheit des Aberglaubens die Wahrheit der christlichen Religion entgegenzustellen und das *do ut des* der Zivilreligion als historischen Irrtum zu entlarven. Sie mussten auch den Skeptizismus bekämpfen und gegen ihn die Möglichkeit einer transzendenten Wahrheit behaupten. Da ihre Wahrheit aber nicht die der hellenischen Philosophen war, zu der man intellektuell hinaufstieg, sondern eine Offenbarung, die sich an die Öffentlichkeit der Gesamtbevölkerung richtete, konnten sie sich nicht auf die Lehre im esoterischen Kreis zurückziehen. Sie mussten sich mit den politischen Konsequenzen auseinander setzen, die sich aus der christlichen Botschaft ergaben, und mit denen sie ihre heidnischen Opponenten konfrontierten. Aufgrund der politischen Implikationen des *religio*-Begriffs stellt sich von Anfang an nicht nur die Frage nach den spirituellen und eschatologischen Konsequenzen der *vera religio* für das Individuum, sondern auch die Frage nach der Gestalt einer Politik der Wahrheit. In diesem Punkt aber bleibt die frühe Apologetik die Antwort schuldig. Natürlich kann der Dialog *Octavius* nur damit enden, dass sich der Heide zum Christentum bekehrt. Aber das Hauptargument des Heiden, nämlich dass die Christen die öffentliche Ordnung zersetzen, bleibt im Grunde unwidersprochen. Der Christ Octavius verwendet viel Mühe darauf, die ungerechtfertigten Angriffe gegen die Christen zu widerlegen, und weist die Ungeheuerlichkeiten der unterstellten Mysterienpraxis wie Kindsmord, Blutopfer und Inzest zurück. Das Verbot der Abtreibung dient ihm sogar als Ausweis einer überlegenen Moralität der christlichen Gemeinschaft (Oct. 30,2). Aber er verrät nicht, wie denn eine christliche *civitas Romana* aussehen könnte. Dies schien freilich in seiner Zeit noch nicht als historische Möglichkeit in Betracht zu kommen. Tertullian war da ganz deutlich: Nichts ist dem Christen fremder als die öffentlichen Angelegenheiten (*nec ulla magis res aliena quam publica*), schreibt er im *Apologeticum*. An die Stelle der Sorge um die *civitas* setzt er einen diffusen Kosmopolitismus: „Ein Gemeinwesen nur kennen wir für alle: die Welt" (Apol. 38,3). Ähnlich Minucius Felix: Er meint, man könne „die Probleme des bürgerlichen Daseins nicht zufrieden stellend lösen, wenn man nicht die umfassende Gemeinschaft der Weltbürgerschaft (*mundi civitas*) kennt" (Oct. 17,2). Weil aber die Kosmopolis keine konkrete Gemeinschaft ist, kann die *vera religio* nicht einfach mit dem Kult einer bestimmten *civitas* in Verbindung gebracht werden. Die Wahrheit der Religion ist also etabliert, aber eine wahre Politik scheint noch ausgeschlossen. Vielmehr betont Minucius die Innerlichkeit des wahren Kultes, der nicht auf öffentliche Tempelbauten angewiesen sei (Oct. 32,1-3).

Gegen das Argument der Heiden, die Zivilreligion sei unabdingbar, um die bürgerliche Ordnung aufrechtzuerhalten, setzten Tertullian und Minucius Felix eine radikale Romkritik, die einen Fortbestand der *civitas* gar nicht als wünschenswert erscheinen lassen.[12] Von Anfang an ist Rom auf Verbrechen erbaut, schon seit Romulus seinen Bruder Remus erschlug und die Stadt als Asyl für Schwerverbrecher begründete, heißt es im *Octavius* (Oct. 25,1-3). Nicht Frömmigkeit und Religiosität sind es, denen Rom seine Größe verdankt, sondern im Gegenteil Ruchlosigkeit und Frevel:

„Die Nachbarn von ihren Äckern zu verdrängen, die umliegenden Städte mit ihren Tempeln und Altären zu zerstören, Gefangene zusammenzutreiben, durch fremden Schaden und eigene Verbrechen emporzukommen: das ist die Politik, die den anderen Königen und später dann den Feldherrn mit Romulus gemeinsam ist. So ist alles, was die Römer innehaben, was sie nutzen und besitzen nur Gewinn ihrer Dreistigkeit. Alle ihre Tempel sind aus Beutegut gebaut, das heißt aus dem Untergang von Städten, mit Tempelraub und Priestermord. Spott und Hohn aber ist es, überwundenen Kulten zu dienen, nach dem Siege die unterjochten Götter zu verehren. Denn anzubeten, was man mit eigener Hand davongetragen hat, das heißt den Tempelraub heilig halten, nicht die Gottheiten. Zahlreich wie die Triumphe der Römer sind auch ihre Frevel. Sooft sie ihre Siegestrophäen von fremden Völkern holten, sooft haben sie Gottesraub begangen. Das heißt, daß die Römer nicht darum so mächtig sind, weil sie fromm (*religiosi*) sind, sondern einfach darum, weil sie ungestraft frevelten (*inpune sacrilegi*)" (Oct. 25,4-7; vgl. Tertullian, Apol. 25,12-17).

Bei Tertullian findet sich ein einziges Argument, das für den Erhalt der römischen *civitas* zu sprechen scheint, und das ergibt sich aus der apokalyptischen Naherwartung. Weil nach der gängigen Interpretation der Danielapokalypse das Römische Reich jenes vierte Reich ist, das dem Weltuntergang unmittelbar vorausgeht (vgl. Dan. 2,1-45), müssten die Christen für seinen Bestand beten, um noch etwas Vorbereitungszeit bis zum Weltgericht und dem Anbruch des Jenseits zur Verfügung zu haben (Apol. 32,1). Es ist anzunehmen, dass die Herkunft des Minucius und Tertullian bei dieser Einschätzung eine Rolle gespielt hat. Denn in Afrika war immer eine gewisse Reserve gegenüber dem Imperium zu beobachten, das weithin als Besatzungsmacht wahrgenommen wurde. Später manifestierte sich dies im

Vera religio 45

Schisma von 312 und der Abspaltung der donatistischen Kirche, die einen exklusiven Kirchenbegriff mit afrikanischem Patriotismus verband (Deane 1963: 175ff.; Baus/Ewig 1999: 143ff.; Brown 1982: 186ff.). Auf die anderen afrikanisch-christlichen Schriftsteller des dritten und frühen vierten Jahrhunderts wie Cyprian und Arnobius kann ich an dieser Stelle nicht eingehen. Hinsichtlich der politischen Haltung bildet aber lediglich der späte Laktanz eine gewisse Ausnahme. Freilich machte dieser, nachdem er unter den Verfolgungen Diokletians seine Stellung als Rhetoriklehrer verloren hatte, plötzlich am Hofe Konstantins Karriere und wurde Lehrer des Kaisersohnes. Aber seine ‚politische Theologie' beschränkt sich im wesentlichen auf die Lehre, dass den Kaisern, die die Christen unterstützen oder zumindest tolerieren, von Gott größeres Herrscherglück gewährt werde, als den Kaisern, die die Christen verfolgen. Eine christliche Reichstheologie im eigentlichen Sinne hat er nicht entwickelt (von Campenhausen 1986: 70ff.).

Die politische Frage, wie sich denn das Römische Reich mit der *vera religio* des Christentums verbinden könne, wurde zuerst auch nicht von den christlichen Denkern beantwortet, sondern von der Politik selbst. Die konstantinische Wende hatte religionspolitische Fakten geschaffen, die die christlichen Denker nicht ignorieren konnten. Auf das hoch umstrittene Thema, welche Motive denn hinter der fortschreitenden Privilegierung des Christentums durch Konstantin standen, kann ich hier nicht eingehen. Tatsache ist jedoch, dass nun der Kaiser, wie er in seinen Briefen zu innerchristlichen Streitigkeiten ausdrücklich betonte, für sich selbst beanspruchte, den Weg der *vera religio* zu weisen (Baus 1999: 467). Mit anderen Worten, Konstantin der Große vollzieht die Identifikation von Politik und Wahrheit – allerdings noch nicht mit letzter Konsequenz, insofern die alten Kulte vorerst bestehen bleiben durften und zum Teil noch öffentliche Gelder erhielten. In einer Zeit freilich, in der es noch keine zentrale Lehrautorität gab, blieb dem Kaiser kaum anderes übrig, als in Wahrheitsfragen einzugreifen, nachdem er seine Herrschaft auf eine stabile christliche Basis stützen wollte und die mannigfaltigen dogmatischen Streitereien zwischen den christlichen Richtungen nicht tolerieren konnte. In diesem Sinne wurde das Konzil von Nizäa, das klare Richtlinien für eine christliche Orthodoxie erarbeiten sollte, eben nicht von kirchlichen Prälaten, sondern vom Kaiser einberufen.

Eusebius von Cäsarea schuf dann eine christliche Reichstheologie, die den Cäsaropapismus legitimierte und Kirche, Christentum und Imperium in eins setzte. Die Identifikation von imperialer Politik und Wahrheit war damit auch theoretisch vollzogen. Christus hatte demnach Ort und Zeit seiner Geburt nicht zufällig gewählt, sondern wollte absichtlich unter dem ersten römischen Kaiser Augustus geboren werden, um die heilsgeschichtliche Bedeutung des Imperiums hervorzuheben. Das Kaisertum, insbesondere die konstantinische Dynastie, nimmt

Eusebius zufolge die Stelle Christi ein, bis dieser mit seiner Parusie die Geschichte des Reiches zu einem glorreichen Abschluss bringt (Gödecke 1987: 199-210; Ottmann 2002: 334-340). Bekanntlich kam es anders. Christus kehrte nicht wieder, stattdessen ging das Reich unter, wenigstens dessen westlicher Teil.

3. Augustinus

Die nichtafrikanischen Kirchenväter des Westens wie Hieronymus oder Ambrosius hatten sich relativ weit an die Reichstheologie angenähert, vor allem nachdem Kaiser Theodosius 391 das Christentum zum offiziellen Reichskult erhoben hatte. Gerade Hieronymus brachte dann aber auch am besten den Schock zum Ausdruck, den die Erstürmung Roms durch die Westgoten unter Alarich im Jahr 410 bedeutete. Er sah das Haupt des Reiches abgeschlagen (*Romani imperii truncatum caput*) und das Licht des gesamten Erdkreises erloschen (*clarissimum terrarum omnium lumen extinctum*) (Demandt 1984: 58). Es ist sicher kein Zufall, dass in der allgemeinen Hilflosigkeit und Verzweiflung wiederum ein Afrikaner antrat, um in der veränderten Situation die theoretische Neubestimmung von Politik, Religion und christlicher Wahrheit vorzunehmen: Augustinus, Bischof in der numidischen Stadt Hippo Regius. Seine Lösung dominierte das politische Denken des Abendlandes bis zur Renaissance, wurde von der Reformation in modifizierter Form wieder aufgegriffen und wirkt bis in die Gegenwart hinein.

Das politische Hauptwerk *De civitate Dei contra paganos* – im Deutschen meist recht unglücklich mit *Der Gottesstaat* wiedergegeben – wurde wenige Jahre nach dem Fall Roms begonnen. Ursprünglich hatte das Werk eindeutig eine apologetische Zielsetzung; es ging darum, wie Augustinus im Vorwort schreibt, die *civitas Dei*, die Bürgerschaft Gottes zu verteidigen (De civ. Dei I, praef.). Viele Mitglieder der alten Senatsaristokratie waren vor den Barbaren auf ihre nordafrikanischen Landgüter geflohen und konfrontierten Augustinus dort aus nächster Nähe mit ihren Schuldvorwürfen gegen das Christentum. Gemäß der Logik des römischen Zivilkultes sagten sie, dass es ein schwerwiegender Fehler gewesen sei, die alten Götter aufzugeben, die Rom seit jeher beschützt hatten. Augustinus entwickelte gegen sie eine zweifache Verteidigungsstrategie. Einerseits versuchte er zu zeigen, dass die heidnischen Götter nutzlos sind und also dem *do ut des* gar nicht gerecht werden können. Zweitens wollte er demonstrieren, dass die christliche *vera religio* der römischen Religion überlegen ist, weil sie sich auf eine überlegene Theologie stützen kann. Es gibt inzwischen relativ viel Literatur über den Begriff der *vera religio* bei Augustinus. Was aber, soweit ich sehe, bisher nicht bemerkt wurde, ist, dass Augustinus auch den Begriff der *vera theologia* verwendet

(De civ. Dei VI,8), der uns bei den früheren Apologeten noch nicht begegnet. Was ist also genau der Unterschied zwischen Religion und Theologie? Augustinus definiert Theologie als „Denken und Sprechen über die Gottheit (*de divinitate ratio sive sermo*)" (De civ. Dei VIII,1); Religion auf der anderen Seite meint, wie in der römischen Klassik, die Praxis der Gottesverehrung (*veneratio Dei*). Anders als der neuzeitliche Religionsbegriff, beschränkt sich die *religio* auf die sichtbare Seite des Kultes, den Gottesdienst, die Opfer und Gebete, und umfasst nicht den Glauben und die innere Haltung (Gebhardt 2004c: 227ff.).[13] Das heißt für die wahre Religion, dass sie wahre Theologie nicht beinhaltet, sondern voraussetzt; insofern ist sie die Praxis der Verehrung des wahren Gottes (*deus verus*) (De civ. Dei IV,3).

Weil sich Augustinus über die kultische Praxis hinaus auf das Gebiet der Theologie begibt, muss er sich mit den konkurrierenden Theologien auseinandersetzen, die er in der heidnischen Gesellschaft vorfindet. In der römischen Tradition werden allgemein drei Theologien voneinander unterschieden, die, zurückgehend auf die Stoa, in einer dreifaltigen Theologie zusammengefasst werden. Wie ein moderner Kommentator meint, handelt es sich bei dieser *theologia tripertita* geradezu um das allgemeine Formprinzip hellenistisch-römischen Denkens über das Göttliche (Lieberg 1982). Die älteste Quelle scheinen die Schriften des stoischen Philosophen Panaitios (180-110 v. Chr.) gewesen zu sein. Am weitesten ausgearbeitet fand sich die Lehre aber in den *Antiquitates rerum Divinarum* und den *Antiquitates rerum humanum* des großen römischen Gelehrten Varro. Diese drei Theologien sind erstens die *theologia mythike*, die Theologie der Dichter, von Varro Lateinisch wiedergegeben als *theologia fabularis*; zweitens die *theologia physike*, Lateinisch *theologia naturalis*, die Theologie der Philosophen; und drittens die *theologia politike*, Lateinisch *theologia civilis*, die Theologie der Anführer der Bürgerschaft (*principes civitatis*) (vgl. De civ. Dei IV,27).[14] Leider sind die Werke des Panaitios und des Varro verloren, so dass als bedeutendste Quelle wiederum *De civitate Dei* von Augustinus bleibt, in dem sich ausführliche Exzerpte aus Varros Werken erhalten haben. Um gegenüber diesen drei Theologien nun die Überlegenheit seiner wahren christlichen Theologie zu behaupten, geht Augustinus folgendermaßen vor: Zuerst zeigt er, dass zwischen der Theologie der Dichter und der Ziviltheologie nicht wirklich ein Unterschied besteht: „Ein Theater aber ist allemal in der Stadt. Wer sonst hat es errichtet, wenn nicht die *civitas*?"[15] Dieses Argument nimmt eindeutig Bezug auf das zweite Buch von Platons *Politeia*, wo der Begriff der Theologie erstmals verwendet wird (Politeia 379a; vgl. Kampling 1991: 129). Plato spricht dort über die Rolle des Theaters für die Erziehung innerhalb der Polis. Wie kann es sein, so fragt er, dass die Jugend bürgerliche Tugenden entwickelt, wenn sie im theologischen Unterricht ständig davon hört, dass die Götter sich dauernd gegenseitig bekämpfen und bei jeder

Gelegenheit Ehebruch begehen? Ebenso, so Augustinus, könne ein Römer fragen: „Wie sollten wir das für strafbar halten, was die Götter selbst für heilig erklärten?" (De civ. Dei II,13). Und sicherlich befördert es nicht die Frömmigkeit der Bürger, wenn sie in den Theatern über dieselben Götter lachen, die sie in den Tempeln verehren.[16]

Wenn also die Theologie der Dichter der Ziviltheologie zuzuordnen ist, fragt sich, wie letztere zu beurteilen ist. Aurelius Augustinus erzählt dazu eine Legende, die er in den Schriften Varros fand. Es ist die Erzählung vom zweiten römischen König Numa Pompilius (De civ. Dei VII,34-35). Nach Livius und anderen römischen Geschichtsschreibern war es Numa, der den römischen Kult begründete, nachdem sein Vorgänger Romulus die Stadt gegründet hatte.[17] Varro zufolge bediente sich König Numa okkulter Praktiken, um in die Mysterien der Dämonen eingeweiht zu werden, und auf der Grundlage dieser Mysterien schuf er dann die religiösen Bräuche Roms. Doch das geheime Wissen, auf dem der öffentliche Kult basierte, behielt er für sich, schrieb es in Büchern nieder und versteckte diese an einem vermeintlich sicheren Ort. Lange Zeit später jedoch tauchten die Bücher durch Zufall wieder auf, als ein Bauer nahe der Stadt seinen Acker pflügte. Die Bücher wurden umgehend dem Senat vorgelegt, wo sie einen gewaltigen Schock auslösten.

„Der Senat aber, der die religiösen Bräuche der Vorfahren (*religiones maiorum*) nicht verwerfen mochte und darum Numa beizustimmen sich genötigt sah, hielt diese Bücher für so verderblich, daß er sie nicht wieder vergraben ließ – sonst hätte bloß die wachgewordene Neugier sich um so gieriger auf die bereits ruchbar gewordene Sache gestürzt – sondern diese schändlichen Denkwürdigkeiten den Flammen überlieferte. Er sagte sich, wenn man schon an den Bräuchen festhalten müsse, sei es doch erträglicher, in Unkenntnis ihrer Ursachen zu irren, als durch ihre Bekanntgabe die *civitas* in Aufruhr zu bringen" (De civ. Dei VII,34).

Augustinus spekuliert nun über die mysteriösen Inhalte dieser geheimen Bücher und meint:

„Entweder also war darin von derartig schmutziger und greulicher Wollust der Dämonen die Rede, daß infolgedessen die ganze Ziviltheologie auch solchen Menschen widerlich erschienen wäre, die doch so manches Anstößige in den Bräuchen selbst übernommen hatten, oder aber es trat darin zutage, daß die Götter alle nichts anderes als verstorbene Menschen waren, wie sie von fast allen Heidenvölkern, wenn nur seit ihrem Tode geraume Zeit vergangen war, für unsterbliche Götter gehalten wurden. Denn auch an solchem Kult hatten die Dämonen ihr Wohlgefallen und wußten sich unter Bezeugung von allerlei trügerischen Wundern als Gegenstand der Verehrung an die Stelle der Toten zu setzen, die sie als Götter ausgegeben hatten" (De civ. Dei VII,35).

Darum also dreht sich die Ziviltheologie der Römer, um tote Menschen und Dämonen. Doch wenn die Götter in Wahrheit Dämonen sind, dann ist das *do ut des*, das Utilitätsprinzip des römischen Kultes nicht länger gültig. Denn die Dämonen versuchen immer nur die Menschen zu täuschen. Sie belohnen keineswegs Frömmigkeit, sondern bringen die Menschen dazu sehr unfromme Dinge zu tun. Das erklärt einige krude sexuelle Praktiken des römischen Kultes, von denen Augustinus gleichzeitig geschockt und fasziniert war (vgl. z. B. De civ. Dei II,6; II,26; VI,7; VI,9; VII,21; VII,26). Aber die Intellektuellen wie Varro und Cicero, die eigentlich immer um die Geheimnisse hinter dem Kult wussten, wagten es nicht, sie öffentlich zu machen. Wie einst die Senatoren fürchteten sie, Unordnung in der *civitas* zu stiften. Augustinus schließt, dass das einzige Ziel der römischen Ziviltheologie und der auf ihr basierenden Zivilreligion darin besteht, die öffentliche Ordnung aufrechtzuerhalten und die Macht der Führer zu sichern. Und in diesem Bemühen bilden Politiker und Dämonen eine Allianz:

> „Wie nämlich die Dämonen nur diejenigen in ihre Gewalt bekommen, die sie betrügerisch hinters Licht führen, so pflegten auch menschliche Machthaber (*homines principes*), nicht gerechte, versteht sich, sondern den Dämonen ähnliche, unter dem Namen der Religion (*religionis nomine*) den Völkern Dinge als wahr einzureden, die sie selbst als lügenhaft erkannten. Indem sie sie auf diese Weise enger zur bürgerlichen Gemeinschaft (*civilis societas*) zusammenschlossen, machten sie sie dadurch, ähnlich wie die Dämonen, sich untertan. Welcher schwache, ungebildete Mensch vermöchte sich auch der vereinten Betrügerei der politischen Führer (*principes civitatis*) und der Dämonen zu entziehen?" (De civ. Dei IV,32).

Christen können dies nicht akzeptieren. Denn sie sind im Besitz des Evangeliums, das ihnen den wahren Gott offenbart. Der wahre Gott ist eben der offenbarte Gott, sagt Augustinus (De civ. Dei XIX,22). Und aus der Perspektive einer wahren Theologie ist die Ziviltheologie schlicht eine falsche Theologie, die die Menschen täuscht. Freilich war den römischen Intellektuellen bewusst, dass sich die Ziviltheologie primär der politischen Ordnungserfahrung und keiner göttlichen Offenbarung verdankt, also „die *res divina*, die spirituelle Ordnung der Menschen, aus dem Boden der *res humana*, der politischen Ordnung der civitas erwächst" (Gebhardt 2004b: 113). Aber all die pragmatischen Überlegungen der römischen Denker über den Nutzen der Religion erscheinen nun als blanker Opportunismus. Augustinus zeigt das an mehreren Beispielen: Varro gab zu, dass er, wenn er die Stadt neu gründen könnte, andere Götter wählen würde. Aber weil er es für aussichtslos hielt, mit der Tradition zu brechen, behauptete er, dass es für die innere Ordnung der *civitas* unabdingbar sei, dass die Römer die Götter ihrer Vorfahren verehren – auch wenn diese Götter keine sind (De civ. Dei IV,31). Cicero, der selbst das öffentliche

Amt des Auguren innehatte, lachte über die Auguren, wenn er sich mit gebildeten Leuten unterhielt (De civ. Dei IV,31; vgl. II,27). Schließlich gibt Augustinus einige Fragmente aus Senecas verlorenem *De superstitione dialogus* wieder, in denen die Haltung des Weisen gegenüber der *religio* als eine Verbindung von Skepsis und konservativer Raison beschrieben wird – ähnlich wie zuvor vom Heiden Caecilius im *Octavius* des Minucius Felix.

> „Daher soll nach Seneca der Weise sich von den heiligen Handlungen der Ziviltheologie (*sacra civilis theologiae*) besser jene Teile auswählen, die er nicht in seiner inneren Religion aufnimmt, sondern nur durch äußere Handlungen vortäuscht (*in animi religione non habeat, sed in actibus fingat*). Er sagt nämlich: ‚All das wird der Weise bewahren, weil es durch die Gesetze geboten ist, nicht als ob es den Göttern gefiele'" (De civ. Dei VI,10).

Im esoterischen Kreis konnte man Philosoph sein, seine platonische, stoische, epikureische Wahrheit suchen oder den Skeptizismus pflegen, nach außen hin galt es die Form zu wahren und die Massen nicht zu verunsichern, denen die Philosophie verwehrt blieb. Damit sind wir bei der dritten Form der Theologie angekommen, der *theologia naturalis* der Philosophen. Dort also finden wir den Gott, an den die Intellektuellen glaubten. Doch Varro erklärte, dass sich die *theologia naturalis* nicht als Ziviltheologie eigne, und dies aus zwei Gründen. Erstens kann sie der gemeine Mensch nicht verstehen. Zweitens gibt es unter den Philosophen so viele verschiedene Richtungen und Parteien, dass deren Konflikte nur Unordnung in die *civitas* bringen würden. Augustinus, der Vertreter der wahren Theologie, verweist auf die Widersprüche in Varros religiöser Existenz. „Du möchtest die Naturgottheiten verehren, aber die Zivilgötter zwingt man dir auf."[18] Augustinus ist nicht in der Lage, der *theologia naturalis* zu folgen, im Falle Varros heißt das, dem stoischen Pantheismus. Die Pantheisten, so sagt er, glauben, dass die Natur Schöpfer aller Dinge ist; die wahre Theologie dagegen lehrt, dass Gott auch Schöpfer der Natur ist.[19] Die einzige philosophische Theologie, die nach Ansicht des Augustinus der wahren Theologie nahe kommt, ist die platonische. Der Kirchenvater, der eine große polemische Begabung besaß, empfiehlt, die Römer sollten besser ihre Götter aufgeben und in ihren Tempeln Platon lesen (De civ. Dei II,7; vgl. II,14). Aber, wie er in seiner frühen Schrift *De vera religione* schrieb, war Platon nicht fähig, seine Wahrheit in einer Weise zu formulieren, dass sie jeder verstehen kann. Daher war seine Philosophie dazu verdammt, auf kleine Kreise beschränkt zu bleiben. Nur Christus, dessen Wahrheit sich gar nicht so sehr von jener Platons unterschied, konnte als Fleisch gewordenes Wort Gottes die Wahrheit den Massen verkünden (De vera rel. III,3,8-12). Das Christentum bricht mit aller Esoterik, die die Wahrheit auf kleine Gruppen von eingeweihten Intellektuellen

Vera religio 51

beschränkt. Die wesentliche Wahrheit, die Christus der Menschheit offenbarte, ist das ewige Leben und die ewige Glückseligkeit im Jenseits. Und von der Warte dieser Wahrheit aus, sind alle römischen Götter nutzlos. Selbst wenn sie in der Lage sein sollten, irdische Wünsche zu befriedigen, so können sie doch nicht das ewige Leben verleihen.

Die Frage lautet nun: Kann die wahre Theologie als politische Theologie dienen? Der Theologe Erik Peterson verneinte dies, als er unter Berufung auf Augustinus behauptete, dass es keine wahrhaft christliche politische Theologie geben könne. Kein Herrscher könne glaubhaft die Wesensgleichheit der drei göttlichen Personen repräsentieren, wie sie im orthodoxen Bekenntnis von Nizäa formuliert werde (Peterson 1935). Ich werde abschließend versuchen zu zeigen, dass diese Rede von der Erledigung jeder politischen Theologie nicht mit der augustinischen Argumentation konform geht; – meine Gründe sind allerdings ganz andere als die, die Carl Schmitt in seiner unter dem Titel *Politische Theologie II* veröffentlichten wütenden Replik auf Erik Peterson darlegte (Schmitt 1996b). Ich meine, dass auch Aurelius Augustinus die wahre Theologie zur Grundlage einer wahren Zivilreligion machen wollte, nämlich der Zivilreligion der Bürgerschaft Gottes.

Der erste Hinweis darauf ist, dass Augustinus die falsche Zivilreligion der Römer dem positiven Bild gegenüberstellt, das er von der Religion des alten Israel zeichnet. Er schreibt:

> „Dies Geheimnis des ewigen Lebens ward schon seit Anbeginn des Menschengeschlechts, den jeweiligen Zeiten angemessen, durch gewisse Zeichen und wundersame Hinweise denen, welchen es offenbar werden sollte, von Engeln kundgetan. Sodann ward das jüdische Volk zu einem Gemeinwesen vereinigt, in dem dies Geheimnis seine Darstellung finden (...) sollte (*populus hebreus in unam quandam rem publicam quae hoc sacramentum ageret congregatus est*)" (De civ. Dei VII,32).

Das heißt, dass Israel von Gott dazu erwählt wurde, das Mysterium der Offenbarung Christi prophetisch vorwegzunehmen. Aber darüber hinaus nimmt die religiöse Ordnung Israels jene harmonische Vereinigung von Theologie und Politik im christlichen Gemeinwesen vorweg:

> „Denn nicht nur alle ausdrücklichen Prophezeiungen, nicht nur die guten Sitten und Frömmigkeit fördernden Lebensvorschriften, die darin enthalten sind, sondern auch heilige Dinge wie Priestertum, Stiftshütte, und Tempel, Altäre, Opfer, Zeremonien, Feste und was sonst noch zu dem Gott geschuldeten Dienst gehört (...), haben das abgebildet und angekündigt, was um des ewigen Lebens der Gläubigen in Christo willen teils schon erfüllt ist, wie wir sehen, teils sich noch erfüllen wird, wie wir zuversichtlich erwarten" (De civ. Dei VII,32).

Aber dieses christliche Gemeinwesen kann nicht mit irgendeiner auf Erden existierenden politischen Ordnung identisch sein; es handelt sich, wie Augustinus sagt, um die mystische Gemeinschaft der Bürgerschaft Gottes (De civ. Dei XV,1), die den wahren Gott verehrt, unter dem alle anderen Götter nichts als Dämonen sind. Die *civitas Dei* aber findet ihre Vollendung nicht in dieser Welt, sondern im himmlischen Gemeinwesen des Jenseits.

„Wenn nur die Vorschriften [der christlichen Religion (*religio Christiana*)] über guten und rechtschaffenen Lebenswandel Gehör und Aufmerksamkeit fänden ‚bei den Königen auf Erden, den Jünglingen und Jungfrauen, den Alten mit den Jungen' (Psalm 148,11f.), bei den Menschen jeden Alters und jeden Geschlechts, dazu auch bei denen, die Johannes der Täufer anspricht, den Zöllnern und Soldaten, dann würde das glückliche Gemeinwesen (*res publica*) ein Schmuckstück sein unter den Ländern dieser Erdenwelt und sich zu den Höhen des ewigen Lebens erheben, um dort selig zu herrschen! Doch der eine hört's, der andere verachtet's, und die meisten freunden sich mehr mit den Lastern, die so verführerisch zu schmeicheln verstehen, als mit der heilsamen Strenge der Tugend an. So sollen denn die Diener Christi, seien es Könige, Fürsten, Richter oder Soldaten und Leute aus der Provinz, seien es Reiche oder Arme, Freie oder Knechte, männlichen oder weiblichen Geschlechts, auch das schlechteste, wenn's not tut, und verbrecherischste Gemeinwesen ertragen und durch solche Geduld sich einen herrlichen Platz in jener hochheiligen und erhabenen Engelversammlung und dem himmlischen Gemeinwesen bereiten, in dem Gottes Wille Gesetz ist" (De civ. Dei II,19).

Die Bürger der Gottesstadt kommen also aus allen Völkern und allen sozialen Schichten. Sie sind nur Pilger in dieser Welt und ihren politischen Ordnungen; aber sie konstituieren eine wahrere Stadt, eine *civitas verior*, die alle irdischen Königtümer und Reiche übersteigt (De civ. Dei III,17). Sie werden ewige Bürger, *cives aeterni*, in der wahren *res publica* des Himmels (De civ. Dei III,17). Mit anderen Worten, da bei Augustinus der Bereich des Politischen nicht auf empirische Gemeinschaften beschränkt ist, sondern die mystische Gemeinschaft der *civitas Dei* einschließt, kann nicht vom Ende der politischen Theologie gesprochen werden.[20] Nun heißt das aber nicht, dass zwischen der *vera religio* und den irdischen politischen Gemeinschaften überhaupt kein Zusammenhang besteht. Im Gegenteil, der Fürstenspiegel, der sich im fünften Buch von *De civitate Dei* findet, zeigt, dass ein glücklicher Herrscher (*imperator felix*) nur ein christlicher Herrscher sein kann, der den richtigen Glauben hat und die Verbreitung der wahren Religion befördert (De civ. Dei V,24-26). Aber wegen der Sündhaftigkeit aller Menschen ist auch ein christlicher Kaiser nicht in der Lage, eine vollendete Ordnung zu errichten, die sich ganz auf die *vera religio* stützt. Der Anspruch Konstantins ist damit untergraben. Doch der Herrscher kann versuchen, trotz aller widrigen Umstände des Erdenlebens, für eine Ordnung zu sorgen, die so gut es eben geht, Frieden und Gerechtigkeit gewährleistet, in der die wahre Theologie gelehrt werden darf und in der sich die Gläubigen auf die wahre Bürgerschaft im Jenseits vorbereiten können.

4. Zusammenfassung

Ich habe eingangs behauptet, dass das Christentum eine bedeutende Neuheit einführt: Im Bereich des Politischen wird Anspruch auf objektive Wahrheit erhoben. Dies geschieht in mehreren Phasen. In einer ersten Phase während der vorkonstantinischen Zeit untergraben die Apologeten die Prämissen der politischen Ordnung Roms, indem sie unter Berufung auf die transzendente christliche Wahrheit den römischen Kult zurückweisen, der für sie eine falsche Religion ist. Die positive Formulierung einer politischen Theorie bleibt noch aus. In der zweiten Phase versucht Konstantin in Gemeinschaft mit der Reichstheologie sein Reich auf die Grundlage der wahren christlichen Religion zu stellen und behauptet damit die objektive Wahrheit einer empirischen politischen Ordnung. In der dritten Phase, während des Niedergangs des weströmischen Reiches zerstört Augustinus die Reichstheologie. Seine politische Theorie besagt: Wenn es eine *civitas* gibt, die sich auf die christliche Wahrheit stützen kann, dann ist es die mystische Gemeinschaft der *civitas Dei*. Kein Imperium dieser Welt, auch nicht das mächtigste, kann beanspruchen, eine wahre Politik zu betreiben; damit wird vielmehr der überzeitliche Wahrheitsanspruch des Christentums in Gefahr gebracht. Denn auch das mächtigste Imperium unterliegt der Vergänglichkeit alles Irdischen. Diese unter dem Wahrheitsaspekt vollzogene Übertragung der politischen Theologie von der empirischen auf die mystische Gemeinschaft lässt sich denn am besten mit Augustinus selbst zusammenfassen:

„Die wahre Religion ist aber nicht von einer irdischen Bürgerschaft eingeführt, sondern hat ihrerseits die himmlische Bürgerschaft begründet (*Vera autem religio non a terrena aliqua civitate instituta est, sed plane caelestem ipsa instituit civitatem*)" (De civ. Dei VI,4).

Anmerkungen

1. Ohne dass ich näher darauf eingehen will, wende ich mich damit gegen die grandiose Einseitigkeit jener These Carl Schmitts, wonach alle prägnanten Begriffe der modernen Staatslehre säkularisierte theologische Begriffe sind (Schmitt 1996a: 43). Jan Assmanns Vorschlag, im Gegenzug von der „Theologisierung der politischen Begriffe" zu reden ist aber problematisch, insofern der Begriff der Theologie von Platon im Hinblick auf die Erziehung der Polisbürgerschaft geprägt wurde, mithin ein ursprünglich politischer Begriff ist (vgl. Assmann 2002: 29; Blobel 2001). Besser wäre es, von der Sakralisierung politischer Begriffe zu sprechen. Vgl. Anm. 20.

2. „Das Griechische kennt keine vom zwischenmenschlichen ausgesonderte spezielle Sprache, die auf den Gebrauch den Göttern gegenüber reduziert worden wäre. Es gibt keinen Terminus, der im Zusammenhang mit Vorstellungen, Einstellungen und Handlungen den Göttern gegenüber ein besonderes Gewicht erlangt hätte und sie auch nur pars pro toto hätte zusammenfassen können. Es gibt also keinen Oberbegriff für sie, durch den sie zusammenfassend hätten benannt und damit gleichsam als ein gesonderter Bereich des Lebens von anderen hätten unterschieden werden können. (...) Zusammenfassend ist zu sagen: Von ‚griechischer Religion' kann historisch exakt nicht gesprochen werden" (Feil 1986: 38).

3. „Ich neige dazu, die ganze Entwicklung weniger als eine von außen verursachte Infektion denn als endogene Neurose zu betrachten, als Anzeichen starker und weitverbreiteter Schuldgefühle" (Dodds 1992: 43). Dodds schreibt völlig zu Unrecht, er betreibe Studien über religiöse Erfahrung im Sinne von William James (Dodds 1996: 18). Von dessen Offenheit gegenüber einer den Menschen transzendierenden Realität des *More* findet sich bei Dodds keine Spur (vgl. James 1904: 509ff.). Seine Methode, seine Terminologie und seine Schlussfolgerungen orientieren sich vielmehr an Freuds Schrift über das „Unbehagen in der Kultur" und deren religionspsychologischer Leitthese, wonach der Anspruch der Religionen wesentlich darin besteht, „die Menschheit von diesem Schuldgefühl, das sie Sünde heißen, zu erlösen" (Freud 1953: 120).

4. Zur außenpolitischen und innenpolitischen Situation des Imperiums in der ersten Hälfte des dritten Jahrhunderts vgl. Maier (1998: 24ff.); Hartmann (1982); Pflaum (1991: 401ff.); Bleicken (1995).

5. Zum religiösen Wandel vgl. Maier (1998: 29ff.); Bleicken (1994: 105ff.); Eliade (1979: 308ff.); Voegelin (1997: 192ff.).

6. Der Zusammenhang zwischen der politischen Entmündigung der Bürgerschaft und dem Aufstieg der Erlösungsreligionen ist besonders herausgestellt bei Bleicken (1994: 113f.).

7. Dass Minucius Felix den Isiskult der römischen Zivilreligion zurechnet, verweist auf eine religionspolitische Entscheidung Caracallas (Lieberg 1963: 62). Die Regierung Caracallas (ab 212) kann daher in der Datierungsfrage als *terminus post quem* angenommen werden. Neuere Datierungen sprechen vom zweiten Viertel des dritten Jahrhunderts (Döpp/Geerlings 1998: 441).

8. Der *Octavius* bietet wohl die besten Argumente gegen die These, die Apologeten hätten sich gar nicht an die Heiden gewandt, sondern hätten nur die Glaubensfestigkeit der Mitchristen stärken wollen. Selbst wenn man annimmt, die tatsächlichen Leser seien Christen gewesen, denen man Argumente für die tägliche Auseinandersetzung mit den Heiden liefern wollte, so sind die Texte doch immer noch Ausdruck eines realen Disputs. Denn die Apologeten mussten sich, um diesem Zweck gerecht zu

werden, mit den tatsächlichen Argumenten der Heiden auseinandersetzen. Zur Adressatenfrage und einem Überblick über die diesbezügliche Forschungsliteratur vgl. Zilling (2004: 93-106).

9. Die Parallelen zwischen Tertullians *Apologeticum* und dem *Octavius* sind so evident, dass notwendig von einem Abhängigkeitsverhältnis ausgegangen werden muss. Die große Aufmerksamkeit, die die Forschung lange Zeit dem *Octavius* entgegenbrachte, verdankt sich der Tatsache, dass ihm lange zeitliche Priorität eingeräumt wurde. Ein großer Teil der Sekundärliteratur beschäftigt sich überhaupt nur mit der Datierungsfrage. Als aber zunehmend deutlich wurde, dass die Schrift des Tertullian wohl die ältere ist, erfuhr der *Octavius* vielfach eine deutliche Abwertung. In seinem Standardwerk über die lateinische Patristik meinte etwa Hans Freiherr von Campenhausen, zu Gunsten Tertullians „den sonst unbekannten Minucius Felix getrost beiseite lassen" zu können (Campenhausen 1986: 12). Allerdings völlig zu Unrecht, insofern sich allein der *Octavius* um eine halbwegs faire Darstellung der Ankläger des Christentums bemüht und so dem modernen Leser die Argumente der Apologetik viel besser verständlich werden lässt.

10. Bei Quellenzitaten wurden durchwegs die deutschen Ausgaben herangezogen, die im Literaturverzeichnis aufgeführt sind. Die Natur einer begriffsgeschichtlichen Studie machte es allerdings notwendig, die Übersetzungen an einigen Stellen wortgetreuer nach dem Originaltext wiederzugeben. Ich habe aber darauf verzichtet, die Korrekturen im Detail auszuweisen.

11. Ciceros *De natura deorum* war Minucius Felix bekannt und dient an einigen Stellen des Dialogs als Vorlage (Becker 1967: 10ff.).

12. Zur Romkritik des Minucius Felix vgl. Heck (1984: 154ff.).

13. Vgl. die Definitionen in De civ. Dei IV,30 und VI,9, die auf Varro und Cicero Bezug nehmen.

14. Augustinus kennt die griechischen ebenso gut wie die lateinischen Begriffe. *De civitate Dei* VI,12 (vgl. Cancik 1983: 136).

15. „Theatrum vero ubi est nisi in urbe? Quis theatrum instituit nisi civitas?" (De civ. Dei VI,5). „Nam et civilis et fabulosa ambae fabulosae sunt ambaeque civiles (...)" (De civ. Dei VI,8). „Nunc propter divisionem Varronis et urbanam et theatricam theologiam ad unam civilem pertinere satis, ut opinor, ostendi" (De civ. Dei VI,9).

16. „(...) nec alii dii rideantur in theatris quam qui adorantur in templis (...)" (De civ. Dei VI,6).

17. „Nam quid ille [Numa] molitus sit et quibus artibus deos tales sibi vel illi civitate consociare potuerit (...)" (De civ. Dei III,9).

18. „Naturales deos colere cupis, civiles cogeris" (De civ. Dei VI,6).

19. „In vera autem theologia opus Dei est terra, non mater" (De civ. Dei VI,8).

20. Diese Sakralisierung politischer Begriffe ist bereits bei Paulus vorweggenommen, wenn er die himmlische Gemeinschaft ein *politeuma en ouranois* nennt (Phil. 3,20).

Literatur

Andresen, Carl (1991): Einführung. In: Augustinus (1991): v-xxii.
Assmann, Jan (2002): Herrschaft und Heil. Politische Theologie in Altägypten, Israel und Europa. Frankfurt a. M.
Augustinus, Aurelius (³1991): Vom Gottesstaat. Aus dem Lateinischen übertragen von Wilhelm Thimme. München.
Augustinus, Aurelius (1966): The City of God Against the Pagans. With an English translation by George E. McCracken. 7 Bde. Cambridge.
Augustinus, Aurelius (1997): De Vera religione/Über die wahre Religion. Lateinisch/Deutsch. Übersetzung und Anmerkungen von Wilhelm Thimme. Stuttgart.
Baus, Karl (1999): Von der Urgemeinde zur frühchristlichen Großkirche. In: Jedin (1999): Bd. I.
Baus, Karl/Ewig, Eugen (1999): Die Reichskirche nach Konstantin dem Großen. In: Jedin (1999): Bd. II/1.
Becker, Carl (1967): Der ‚Octavius' des Minucius Felix. Heidnische Philosophie und christliche Apologetik. München.
Bleicken, Jochen (³1994): Verfassungs- und Sozialgeschichte des Römischen Kaiserreiches. Bd. 2. Paderborn.
Bleicken, Jochen (⁴1995): Verfassungs- und Sozialgeschichte des Römischen Kaiserreiches. Bd. 1. Paderborn.
Blobel, Martin (2001): Zur Theologisierung politischer Begriffe in Ägypten und Israel: Jan Assmanns religionspolitologischer Ansatz im Kontext der Säkularisierungsdebatte. In: Hildebrandt/Brocker/Behr (2001): 151-170.
Brown, Peter (1982): Augustinus von Hippo. Eine Biographie. Frankfurt a. M.
Campenhausen, Hans Freiherr von (⁶1986): Lateinische Kirchenväter. Stuttgart.
Cancik, Hubert (1983): Augustin als constantinischer Theologe. In: Taubes (1983): 136-152.
Cicero (1995a): De natura deorum/Über das Wesen der Götter. Lat.-dt. Übersetzt und herausgegeben von Ursula Blank-Sangmeister. Stuttgart.
Cicero (1995b): De re publica/Vom Gemeinwesen. Lat.-dt. Übersetzt und herausgegeben von Karl Büchner. Stuttgart.
Deane, Herbert A. (1963): The Political and Social Ideas of St. Augustine. New York/London.
Demandt, Alexander (1984): Der Fall Roms. Die Auflösung des römischen Reiches im Urteil der Nachwelt. München.
Dempf, Alois (²1954): Sacrum Imperium. Geschichts- und Staatsphilosophie des Mittelalters und der politischen Renaissance. Darmstadt.
Dodds, Eric R. (1992): Christen und Heiden in einem Zeitalter der Angst. Frankfurt a. M.
Döpp, Dietmar und Geerlings, Wilhelm (Hrsg.) (1998): Lexikon der antiken christlichen Literatur. Freiburg/Basel/Wien.
Eicher, Peter (Hrsg.) (1991): Neues Handbuch theologischer Grundbegriffe. 5 Bde. Erw. Neuausg. München.
Eliade, Mircea (1979): Geschichte der religiösen Ideen. Bd. 2: Von Gautama Buddha bis zu den Anfängen des Christentums. Freiburg/Basel/Wien.
Fausch, Walter (1966): Die Einleitungskapitel zum ‚Octavius' des Minucius Felix. Ein Kommentar. Zürich.
Feil, Ernst (1986): Religio. Die Geschichte eines neuzeitlichen Grundbegriffs vom Frühchristentum bis zur Reformation. Göttingen.
Fuhrmann, Manfred (1994): Rom in der Spätantike. Porträt einer Epoche. München und Zürich.
Freud, Sigmund (1953): Abriß der Psychoanalyse. Das Unbehagen in der Kultur. Frankfurt am Main.

Gebhardt, Jürgen (2004a): Politik, Hermeneutik, Humanität. Gesammelte Aufsätze. Zum 70. Geburtstag. Hrsg. von Clemens Kauffmann, Helmut Klumpjan, Matthias Riedl, Hans-Jörg Sigwart. Berlin.
Gebhardt, Jürgen (2004b): Politische Kultur und Zivilreligion. In: Gebhardt (2004a): 101-116.
Gebhardt, Jürgen (2004c): Religion und Christentum in der humanistischen Politik der frühen Neuzeit. In: Gebhardt (2004a): 227-239.
Gödecke, Monika (1987): Geschichte als Mythos. Eusebs ‚Kirchengeschichte'. Frankfurt a. M.
Hartmann, Felix (1982): Herrscherwechsel und Reichskrise. Untersuchungen zu den Ursachen und Konsequenzen der Herrscherwechsel im Imperium Romanum der Soldatenkaiserzeit (3. Jahrhundert n. Chr.). Frankfurt a. M./Bern.
Heck, Eberhard (1984): Minucius Felix und der römische Staat. Ein Hinweis zum 25. Kapitel des ‚Octavius'. In: Vigiliae Christianae 38: 154-164.
Heer, Friedrich (1953): Europäische Geistesgeschichte. Stuttgart.
Hildebrandt, Mathias/Brocker, Manfred/Behr, Hartmut (Hrsg.) (2001): Säkularisierung und Resakralisierung in westlichen Gesellschaften. Ideengeschichtliche und theoretische Perspektiven. Wiesbaden.
James, William (1904). Varieties of Religious Experience. A Study in Human Nature. London/New York/Bombay.
Jedin, Hubert (Hrsg.) (1999): Handbuch der Kirchengeschichte. 7 Bde. Freiburg/Basel/Wien.
Kampling, Rainer (1991): Theologie. In: Eicher (1991): Bd. 5: 129-182.
Leaman, Oliver (^{2}2002): An Introduction to Classical Islamic Philosophy. Cambridge.
Lieberg, Godo (1963): Die römische Religion bei Minucius Felix. In: Rheinisches Museum. Neue Folge 106, 1: 63-79.
Lieberg, Godo (1982): Die theologia tripertita als Formprinzip antiken Denkens. In: Rheinisches Museum. Neue Folge 125, 1: 25-53.
Maier, Franz Georg (1998): Die Verwandlung der Mittelmeerwelt. (Weltbild Weltgeschichte, Bd. 9). Augsburg.
Mann, Golo/Heuß, Alfred (Hrsg.) (1991): Propyläen Weltgeschichte. Bd. 4: Rom. Die römische Welt. Sonderausgabe. Berlin/Frankfurt a. M.
Minucius Felix (1965): Octavius. Lat.-dt. Herausgegeben, übersetzt und eingeleitet von Bernhard Kytzler. München.
Ottmann, Henning (2002): Geschichte des politischen Denkens. Bd. 2: Die Römer und das Mittelalter. Teilbd. 1: Die Römer. Stuttgart/Weimar.
Peterson, Erik (1935): Der Monotheismus als politisches Problem: Ein Beitrag zur Geschichte der politischen Theologie im Imperium Romanum. Leipzig.
Pflaum, Hans-Georg (1991): Das Römische Kaiserreich. In: Mann/Heuß (1991): 317-428.
Platon (1971): Politeia/Der Staat. (= Werke, Bd. 4). Darmstadt.
Schmitt, Carl (^{7}1996a): Politische Theologie: Vier Kapitel zur Lehre von der Souveränität. Berlin.
Schmitt, Carl (^{4}1996b): Politische Theologie II. Die Legende von der Erledigung jeder Politischen Theologie. Berlin.
Seston, William (1991): Verfall des Römischen Reiches im Westen. Die Völkerwanderung. In: Mann/Heuß (1991): 487-603.
Taubes, Jacob (Hrsg.) (1983): Religionstheorie und Politische Theologie. Bd. 1: Der Fürst dieser Welt. Carl Schmitt und die Folgen. München/Paderborn/Zürich.
Tertullian (1952): Apologeticum/Verteidigung des Christentums. Lateinisch und Deutsch. München.
Voegelin, Eric (1997): History of Political Ideas. Bd. 1: Hellenism, Rome, and Early Christianity. (= The Collected Works of Eric Voegelin, Bd. 19). Columbia/London.
Zilling, Henrike Maria (2004): Tertullian. Untertan Gottes und des Kaisers. Paderborn.

Keine Politik ohne Moral, keine Moral ohne Religion? Zum Begriff der Zivilreligion

Michaela Rehm

1. Einleitung: die Entstehungsbedingungen der Zivilreligion

Die Zivilreligion ist ein Phänomen des Abendlandes. In anderen Kulturen als den europäisch geprägten scheint es nichts vergleichbares zu geben. Mehr noch: Sie ist ein Phänomen des christlichen Abendlandes; in der Welt der vor- bzw. nichtchristlichen Antike sucht man vergeblich nach ähnlichen Erscheinungen.[1] Und allem Anschein nach muss eine weitere Einschränkung hinzugefügt werden, namentlich, dass die Zivilreligion ein Phänomen des nachreformatorischen Abendlandes ist. Bestimmte Voraussetzungen – die im Folgenden nur grob umrissen werden können – müssen demnach offenbar gegeben sein, damit sich das Konzept einer Zivilreligion entwickelt. Um welche Voraussetzungen handelt es sich?

Die Zivilreligion entsteht dort, wo ein Pluralisierungsprozess vorangegangen ist. Homogene Gesellschaften brauchen keine Zivilreligion; in ihnen besteht Einigkeit über die gemeinsamen Werte, über das, was allen Bürgern heilig ist. Die antiken Polisreligionen etwa waren von dieser Art, dort waren die Mitglieder der Polis identisch mit den Anhängern des in dieser Gesellschaft praktizierten Kultes. Bürger einer bestimmten Polis zu sein, ohne sich an deren Kult zu beteiligen, wäre innerhalb dieser Konzeption gar nicht möglich gewesen. Auch das vorreformatorische Christentum lässt sich als relativ homogen bezeichnen, zumindest in dem Sinn, dass ein von der Mehrzahl der Bürger katholischer Staaten anerkannter Wertmaßstab bestand und die Quelle dieses Maßstabs in der Offenbarung und deren Interpretation durch die römische Kirche verortet wurde. Die relative Homogenität dieser Gesellschaften, die auch von den in ihnen lebenden Angehörigen fremder Religionen nicht wirksam in Frage gestellt worden war, wurde durch die Reformation beendet: Nun waren es nicht mehr nur Minderheiten, die ein anderes Glaubensbekenntnis als die Mehrzahl der Bürger hatten; nun handelte es sich plötzlich um große Teile der Bevölkerung, welche die Dominanz des Katholizismus je nach Stärke der Gruppen erschütterten oder gar ablösten.

Mit der Herausbildung solcher heterogener Gesellschaften stellte sich die Frage, wie die unterschiedlichen Gruppierungen zusammengehalten werden können. Was vermochte an die Stelle der die Mehrzahl der Bürger vormals einenden Religion treten, was den Wertekonsens ersetzen, der mit der religiösen Spaltung in Frage gestellt worden war? Das Phänomen Religion hatte sich schließlich auf drastische Weise – wie etwa die Bürgerkriege im Frankreich des 16. Jahrhunderts und im England des 17. Jahrhunderts zeigen – als eines erwiesen, das sich nicht länger als tauglich zur Vermeidung von Konflikten qualifizieren ließ, vielmehr war es offenbar zu deren Hauptursache geworden. In dieser Situation schien der Ausweg aus der Misere darin zu liegen, das konfliktträchtige Phänomen Religion aus dem öffentlichen in den privaten Raum zu verbannen.

Mochten die Anhänger der verschiedenen Religionen, Konfessionen und Denominationen ihren Glauben in ihren Privathäusern und ihren Gebetsräumen pflegen: Solange sie damit nicht auf den Marktplatz hinaustraten, hatte das den Staat nicht zu kümmern – immer unter der Voraussetzung, dass die jeweilige religiöse Praxis im Einklang mit den geltenden staatlichen Gesetzen war (die Exkommunikation eines abtrünnigen Gläubigen etwa hätte nicht in Widerspruch mit den bürgerlichen Gesetzen gestanden, seine Verstümmelung aber durchaus). Die Privatisierung der Religion, schließlich die Entwicklung hin zur Neutralität des Staates in religiösen Fragen, führte zur weitgehend erfolgreichen Einhegung der Religion: Sie beschwor im Großen und Ganzen gesehen keine öffentlichen Konflikte mehr herauf, weil sie durch die Verbannung ins Private ihren politischen Einfluss eingebüßt hatte. Damit war jedoch zugleich ihre gemeinhin als positiv beurteilte einheitsstiftende Wirkung verloren gegangen, die sie durch die Formulierung und Verteidigung gemeinschaftlich anerkannter Werte, Rituale zu deren Aufrechterhaltung und die Motivierung zur Einhaltung des geltenden moralischen Maßstabs gehabt hatte.

Die Furcht, eine Gesellschaft werde mit der sie einenden Religion zugleich ihres moralischen Fundaments verlustig gehen, steht am Ausgangspunkt der Überlegungen jener politischer Philosophen, die zivilreligiöse Entwürfe vorgelegt haben. Jean-Jacques Rousseau bringt diese Sorge mit der Formulierung auf den Punkt, wenn die Gottheit nicht existiere, gebe es nur noch „den auf seinen eigenen Vorteil bedachten Bösen" (Rousseau 1969: 602, Übersetzung v. V.). Rousseau wird im Folgenden als Kronzeuge einer Konzeption von Zivilreligion herangezogen. Wenn von *der* Zivilreligion und von *dem* Verteidiger der Zivilreligion die Rede ist, wird damit keineswegs in Abrede gestellt, dass es höchst heterogene Varianten von Zivilreligion gibt. Diese zu präsentieren oder den Begriff der Zivilreligion ideengeschichtlich aufzuarbeiten, wird hier nicht angestrebt (vgl. Kleger/Müller 1986, Schlüter 1997/98). Es soll lediglich anhand der Überlegungen Rousseaus exemplarisch gezeigt werden, was das Ausgangsproblem ist, als dessen Lösung eine Zivilreligion vorgeschlagen wird, und wie diese Lösung aussieht. Daran wird sich der Versuch anschließen, die Zivilreligion einer systemimmanenten Kritik zu unterziehen, also zu fragen, ob sie die Zwecke, denen sie dienen soll, tatsächlich zu erfüllen imstande ist. Ziel ist es, zumindest in Grundzügen eine Systematik der Zivilreligion vorzuschlagen – als Beitrag zu einer Diskussion, in deren weiterem Verlauf gewiss auch die Frage, ob sich dieser mit Hilfe von Rousseaus Konzeption unternommene Versuch auf andere Konzeptionen von Zivilreligion übertragen lässt, geklärt werden kann.

2. Das Ausgangsproblem: Wie ist dem Amoralisten beizukommen?

Der Zivilreligion liegt die Annahme zugrunde, Moral könne es ohne Religion nicht geben. Dabei gilt zunächst einmal festzuhalten, dass diese Annahme alles andere als selbstverständlich ist. Ein Beispiel einer Moralphilosophie, die ohne Rückgriff auf Gott als Quelle moralischer Geltungsansprüche auskommt, ist die *oikeiosis*-Lehre (vgl. Engberg-Pedersen 1990), weitere Beispiele lassen sich insbesondere in der antiken Philosophie mühelos finden. In der Regel wird dabei von einem bestimmten Konzept der menschlichen Natur ausgegangen, das zu verstehen bereits die Erkenntnis beinhaltet, was dieser Natur zu- bzw. abträglich ist. Was der menschlichen Natur dient, ist gut auch im moralischen Sinn, was ihr schadet, schlecht. Gekennzeichnet ist diese Natur insbesondere durch ihre Soziabilität und ihre Vernunftbegabung, weswegen all das als positiv beurteilt wird, was das menschliche Zusammenleben friedvoll macht und was es dem Menschen ermöglicht, sich seiner Vernunft zu bedienen und sich so von der Natur des Tieres zu unterscheiden. Die Vernunft fungiert dabei als Normenquelle – sie zeigt auf, welches Verhalten dienlich, welches schädlich ist –, und da jeder Mensch über sie verfügt, kann sich im Fall eines moralischen Fehlers niemand damit herausreden, nicht gewusst zu haben, wie er sich verhalten soll. Für diejenigen Aufklärungsphilosophen, die nach einer Fundierung der Moral ohne Religion suchten, bot es sich an, bei antiken Naturrechtslehrern nachzuschlagen. Denis Diderot etwa versuchte in seinem Artikel *Naturrecht*, den er für die *Encyclopédie* verfasst hatte, darzulegen, dass sich allein mit Hilfe der Vernunft erkennen lasse, was Recht und Unrecht ist. Durch die Vernunft erkennt der Mensch den Gemeinwillen (*volonté générale*), welcher der Wille der gesamten menschlichen Gattung (des *genre humain*) ist. Der Gemeinwille klärt über die Pflichten auf, die jeder Mensch gegenüber seinesgleichen hat – als Angehöriger derselben Gattung. Im so genannten Genfer Manuskript, der ersten Fassung vom *Gesellschaftsvertrag*, setzt sich Rousseau nun mit dem von Diderot propagierten Universalismus auseinander.[2]

Die Vorstellung Diderots, es gebe einen universellen, auf das Wohl der gesamten Gattung bezogenen Gemeinwillen, lehnt Rousseau als „wahre Schimäre" (Rousseau 1964b: 284, *Contrat social, 1ière version*)[3] ab. Dabei kritisiert er nicht die Idee eines universellen Gemeinwillens als solche, sondern deren Folgenlosigkeit – sie führe zu nichts, weil ihre „Bedingungen stets unbekannt oder nicht anwendbar sind und man sie notwendigerweise ignorieren oder übertreten muss" (Rousseau 1964b: 284).[4] Diderot geht davon aus, dass dank dieses Gemeinwillens auch im vorstaatlichen Zustand ein friedliches Zusammenleben der Menschen möglich ist: Es bedarf nicht erst staatlicher Gesetze, um die Individuen zu konfliktvermeidendem Verhalten zu bewegen; schließlich verfügen alle bereits durch ihre Vernunftbegabung über die Erkenntnis dessen, was sozialverträglich ist.

Die Idee einer solchen vorstaatlichen *société générale* mitsamt dem dazugehörigen Gemeinwillen aber wäre Rousseau zufolge nur dann plausibel, wenn man annähme, Gott selbst sorge dafür, dass die natürlichen Gesetze allen Menschen bekannt sind, und wache über deren Einhaltung (vgl. Rousseau 1964b: 285f.). Der Gemeinwille ließe sich dann als Ausdruck des Willens Gottes begreifen. Rousseau zweifelt nun ebenso wenig wie Diderot daran, dass es von allen Menschen erkennbare natürliche Gesetze gibt. Der Unterschied liegt zunächst einmal darin, dass Rousseau anders als Diderot davon ausgeht, dass Gott der Urheber der natürlichen Gesetze ist und durch die Erschaffung des Menschen als vernunftbegabtes Wesen dafür gesorgt hat, dass die Gesetze vom Menschen mittels der Vernunft erkannt werden können. Obwohl Rousseau die natürlichen Gesetze auf Gott zurückführt, während Diderot sie mit Verweis auf die menschliche Natur zu fundieren sucht, sind sie sich zumindest in dem Punkt einig, dass es solche Gesetze gibt und sie von allen Menschen *qua* deren Vernunftbegabung zu erkennen sind. Die Frage, welches Verhalten für den Menschen das richtige ist, wird von beiden mit Verweis auf die natürlichen Gesetze beantwortet (die freilich für Diderot einen anderen Ursprung haben als für Rousseau). Die entscheidende Differenz liegt in der Frage, ob und wie das als richtig erkannte Verhalten den Menschen verpflichtet: Impliziert die Erkenntnis der natürlichen Gesetze allein bereits ein moralisches Sollen? Verpflichtenden Charakter kann das natürliche Gesetz für Rousseau nur dann haben, wenn es einen Gesetzgeber gibt – wobei ein Gesetzgeber nicht nur die Autorität hat, die Gesetze zu erlassen: Zur Gesetzgeberschaft gehört auch die Fähigkeit, die Gesetze durchzusetzen und im Fall ihrer Verletzung Sanktionen zu verhängen. Da der Naturzustand ja nun gerade durch das Fehlen weltlicher Macht charakterisiert ist, kommt als Gesetzgeber nur Gott in Frage. Gott jedoch scheint aus verborgenen Gründen darauf zu verzichten, die natürlichen Gesetze in der *société générale* mit Macht durchzusetzen. Denn sein Wille hat offensichtlich keine Konsequenzen für das Zusammenleben der Menschen in der *société générale*, zumal auch Diderot eingesteht, dass es Menschen gibt, welche die natürlichen Gesetze zwar erkennen, aber aus ihnen keinerlei Verpflichtung ableiten und sich dementsprechend eigennützig verhalten.

Ein solcher Mensch ist der von Diderot in seinem *Encyclopédie*-Artikel vorgestellte „raisonneur violent" – eine Person, die als klug im Sinne von berechnend beschrieben wird, die rücksichtslos auf ihren Vorteil bedacht ist. Diese Person wird nicht einmal abstreiten, dass sie die natürlichen Gesetze kraft ihrer Vernunft erkennen kann. Sie wird aber keinen Grund sehen, weshalb diese Gesetze sie zu einem bestimmten Verhalten verpflichten sollten.[5] Auch mit einer Argumentation nach Art der goldenen Regel wird man ihr nicht beikommen, weil der „raisonneur violent" weiter geht als der klassische Trittbrettfahrer: Während dieser wünscht, dass sich alle anderen an die Regeln halten, damit er von ihrer Regelkonformität profitieren kann (etwa, weil die anderen durch ordnungsgemäßes Entrichten des Fahrpreises die Institution öffentlicher Verkehrsmittel ermöglichen, die der Trittbrettfahrer gerne ohne Bezahlung nutzen möchte), ist dem „raisonneur violent" einerlei, ob die anderen die Regeln befolgen oder nicht. Dementsprechend fragt sich Diderot, was man dem „raisonneur violent" sagen solle, bevor man ihn ersticke, doch der resignative Nachsatz, „bevor man ihn ersticke", weist bereits darauf hin, dass diese Frage rein rhetorischer Natur ist (Diderot 1755: 116).

Rousseau legt im *Genfer Manuskript* den Finger auf die Schwachstelle der Naturrechtslehre Diderots, indem er betont, dass Diderot dem Egoismus des von ihm „raisonneur violent" genannten Amoralisten nichts entgegenhalten kann. Dessen Verhalten ist laut Rousseau höchst rational – zumindest dann, wenn damit zu rechnen ist, dass ein etwaiges altruistisches Verhalten einseitig bliebe. Das aber, so Rousseau, wird immer der Fall sein, solange es keine staatliche Gewalt gibt. Im vorstaatlichen Zustand nämlich ist derjenige der Dumme, der die natürlichen Gesetze nicht nur erkennt, sondern sich auch durch sie zu einem bestimmten Verhalten verpflichtet fühlt: Wenn er sich hilfsbereit und vertrauensvoll zeigt – etwa, indem er Ware auf Treu und Glauben liefert, ohne auf sofortigen Ausgleich zu pochen – gibt es keinerlei Gewähr, dass sein Gegenüber ihm sein Entgegenkommen durch entsprechende Reaktionen danken wird. Wird die Kooperationsbereitschaft einer Person ausgenutzt, hat diese im Naturzustand zudem keinerlei Instanz, an die sie appellieren könnte, um ein egoistisches Gegenüber dazu zu bringen, sich an Abmachungen zu halten. Unter diesen Umständen also ist es vernünftig, egoistisch zu sein. Allein mit Hilfe der menschlichen Vernunft, so argumentiert Rousseau in Hinblick auf Diderots Rationalismus, kann die Moral nicht begründet und verteidigt werden.[6]

Diderots Konzeption scheitert Rousseaus Auffassung nach jedoch nicht allein an seinem Rationalismus. Auch der moralische Universalismus, den er in seinem Ansatz propagiert, kann laut Rousseau nicht funktionieren. Vertreter eines solchen Universalismus werden von ihm mit denen in einen Topf geworfen, die sich Kosmopoliten nennen und die für Rousseau deshalb verdächtig sind, weil sie „sich rühmen, alle Welt zu lieben, um sich das Recht zu nehmen, niemanden zu lieben" (Rousseau 1964b: 287), und Rousseau kann sich nicht vorstellen, dass die Glieder einer *société générale* füreinander Verantwortung übernehmen: Wenn unterschiedslos jeder, ob Nachbar oder Bewohner eines anderen Erdteils (christlich gesprochen) der Nächste ist, um den man sich kraft der gemeinsamen Zugehörigkeit zur menschlichen Gattung kümmern soll, wird man sich für niemanden wirklich verantwortlich fühlen: Ohne konkrete Verbindlichkeiten ist jeder, so glaubt Rousseau, nur um sein eigenes Wohl besorgt.

Der einzige Weg, die laut Rousseau mit dem Universalismus einhergehende Unverbindlichkeit und die mit dem Rationalismus verbundene Folgenlosigkeit der natürlichen Gesetze der *société générale* zu beenden, ist die Schaffung von partikularen Zusammenschlüssen, kurz: von Staaten.[7] Eine exklusive Menge von Individuen wird dabei mit einem exklusiven gemeinschaftlichen Willen ausgestattet. Denn anders als der Gemeinwille Diderots ist derjenige Rousseaus kein universeller Wille, allen Angehörigen der menschlichen Gattungen gemein. Auf den *genre humain* bezogen, muss Rousseaus Gemeinwillen als partikular begriffen werden.[8] Der Gemeinwille also ist der Wille eines konkreten Staates, im vorliegenden Fall der Rousseauschen Republik.

Die *société particulière* des Staates vermag, was die *société générale* nicht zu leisten imstande ist: Sie kann laut Rousseau sogar dem Amoralisten beikommen, und zwar zunächst einmal dadurch, dass dieser durch Belohnung respektive Strafe einen Anreiz erhält, das Interesse der Allgemeinheit zu respektieren. Doch die Leistung des wohlgeordneten Staates geht laut Rousseau darüber hinaus: Er stellt nicht nur Treue zum Gesetz mittels Abschreckung durch Strafe her, sondern kann sogar Liebe zum Gesetz vermitteln. Der gute Staat nämlich macht aus dem egoistischen, vernunftbegabten Tier, das der Mensch im Naturzustand ist, allererst ein sittliches Lebewesen, fähig, die eigenen Interessen dem Wohl der Allgemeinheit unterzuordnen. Eine solche sittliche Metamorphose jedes einzelnen findet durch den Abschluss des Gesellschaftsvertrages statt (vgl. Rousseau 1988: 22f.). Diese Verwandlung macht das Individuum nicht zum Heiligen – Rousseau verdeutlicht, dass jeder eine *volonté particulière* behält, die mit dem Gemeinwohl durchaus konfligieren kann – aber sie ermöglicht es ihm, sich im Falle eines Widerstreites von Partikularwillen und Gemeinwillen zugunsten des letzteren zu entscheiden. Was Rousseau in Aussicht stellt, geht also weit über die staatliche Einhegung von egoistischen Interessen durch Gesetz und Sanktion hinaus. In einem Staat nach Art der von ihm entworfenen Republik wäre es damit auch nicht getan, schließlich wird dem Bürger darin einiges abverlangt, wie folgendes Urteil Rousseaus zeigt: „Das Wort *Steuer* ist ein Sklavenwort (...). In einem wirklich freien Staat tun die Bürger alles eigenhändig und nichts mit Geld" (Rousseau 1988: 102). Wenn es also nicht ausreicht, braver Steuerzahler zu sein, sondern der Bürger sich um alle öffentlichen Angelegenheiten selbst kümmern soll – ob es nun darum gehen mag, eine Straße zu bauen, oder gar in den Krieg zu ziehen – liegt es wohl auf der Hand, dass Gesetzestreue allein nicht ausreicht. Vom Bürger der Rousseauschen Republik wird das erwartet, was man heute Engagement nennt. Und dazu kann man schwerlich wie zur Gesetzestreue verpflichtet werden; anders als diese setzt das Engagement positive Gefühle für das Gemeinwesen voraus: Rousseau spricht von der „Liebe zur Pflicht" oder gar der „Leidenschaft", die Not tut. Die sittliche Metamorphose, die sich beim Übergang vom Naturzustand zum Staat vollzieht, versetzt das Individuum in die Lage, „seine Vernunft zu befragen", so dass „die Stimme der Pflicht an die Stelle des körperlichen Triebs" tritt (Rousseau 1988: 22). Aber das bedeutet nicht, dass hier Gefühl und Vernunft einander gegenübergestellt würden, etwa in dem Sinn, dass das von seinen Gefühlen (und Trieben) dominierte Individuum des Naturzustands in den rein von seiner Vernunft gesteuerten Bürger verwandelt würde. Vor dem Staat ist die Gefühlswelt der Lebewesen von Stumpfsinn gekennzeichnet (ebd.). Der Abschluss des Gesellschaftsvertrages leistet nicht die Ablösung des Gefühls durch die Vernunft, sondern veredelt die Gefühle. Die Bürger haben nun nicht mehr nur ihr eigenes Interesse vor Augen, sondern verfolgen das Gemeinwohl – und zwar nicht aus rationalem Nutzenkalkül (dahingehend, dass Kooperation in der Regel mehr Gewinn verspricht als eine egoistische Strategie), auch nicht, weil sie dazu verpflichtet würden, sondern aus Neigung: Ihre Gefühle motivieren sie zu einem Verhalten, das dem Gemeinwesen zuträglich ist. Sie verhalten sich gemeinwohlkonform aus Liebe zur Pflicht, und zu dieser Liebe werden sie mit Hilfe der Religion motiviert (vgl. Rousseau 1988: 150).

3. Vom Amoralisten zur Stütze des Staates: die Rolle der Religion

Die Religion, die selbst den Amoralisten zu einem von Liebe zum Gesetz erfüllten Bürger machen kann, darf keine Religion mit universalistischer Ausrichtung sein, keine „Religion des Menschen", wie das ursprüngliche Christentum es ist. Eine solche Religion nämlich erwartet vom Individuum, unterschiedslos alle Menschen als Geschwister, als „Kinder des nämlichen Gottes" zu begreifen (Rousseau 1988: 147). Das aber stellt laut Rousseau eine Überforderung dar, seiner Ansicht nach ist es unmöglich, sich für das Schicksal der gesamten Menschheit zu interessieren. Wer das versucht, läuft Gefahr, die hilfsbedürftigen Menschen in seiner Umgebung zu übersehen.[9] Für Rousseau jedoch ist völlig klar, für welchen Personenkreis man Verantwortung trägt: Die Glieder der eigenen politischen Gemeinschaft sind es, um die man sich zu kümmern hat, nicht die Glieder der menschlichen Gattung allgemein. Die Religion, welche in der Lage ist, die Menschen zur Fürsorglichkeit gegenüber ihren Mitbürgern anzuhalten, muss partikularistisch zugeschnitten werden, um die Liebe der Bürger zu ihrem Gemeinwesen und seinen Gliedern zu fördern. Sie darf aber auch nicht das sein, was Rousseau die „Religion des Bürgers" nennt – eine Art Theokratie, in welcher es keinerlei Scheidung von Politik und Religion gibt und der Landesfürst zugleich der Oberpriester ist. Völlig indiskutabel ist die „Priesterreligion", wofür der römische Katholizismus als Beispiel herangezogen wird. Sie wird als schädlich beurteilt, weil sie das Individuum in einen andauernden Loyalitätskonflikt zwischen Kirche und Staat bringt und es solchermaßen „daran hindert, gleichzeitig fromm und Staatsbürger sein zu können" (Rousseau 1988: 146).

Welche Kriterien muss eine Religion erfüllen, welche die gewünschte affektive Bindung an den Staat herstellen kann, ohne die Nachteile der genannten historischen Erscheinungsformen aufzuweisen? Einerseits sollen diejenigen Elemente der „Religion des Bürgers", die der Stabilität des Staates dienen, bewahrt werden, andererseits darf das nicht auf Kosten der Wahrheit gehen – kritisiert Rousseau diesen Typus doch als auf Irrtum und Lüge beruhend (Rousseau 1988: 147). Als weiterer Kritikpunkt kommt die Intoleranz der „Religion des Bürgers" hinzu, die ihre Anhänger fanatisch und blutrünstig macht. Diese Defizite der „Religion des Bürgers" versucht Rousseau nun mit Hilfe der positiven Aspekte der „Religion des Menschen" auszugleichen. Das Ergebnis soll eine Zivilreligion sein, die erstens den Menschen nicht „mit sich selbst in Widerspruch" bringt (wie das bei der „Priesterreligion" der Fall ist). Zweitens muss sie als Bindeglied der Gesellschaft wirken und die „Herzen der Bürger an den Staat heften" (Rousseau 1964b: 287). Drittens darf sie nicht in Widerspruch mit der Wahrheit stehen, auch wenn die als falsch beurteilten Vorstellungen dem Staat von Nutzen wären; und sie muss viertens dem Anspruch der Toleranz genügen.

4. Das ‚rein bürgerliche Glaubensbekenntnis'

Wie sieht nun diese Zivilreligion aus? Rousseau interessiert sich nicht für die metaphysischen Aspekte der von ihm untersuchten Religionstypen. Wie man erlöst wird, mit Gott kommunizieren soll und ähnliche Fragen werden von ihm nicht erörtert, was seinen Grund im Geltungsrahmen des Staates hat: „Das Recht, das der Gesellschaftsvertrag dem Souverän über die Untertanen gibt, geht (...) nicht über die Grenzen des öffentlichen Nutzens hinaus. Die Untertanen sind dem Souverän über ihre Ansichten nur insoweit Rechenschaft schuldig, als diese für das Gemeinwesen erheblich sind" (Rousseau 1988: 150). Was der Bürger folglich in metaphysischen Fragen glaubt, geht den Staat nichts an, denn „in der anderen Welt besitzt er keinerlei Befugnis" (Rousseau 1988: 151):

> „Nun ist es ja für den Staat sehr wohl wichtig, dass jeder Bürger eine Religion hat, die ihn seine Pflichten lieben heißt; aber die Dogmen dieser Religion interessieren den Staat und seine Glieder nur insoweit, als sie sich auf die Moral beziehen und auf die Pflichten, die derjenige, der sie [die Zivilreligion] bekennt, gegenüber den anderen zu erfüllen gehalten ist. Darüber hinaus mag jeder Anschauungen hegen, wie es ihm gefällt, ohne dass dem Souverän eine Kenntnis davon zustünde".

Die Zivilreligion beinhaltet also keine das Diesseits transzendierende Heilslehre und schreibt den Bürgern keine Glaubensinhalte vor, die über moralische Verhaltensnormen hinausgehen. Dementsprechend sagt Rousseau, die Artikel des „rein bürgerlichen Glaubensbekenntnisses" seien keine religiösen Dogmen im eigentlichen Sinn, sondern beinhalteten eine „Gesinnung des Miteinander, ohne die es unmöglich ist, ein guter Bürger und ein treuer Untertan zu sein" (ebd.).

Diese „Gesinnung des Miteinander" stellt eine theistische, am Wohl des Staates ausgerichtete Religion vor, deren Artikel vom Souverän selbst – bei Rousseau also dem Volk – festgesetzt werden (zu den ‚Dogmen' der Zivilreligion vgl. ebd.). Aus dem künstlichen Charakter der Zivilreligion wird kein Hehl gemacht, und weil sie den Bürgern nicht von einer religiösen oder politischen Autorität auferlegt, sondern von ihnen selbst etabliert wird, sieht Rousseau auch keine Schwierigkeit darin, zu ihrem Bekenntnis zu verpflichten. Glaube kann wohlgemerkt kein Gegenstand von Verpflichtung sein; mit Locke ist Rousseau der Meinung, dass es nicht möglich ist, jemanden zum Glauben an etwas zu zwingen. Da aber die Zivilreligion ‚nur' eine „Gesinnung des Miteinander" umfasst, die das gute Zusammenleben der Bürger befördern soll, sieht Rousseau keinen Grund, weshalb irgend jemand sie ablehnen sollte. Die innerweltliche Zivilreligion beschränkt sich darauf, die Bürger zu einem Verhalten aufzufordern, das dem Staat nützlich ist und das sie Rousseaus Ansicht nach wollen können, weshalb er es auch für unproblematisch hält, die Zivilreligion bekenntnispflichtig zu machen.

Das Irritierende aber ist nun, dass die Dogmen der Zivilreligion eben keine Verhaltensregeln zur Verbesserung des menschlichen Zusammenlebens enthalten. Rousseau formuliert sie vielmehr wie folgt:

> „Die Existenz der allmächtigen, allwissenden, wohltätigen, vorhersehenden und sorgenden Gottheit, das zukünftige Leben, das Glück der Gerechten und die Bestrafung der Bösen sowie die Heiligkeit des Gesellschaftsvertrags und der Gesetze – das sind die positiven Dogmen. Was die negativen Dogmen anbelangt, so beschränke ich sie auf ein einziges: die Intoleranz" (ebd.).

Rousseau geht davon aus, dass Anhänger unterschiedlicher Religionen dieses Bekenntnis akzeptieren werden, weil eben nicht der Glaube an einen bestimmten

Gott verlangt wird, sondern von „Gottheit" (*la Divinité*) die Rede ist, so dass jeder selbst entscheiden mag, wie er diesen Begriff besetzt. Nun ist nachvollziehbar, dass die „Heiligkeit des Gesellschaftsvertrages und der Gesetze" sowie das negative Dogma der Intoleranz als für die gewünschte „Gesinnung des Miteinander" relevant gewertet werden. Auch die von Rousseau geforderte Verpflichtung der Bürger, diese Dogmen zu bekennen, ist verständlich, wenn man annimmt, sie bestünden aus Maximen sozialverträglichen Verhaltens. Doch welche Rolle spielen jene Dogmen, die sich auf die Existenz Gottes und ein Weiterleben nach dem Tod beziehen? Es fragt sich, was sie mit der Moral zu tun haben, und ob es Rousseau zufolge tatsächlich genügte, diese Dogmen zu bekennen. Politisch machbar wäre es unter seinen Voraussetzungen sicherlich, den Bürgern das Bekenntnis der „Existenz der allmächtigen, allwissenden, wohltätigen, vorhersehenden und sorgenden Gottheit, das zukünftige Leben, das Glück der Gerechten und die Bestrafung der Bösen" abzuverlangen. Doch es liegt auf der Hand, dass sich durch das Bekenntnis allein die gewünschte Liebe der Bürger zum Staat nicht entwickeln wird. Gleichzeitig gesteht Rousseau ein, dass der Staat niemanden dazu verpflichten kann, die Dogmen der Zivilreligion zu *glauben*. Der Glaube nämlich kann nicht staatlicherseits hergestellt werden, und genau das ist der Grund für das theistische Bekenntnis: Wenn man erstens annimmt, dass es ohne den Glauben an die Existenz Gottes keine Moral geben kann (ebd.; vgl. Rousseau 1969: 1144, *Lettre à M. De Franquières*) und zweitens davon ausgeht, dass der Staat diesen Glauben nicht produzieren kann, drängt sich der Schluss auf, dass der moralinduzierende Glaube dem Staat vorgängig sein muss. Der Staat ist somit darauf angewiesen, Bürger zu haben, deren Glauben er bereits voraussetzen kann. Denn er hat keinen Ersatz für ihn anzubieten und auch die Zivilreligion ist kein Mittel, Glauben zu erzeugen, vielmehr baut sie auf schon vorhandenem Glauben auf. Die Bürger müssen von sich aus an Gott glauben und aus diesem Glauben die Liebe zu ihren Pflichten ziehen, weil auch die Zivilreligion entgegen der gängigen Interpretation keine Ersatzreligion in dem Sinne ist, dass sie tatsächlich an die Stelle eines bereits vorhandenen Glaubens treten könnte.

Die Liebe zur Pflicht also ist für einen Staat, dessen Konzeption nicht nur gesetzestreue, sondern auch engagierte Bürger verlangt, unabdingbar. Gleichzeitig aber lässt sich diese Einstellung nicht auf politischem Weg erzeugen; sie kann aber staatlicherseits gefördert und für das partikulare Gemeinwesen nutzbar gemacht werden. Die Rousseausche Republik braucht Bürger, deren Sitten dem Gemeinwohl dienlich sind (vgl. Rousseau 1964a: 973, *Préface à Narcisse*). Sie sollen nicht mit Zwang dazu gebracht werden, das Gemeinwohl zu verfolgen, sondern sich aus freien Stücken dazu entschließen. Der Staat ist demnach nur das Vorletzte und bleibt angewiesen auf das Wirken einer Macht, die seinem Zugriff entzogen ist.

Zusammenfassung: Welches sind die Annahmen, auf denen das Konzept der Zivilreligion basiert? Die Zivilreligion steht im Dienst der Politik, ihr instrumenteller Charakter wird laut Rousseau von den Bürgern gewollt, weil sie die Stabilität des Staates als wertvollen Zweck ansehen und die Zivilreligion als Mittel, ihn zu realisieren. Nun kann man ja durchaus der Meinung sein, dass es angesichts einer pluralistischen Gesellschaft keine schlechte Idee sein mag, eine Zivilreligion zu etablieren, welche die in unterschiedliche Richtungen strebenden gesellschaftlichen Kräfte einigt und an den Staat bindet. Wie eben gezeigt, steht für Rousseau fest, dass jeder Mensch guten Willens dieser Vorstellung zustimmen wird. Auch in der gegenwärtig geführten Debatte über Zivilreligion teilen einige Diskussionsteilnehmer diese Überzeugung Rousseaus. Schließlich ist nachvollziehbar, weshalb das Konzept einer Zivilreligion – ob nach dem Vorbild Rousseaus oder in abgewandelter Version – in einer Zeit attraktiv wirkt, in der die Herausforderungen des Pluralismus noch größer zu sein und die Unzulänglichkeiten des politischen Liberalismus noch klarer zu Tage zu treten scheinen als in der Epoche Rousseaus. In dieser Situation mag es ratsam sein, sich nochmals konzentriert die Annahmen vor Augen zu führen, auf denen das Konzept der Zivilreligion basiert, und die im Anschluss an die Analyse der Rousseauschen Konzeption formuliert werden können.

Erstens: *Keine Politik ohne Moral.* Abgelehnt wird die liberale Auffassung, der zufolge (verkürzt dargestellt) es die Aufgabe des Staates ist, durch die bürgerlichen Gesetze und Maßnahmen zu deren Befolgung Frieden und Sicherheit herzustellen. Ob jemand sich aus moralischen Gründen – etwa aus Einsicht in das Sittengesetz, wie Kant es formuliert – gemeinwohlkonform verhält oder er nur deswegen nicht seinen Nebenbuhler meuchelt, weil er die staatliche Strafverfolgung fürchtet, spielt keine Rolle. Den Staat hat dieser Auffassung zufolge nicht zu interessieren, aus welchen Beweggründen der Bürger handelt, solange dieser nicht mit dem Gesetz in Konflikt gerät. Ein Verteidiger der Zivilreligion wird demgegenüber betonen, dass bloße Gesetzestreue nicht ausreicht. Der Grund dafür liegt in seiner Staatsauffassung; seiner Ansicht nach kann ein auf die Funktionen von Friedens- und Sicherheitswahrung reduzierter Staat kein gedeihliches Zusammenleben der Bürger gewährleisten. Gefragt sind moralische Bürger, die nicht wegen drohender Sanktionen, sondern aus Einsicht in den Sinn des Gesetzes – Rousseau spricht gar von Liebe zum Gesetz – das Rechte tun, und die sich aktiv für das Gemeinwohl einsetzen, kurz: sich engagieren.

Zweitens: *Keine Moral ohne Religion.* Ein Verteidiger der Zivilreligion bezweifelt, dass der Mensch ohne Glauben an eine Gottheit zu moralischem Verhalten fähig ist. Genauer gesagt, wird er in der Regel nicht abstreiten, dass auch Agnostiker oder Atheisten dann in der Lage sind, altruistisch zu agieren, wenn sie sicher sein können, dass sich ihre Investition in das Gemeinwohl auch für sie selbst lohnt. In den Fällen aber, in denen der Nutzen unklar ist – sei es, weil offen ist, ob der Altruismus wechselseitig sein wird, sei es, weil möglicherweise gar niemand die moralische Tat wahrnimmt – werden sich Menschen ohne Gottesglauben nach Ansicht des Verteidigers der Zivilreligion für ein Verhalten entscheiden, das ihren egoistischen Interessen dient. Schließlich bedarf es keiner ausgedehnten empirischen Studien, um festzustellen, dass Moral nicht immer unmittelbar zu einem Mehrwert an Glück führt.[10] Ein Blick in den lebensweltlichen Alltag genügt, um festzustellen, dass der Ehrliche oft der Dumme ist, der Großzügige ausgenutzt wird und so fort. Angesichts dieser Erkenntnis setzt der Verteidiger der Zivilreligion auf die Religion, genauer auf den Glauben an ein Weiterleben nach dem Tod, an Belohnung für die Tugend und Strafe für das Laster, um den Bürger selbst dann zu altruistischem Verhalten zu motivieren, wenn feststeht, dass es sich in diesem Leben nicht mehr für ihn auszahlen wird. Das ist der Grund, weshalb die Dogmen der Zivilreligion von Rousseau als theistisches Bekenntnis formuliert werden.

Drittens: *Keine partikularistische Moral ohne Zivilreligion.* Der Verteidiger der Zivilreligion nimmt an, die Politik komme nicht ohne Moral, die Moral nicht ohne Religion aus. Er wäre aber nicht damit zufrieden, wenn es sich bewerkstelligen ließe, alle Bürger irgendwie „religiös" zu machen: Das Problem liegt seiner Ansicht nach schließlich nicht nur darin, dass es Bürger gibt, die ungläubig sind. Gläubige Bürger sind für ihn gewiss besser als atheistische oder agnostische (vorausgesetzt, ihr Glaube ist mit den staatlichen Gesetzen vereinbar); wenn ihr Glaube aber einen universalistischen Anspruch hat, hilft das dem Staat nicht unbedingt. Mit einem solchen Glauben verbindet sich eine universalistische Moral, der zufolge alle Menschen Brüder und Schwestern sind und in gleicher Weise Anspruch auf Fürsorge haben. Der Verteidiger der Zivilreligion aber will eine partikularistische Moral fördern, welche die Individuen dazu anhält, sich um ihre eigenen Mitbürger, um ihr eigenes Gemeinwesen zu kümmern. Immerhin geht es um das Wohl einer partikularen Gemeinschaft, das mit Hilfe der Zivilreligion gesichert und gefördert werden soll, und das Ziel der partikularistischen Moral lautet Patriotismus.

5. Was ist religiös an der Zivilreligion?

Die Zivilreligion stellt keine Konfession dar. Rousseau wie auch andere ihrer Befürworter gehen davon aus, dass jeder Bürger beispielsweise Protestant *und* Anhänger der Zivilreligion zugleich sein kann. Die Frage nach deren Wahrheit stellt sich nicht, sie ist Menschenwerk und wird nach den Bedürfnissen des betreffenden Gemeinwesens sozusagen am Reißbrett entworfen. Kann man angesichts einer Konzeption, deren künstliche Herstellung und Instrumentalität offenkundig sind und die nur auf die Moral abzielt, überhaupt von Religion sprechen? Sofern *religio* als „Bindung" verstanden wird, als Verpflichtung von Menschen untereinander, lässt sich der Begriff auf die Zivilreligion anwenden (vgl. Kobbert 1914: 571). Schwieriger wird es, wenn ein anderes Verständnis von Religion zugrundegelegt wird. Bei Cicero etwa geht der Begriff auf das Verb „religere" („immer wieder durchgehen", „genau beachten") zurück, wobei es darum geht, dasjenige zu beachten, was die Götter von den Menschen verlangen. So wird der lateinische Terminus „religio" neben anderen Begriffen (etwa „pietas") zur Bezeichnung der „Verpflichtung zu kultisch-ritueller Verehrung der Götter" herangezogen. Lactantius führt „religio" auf „religare" (verbinden, verbunden sein) zurück, und zwar im Sinne einer Verbundenheit des Menschen mit Gott. Gleichbedeutend mit „fides" und „cultus" bzw. mit Glaube und Gottesdienst gebrauchte Martin Luther den Begriff „religio" (vgl. Wagner 1997: 524).

Wo immer der Begriff Religion wie in den eben aufgeführten Beispielen nicht nur in Bezug auf das menschliche Zusammenleben, sondern auch auf das Verhältnis von Mensch und Gott verstanden wird, scheint es problematisch, ihn in Hinsicht auf die Zivilreligion anzuwenden. Deren Charakteristikum nämlich besteht in der Trennung des metaphysischen vom moralischen Bereich einer Religion, weshalb ihre Befürworter auch wie bereits erwähnt glauben, man könne gleichzeitig etwa Protestant sein und der Zivilreligion anhängen. Angenommen, es sei also möglich, etwa ein protestantischer Zivilreligiöser bzw. zivilreligiöser Protestant zu sein. Fragen metaphysischer Art müsste dieser Mensch der zivilreligiösen Konzeption zufolge in seiner Eigenschaft als Protestant klären. Sie werden als politisch belanglos, als Privatsache betrachtet, ganz im Gegensatz zu denjenigen Fragen, die das menschliche Miteinander betreffen. Hierbei würde der genannte Mensch auf die Zivilreligion verwiesen werden, weil die Moral aufgrund ihrer Relevanz für das Zusammenleben im Staat als Angelegenheit der Politik betrachtet wird.

Der Zivilreligion als Phänomen des öffentlichen, politischen Raumes kann demnach nur ein auf Fragen der Moral kondensierter Begriff von Religion zugrundegelegt werden.[11] Religion im weiteren Sinne – als bezogen auf das Verhältnis der Menschen untereinander wie auch auf das Verhältnis von Mensch und Gott – ist höchstens Voraussetzung der Zivilreligion:

Denn der zivilreligiöse Staat muss von den Bürgern verlangen, die Trennung von Metaphysik und Moral hinzunehmen, was für Angehörige von Glaubensrichtungen, in denen etwas wie eine Zwei-Reiche-Lehre unbekannt ist oder gar abgelehnt wird, schwierig sein mag. Doch schließlich erwartet auch der liberale, religiös abstinente Staat, dass seine Bürger akzeptieren, ihren Glauben im Privaten zu praktizieren. Der Unterschied besteht darin, dass der zivilreligiöse Staat zwar behauptet, der metaphysische Bereich sei politisch belanglos, er aber anders als der religiös abstinente Staat auf genau diesen Bereich angewiesen ist.

Die Indifferenz in Fragen der Metaphysik ist eben nur eine vorgebliche; faktisch muss der zivilreligiöse Staat ein vitales Interesse daran haben, dass die Bürger sich mit diesen Fragen beschäftigen. Weil der Staat die Tugend und Gemeinwohlorientierung, die er braucht, eben nicht selbst erzeugen kann, und er auch kein Substitut für den Glauben anzubieten hat, muss er ein theistisches Glaubensbekenntnis voraussetzen. Die Zivilreligion ist also keine Ersatzreligion, sondern Nutznießerin eines Glaubens, den sie nicht selbst erzeugen kann. Aus dem selben Grund ist sie steril: Sie kann die Verbundenheit mit ihr nicht selbst reproduzieren, sondern bleibt darauf angewiesen, dass die Bürger ihren Glauben andernorts – eben privat – empfangen und ihn in den Bereich des Politischen importieren.

Das gilt offenkundig für unterschiedliche zivilreligiöse Entwürfe, ob sie aus der Zeit der Aufklärung stammen oder jüngsten Datums sind. Allen ist gemein, dass sie den privaten Glauben der Bürger in den Dienst der Politik nehmen. Man muss allerdings unterscheiden, welchem Zweck diese Instrumentalisierung nutzen soll: 1.) dem der Bindung an das Gemeinwesen oder 2.) dem der Freiheitserhaltung? Rousseau wie auch andere Vertreter zivilreligiöser Entwürfe der Aufklärung hatten eher den erstgenannten Zweck im Sinn, heutige Vertreter wie etwa Hermann Lübbe betonen den zweitgenannten. Lübbes Entwurf ist so zurückhaltend und integrativ formuliert – „[z]ivilreligiös sind die (...) als universalkonsensfähig unterstellten religiösen Orientierungen, die in unsere politische Kultur integriert sind" (Lübbe 2004: 316) – dass sich die Frage stellt, welche Funktion eine so schwache Konzeption von Zivilreligion im Staat überhaupt erfüllen soll: Wem und wozu nützt die Zivilreligion unter diesen Vorzeichen? Versteht man sie, wie etwa Pufendorf, als Einheitsband, als „vinculum societatis civilis" (Pufendorf 1698: 17), wird ihre Aufgabe deutlicher, und es scheint plausibler, dass eine so starke zivilreligiöse Konzeption tatsächlich einen Einfluss auf die Bürger ausüben kann. Doch ob stark oder schwach: alle Varianten der Zivilreligion werden dem Pluralismus nicht gerecht:

„Sie verkennen den Charakter religiöser Entscheidung und verfehlen den fundamentalen Sachverhalt, dass ethische Wert- und Zielvorstellungen stets im Rahmen umfassender Wirklichkeitsverständnisse bestimmt und interpretiert werden, die ihrerseits grundsätzlich individuell verantwortet werden müssen, weil sie sich unhintergehbar individuellen Evidenzerfahrungen verdanken. Sie errichten die Fiktion eines sei es ethischen, sei es religiösen Allgemeinen, innerhalb oder unterhalb dessen die Varianten historisch-individuell bestimmter Religion und Ethik sich bewegen sollen. Zivilreligion ist nur mit der Vorstellung eines restringierten Pluralismus, nicht aber mit einem ‚Pluralismus aus Prinzip' (...) kompatibel" (Preul 1997: 552).

Starke wie schwache zivilreligiöse Konzeptionen stehen dem Pluralismus entgegen, weil in ihnen eben doch vorgegeben wird, aus welchem Grund und mit welcher Motivation jemand Bürger eines bestimmten Staates sein und sich an die Gesetze halten soll.

6. Schluss: die Zweckmäßigkeit der Zivilreligion

An der zwischen Diderot und Rousseau geführten Debatte über das Naturrecht lässt sich ablesen, was am Anfang von Überlegungen stehen mag, die zu der Überzeugung führen, eine Zivilreligion sei notwendig. Da ist zunächst einmal die Skepsis gegenüber dem Rationalismus, dem die Fähigkeit abgesprochen wird, Amoralisten zu gemeinwohlorientiertem Verhalten bringen zu können. Die Vernunft an sich biete keine Hilfe, das menschliche Zusammenleben besser zu gestalten, sie könne dem Amoralisten sogar dazu dienen, seine Ziele noch effektiver auf Kosten seiner Mitmenschen zu verwirklichen. Hinzu kommt das Misstrauen hinsichtlich des moralischen Universalismus, der als ‚Schimäre', als hübsche, aber folgenlose Idee abgetan wird. Wer davon spricht, dass jedes Individuum durch seine Zugehörigkeit zur menschlichen Gattung für alle seine Mitmenschen Verantwortung trägt, unterstützt damit nach Ansicht des Verteidigers der Zivilreligion jene, die einen Vorwand suchen, sich nicht um die Menschen in ihrem nächsten Umfeld kümmern zu müssen. Dem Rationalismus wird die ‚Liebe zur Pflicht' entgegengesetzt, welche mit Hilfe der Religion erreicht werden soll; der Universalismus wird durch moralischen Partikularismus abgelöst, indem klar benannt wird, worauf die Individuen ihre moralischen Ressourcen verwenden sollen: auf ihren Staat und dessen Bürger.

Das Individuum soll also eine affektive, religiöse Bindung an den Staat und zu den Mitbürgern aufweisen; diese Ligaturen sind es, welche die Bürger gesetzestreu machen und für gesellschaftlichen Konsens sorgen sollen. Lässt sich die gewünschte Loyalität der Bürger tatsächlich mittels Instrumentalisierung der Religion erreichen? Wie bereits gesagt, gilt es hier zu unterscheiden, ob diese Instrumentalisierung 1) zur Herstellung einer Bindung an das Gemeinwesen oder 2) zum Zweck der Freiheitserhaltung dienen soll. Zur Erörterung der Frage, ob die Zivilreligion das Mittel der Wahl für das mit ihr verfolgte Ziel ist, sollen zwei Idealtypen von Bürgern skizziert werden, der religiös Unmusikalische einerseits und der sogenannte praktizierende Christ andererseits. In diesem Gedankenexperiment sind beide keine Extremisten, der religiös Unmusikalische ist kein militanter Atheist, der Christ will keinen Gottesstaat, sondern akzeptiert die Scheidung von Politik und Religion.

Der Christ wie auch der religiös Unmusikalische wollen 2) mutmaßlich nicht, weil das Instrument, mit dem Freiheit erhalten werden soll – die Zivilreligion – für sie einen freiheitsgefährdenden Charakter haben muss. Der religiös Unmusikalische will sich überhaupt nicht religiös engagieren; der Christ fürchtet die Vergötzung[12] des Staates. Herrmann Lübbe könnte letzterem entgegenhalten, der „Adressat der religiösen Verantwortung" sei „eben Gott und nicht ein heiliges Politbüro als religiöser Legitimitätsgarant. In dieser Funktion ist die Zivilreligion gerade nicht ein Medium der Sakralisierung des politischen Systems, sondern sein Liberalitätsgarant" (Lübbe 1986: 209). Angenommen, die Zivilreligion ist (wie oben zu zeigen versucht wurde) tatsächlich die Nutznießerin des bereits vorhandenen Glaubens der Individuen. Dann könnte der genannte Christ auf Lübbe erwidern, nicht die Zivilreligion sei der Liberalitätsgarant, sondern sein persönlicher Glaube, und das umso mehr, desto weniger der Staat ihn zu instrumentalisieren versuche.

Der Christ und der religiös Unmusikalische sind vermutlich beide der Auffassung, dass Religionsfreiheit und Toleranz ohne Zivilreligion besser bewahrt werden – der Christ könnte sagen, dass der Staat dem gewünschten Ziel dann Vorschub leistet, wenn er die freie Religionsausübung so gut wie möglich absichert, der religiös Unmusikalische könnte auf Investition in Bildung, in die Erziehung mündiger, aufgeklärter Bürger als Liberalitätsgaranten verweisen, was zudem weniger kontrovers wäre.

Wie steht es nun mit dem oben zuerst genannten Zweck, der Herstellung der Bindung an das Gemeinwesen? Der religiös Unmusikalische verhält sich möglicherweise genau deshalb gegenüber dem Staat loyal, weil dieser den Bürgern ermöglicht, ihre individuellen Vorstellungen vom Guten zu hegen und zu realisieren. Wozu könnte die Zivilreligion in einem solchen Fall dienen? Ein Versuch, diesen religiös Unmusikalischen mittels der Zivilreligion beispielsweise zu mehr aktivem Einsatz für den Staat zu bewegen, wäre vermutlich sogar eher kontraproduktiv, weil er dann gerade Mühe hätte, gegenüber einem nicht religiös neutralen Staat loyal zu bleiben. Ebenso erginge es in einem derartigen Fall wohl dem Christen. Dieser hätte mutmaßlich keine Schwierigkeiten, in einem liberalen, religiös desinteressierten Staat ein guter Bürger zu sein, zumal ihm dieser die freie Ausübung seiner Religion ermöglichte. Würde der Staat jedoch in irgendeiner Form zivilreligiöse Elemente integrieren wollen, wäre gut denkbar, dass der Christ dies nicht mittragen würde, weil es für ihn einer sakralen Überhöhung des Staates gleichkäme. Außerdem würde ihm wohl die Instrumentalisierung von Religion überhaupt missfallen. Er würde sich dagegen verwehren, dass sie wegen ihres behaupteten gesellschaftlichen Nutzen propagiert würde:

Zum Begriff der Zivilreligion 75

„Die Religion wird funktional als Bewältigung lebensweltlicher Fragwürdigkeiten bestimmt. Mir jedoch scheint, Religion bewältigt überhaupt nichts. Sie bewältigt weder Kontingenz noch Transzendenz noch bewältigt sie gesellschaftliche Probleme wie die Gefährdung gesellschaftlicher Identität oder der Bestandserhaltung. Religion zu haben heißt vielmehr, dass es einem Subjekt – sei es eine Gesellschaft, eine Gemeinde oder ein Individuum – gelingt, sich in jenen Fragwürdigkeiten menschlicher Existenz und durch sie offen zu halten und genau nicht sie zu bewältigen, um sich in einer vermeintlichen Sicherheit zu beruhigen. Religion haben heißt, so zu existieren, dass Offenheit gerade bleibt" (Krings 1985: 55).

Religion also wäre für den Christen aus unserem Beispiel nicht eine Art gesellschaftlichen Überbaus, sondern die Bastion der Freiheit schlechthin. Und er würde mutmaßlich allergisch reagieren, wenn der Staat versuchte, seinen Glauben als nützliches Werkzeug im Dienst der Politik heranzuziehen. Das aber müsste der zivilreligiös orientierte Staat der hier vertretenen These zufolge tun, denn wie zu zeigen versucht wurde, kann die Zivilreligion die gewünschten Effekte nicht selbst herstellen, vielmehr ist sie eine Nutznießerin bereits vorhandenen Glaubens.

Weshalb kann sich der Verteidiger der Zivilreligion nicht damit begnügen, mit Böckenförde darauf hinzuweisen, dass der „freiheitliche, säkularisierte Staat [...] von Voraussetzungen [lebt], die er selbst nicht garantieren kann" (Böckenförde 1976b: 60)? Das könnte bedeuten, bestimmte Glaubensüberzeugungen ebenso wie die Gründe für die Loyalität der religiös Unmusikalischen als Liberalitätsgaranten staatlicherseits zu begrüßen und die Bedingungen, unter denen jene sich entwickeln können, nach Kräften zu schützen. Der Verteidiger der Zivilreligion geht jedoch weiter. Er ist der Auffassung, ohne Religion gebe es keine Moral und ohne Moral keine Politik. Die Religion, die er im Auge hat, darf sich aber nicht in den genannten individuellen Glaubensüberzeugungen erschöpfen, welche die Bürger bereits mitbringen. Diese müssen politisch transformiert werden, um die Bürger zum Engagement für ihr Gemeinwesen zu motivieren. Ziel ist schließlich eine kollektive politische Moral, die eine den Bürgern gemeinsame Idee des Guten formuliert, und zwar des Guten für das betreffende Gemeinwesen. Diese partikularistische Moral soll nun durch eine von allen Bürgern geteilte Religion – eben eine Zivilreligion – lebendig gehalten werden.

Wenn man tatsächlich will, dass sich die Bürger nur oder zumindest primär für Anliegen einsetzen, die dem eigenen Staat dienen, mag man eine Zivilreligion für brauchbar halten. Dann sollte man aber eine Antwort auf die Frage bereit haben, ob das mit Hilfe der Zivilreligion angestrebte Ziel den riskanten Patriotismus und moralischen Partikularismus, der mit ihr einhergeht, rechtfertigt. Schließlich gesteht selbst Rousseau als Befürworter der Zivilreligion ein, dass die durch sie geförderte Liebe zum eigenen Land Parteilichkeit und Ausschließung bedeutet (vgl. Rousseau 1964b: 1592). Wer aber sagt, dass er mündige, engagierte Bürger will, wobei unerheblich ist, ob sie sich um ihre kranken Nachbarn kümmern oder für ein freies Tibet streiten, kann sich nicht ohne weiteres für eine Zivilreligion stark machen – denn wie bereits gesagt, impliziert sie eine Konzentration auf die Probleme im eigenen Gemeinwesen. Ob man damit den eigenen Staat oder einen größeren Verbund, zum Beispiel die Europäische Union, meint, ist dabei unerheblich: Entscheidend ist der partikulare, ausschließende Charakter der Zivilreligion und der mit ihr verbundenen Moral.

Ein Verteidiger der Zivilreligion mag nun einwenden, dass die mit der Zivilreligion verbundene partikularistische Moral nicht notwendig ausgrenzend sein müsse, weil sich ja z. B. eine Rangordnung moralischer Ansprüche formulieren ließe.[13] Entscheidend ist aber, dass der zivilreligiös aufgeladene Staat dem Bürger die Entscheidung, wofür er sein bürgerschaftliches Engagement aufwendet, nicht überlässt, sondern eine letztlich illiberale Vorgabe macht: An erster Stelle steht die Verpflichtung des einzelnen gegenüber seinem Gemeinwesen und seinen Mitbürgern.

In einer globalisierten Welt aber ist eben nicht mehr deutlich unterscheidbar, welche Handlung dem eigenen Gemeinwesen nutzt und welche nicht, ein gängiges Beispiel für diesen Sachverhalt wäre etwa der Umweltschutz. Und schließlich lässt sich leicht nachweisen, dass beispielsweise ein Engagement gegen Folter im Sudan auch dem eigenen Staat nutzen kann – etwa, indem Sensibilität für das Thema geweckt wird und dadurch auch Wachsamkeit für Machtmissbrauch im eigenen Land entsteht. Überdies kann man es als generell gut für eine Demokratie erachten, Bürger zu haben, die sich für das Schicksal anderer interessieren und eben keine *idiotes* sind. Der Staat muss akzeptieren, dass er mit oder ohne Hilfe der Zivilreligion nicht selbst zu bürgerlichem Engagement motivieren und erst recht nicht vorgeben kann, wem dieser Einsatz zugute kommen soll. Wo er dies dennoch versucht, wird das Unterfangen kontraproduktiv: Wie am Beispiel des Christen und des religiös Unmusikalischen gezeigt wurde, führen staatliche Experimente mit der Zivilreligion gerade nicht dazu, die gewünschte Loyalität und Einheit herzustellen, weil sich ihnen viele Bürger verweigern werden. Wer für das Argument, derartige Versuche seien illiberal, unempfänglich ist, weil ihm mögliche Mängel des politischen Liberalismus allzu bewusst sind, mag sich die Frage der Wirksamkeit der Zivilreligion vor Augen führen: Sie ist desintegrierend und ausschließend und konterkariert damit ihren eigenen Zweck.

Möglicherweise ist es dem bürgerlichen Konsens eben doch förderlicher, wenn der Staat sich gar nicht um Religion kümmert – einerseits, indem er ihre verschiedenen Ausprägungen toleriert, solange sie mit dem positiven Gesetz übereinstimmen, andererseits, indem er selbst religiös abstinent bleibt und auf die Instrumentalisierung der Religion verzichtet. Er kann lediglich die Freiheit gewährleisten, in welcher sich das bürgerschaftliche Engagement zu entfalten vermag, und das wird dem Christen wie auch dem religiös Unmusikalischen im wahrsten Sinne des Wortes Recht sein.

Anmerkungen

1. Das gilt auch für die *theologia civilis*, wie Varro sie vorstellt: „*Theologia civilis* ist die Sammlung der Bestimmungen für den *cultus publicus* in Rom, *religion civile* ist dagegen das Minimum an religiösen Sätzen, ohne die (...) eine Gesellschaft nicht bestehen kann, eine kultlose Religion" (Kehrer 1990: 177).

2. Die Auseinandersetzung mit Diderots Konzept der *volonté générale* durchzieht das gesamte zweite Kapitel des *Manuscrit de Genève*, siehe Rousseau (1964b: 281-289).

3. Alle französischen Originaltexte wurden von der Verfasserin ins Deutsche übertragen.

4. Zur Folgenlosigkeit der *société générale* vgl. Rousseau (1964b: 282).

5. Vgl. Rousseau (1964b: 286): „Ich gebe zu", so spricht der „raisonneur violent", „dass ich die Richtschnur erkenne, an die ich mich halten kann, aber den Grund dafür (...), mich dieser Richtschnur zu unterwerfen, sehe ich noch nicht. Es geht nicht darum, mir beizubringen, was Gerechtigkeit ist, sondern darum, mir zu zeigen, welches Interesse ich daran haben soll, gerecht zu sein."

6. „Es stimmt nicht, dass uns die Vernunft im Naturzustand dazu bringt, mit Blick auf unser eigenes Interesse das Gemeinwohl zu verfolgen (...); das Partikularinteresse ist weit davon entfernt, sich mit dem Gemeinwohl zu verbinden, statt dessen liegt es in der Natur dieser Dinge, dass sie sich gegenseitig ausschließen, und die gesellschaftlichen Gesetze sind ein Joch, das jeder gern dem anderen auferlegen, es aber nicht selbst tragen will" (Rousseau 1964b: 284, vgl. auch 282).

7. „Bemühen wir uns, aus dem Übel selbst die Arznei zu ziehen, die es heilen muss. Berichtigen wir (...) durch neue Zusammenschlüsse den Mangel des allgemeinen Zusammenschlusses", gemeint ist die *société générale* (Rousseau 1964b: 288).

8. „Der Wille dieser partikularen Gesellschaften [*sociétés particulieres*] hat stets zwei Beziehungen; für die Mitglieder des Zusammenschlusses ist er ein Gemeinwille; für die allgemeine Gesellschaft ist er ein Partikularwille, der häufig auf den ersten Blick richtig erscheint, auf den zweiten Blick aber mangelhaft" (Rousseau 1964b: 246, *Économie politique*).

9. Vgl. Rousseaus Kritik der „vorgeblichen Kosmopoliten (...), die sich rühmen, alle Welt zu lieben, um das Recht zu haben, niemanden zu lieben" (Rousseau 1964b: 287).

10. Kant (2003: 167f.) nennt „Sittlichkeit" und „Glückseligkeit" zusammen das *summum bonum* für den Menschen. Da diese beiden aber nicht logisch notwendig zusammentreffen, ist es ihm zufolge moralisch notwendig, die Existenz Gottes und die Unsterblichkeit der Seele anzunehmen. Dieser moralische Gottesbeweis in der *Kritik der praktischen Vernunft* (A 220-226) hat bei Kant selbstverständlich nichts mit Zivilreligion zu tun. Das Problem aber, das sich auch dem Verteidiger der

Zivilreligion stellt – die Notwendigkeit der Religion für die Moral nachzuweisen – wird dort deutlich gemacht.

11. Die Zivilreligion ist das Produkt des während der Aufklärung unternommenen Versuches, die Religion anhand der Vernunft zu kritisieren und sie so von ihrem unvernünftigen Gehalt zu reinigen. Den Beginn dieser Entwicklung mag man bei Herbert von Cherbury ansetzen, der die negativ bewertete Offenbarungsreligion von der positiv erachteten natürlichen Religion unterscheidet (*De religione Gentilium errorumque apud eos causas*, London 1645), vgl. Wagner (1986, Kap. 1, § 3).

12. Vgl. Luthers Auslegung des ersten Gebotes im Großen Katechismus (Luther 1950: 4-10).

13. Cicero beispielsweise erörtert im ersten Buch von *De officiis* „welchen Leuten gegenüber das meiste an Verpflichtung abzuleisten ist" (Cicero 1995: 51f.).

Literatur

Böckenförder, Ernst-Wolfgang (1976a): Staat, Gesellschaft, Freiheit. Studien zur Staatstheorie und zum Verfassungsrecht. Frankfurt a. M.

Böckenförde, Ernst-Wolfgang (1976b): Die Entstehung des Staates als Vorgang der Säkularisation. In: Böckenförde (1976a): 42-64.

Cicero, Marcus Tullius (1995): De officiis/Vom pflichtgemäßen Handeln. Stuttgart.

Diderot, Denis (1755): Artikel „Droit naturel". In: Encyclopédie, ou dictionnaire raisonné des sciences, des arts et des métiers. Bd. 5, Paris.

Engberg-Pedersen, Troels (1990): The Stoic Theory of Oikeiosis: Moral Development and Social Interaction in Early Stoic Philosophy. Aarhus.

Kant, Immanuel (2003): Kritik der praktischen Vernunft. Hamburg.

Kehrer, Günther (1990): Bürgerliche Religion/Civil Religion. In: Handbuch religionswissenschaftlicher Grundbegriffe, Bd. 2.

Kleger, Heinz/Müller, Alois (1986): Bürgerreligion und politische Verpflichtung. In: Archiv für Begriffsgeschichte 29: 47-98.

Kobbert, Maximilian (1914): Artikel „Religio". In: Kroll/Witte (1914): 565-575.

Koslowski, Peter (Hrsg.) (1985): Die religiöse Dimension der Gesellschaft. Religion und ihre Theorien. Tübingen.

Krings, Hermann (1985): Diskussion über Religion und Funktionalismus. In: Koslowski (1985).

Kroll, Wilhelm/Witte, Kurt (Hrsg.) (1914): Paulys Realencyclopädie der Classischen Altertumswissenschaft. Bd. I, A1. Stuttgart.

Lübbe, Hermann (1986): Staat und Zivilreligion. Ein Aspekt politischer Legitimität. In: Kleger/Müller (1986): 195-220.

Lübbe, Hermann (2004): Religion nach der Aufklärung. Graz/Wien/Köln.

Luther, Martin (1950): Luthers Werke in Auswahl. Bd. 4. Berlin.

Preul, Reiner (1997): Artikel „Religion III". In: Theologische Realenzyklopädie Bd. 28 (Pyrstinger – Religionsphilosophie). Berlin/New York: 546-559.

Pufendorf, Samuel (1698): Of the nature and qualification of religion, in reference to civil society. London.

Rousseau, Jean-Jacques (1964a): Œuvres complètes, Bd. II: La Nouvelle Heloïse. Théâtre – Poésies – Essais littéraires. Paris.

Rousseau, Jean-Jacques (1964b): Œuvres complètes, Bd. III: Du contrat social. Écrits politiques. Paris.

Rousseau, Jean-Jacques (1969): Œuvres complètes, Bd. IV: Émile. Éducation – Morale – Botanique. Paris.

Rousseau, Jean-Jacques (1988): Vom Gesellschaftsvertrag oder Grundsätze des Staatsrechts. Stuttgart.

Schlüter, Gisela (1997/98): ‚Religion civile' vor Rousseau: Vico. Eine begriffsgeschichtliche Recherche im Primo Settecento. In: Archiv für Begriffsgeschichte 40: 105-122.

Wagner, Falk (1997): Artikel „Religion I-II". In: Theologische Realenzyklopädie Bd. 28 (Pyrstinger – Religionsphilosophie). Berlin/New York: 513-545.

Wagner, Falk (1986): Was ist Religion? Studien zu ihrem Begriff und Thema in Geschichte und Gegenwart. Gütersloh.

„Les princes sont des dieux".[1]
Zum Religionsbegriff des französischen Staates

Clemens Pornschlegel

1. Einleitung

Es wird im Folgenden nicht darum gehen, den Religionsbegriff des französischen Staates in einem historischen Gesamtüberblick darzustellen, d. h., das Verhältnis von Kirche und Staat ausgehend von Philipp dem Schönen über die Pragmatische Sanktion von Bourges, die Regentschaften Heinrichs IV. und Ludwigs XIV., die verschiedenen Revolutionsverfassungen, das Napoleonische Empire, die Restauration bis hin in die V. Republik nachzuzeichnen.[2] Vielmehr geht es um eine *historische Problematisierung* des republikanischen Religionsverständnisses, wie es der gegenwärtigen, juristisch auf das Trennungsgesetz von 1905 zurückgehenden Gesetzgebungspraxis der laizistischen französischen Republik *implizit* zugrunde liegt, zum Beispiel dem bekannten, dennoch nicht einfach verständlichen Schulgesetz von 2004, das in allen öffentlichen französischen Schulen das Zur-Schau-Stellen religiöser Symbole strikt verbietet. Im Unterschied zur laizistischen Gesetzgebung Ende des 19., Anfang des 20. Jahrhunderts, als es in erster Linie darum ging, Schulen und Universitäten zu verstaatlichen und zu ‚republikanisieren', ist das Gesetz von 2004 politisch nicht mehr an den katholischen Klerikalismus beziehungsweise den Ultramontanismus adressiert, sondern an den Islam, der die Republik aufgrund seiner spezifischen Nicht-Institutionalität vor eine neue Situation stellt. Um den Religionsbegriff der französischen Republik verständlich zu machen, der dem rigiden Verbot zugrunde liegt, bietet sich ein institutionengeschichtlicher Rückblick an, der auf den ersten Blick vielleicht überraschend erscheinen mag, der sich analytisch aber als überaus fruchtbar erweist, nämlich der Rückblick auf die Institution der absolutistischen Staatskirche im *Royaume de France*, also auf den ‚Gallikanismus' unter Ludwig XIV., wie er in der *Declaration des Quatre articles gallicans* von 1682 und noch mehr dann in der Aufhebung des Edikts von Nantes 1685 seinen Ausdruck gefunden hat. Die *laïcité* der französischen Republik und ihrer Institutionen wird in ihrem die Religion ausschließenden Charakter in der Tat nur dann verständlich, wenn man sie auf das Religionsverständnis des absolutistischen französischen Zentral-Staates rückbezieht, wie es sich bereits vor der revolutionären Zäsur von 1789 ausgebildet hat.

Die Frage bezüglich des Religionsverständnisses des französischen Staates lautet zunächst: Welches sind die stillschweigenden Annahmen bzw. die historischen Semantiken, die in Verfassungsgrundsätzen des modernen Frankreich abgelegt und dort nach wie vor wirksam sind? Etwa im Verfassungsentwurf von 1946:

„Niemand darf aufgrund seiner Herkunft, seiner Meinung, seiner religiösen, philosophischen oder politischen Überzeugungen Nachstellungen ausgesetzt werden. Die Gewissensfreiheit und die Freiheit der Kulte wird durch die Neutralität des Staates hinsichtlich aller Überzeugungen und Kulte gewährleistet. Sie wird insbesondere gewährleistet durch die Laizität der öffentlichen Gewalt und des staatlichen Unterrichtswesens."[3]

Was heißt hier: „gewährleistet durch die Laizität der öffentlichen Gewalt und des staatlichen Unterrichtswesens"? Und weswegen der Zusatz, dass die staatliche Neutralität *„insbesondere"* durch die Laizität garantiert wird?

2. Das Religionsverständnis der französischen Staates

Dass es in der Tat so etwas wie einen spezifischen ‚Religionsbegriff des französischen Staates' gibt – und zwar auch dann, wenn jener seit Ende des 19. Jahrhunderts vorgibt, Religion ginge ihn gar nichts mehr an, jedenfalls solange die öffentliche Ordnung nicht gestört wird – wird bereits deutlich, wenn man die französische Laizität mit anderen Staat-Kirche-Gesetzgebungen summarisch vergleicht. Auch wenn die Republik sich gegenüber der Religion indifferent und neutral gibt, denkt sie sich bei dem Wort und bei den religiösen Praktiken etwas. Auf jeden Fall denkt sie sich so viel, dass sie zu dem grundsätzlichen Schluss kommt, dass im öffentlichen Raum keinerlei Platz dafür sei, mittlerweile, wie gesagt, noch nicht einmal mehr in Form eines Halskettchens, von Kruzifixen in Schulen, Kindergärten oder Krankenhäusern ganz zu schweigen.

Der Umgang des französischen Gesetzgebers mit Religionen unterscheidet sich in der Tat signifikant von dem des deutschen, schwedischen, britischen oder US-amerikanischen Gesetzgebers, also grob gesagt: von den Gesetzgebern protestantischer, ob freikirchlicher oder nationalkirchlicher, Provenienz. Von großzügiger öffentlicher Toleranz und sichtbarer Pluralität in religiösen Dingen kann in der *république indivisible* nicht die Rede sein. Sämtliche Institutionen der französischen Republik verstehen sich durchweg als agnostische, um nicht zu sagen: atheistische Institutionen, die allein der Vernunft und dem souveränen Volk verpflichtet sind. Im Unterschied zu den Präambeln der meisten anderen europäischen Verfassungen – der irischen, griechischen, deutschen, dänischen, polnischen oder maltesischen etwa – enthält die ‚Constitution' der ‚Vème République' selbstverständlich keinerlei *Invocatio Dei*.[4] Jeder Bezug auf Gott oder auf religiöse Instanzen ist aus dem öffentlichen Raum grundsätzlich verdrängt. Religion taucht vorzugsweise im Rahmen der individuellen Freiheitsrechte auf und wird politisch als Privatangelegenheit der Einzelnen veranschlagt. Für die weltlich-politischen Dinge oder *temporalia* ist Religion, idealerweise jedenfalls, ohne Belang. Die Republik bleibt von religiösen Fragen unberührt. Das ist einfacher verordnet als getan. In der Praxis sieht die Situation verwirrender aus. Eine absolute Trennung der diesseitigen von den jenseitigen Angelegenheiten, der politischen Dinge von den religiösen, lässt sich nicht ohne weiteres durchhalten. Aus Anlass eines medienwirksamen Papst-Todes kann es durchaus vorkommen, dass der französische Präsident seine Präfekten in die Messe abkommandiert und seine Entscheidung sozio-historisch damit begründet, dass Frankreich traditionell erstens ein katholisches Land sei, nämlich die *fille aînée de l'Eglise*, ‚die älteste Tochter der Kirche', und dass der Papst zweitens das Oberhaupt eines befreundeten Staates sei. Sowohl nach dem ersten als auch nach dem zweiten Weltkrieg wurden die militärischen Siege mit liturgischen Feierlichkeiten in Notre-Dame gefeiert, mit einem großen *Te Deum* 1918, mit einem *Magnificat* 1944 (Jeanneney 2004: 72f.). General de Gaulle löste den Zwiespalt zwischen seinem Präsidentenamt und seinem privaten Katholizismus, indem er als Präsident zwar an Messfeiern teilnahm, allerdings darauf verzichtete zu kommunizieren. Präsident Poincaré umging die politischen Untiefen, die mit der Teilnahme an Gottesdiensten verbunden gewesen wären, indem er seine Gattin schickte. Kurz, der republikanische Laizismus kann die massive gesellschaftliche Präsenz von Religion nicht leugnen, also weder die Tatsache, dass Frankreich historisch ein römisch-katholisches Land ist, noch dass er selbst zuallererst eine anti-klerikale Angelegenheit war. In protestantischen Ländern ist wild entschlossener Antiklerikalismus bekanntlich sinnlos.

3. Das Verhältnis von Politik und Religion in Frankreich

Die Frage, die sich mit der republikanisch laizistischen Verdrängungspraxis bezüglich der Religion beziehungsweise der religiösen Praxis stellt, ist mithin eine doppelte. Erstens: Welcher Religionsbegriff liegt dem rigiden, polemischen Ausschluss zugrunde? Warum diese rabiate Verdrängung des Religiösen aus dem Bereich des Politischen und Öffentlichen? Wie oder als was wird Religion begriffen, damit sie aus dem Politischen verschwinden und als soziale Realität politisch negiert werden muss? Und umgekehrt stellt sich die Frage nach dem Politik- und Staatsbegriff, der dieser polemischen Tilgung zugrunde liegt. Welcher Politikbegriff führt dazu, dass Religion keinen Platz im Bereich des Öffentlichen finden darf? Wieso kann das politische System der Religion keinen öffentlichen Platz einräumen? Aus einer US-amerikanischen Perspektive wirkt der Ausschluss des Religiösen wie die Unfreiheit selbst, als Verrat an den fundamentalen Freiheiten.

Im laizistischen Regime Frankreichs hat man es offenbar mit einer sich wechselseitig ausschließenden Implikation der Begriffe ‚Politik' und ‚Religion' zu tun. Eine durch und durch säkulare Konzeption des Politischen drängt einerseits auf den Ausschluss des Religiösen und definiert die Religionsfreiheit *in politicis* grundsätzlich negativ. Umgekehrt impliziert ein bestimmter Religionsbegriff des Staates – im subjektiven Genitiv – eine bestimmte Auffassung des Politischen, in das die Religion sich partout nicht integrieren lässt und das permanent vor ihr in Schutz genommen werden muss. Religion erscheint als Gefahr für das politisch säkulare Gemeinwesen, für seine Einheit und Unteilbarkeit, als Phänomen, das unbedingt auf Distanz gehalten werden muss. Anders gesagt, Religion erscheint als *Rivalin* der politischen Macht, die das Vorrecht der politischen Instanzen und ihrer Souveränität in Frage stellt und sich als eine Art Gegenmacht in Potenz präsentiert. François Mitterand beschrieb 1985 in seiner großen Ansprache anlässlich der 300-Jahr-Feier der *Révocation de l'Édit de Nantes* die Leistung des Edikts von Nantes wie folgt:

> „Die Protestanten hatten sich eine militärische, politische und religiöse Macht aufgebaut, um auf ihre eigene Weise glauben und beten zu können. Aber der Staat, während er ihnen Garantien gab, erlegte ihnen gleichzeitig bestimmte Zwänge auf. Um die politische Einheit zu bewahren, darf es keinen Staat im Staate geben. Das Edikt von Nantes erinnert alle, nach all den blutigen Konflikten, daran, dass sie zuerst und zunächst Franzosen sind."⁵

Und das Wirken des *tiers parti* in den Religionskämpfen der frühen Neuzeit, also der so genannten *politiques*, würdigte Mitterand mit den Sätzen:

> „Die kämpfenden Parteien mussten dazu gezwungen werden, eine andere, höhere Logik zu akzeptieren, nämlich die Staatsraison als Garant und Instanz des nationalen Interesses, also dessen, was man in Frankreich seit dem Hochmittelalter das ‚Gemeinwohl' [le bien commun] nennt."⁶

Mitterands Sätze verdeutlichen zwei für das republikanisch-nationale Religionsverständnis wesentliche Zusammenhänge: erstens, dass die Religion in ihrem Bezug zur Nation vornehmlich als politisches Machtgebilde gedacht wird, als bedrohlicher Staat-im-Staate, und dass zweitens – in dialektischer Umkehrung – das Politische selbst als Religion, als soteriologische Praxis des gemeinschaftlichen, nationalen Heils konzipiert wird, nämlich als Garant des *bien commun*, das noch über den Religionen steht. Damit befindet sich das Politische in Konkurrenz oder besser gesagt: in mimetischer Rivalität zum ‚Religiösen', das die Einheit und den Frieden des Gemeinwesens nur gefährdet. Anders gesagt, gerade in der Verdrängungspraxis der Politik gegenüber der Religion macht sich ein religiöses Moment und ein religiöser Anspruch der Politik geltend, sofern der Staat deren

Bereich für sich reklamiert. Die Verdrängung der Religion aus dem Bereich des Politischen fällt also genau deswegen so rabiat aus, weil die Politik den Platz beziehungsweise die Rolle der Religion beansprucht, während gleichzeitig die Nation selbst wesentlich religiös gedacht wird. In der Tat, spätestens seit Beginn des 14. Jahrhunderts betrachtet sich das französische Königreich mitsamt seinem Volk als ‚auserwählt', nämlich als das christlichste aller christlichen Königreiche, gemäß den Versen: „Le premier roi de France fit Dieu par son commandement / Couronner par ses anges directement en chantant / Pour être en terre son sergent, tenir droite justice." „Gott ließ den ersten französischen König durch sein Gebot unmittelbar krönen von seinen Engeln, die dabei sangen, auf dass der König auf Erden sein Soldat und der Hüter der rechten Justiz sei" (anonym, zit. nach Beaune 1985: 208).[7]

Manche Sätze französischer Politiker aus der jüngsten Gegenwart legen die Präsenz einer religiösen Dimension des Nationalen nicht weniger nahe. Der Präsident des Rechnungshofes, Philippe Séguin, definierte das Wesen der Nation 1992 wie folgt:

„Die Nation ist etwas, das eine affektive und spirituelle Dimension besitzt. Sie ist das Ergebnis einer Vollendung, das Resultat einer geheimnisvollen Verwandlung, durch die ein Volk mehr wird als eine Solidargemeinschaft, fast ein Körper und eine Seele."[8]

Das Referendum zum souveränitätsbeschneidenden Vertrag von Maastricht begründete er mit den Sätzen:

„Der parlamentarische Weg widerspricht dem Geist unseres Sozialvertrags [pacte social], denn was das Volk gebunden hat, kann nur vom Volk wieder gelöst werden. Der parlamentarische Weg verweigert einer so weit reichenden Verpflichtung ihre notwendige Sakralisierung."[9]

Die religiöse Semantik ist in der Tat schwer überhörbar: Die Nation entsteht durch eine geheimnisvolle Verwandlung – um nicht zu sagen: Transsubstantiation – als mystische Einheit von *corps et âme*, und diese Einheit ist wie die souveräne kirchliche Macht mit der Kompetenz ausgestattet, absolut binden und lösen zu können. Von der Souveränität gilt dabei: „Die Souveränität ist von ihrem Wesen her ein Absolutes. Sie kann nicht geteilt werden und selbstverständlich auch nicht beschränkt werden."[10]

Zumindest wird damit deutlich, dass das Verhältnis, das die französische Republik und Nation zum Phänomen ‚Religion' unterhält, alles andere als einfach und selbstverständlich ist, und auch nicht universal. Aus der Perspektive eines – im weitesten Sinne – liberalen Staats- und Kirchenverständnisses nimmt sich der französische Ausschluss der Religion aus dem öffentlichen Bereich in der Tat als *exception* aus. Allein die Schwierigkeiten, die weiten Begriffe *laïcité* oder *laïque* angemessen zu übersetzen, legen Zeugnis davon ab.

Wie spezifisch der Begriff ist, verdeutlicht ein kleines linguistisches Beispiel. In einem Intellektuellenmanifest vom 26. Mai 2005 für das *Non* zum europäischen Verfassungsvertrag hieß es:

„Beunruhigt als Staatsbürger, dass sich der Graben zwischen den Besitzenden und Besitzlosen immer weiter öffnet; als ‚laïques' [Laien], dass die öffentlichen Medien einseitig in Anspruch genommen werden [nämlich von den Vertretern des ‚Ja'], die indes von der Gesamtheit der Bürger finanziert werden, erlauben die Unterzeichner sich öffentlich zu machen, was sie unter anderen Umständen für sich behalten hätten: dass sie es sich nicht untersagen werden, am 29. Mai [2005] mit ‚Nein' zu stimmen."[11]

Unterzeichnet hatten die Philosophen und Publizisten François Dagognet, Régis Debray, Jean-Claude Guillebaud, Dominique Noguez, Bernard Noël und Michel Onfray. Als *laïques* fühlten sie sich durch die Parteilichkeit und Einseitigkeit der Medien verletzt, die nicht nur von einigen wenigen Europa-Jasagern, sondern von der Gesamtheit der steuerpflichtigen Bürgern finanziert würden. *Laïque* heißt mithin: das Recht der öffentlichen Rede hat in der Republik allen offen zu stehen. Nur hat die Metapher auch eine Kehrseite, mit der sie an ihrem Ursprung hängen und von ihm abhängig bleibt. Denn wenn man die öffentliche Rede dezidiert als ‚laizistisch' definiert, dann wird sie nach wie vor gedacht: *als Kanzelrede. Laïque* heißt implizit also auch: die Kanzel gehört allen; die öffentliche, politische Rede ist eine Rede von der Kanzel, die man gestürmt, demokratisiert und für die Laien oder das Volk (*laos*) geöffnet hat; die politische Rede ist eine ent-klerikalisierte, indes *am Ort der Religion* gehaltene Rede. Anders gesagt, der Bereich des Politischen ist nach wie vor auf den kirchlich-klerikalen Bereich bezogen. Er versteht sich selbst *als Eroberung* des klerikalen Raums, der seine dialektische Kehrseite bildet und den er negativ-verdrängend konserviert. Dass Kanzelrede und öffentliche, politische Rede zwei kategorial grundsätzlich unterschiedene oder zu unterscheidende Bereiche sein könnten, kommt in der laizistischen Denkstruktur offenbar nicht in Betracht.

4. Die Staatstheologie des *ancien régime*

Wie lassen sich die Besonderheiten der französischen Laizität erklären? Mit einem konfessionell pluralistischen Kirchen- und Staatsregime hat man es ersichtlich nicht zu tun, noch nicht einmal mit der kategorialen Unterscheidung zweier unterschiedlicher Bereiche. Die *laïcité* begreift sich als demokratisierende Eroberung des theologisch-politischen Raums, und zwar genau so, wie er vom *ancien régime* mit seiner kompakten Staatsideologie und administrativen Staatspraxis geformt worden ist. Ein kurzer historischer Rückblick ist hier in der Tat erhellend.

Historisch liegen die Wurzeln des Nicht-Pluralismus und der republikanischen Verdrängung der ‚Religion' aus dem öffentlichen Raum im französischen Königtum, das den unteilbaren, unitären und homogenen französischen Nationalstaat – allen revolutionären Ammenmärchen zum Trotz – territorial, administrativ, linguistisch, militärisch und wirtschaftlich geschaffen und dabei jede Art von Häresie – in erster Linie: den Protestantismus, also die so genannte ‚RPR', die *Religion prétendue réformée* (die ‚angeblich reformierte Religion') – ebenso grausam wie flächendeckend unterdrückt hat. Die ‚RPR' wurde untersagt, weil die religiösnationale Einheit der gallikanischen Kirchengemeinschaft, deren Oberhaupt der König war, und zwar kraft seiner unmittelbaren Beziehung zu Gott,[12] als Grundbedingung der politischen Einheit und Stabilität des *royaume* angesehen wurde.

In Thesenform ließe sich der Zusammenhang zwischen rigidem Laizismus und Staatskirchentum des *ancien régime* zunächst wie folgt artikulieren. Erstens: Der offizielle republikanische Laizismus ist zu begreifen als Fortsetzung des gallikanischen, jede Häresie bekämpfenden Staatskirchentums mit anderen Mitteln, nämlich mit den Mitteln der politisch-polizeilichen Verdrängung der Religion zugunsten eines aufklärerischen Nationalismus und Politik- bzw. Republikglaubens, der die Theologumena der absoluten Souveränität auf die Nation beziehungsweise das Volk übertragen hat. Das Volk – als der neue Souverän – hat sich die alten königlichen Attribute lediglich angeeignet. In Frage gestellt wurde die ‚Souveränität' zu keiner Sekunde. Man könnte deswegen auch von einer negativen Abhängigkeitsbeziehung der Laien-Republik zum *ancien régime* sprechen. Anstelle wie das *ancien régime* allen Untertanen einen traditionellen Staatskatholizismus als wahre Religion aufzuzwingen und alle Häresien zu eliminieren versuchte, wird mit der *laïcité* ein einheitsstiftender Vernunft- und Republikglaube der *citoyens* instituiert, der dann, nicht anders als die alte Staatsreligion, mehr oder weniger tolerant, also duldsam, bzw. mehr oder weniger terroristisch sein kann.

Zweitens: Der Religionsbegriff, wie er von der Republik implizit gedacht wird, ist dabei grundsätzlich *nicht* individuell-konfessioneller Natur. Er stellt nicht auf das individuelle Bekenntnis, die ‚religiöse' Gewissens- und Glaubensentscheidung ab, sondern es handelt sich – nicht anders als der Religionsbegriff des ehemaligen Staatskirchentums – wesentlich um einen sozialen und politischen Begriff. Religion (und Laizität als die politische Inanspruchnahme ihrer alten Funktion) wird also genuin politisch verstanden: als Herrschaftslegitimation und Herrschaftstechnik, als *lien social*, das ‚soziale Band' gemeinsamer Überzeugungen und gemeinsamer sozialer Praktiken.[13]

Die herrschaftslegitimatorische Funktion der ‚Religion' wird unmittelbar sichtbar an der Devise des *ancien régime*: „Une foi, une loi, un roi" („Ein Glaube, ein Gesetz, ein König") (vgl. Rémond 1998: 51ff.). Das heißt, der Glaube im gesamten *royaume* ist der des politischen Souveräns, der sein Bekenntnis, und zwar als Oberhaupt der französischen Kirche, den Untertanen vorschreibt. Auch im *Royaume de France* gilt also die Formel: *Cujus regio, ejus religio*. Der Glaube der Untertanen hat mit dem des Souveräns identisch zu sein, alles andere erscheint als Angriff auf die Autorität des Monarchen, als Nichtanerkennung seiner absoluten, religiös und staatstheologisch begründeten göttlichen Macht. Der französische König hat deswegen – nicht anders übrigens als die spanische Krone – zunächst die Juden, dann die Protestanten blutig verfolgt und ausgewiesen. Begründet wurde die territoriale Ein-Konfessionalität durch die unabdingbare, absolute Loyalitätspflicht der Untertanen gegenüber dem König, die durch die Angehörigkeit zu ein und demselben Glauben gewährleistet werden sollte. Individuelle Konfessionen kommen folglich nicht in Betracht. Die Untertanen des *Roi Très-chrétien* können und dürfen nur katholischer Konfession sein. Kurz, man hat es im frühneuzeitlichen Frankreich mit der Ausbildung einer absolutistischen Staatskirche zu tun, in der König und Untertanen auf ein und dasselbe (national-)staats-dogmatische System verpflichtet sind. Es garantiert die Anerkennung der königlichen Autorität und ihrer gottgegebenen Legitimität. Die Gesetze des Souveräns sind das irdische Abbild der göttlichen, die Sonne des Sonnenkönigs ist das Abbild der göttlichen Sonne.

Herbert Lüthy hat die Besonderheiten dieser gallikanisch-katholischen Staatskirche, wie sie sich historisch im Anschluss an die Religionskriege ausgebildet hat, also im 17. Jahrhundert, wie folgt charakterisiert.

„Der Sieg des ‚tiers parti', der ‚politiques', konnte den Religionsfrieden nicht dauerhaft herstellen. Denn eine klare und deutliche Trennung des Geistlichen und des Weltlichen kam für die Menschen des 17. Jahrhunderts nicht in Betracht. Wenn die Religion sich nicht den Staat unterwerfen konnte, dann musste umgekehrt der Staat sich die Religion unterwerfen, und zwar indem er sich selbst zum Absoluten machte. Der Staat aber, das war der König. Aus dem Kampf zwischen den Hugenotten und der ultramontanen Liga ging weder die eine noch die andere Partei, sondern das Königtum als Sieger hervor. (…) Weniger als hundert Jahre nach dem Edikt von Nantes kommt es also auch in Frankreich zu einer Lösung der religiösen Konflikte, wie sie sich anderswo durchgesetzt hatte (und dort bereits veraltet schien): *ein König, ein Glaube*. Der Weg zu dieser Lösung mag zwar anders verlaufen sein als in den anderen Ländern der Gegenreformation, vom Ergebnis her scheint die Lösung identisch zu sein. Die Identität ist trügerisch. Sie täuscht nämlich über einen entscheidenden Sachverhalt hinweg. Weder die römisch-katholische Kirche noch die Reformation haben in Frankreich gesiegt, sondern gesiegt hat die *Religion des Königs*. Die Konsequenzen waren für den Protestantismus, der unterdrückt und verboten wurde, zunächst sichtbarer als für den Katholizismus. Der Katholizismus, der sich dadurch in einen Königskult verwandelt hatte, aber auch die Nation, das Königtum und der Staat selbst trugen historisch kaum weniger schwer an dieser Hypothek."[14]

5. Die *religion du roi* von Bossuet

Ihren exemplarischen Ausdruck hat die *religion du roi* beziehungsweise der *culte du roi* in den Schriften von Jacques Bénigne Bossuet gefunden, dem großen Theologen des französischen Staatskirchentums unter Ludwig XIV. Bossuet lebte von 1627 bis 1704, er war Bischof von Condom und Meaux, seit 1670 Erzieher des Dauphin, dann Prediger des Königs. Darüber hinaus bekleidete Bossuet die Ämter eines *directeur* und *chancellier* der *Académie française*, eines *inspecteur* der königlichen Lotterie zu Marly, eines *conservateur des privilèges de l'Université*, eines *conseiller d'Etat*, und nicht zuletzt war Bossuet auch der Verfasser der *Déclaration du clergé gallican sur le Pouvoir dans l'Eglise* von 1682, die in vier Artikeln feststellte: Erstens, dass der Papst keinerlei Macht in zeitlichen und zivilen Angelegenheiten hat, der König ihm darin folglich nie unterworfen ist; zweitens, dass der Papst stets den Konzilsentscheidungen unterworfen ist; drittens, dass die Gepflogenheiten und traditionellen Regelungen der Kirche im französischen Königreich nicht durch päpstliche Anordnungen verändert werden können; viertens, dass päpstliche Entscheidungen in Glaubensangelegenheiten der Zustimmung durch die ganze Kirche bedürfen (Nassiet 1997: 171). In seinen zahlreichen Schriften hat Bossuet immer wieder zwei wesentliche Attribute des Königtums herausgestellt: Der König ist ein Abbild Gottes, die königliche Macht ist prinzipiell göttlich; und der König ist der erste Verteidiger der wahren Religion, der erste Hüter des Glaubens.

Das Argument von der Gottesbildlichkeit des Königs durchzieht Bossuets gesamtes Werk. Bossuet insistiert dabei vor allem, ausgehend von Psalm 82: „Ego dixi dii estis et filii Excelsi", „wohl habe ich gesagt: Ihr seid Götter und allzumal Söhne des Höchsten", auf dem göttlichen Glanz der Majestät. Bescheidenheit ist für den absoluten König keine Zier, sie wäre der herrschaftlichen Aufgabe des Königs, der für die gute Regierung und die Justiz zu sorgen hat, unangemessen, eine regelrechte Verfehlung. Die glanzvolle königliche Repräsentation ist göttlichen Ursprungs und steht im Dienst der göttlichen Wahrheit, die sie gerade in ihrer erdrückenden Überfülle und Übermacht zum Ausdruck zu bringen und aller Welt vor Augen zu stellen hat: als Repräsentation des Glanzes Gottes, den der König als König, das heißt als sterblicher Gott, von Gott selbst empfangen hat. In der *Oraison funèbre de Marie-Thérèse d'Autriche* von 1683 schreibt Bossuet:

„Die Könige haben, so wenig wie die Sonne, nicht umsonst ihren Glanz empfangen. Er ist der Menschengattung unentbehrlich. Sowohl für den Bestand wie für den Schmuck des Universums müssen die Könige eine Majestät unterhalten, die nichts als ein Abglanz der Majestät Gottes ist" (Bossuet 1998: 223f.).[15]

Und im *Sermon sur les devoirs des Rois* von 1662 heißt es:

„O ihr Monarchen, achtet euren Purpur; ehrt eure eigene Autorität, die ein Abglanz der Autorität Gottes ist; erkennt das große Mysterium Gottes in euren Personen; die himmlischen Dinge gehören Ihm allein; mit euch teilt er die unteren; seid also Untertanen Gottes, da ihr seine Abbilder seid" (Bossuet 1929: 216).[16]

„Um die Gewalt einzurichten, die die seine [auf Erden] repräsentiert, setzt Gott ein Zeichen der Göttlichkeit auf die Stirn und in das Gesicht der Souveräne. Deswegen zögert Joseph nicht, auf den Kopf und das Heil Pharaos wie auf eine heilige Sache zu schwören. Er glaubt damit nicht, Ihn zu beleidigen, der gesagt hat: ‚Ihr schwört allein im Namen des Herrn', weil Er im souveränen Fürsten ein sterbliches Bild seiner unsterblichen Autorität gebildet hat. Ihr seid Götter, sagt David, ihr seid alle Kinder des Höchsten. Freilich, ihr Götter aus Fleisch und Blut, ihr Götter aus Erde und Staub, auch ihr müsst sterben wie die Menschen. Dennoch seid ihr Götter, auch wenn ihr sterblich seid, und eure Autorität stirbt nicht: der Geist des Königtums geht zur Gänze auf eure Nachfolger über und prägt [allen Dingen] dieselbe Furcht, dieselbe Achtung, dieselbe Ehrfurcht ein. Es ist wahr: der Mensch stirbt, aber der König, sagen wir, stirbt niemals: das Bild Gottes ist unsterblich" (Bossuet 1929: 214).[17]

In der *Politique tirée de la Sainte Ecriture* formuliert Bossuet:

„Diese zweite [abgeleitete] Majestät der Könige ist nur ein Ausfluss der ersten, das heißt der göttlichen, die um des Wohls aller menschlichen Dinge willen einen Teil seines Glanzes in den Königen hat wieder glänzen lassen" (Bossuet 1967: 69).[18]

„Die Majestät ist das Bild der Größe Gottes im souveränen Fürsten. Gott ist unendlich, ist alles. Der Fürst als Fürst wird nicht angesehen als ein einzelner, besonderer Mensch, er wird als öffentliche Person betrachtet. Der ganze Staat ist in ihm. Der Wille des ganzen Volkes ist eingeschlossen in dem seinen. So wie in Gott alle Perfektion und Tugend versammelt sind, so ist die ganze Gewalt der einzelnen in der Person des souveränen Fürsten versammelt. Welche Größe, dass ein einziger Mensch so viel davon in sich einbegreifen kann! Die Macht Gottes macht sich unmittelbar und gleichzeitig spürbar von einem Ende der Welt zum anderen: so die königliche Macht. Sie ist überall und immer wirksam im ganzen Königreich. Sie lässt das ganze Königreich [als Stehendes, als Staat] bestehen [tenir en état], so wie Gott die ganze Welt bestehen lässt. Wenn Gott seine Hand zurückzieht, fällt die Welt ins Nichts. Wenn die Autorität im Königreich aufhört, fällt alles in Verwirrung. Betrachtet den Fürsten in seinem Kabinett. Von dort gehen alle Befehle aus, die Magistrate und Hauptleute in harmonischer Verbundenheit im ganzen Königreich handeln lassen, die Bürger und die Soldaten, die Provinzen und die Armeen zu Lande und zu Wasser. Dies ist das Bild Gottes, der, oben im Himmel auf seinem Throne sitzend, die ganze Natur wirken lässt" (Bossuet 1967: 177f.).[19]

„Irgendetwas Göttliches haftet am Fürsten und lässt die Völker ihn fürchten. Der König vergesse deswegen seinen Status nicht. Ich habe es gesagt, und Gott selbst spricht so: ihr seid Götter, ihr seid Kinder des Höchsten, aber ihr werdet sterben wie die Menschen und ihr werdet fallen wie die Großen. Ich habe es gesagt: Ihr seid Götter, das heißt, ihr habt in eurer Autorität göttlichen Charakter, auf eurer Stirn steht ein göttliches Zeichen. Ihr seid Kinder des Höchsten. Er ist es, der eure Macht eingerichtet hat zum Wohle des Menschengeschlechts. Aber, ihr Götter aus Fleisch und Blut, ihr Götter aus Schlamm und Staub, ihr müsst sterben wie die Menschen. Die Größe trennt die Menschen nur für kurze Zeit; der gemeinsame Sturz am Ende macht sie alle gleich. O ihr Könige, übt eure Macht auf kühne und entschlossene Weise aus. Denn sie ist göttlich, eingerichtet zum Heil des Menschengeschlechtes. Sie kommt euch von außen. Im Grunde lässt sie euch schwach, sie lässt euch sterblich, sie lässt euch im Stande des Sünders und beschwert euch vor Gott mit einer großen Rechenschaft" (Bossuet 1967: 179f.).[20]

Die Passagen vermitteln ein eindringliches Bild der *Theologie des Souveräns*, wie Bossuet es für den französischen König und seinen Absolutismus entwickelt. Der König fungiert als lebendiges Bild Gottes, der seine Autorität, seinen Glanz und seine Größe unmittelbar von Gott bezieht, an dessen Wesen er partizipiert. Die Analogie, die Bossuet zwischen Fürst und Gott zeichnet, ist eindeutig. Die Könige sind sterbliche Götter, berufen, mit ihrem unsterblichen Amt die Macht Gottes auf Erden abzuspiegeln, Abglanz und Repräsentation der himmlischen Verhältnisse zu sein, eine *Imago Dei*.

Die thetischen Propositionen, die Bossuet in seiner letzten, zwischen 1670 und 1701 verfassten großen Schrift *Politique tirée des propres paroles de l'Ecriture sainte* zum Wesen und zu den Eigenschaften der königlichen Autorität formuliert, sind nicht minder explizit. Um einen prägnanten Eindruck von der Bossuetschen Königstheologie zu gewinnen, genügt es, die einzelnen Propositionen, die Bossuet jeweils mit Schriftzitaten, und zwar vornehmlich aus dem Alten Testament, und anschließend mit seiner Königstheologie argumentativ erläutert, kurz vorzustellen. Mit Bibelhermeneutik hat Bossuets Traktat nicht das Geringste zu tun. Es handelt sich um eine theologisch reflektierte politische Denkschrift, die in unmittelbarem Zusammenhang mit Bossuets politischer und administrativer Praxis steht.[21]

„Drittes Buch (in dem wir anfangen, die Natur und die Eigenschaften der königlichen Autorität zu erkären)
Einzige Proposition
Es gibt vier wesentliche Eigenschaften der königlichen Autorität.
Erstens, die königliche Autorität ist geheiligt.
Zweitens, sie ist väterlich.
Drittens, sie ist absolut.
Viertens, sie ist der Vernunft unterworfen.
Artikel 2: Die königliche Autorität ist geheiligt.

1. Proposition: Gott bestimmt die Könige zu seinen Ministern und regiert durch sie über die Völker.
2. Proposition: Die Person der Könige ist geheiligt.
3. Proposition: Dem König muß man prinzipiell gehorchen aufgrund der Religion und des Gewissens.
4. Proposition: Die Könige müssen ihre eigene Macht achten und dürfen sie nur ausüben zum Wohl aller [des Gemeinwohls].
Viertes Buch.
Artikel 1: Die königliche Autorität ist absolut.
1. Proposition: Der Fürst hat niemandem Rechenschaft abzulegen über das, was er befiehlt.
2. Proposition: Wenn der Fürst geurteilt hat, gibt es kein weiteres Urteil mehr.
3. Proposition: Es gibt keinerlei ko-aktive Kraft gegen den Fürsten.[22]
4. Proposition: Die Könige sind dennoch nicht von den Gesetzen entbunden.
5. Proposition: Das Volk muss sich ruhig verhalten unter der Autorität des Fürsten.
6. Proposition: Das Volk muß den Fürsten fürchten; der Fürst hat nur zu fürchten, Böses zu tun.
7. Proposition: Der Fürst muss sich fürchten lassen von den Großen wie von den Geringen.
8. Proposition: Die königliche Autorität ist unbesiegbar."

Stil und Duktus der Bossuetschen Apologie sind rein dogmatisch. Es geht hier nicht um eine systematische und gar textkritische Exegese der Heiligen Schrift, vielmehr um Rechtfertigung und Begründung des absolutistischen Regimes anhand passender Bibelstellen. Die aus der Bibel gezogene, ‚offenbarte' Politik ist weniger eine politische *Theologie*, als vielmehr eine theologisch-dogmatische Reflexion und Begründung der konkreten Regierungspraxis. Nicht die Heilige Schrift steht im Zentrum, sondern der König und dessen Regierung, die theologisch legitimiert werden, indem Bossuet sie unmittelbar in die Gottesnachfolge stellt, und denen regierungspraktische Ratschläge erteilt werden. Religion ist in diesem Kontext kein politisch indifferenter, den Dingen der Machtausübung distanziert begegnender, individuell zu *bekennender* Glaube, sie ist vielmehr ein soziales und politisches System: Herrschaftslegitimation und Herrschaftsideologie, zugleich sozialzeremonielle Praxis der Untertanenführung und Administration. Politologie ist wesentlich Theologie, so wie Theologie wesentlich Politologie ist, und zwar im Sinne konkreter Anleitungen zum guten, also staatserhaltenden Regieren.

Eine Passage aus der *Politique*, und zwar aus dem siebten Buch, das von „devoirs particuliers de la royauté" handelt, verdeutlicht diese Auffassung des Begriffs ‚Religion':

„Fragt man, was man von einem Staat sagen sollte, wo die öffentliche Autorität ohne Religion errichtet wäre, so sieht man zuallererst, dass man auf chimärische Fragen nicht antworten muss: Solche Staaten hat es nie gegeben. Die Völker ohne Religion sind auch

Völker ohne Polizei, ohne Unterordnung und gänzlich wild. Da die Menschen durch kein Gewissen gehalten werden, können sie einander nicht trauen. In den Reichen, von denen die alten Geschichten sagen, dass die Gelehrten und Magistrate die Religion verachten und ohne Gott in ihrem Herzen sind, werden die Völker durch andere Prinzipien regiert, und sie haben öffentliche Kulte" (Bossuet 1967: 156).[23]

Mit der Gottesbildlichkeit des Königs, wie Bossuet sie theologisch entfaltet, ist zugleich schon die andere große Aufgabe des Königs mit gedacht, nämlich die Aufgabe, als *protector* und *defensor fidei* zu wirken. Der König steht im Dienst der *vraie religion*, also der gallikanisch-katholischen, die katholisch vor allem deswegen bleibt, damit neuerliche Glaubenskämpfe innerhalb des *royaume* unterbleiben. Die drei Aufgaben, die Bossuet dem König in diesem Kontext anweist, sind (vgl. zum Folgenden Truchet 1966: 157ff.): Erstens, die Verteidigung des wahren Glaubens gegen die Häretiker, also Jansenisten, Protestanten, Juden; zweitens, der Schutz der Kirche, d. h., die Zusicherung der Immunität und der politisch-finanziellen Privilegien für die Kirche; drittens, die Aufrechterhaltung der Glaubensdisziplin, also Kampf gegen Blasphemien, Skandale und laue Kirchenpraxis.

Der Religionsbegriff, wie Bossuet ihn als Theologie des absolutistischen Staates entwickelt hat, ließe sich von hier aus wie folgt definieren: Religion ist wesentlich eine sozio-politische *Praxis* des staatlichen Regierens und Regiert-Werdens. Theologie dient dazu, die monarchische Regierungspraxis mitsamt ihrer Gesetzgebung dogmatisch zu legitimieren und zugleich beratend zu korrigieren, wobei der Begriff der Religion sich auf die Gesamtheit der staatlichen Regierungspraktiken bezieht, die im und vom Staat entwickelt werden: auf die Praktiken der Administration und der königlichen Institutionen, vom Geburten- und Sterberegister bis hin zu den öffentlichen Festen. Religion ist definiert als ein kollektives Glaubenssystem, eine dogmatische Begründung des absolutistisch-souveränen Staates und seiner Zentralverwaltung. Mit individueller Konfession und Spiritualität hat sie, wie gesagt, nichts zu tun, alles hingegen mit politischer und sozialer Praxis.

6. Der laizistische Republikanismus als Staatsreligion

Bossuets Staatstheologie erhellt noch einmal die These zum laizistischen Religionsverständnis der lazistischen Republik, die das Erbe des *ancien régime* angetreten hat: dass nämlich der Laizismus als Fortsetzung des gallikanischen, jede Häresie bekämpfenden Staatskirchentums zu begreifen ist, und zwar als Fortsetzung mit den Mitteln der verschärften politischen Kontrolle und Verdrängung der Religion zugunsten eines rationalistisch fundierten Nationalismus und unitären Politikglaubens. Die Theologumena der absoluten Souveränität werden auf die

Nation beziehungsweise das Volk übertragen, das nach 1789 die königlichen Privilegien und Attribute beerbt. Beerben und fortsetzen kann der Laizismus die Religion des Königs aber genau deswegen, und zwar einschließlich der Bekämpfung jeder Häresie, die den Glauben an den absoluten Souverän untergraben und die ‚Einheit' und ‚Unteilbarkeit' der Republik gefährden könnte, weil bereits die alte ‚Religion' als *culte du roi* selbst nichts anderes war als eine nationale Staatsreligion.

Dass der laizistische Republikanismus die Bossuetsche Staatsreligion tatsächlich fortsetzt, wobei die Instanz des Souveräns durch das Volk und die Vernunft ersetzt wird,[24] wird nicht nur an den pompösen Staatszeremonien deutlich, für welche die französische Republik zu Recht berühmt ist. Es wird auch daran deutlich, dass der herausragende Kulturminister der Fünften Republik, André Malraux, eine große Tradition Bossuets ostentativ fortgesetzt hat, nämlich die unter den Augen des Souveräns beziehungsweise des Präsidenten gehaltenen *Oraisons funèbres*, also die Totenreden *ad maiorem gloriam patriae*, etwa bei der Überführung des Leichnams von Jean Moulin in das Pantheon am 19. Dezember 1964 (vgl. Malraux 1971). Nicht zuletzt wird der Sachverhalt auch daran deutlich, dass die großen, staatstragenden Predigten Bossuets nach wie vor zum Lektüreprogramm – also zum elitären Kanon – der französischen *Lettres modernes* beziehungsweise der zentralen Staatsprüfung der *Agrégation* zählen. Die Schriften des großen Theologen gehören, aller Religionsferne der Republik zum Trotz, zum *patrimoine national* der laizistischen Republik und ihres ungebrochenen Glaubens an den göttlichen Souverän. Das Arkanum der französischen *laïcité* ist die Staatstheologie des Absolutismus.

Zum Religionsbegriff des französischen Staates 95

Anmerkungen

1. „Die Fürsten [als Inhaber irdischer Souveränität] sind Götter" (Bossuet 1967: 93). Die Übersetzungen aus dem Französischen im vorliegenden Text stammen alle v. Verf. In den Anmerkungen ist der Text im Original zitiert, so dass die Übertragungen überprüfbar bleiben.

2. Für einen historischen Überblick vgl. Martimort (1973); Rémond (1998); Morel (2003). Die Zeit nach 1789 ist dargestellt bei Ormières (2002).

3. Art. 13, Projet de Constitution du 19 avril 1946, zit. nach: Godechot (1979: 373): „Nul ne peut être inquiété en raison de ses origines, de ses opinions ou croyances en matière religieuse, philosophique ou politique. La liberté de conscience et des cultes est garantie par la neutralité de l'Etat à l'égard de toutes les croyances et de tous les cultes. *Elle est garantie notamment par la laïcité des pouvoirs et de l'enseignement public.*"

4. Zur *invocatio Dei* in den europäischen Verfassungen vgl. Weiler (2004: 44ff. und 154f.).

5. Mitterand (1998: 366): „Les protestants avaient constitué une force militaire, politique et religieuse pour croire, prier à leur façon. Mais l'Etat, tout en leur donnant des garanties, leur imposait certaines contraintes. *Pour préserver l'unité politique de la Nation, il n'y aura pas d'Etat dans l'Etat. Bref, l'Edit de Nantes, après tous ces déchirements, rappelle que tous sont d'abord des français.* "

6. Mitterand (1998: 365): „Il fallait contraindre les factions en lutte [also Katholiken und Protestanten] à accepter une autre logique qui leur était supérieure. La raison de l'Etat, dépositaire et garant de l'intérêt national, de ce qu'en France, depuis le haut Moyen Age on appelle: le bien commun."

7. Zu Frankreich als ‚auserwählter Nation' vgl. Beaune (1985: 214ff.).

8. Séguin (1992: 35): „La nation c'est quelque chose qui possède une dimension *affective* et une dimension *spirituelle*, c'est le résultat d'un *accomplissement*, le produit d'une *mystérieuse métamorphose* par laquelle un peuple devient davantage qu'une communauté solidaire, presque un corps et une âme" (Herv. v. Verf.).

9. Séguin (1992: 14): „La voie parlementaire est contraire à l'esprit de notre pacte social, *car ce que le peuple a fait, seul le peuple peut le défaire.* (...) C'est refuser de donner à un engagement aussi grave la *sacralisation* dont il a besoin" (Herv. v. Verf.).

10. Séguin (1992: 20): „La souveraineté est par essence un absolu. (...) Cela ne se divise pas, cela ne se partage pas non plus et, bien sûr, cela ne se limite pas."

11. Libération (2005): „Inquiets, en tant que citoyens, de voir le fossé se creuser entre les nantis et les démunis; heurtés, en tant que laïcs, par l'enrôlement unilatéral des médias publics d'information, pourtant financés par l'ensemble des contribuables (...), les soussignés croient devoir manifester ce qu'en d'autres circonstances ils auraient gardé pour eux: on ne s'interdira pas, le 29 mai, de voter non."

12. Einer Vermittlung durch die Kirche bedurfte sie nicht. Genau das ist der politisch-polemische Sinn des in Anm. 9 zitierten Verses.

13. Daraus lässt sich vielleicht auch eine kulturelle, geisteswissenschaftliche Eigentümlichkeit Frankreichs erklären, was das Denken des Phänomens Religion angeht. Im Unterschied zu den deutschen Sozial- und Geisteswissenschaften, in der Entmythologisierung und wissenschaftliche Entzauberung das aufgeklärte Denken des Religiösen bestimmen, haben in Frankreich sozialfunktionale Religionskonzepte eine große Tradition, von Auguste Comte über Emile Durkheim, Marcel Mauss, Georges Dumézil bis hin zu Jacques Lacan und Pierre Legendre. Religion wird in erster Linie als *lien social* (mitsamt den entsprechenden Mythen) begriffen, während Politik stets mit einer quasi-religiösen, mythischen Dimension ausgestattet bleibt. Walter Seitter hat in seinem Aufsatz „Illusion der Religionslosigkeit" (2001) zu Recht darauf aufmerksam gemacht. Es scheint, dass die soziologischen Konzepte des quasi-religiösen *lien social* von der Tradition des sozio-politischen Religionsbegriffs des ancien régime zehren.

14. Lüthy (1965: 105f.): „Le triomphe du tiers parti ‚politique' n'a pas pu amener durablement la paix religieuse parce que, la séparation nette du spirituel et du temporel restant inconcevable pour les hommes du XVIIe siècle, si la religion n'avait pas su soumettre l'Etat, il fallait que l'Etat soumette la religion *en s'élevant lui-même à l'absolu*. Or, l'Etat, c'était le roi. Entre le parti huguenot et la Ligue ultramontaine, c'est au royalisme qu'est revenue la victoire. (...) Moins de cent ans après l'édit de Nantes, la France aboutit donc à la même solution qui avait prévalu ailleurs, et qui ailleurs commençait à être dépassée : *un roi, une foi*. Si le chemin parcouru est différent, l'aboutissement semble être le même que dans les pays de la Contre-Réforme. Mais cette identité est trompeuse. Ce n'est ni l'Eglise catholique romaine ni la Réforme qui a triomphé, *c'est la religion du roi*; et si les conséquences pour le protestantisme français, écrasé et proscrit, ont été les plus visibles, le catholicisme français, transformé en culte royal, la nation, la royauté et l'Etat eux-mêmes en ont porté longtemps, eux aussi, la lourde hypothèque."

15. Französischer Text: „Les rois, non plus que le soleil, n'ont pas reçu en vain l'éclat qui les environne; il est nécessaire au genre humain, et ils doivent, pour le repos autant que pour la décoration de l'univers, soutenir une majesté qui n'est qu'un rayon de celle de Dieu."

16. Französischer Text: „Ô monarques, respectez votre pourpre; révérez votre propre autorité, qui est un rayon de celle de Dieu; connaissez le grand mystère de Dieu en vos personnes: les choses célestes sont à lui seul, il partage avec vous les inférieures; soyez donc les sujets de Dieu comme vous en êtes les images."

17. Französischer Text: „Pour établir cette puissance qui représente la sienne, Dieu met sur le front des souverains et sur leur visage une marque de divinité. C'est pourquoi le patriarche Joseph ne craint point de jurer par la tête et par le salut de Pharaon, comme par une chose sacrée; il ne croit pas outrager celui qui a dit: *Vous jugerez seulement au nom du Seigneur*, parce qu'il a fait dans le Prince une image mortelle de son immortelle autorité. *Vous êtes des dieux*, dit David, *et vous êtes tous enfants du Très-Haut*. Mais, ô dieux de chair et de sang, ô dieux de terre et de poussière, *vous mourrez comme des hommes*. N'importe, vous êtes des dieux, encore que vous mouriez, et votre autorité ne meurt pas: cet esprit de royauté passe tout entier à vos successeurs, et imprime partout la même crainte, le même respect, la même vénération. L'homme meurt, il est vrai; mais le Roi, disons-nous, ne meurt jamais: l'image de Dieu est immortelle."

18. Französischer Text: „Cette seconde majesté [des rois] n'est qu'un écoulement de la première; c'est-à-dire de la divine, qui pour le bien des choses humaines, a voulu faire rejaillir quelque partie de son éclat sur les rois."

19. Französischer Text: „La majesté est l'image de la grandeur de Dieu dans le prince. Dieu est infini, Dieu est tout. Le prince, en tant que prince, n'est pas regardé comme un homme particulier: c'est un personnage public, tout l'État est en lui, la volonté de tout le peuple est renfermée dans la sienne. Comme en Dieu est réunie toute perfection et toute vertu, ainsi toute la puissance des particuliers est réunie en la personne du prince. Quelle grandeur qu'un seul homme en contienne tant! La puissance de Dieu se fait sentir en un instant de l'extrémité du monde à l'autre: la puissance royale agit en même temps dans tout le royaume. Elle tient tout le royaume en état comme Dieu y tient le monde. Que Dieu retire sa main, le monde retombera dans le néant: que l'autorité cesse dans le royaume, tout sera en confusion. Considérez le prince dans son cabinet. De là partent les ordres qui font aller de concert les magistrats et les capitaines, les citoyens et les soldats, les provinces et les armées par mer et par terre. C'est l'image de Dieu, qui assis dans son trône au plus haut des cieux fait aller toute la nature."

20. Französischer Text: „Je ne sais quoi de divin s'attache au prince, et inspire la crainte aux peuples. Que le roi ne s'oublie pas pour cela lui-même. Je l'ai dit, c'est Dieu qui parle; je l'ai dit: Vous êtes des dieux, et vous êtes tous enfants du Très-Haut; mais vous mourrez comme des hommes, et vous tomberez comme les grands. Je l'ai dit: Vous êtes des dieux; c'est-à-dire: Vous avez dans votre autorité, vous portez sur votre front un caractère divin. Vous êtes les enfants du Très-Haut: c'est lui qui a établi votre puissance pour le bien du genre humain. Mais, ô dieux de chair et de sang: ô dieux de boue et de poussière, vous mourrez comme des hommes, vous tomberez comme les grands. La grandeur sépare les hommes pour un peu de temps; une chute commune à la fin les égale tous. Ô rois, exercez donc hardiment votre puissance; car elle est divine, et salutaire au genre humain; mais exercez-la avec humilité. Elle vous est appliquée par le dehors. Au fond elle vous laisse faibles; elle vous laisse mortels; elle vous laisse pécheurs et vous charge devant Dieu d'un plus grand compte" (Politique, livre V, article IV : Ce que c'est la majesté).

21. Bei den im Folgenden wiedergegebenen Textstellen handelt es sich um die Kapitelüberschriften der *Politique tirée des propres paroles de l'Ecriture sainte*; vgl. Bossuet (1967): Französischer Text: „Livre Troisième (où l'on commence à expliquer la nature et les propriétés de l'autorité royale). Unique proposition. *Il y quatre caractères ou qualités essentielles à l'autorité royale.* Premièrement l'autorité royale est sacrée. Secondement elle est paternelle. Troisièmement elle est absolue. Quatrièmement elle est soumise à la raison. Article II: *L'autorité royale est sacrée.* 1re Proposition: Dieu établit les rois comme ses ministres et règne par eux sur les peuples; 2e Proposition: La personne des rois est sacrée; 3e Proposition: On doit obéir au prince par principe de religion et de conscience; 4e Proposition: Les rois doivent respecter leur propre puissance, et ne l'employer qu'au bien public. – Livre Quatrième. Article I: *L'autorité royale est absolue.* 1re Proposition: Le Prince ne doit rendre compte à personne de ce qu'il ordonne; 2e Proposition: Quand le prince a jugé, il n'y a poin d'autre jugement; 3e Proposition: Il n'y a point de force coactive contre le prince; 4e Proposition: Les rois ne sont pas pour cela affranchis des lois. Les rois sont soumis comme les autres à l'équité des lois, et parce qu'ils doivent être justes; mais ils ne sont pas soumis aux peines des lois: ou comme parle la théologie, ils sont soumis aux lois non quant à la puissance coactive [qui contraint à exécuter ce qui est ordonné légitimement], mais quant à la puissance directive. 5e Proposition: Le peuple doit se tenir en repos sous l'autorité du prince; 6e Proposition: Le peuple doit craindre le prince; mais le prince ne doit craindre que de faire mal; 7e Proposition: Le prince doit se faire craindre des grands et des petits; 8e Proposition: L'autorité royale doit être invincible."

22. Die ‚ko-aktive Kraft' ist wie folgt definiert: „Die Könige sind wie alle anderen der Gleichheit der Gesetze unterworfen, denn sie müssen gerecht sein. Sie sind freilich nicht den Strafen der Gesetze unterworfen, oder, wie der Theologe sagt: sie sind den Gesetzen nicht im Hinblick auf ihre ko-aktive Kraft unterworfen [dazu zwingt das zu befolgen, was legitimerweise befohlen worden ist], sondern allein im Hinblick auf ihre direktive Gewalt."

23. Boussuet (1967: livre VII, art. II): „Si l'on demande ce qu'il faudrait dire d'un Etat où l'autorité publique se trouverait établie sans aucune religion, on voit d'abord qu'o n'a pas besoin de répondre à des questions chimériques: de tels Etats ne furent jamais. Les peuples où il n'y a point de religion sont en même temps sans police, sans véritable subordination et entièrement sauvages; les hommes, n'étant point tenus pas la conscience, ne peuvent s'assurer les uns les autres. Dans les empires où les histoires rapportent que les savants et les magistrats méprisent la religion, et sont sans dieu dans leur cœur, les peuples sont conduits par d'autres principes, et ils ont un culte public."

24. Pierre Legendre (1976: 64) hat den mystischen Status des ‚Volkes' prägnant beschrieben: „In der legalistischen Mystik ist das französische Volk bereits da, bevor man es mittels des verfassungsrechtlichen und politischen Spiels zum Sprechen bringt. Es ist nicht einfach die Wählerschaft. Vielmehr ist das ‚Volk' ein reiner Begriff, ein Ideal, das ideal definiert und in seinem Sein garantiert wird durch einen Souverän-Garanten. Für das dogmatische Funktionieren der Institutionen ist nicht die liturgische Variation entscheidend, monarchisch oder republikanisch, die sich gegenseitig nachahmen können, entscheidend ist vielmehr das Überdauern eines derartigen Signifikanten, der die souveräne Garantie anruft. (...) Die Institutionen funktionieren zunächst mit Hilfe des Rechts, eines monumentalen Schriftwerks, das den Heiligen Namen seines unsichtbaren und unberührbaren Autors buchstäblich nennt."

Literatur

Beaune, Colette (1985): Naissance de la nation France. Paris.
Bossuet, Jacques-Bénigne (1929): Sermons. Tome premier. Publiés avec une introduction par Henri Massis. Paris.
Bossuet, Jacques-Bénigne (1967): Politique tirée des propres paroles de l'Ecriture Sainte. Édition critique avec introduction et notes par Jacques Le Brun. Genève.
Bossuet, Jacques-Bénigne (1998): Oraisons funèbres. Edition de Jacques Truchet. Paris.
Godechot, Jacques (Hrsg.) (1979): Les Constitutions de la France depuis 1789. Paris.
Jeanneney, Jean-Noël (2004): Les présidents peuvent-ils aller à la messe?" In: L'Histoire, 289, juillet-août: 72-73.
Joxe, Pierre (1998): L'édit de Nantes. Réflexions pour un pluralisme religieux. Paris.
Legendre, Pierre (1976): Jouir du pouvoir. Traité de la bureaucratie patriote. Paris.
Libération (2005): 26. Mai.
Lüthy, Herbert (1965): Le passé présent. Paris.
Malraux, André (1971): Oraisons funèbres. Paris.
Martimort, Aimé-Georges (1973): Le gallicanisme. Paris.
Mitterand, François (1988): Allocution prononcée par M. François Mitterand, Président de la République, aux cérémonies du tricentenaire de la révocation de l'Edit de Nantes, Palais de l'UNESCO, vendredi 11 octobre 1985. In: Joxe (1998).
Morel, Henri (2003): L'idée gallicane au temps des guerres de religion. D'Aix/Marseille.
Nassiet, Michel (1997): La France du second XVIIe siècle. 1661-1715. Paris.
Ormières, Jean-Louis (2002): Politique et religion en France. Paris.
Rémond, René (1998): Religion et société en Europe. Paris.
Séguin, Philippe (1992): Discours pour la France. Paris.
Seitter, Walter (2001): Illusion der Religionslosigkeit. In: Tumult, 26: Pierre Legendre. Wien: 70-74.
Truchet, Jacques (1966): Politique de Bossuet. Textes choisis et présentés par Jacques Truchet. Paris.
Weiler, Joseph H. H. (2004): Ein christliches Europa. Salzburg/München.

II. Der Begriff der Religion: disziplinäre Perspektiven

Zum Religionsverständnis in Hinduismus, Buddhismus, Judentum und Islam

Hans-Michael Haußig

1. Vorbemerkungen

Sprechen wir heutzutage von Religion, so verstehen wir darunter meist recht unterschiedliche Dinge. Der Begriff *Religion* dient heutzutage als Oberbegriff für Vorstellungen, Einstellungen und Handlungen, die Menschen gegenüber höheren Mächten bzw. als höhere Mächte erfahrenen Wesen, Göttern, oder auch nur in Relation zu etwas, das in irgendeiner Weise als transzendent oder heilig erfahren wird, zum Ausdruck bringen. Daneben dient er aber auch zur Bezeichnung unterschiedlicher Religionstypen, wie Stammesreligion, Nationalreligion, Universalreligion, monotheistischer Religion, polytheistischer Religion, prophetischer Religion oder Offenbarungsreligion. Alle diese Begriffe repräsentieren zugleich mannigfaltige Inhalte und Praktiken, die z. T. auch in einem Widerspruch zueinander stehen. Bei aller Verschiedenheit im Einzelnen liegt in dem Gebrauch des Begriffs *Religion* jedoch zumindest die Annahme begründet, dass es Dinge gibt, die Religion sind und die unter einem einheitlichen Oberbegriff zusammengefasst werden können. Die einzelnen Religionen bzw. Religionsgemeinschaften, wie Judentum, Christentum, Islam und andere, werden dementsprechend als spezifische Ausformungen dieser mit dem Oberbegriff Religion bezeichneten Phänomene verstanden.

Das Religionsverständnis der einzelnen Religionen sieht demgegenüber wesentlich komplexer aus. Nicht alle als ‚Religion' bezeichneten Gemeinschaften verfügen über eine dem modernen Religionsverständnis vergleichbare Vorstellung von Religion; manche Religionen haben eine solche erst im Verlauf einer längeren Entwicklung ausgeprägt. Auch wenn heutzutage sich zumindest die großen Weltreligionen als ‚Religion' bezeichnen, so zeigt sich auch hier, dass die mit diesem Begriff verbundenen Vorstellungen z. T. erhebliche Unterschiede aufweisen und sich dabei meist an einschlägigen Begriffen der jeweils eigenen Objektsprache orientieren.

In den folgenden Ausführungen soll zunächst eine Charakterisierung der Terminologie der einzelnen Religionen im Hinblick auf ihr Religionsverständnis gegeben werden und dieses dann anhand von Hinduismus, Buddhismus, Judentum und Islam erläutert werden.

2. Zur Charakteristik der Terminologie in den Religionen

Der Begriff *Religion* in seiner heutigen Verwendungsweise ist dem religiösen Vokabular des neuzeitlichen (protestantischen) Christentums entnommen. Sein heutiger Gebrauch ist allerdings erst das Resultat der Aufklärung. Im Mittelalter wurde der Begriff niemals auf andere Religionen übertragen und war auch nicht primär mit dem Bereich der Innerlichkeit verbunden, mit dem ihn die Religionswissenschaft in der Vergangenheit gerne in Verbindung gebracht hat. In der Folge der Aufklärung sah man die nichtchristlichen Religionen nicht mehr bloß als *superstitio*, als ‚Aberglauben', an, sondern als dem Christentum durchaus vergleichbare Formen der Gottesverehrung. Das Christentum verfügt heutzutage in *Religion* über einen Begriff, mit dem es nicht nur sich selbst definieren kann, sondern der es ihm auch ermöglicht, sich als etwas Vergleichbares mit anderen Religionen zu verstehen. Ich möchte daher, sofern der zeitgenössische Gebrauch angesprochen ist, den Begriff *Religion* einen ‚komparatistischen Begriff' nennen. Unter ‚komparatistischen Begriffen' sollen solche verstanden werden, die eine interreligiöse Vergleichbarkeit ermöglichen. Ein komparatistischer Begriff kann ein einzelnes konkret beschreibbares Phänomen bezeichnen – etwa wenn der Begriff *Priester* nicht nur zur Bezeichnung eines religiösen Spezialisten der jeweils eigenen Religion, sondern auch anderer Religionen verwendet wird – oder aber zur Bezeichnung der Gesamtheit des Komplexes von Religion dienen, wie dies beim Begriff *Religion* der Fall ist. Hinsichtlich des Grades der Komparativität sind jedoch zwischen den einzelnen Religionen ebenfalls Unterschiede zu beobachten.[1] Komparatistische Begriffe sind von ‚exklusivistischen Begriffen' zu unterscheiden, mit denen die Religionen Phänomene nur ihrer eigenen Religion bezeichnen. Als ‚exklusivistische Religionsbegriffe' können wir auch die Eigennamen der jeweiligen Religionen verstehen, wie *Judentum* oder *Christentum*.[2] Man kann exklusivistische Begriffe auch in positive und negative Begriffe unterteilen. Dies ist etwa der Fall, wenn Erscheinungen von anderen Religionen mit pejorativen Begriffen bezeichnet werden, mit denen Phänomene der eigenen Religion nicht bezeichnet werden. Dies liegt etwa in dem Begriff ‚Götzendiener' vor, den man natürlich nur Angehörigen anderer Religionen beilegt, nicht jedoch den jeweiligen Glaubensbrüdern und -schwestern.

Der komparatistische Begriff *Religion* ist nun auch von der Religionswissenschaft zur Beschreibung der nichtchristlichen Religionen gebraucht worden. Dies ist innerhalb der Religionswissenschaft der letzten Jahre in zunehmendem Maße in die Kritik geraten. Es wurde erkannt, dass der Begriff *Religion* und die mit ihm verbundenen Bedeutungsnuancen ein christlich-europäisches Konstrukt sind, das in der Anwendung auf nichtchristliche Religionen häufig unreflektiert verwendet wurde und somit den Sachverhalt der einzelnen Religionen verzerrt wiedergegeben hat. Im Hinblick auf von der modernen westlichen Welt entfernte Räume von *Religion* zu sprechen, enthält nach Ansicht des verstorbenen Züricher Religionswissenschaftlers Fritz Stolz wesentliche Elemente der Projektion: Erlebensqualitäten, Erfahrungshorizonte und Problemlagen ‚unserer Welt' und ‚unserer Religion' werden in fremden Welten wiedererkannt, wobei dieses Wiedererkennen natürlich mit vielen Problemen behaftet ist. Der eigene Erfahrungsbereich hat ‚prototypischen' Charakter; Prototyp ist dabei in aller Regel das traditionelle Christentum, allerdings in der verfremdeten und objektivierenden Wahrnehmung einer Zeit, die durch Traditionsabbruch, Relativierung und globale Kulturkontakte gekennzeichnet ist (vgl. Stolz 1994: 124f.). Die nichtchristlichen Religionen verfügen oder verfügten nicht immer über den selben Erfahrungshorizont von Religion, wie er dem neuzeitlichen Verständnis zugrunde liegt und folglich deckt sich weder die begriffliche Ausformulierung ihres Selbstverständnisses noch die ihres allgemeinen Religionsverständnisses mit den begrifflichen Konzeptualisierungen des neuzeitlichen Christentums, sofern überhaupt eine entsprechende Reflexion über die eigene Religion erkannt werden kann.

Die hier eingeführten Kategorien ‚komparatistischer Religionsbegriff' und ‚exklusivistischer Religionsbegriff' sind insofern rein deskriptiv zu verstehen. Mit ihnen soll nicht versucht werden, wie in der älteren Religionswissenschaft, eine Wesensbestimmung von Religion vorzunehmen, sondern sie dienen lediglich dazu, das in Begriffe und andere Abstraktnomina gefasste Selbst- und Religionsverständnis der einzelnen Religionen zu beschreiben. Hierbei muss nun berücksichtigt werden, dass diese nicht nur hinsichtlich Komparativität und Exklusivität Unterschiede aufweisen, sondern auch bezüglich der mit ihnen verbundenen Inhalte. Diese unterschiedlichen Inhalte sollen hier als die ‚Aspekte' des Religionsbegriffs bezeichnet werden, von denen insgesamt fünf zu unterscheiden sind: a) der theologisch-glaubensmäßige bzw. objektiv-glaubensmäßige Aspekt, b) der emotionale bzw. subjektiv-glaubensmäßige Aspekt, c) der kultisch-rituelle Aspekt, d) der allgemeine bzw. ethische Verhaltensaspekt und schließlich e) der soziologische Aspekt. Unter dem theologisch-glaubensmäßigen bzw. objektiv-glaubensmäßigen Aspekt sollen Glaubenssätze verstanden werden, etwa über die Natur Gottes, die Beschaffenheit der Welt oder das Schicksal des Menschen, die oft auch Grundlage für eine Zusammenfassung in kurzen Bekenntnisformeln bilden.[3] Demgegenüber umfasst der emotionale bzw. subjektiv-glaubensmäßige Aspekt Begriffe, mit denen der individuelle Aspekt der Religion betont werden soll. Dieser drückt sich meist in Umschreibungen wie *Frömmigkeit* oder *Ergriffensein* aus und bezeichnet in erster Linie den Bereich des religiösen Gefühls, etwa Reaktionen, die durch die Begegnung mit dem ‚Göttlichen' hervorgerufen werden; im weiteren Sinne könnte hierunter aber auch die Lauterkeit religiöser Überzeugungen oder Handlungen verstanden werden. Man könnte das Verhältnis zwischen dem objektiv-glaubensmäßigen Aspekt und dem subjektiv-glaubensmäßigen Aspekt auch dahingehend charakterisieren, dass in ersterem zum Ausdruck gebracht wird, was von Seiten einer gegebenen Religion von ihren Anhängern zu glauben gefordert wird, in letzterem, wie diese darauf reagieren bzw. was sie dem entgegenbringen. Der kultisch-rituelle Aspekt umfasst alle kultischen Handlungen, wie etwa Gebet, Opfer, Fasten oder Speisegebote, deren Beachtung eine Religion von ihren Anhängern fordert. Der allgemeine bzw. ethische Verhaltensaspekt bezeichnet Anweisungen zu einem sittlichen und moralischen Verhalten. Es handelt sich um Vorschriften, die das allgemeine Zusammenleben der Menschen regeln und nicht unter dem Aspekt des kultisch-rituellen zusammengefasst werden können. Dazu zählen etwa Unterlassungsvorschriften (‚Du sollst nicht stehlen'), die Forderung zur Praktizierung allgemein menschlicher Tugenden (‚Sei freundlich zu allen Menschen'), aber auch konkrete Anweisungen, wie etwa die Forderung nach Zahlung einer Almosensteuer. In diesen Bereich gehört auch, was im westlich-säkularen Kontext mit dem Rechtswesen verbunden wird. Der soziologische Aspekt schließlich betrifft alle Fragen, Religionen von ihrer organisatorischen Stellung her zu definieren. Hierzu gehört auch die Abgrenzung als eigenständige Gemeinschaft gegenüber anderen Gruppen. Die genannten Aspekte treten an den einzelnen Religionsbegriffen selten isoliert voneinander auf. Der Religionsbegriff einer Religion kann einen, mehrere oder sogar alle der genannten Aspekte repräsentieren, jedoch treten diese in unterschiedlichen Kontexten auch in unterschiedlicher Gewichtung auf.

Nicht jede Religion verfügt über einen Religionsbegriff oder zumindest nicht von Anfang ihrer Geschichte an. Häufig geschieht die Ausbildung von Religionsbegriffen bzw. überhaupt die Ausbildung eines umfassenden Verständnisses von Religion durch Begegnung mit anderen Religionen und der Notwendigkeit der Abgrenzung gegenüber diesen. Im folgenden soll die Problematik anhand von Hinduismus, Buddhismus, Judentum und Islam erläutert werden.

3. Hinduismus

Der Begriff *Hinduismus* ist neueren Datums und in den klassischen Texten nicht belegt. In einschlägigen Darstellungen findet man häufig den Begriff *dharma* als Äquivalent für Religion genannt. Sich selbst bezeichnet der Hinduismus als *sanātana dharma*, als ‚ewiges *dharma*'. Es scheint also, dass der Hinduismus sowohl über einen exklusivistischen als auch über einen komparatistischen Religionsbegriff verfügt. Dies ist jedoch erst das Resultat einer sehr jungen Entwicklung. Zwar ist der Begriff *dharma* relativ alt und seine Grundlagen finden sich bereits in den ältesten Texten der indischen Religionsgeschichte, doch hat er in vormoderner Zeit noch nicht eine dem gegenwärtigen komparatistischen Gebrauch vergleichbare Bedeutung gehabt. Unter *dharma* verstand man in vormoderner Zeit, zumindest von dem Zeitpunkt an, wo sich der klassische Hinduismus durchgesetzt hat, das System der Kasten- und Lebensstadien. Dieses wies jedem Menschen in Indien eine durch seine Kaste vorgegebene gesellschaftliche Stellung und einen seinem Lebensalter entsprechenden bestimmten Platz zu. Die Ordnung des *dharma* existierte gemäß dieser Auffassung nur in Indien. Den vormodernen Indern lag der Gedanke fern, dass es außerhalb Indiens überhaupt etwas vergleichbares wie das *dharma* gäbe. Ansätze für eine diesbezügliche Neubewertung finden sich in den Texten bengalischer Vishnuiten, einer Strömung des Hinduismus, in der der Gott Vishnu im Mittelpunkt der Verehrung steht. Hier findet sich in Texten aus dem 16. Jahrhundert erstmalig eine begriffliche Konzeptualisierung des Verhältnisses zwischen Hindus und anderen Religionen – im konkreten Fall den Muslimen –, die mit den Begriffen *hindu* und *musulman* bzw. *mleccha* einander gegenübergestellt werden. In diesem Zusammenhang ist auch vom so genannten *hindudharma* die Rede. Interessanterweise ist jedoch niemals in vergleichbarer Weise von einem *musulmandharma* die Rede. Zudem wird der Begriff *hindudharma* in den Texten auch nicht als Selbstdefinition der Hindus gebraucht, sondern nur den Muslimen zur Bezeichnung der Hindus in den Mund gelegt. In inhaltlicher Hinsicht werden mit dem Begriff zudem in erster Linie rituelle Implikationen verbunden. Obwohl hier bereits erstmalig überhaupt das Verhältnis zwischen den unterschiedlichen Gruppen thematisiert wird, ist man von einer komparatistischen Verwendungsweise des Begriffs *dharma* weit entfernt. Eine solche Verwendungsweise finden wir erst im 19. Jahrhundert bei einigen traditionellen hinduistischen Gelehrten. Allerdings wird *dharma* hier im Bezug auf das Christentum nicht in einem dem westlichen Sinne entsprechenden Religionsbegriff verwendet, sondern vielmehr wird dieser Auffassung gemäß das Christentum in das System des Hinduismus integriert, die jedem Menschen einen unterschiedlichen Rang und unterschiedliche Aufgaben innerhalb der Gesellschaft zuweist. Gemäß dieser *dharma*- bzw. Religionsauffassung besteht zwischen Christentum und Hinduismus nach Ansicht von Young mehr eine Identität des Zwecks als des Inhaltes. Das Christentum ist für eine bestimmte Klasse von Menschen, nämlich diejenigen, die als Christen geboren wurden, bindend und heilswirksam, hat aber keine universelle Gültigkeit (Fox Young 1981: 161; Fox Young 1982: 93ff.). Hinsichtlich der einzelnen zuzuordnenden Aspekte lässt sich zudem ein eindeutiges Übergewicht der kultisch-rituellen, ethisch-juristischen und soziologischen Aspekte beim Begriff *dharma* erkennen.

4. Buddhismus

Der Buddhismus hat den Begriff *dharma* vom Hinduismus übernommen, jedoch erscheint dieser in den älteren, in der Sprache Pali abgefassten Texten in der Form *dhamma*. Im Gegensatz zum Hinduismus diente dem Buddhismus dieser Begriff jedoch von Anfang an sowohl als exklusivistischer als auch als komparatistischer Religionsbegriff. Die Verwendungsweise hing dabei vom jeweiligen Kontext des Wortes ab. Wenn der Buddhismus sich selbst und andere Religionen als *dhamma* bezeichnet, ist dabei jedoch nicht an eine bloße Gegenüberstellung unterschiedlicher Religionen entsprechend einem westlichen Religionsverständnis zu denken. *Dhamma* bezeichnet sowohl die abstrakte Weltordnung als auch die konkreten Einzelteile, aus denen diese dem Gesetz des Entstehens und Vergehens (*paticcasamuppāda*) unterworfene Weltordnung zusammengesetzt ist. Alle Dinge dieser Welt, nicht nur die materiell wahrnehmbaren, sondern auch geistige Zustände, sind diesem Gesetz unterworfen. Sie entstehen und vergehen als eine Kette von Ursachen. Wie aber der Mensch keine eigentliche Substanz hat, sondern nur aus fünf verschiedenen ständig in ihrer Zusammensetzung wechselnden Faktoren (*skandhas*) besteht, so sind auch die Religionen als das Resultat des Zusammentreffens bestimmter, durch das jeweilige Karma bedingter Ursachen zu verstehen. Diese können jedoch ihrerseits wieder neue Bedingungen nach sich ziehen. Bei dieser Auffassung zeigt sich letztendlich auch die Abhängigkeit des *dhamma*-Begriffs von der hinduistischen *Dharma*-Vorstellung. Auch der individuelle *Dharma* des einzelnen Hindus ist ja das Resultat eines individuellen Karmas seiner in den vorangegangenen Existenzen bewirkten Taten. Während jedoch der Hinduismus als Konsequenz dieser Auffassung für die einzelnen Menschen zur Erlangung des Heils besondere nur für jeweils eine bestimmte Gruppe von Menschen gültige Pflichten auferlegt, kennt der Buddhismus grundsätzlich nur einen einzigen für alle Menschen gültigen Heilsweg, nämlich den achtfachen Pfad. Allerdings ist damit die Annahme verbunden, dass der einzelne Mensch unterschiedlich günstige Voraussetzungen mitbringt, um zur Erlösung zu gelangen. Diese sind wiederum durch sein Karma bestimmt, d. h. durch die Summe der Taten seiner früheren Leben. Die einzelnen Religionen bzw. *dhammas* können nun in dem Maß positive Auswirkungen auf die Erlösung hin erzielen, als sie mit dem im Zusammenhang mit den vier edlen Wahrheiten (*catusaccadhamma*) erläuterten Pfad (*magga*) konform gehen bzw. insoweit der einzelne Mensch durch sie befähigt wird, positive Elemente zu erzeugen, die zu einem langsamen Loslösen von der leidvollen Welt und zu einem Mehr an Erkenntnis über die wahren Zusammenhänge der Weltordnung führen. Durch das Maß rechter Erkenntnis, rechter Gesinnung, rechter Rede usw., das der einzelne Mensch praktiziert, bestimmt er auch seinen Anteil an der Erlösung. Insofern hat *dhamma* eine zweifache Bedeutung: es ist zum Einen das Wissen um die Weltzusammenhänge, zum Anderen die Technik der Erlösung von eben dieser Welt. Daher erschöpft sich der Begriff *dhamma* auch nicht in der Funktion eines Religionsbegriffs, sondern sein Bedeutungsinhalt geht weit darüber hinaus.

5. Judentum

Das Judentum verfügt heutzutage sowohl über ein exklusivistisches als auch komparatistisches Religionsverständnis. Dies ist allerdings erst das Resultat einer längeren Entwicklung. Der Begriff *Ioudaismos*, in dem unser Wort *Judentum* seinen Ursprung hat, ist durch griechisch sprechende Juden des 1. Jahrhunderts v. Chr. geprägt worden. Die hebräische Bibel und die rabbinische Literatur kennen sein hebräisches Äquivalent *yahadūt* nicht, das erstmals, wenn auch nicht sehr häufig, in der mittelalterlichen Literatur auftaucht. Das Adjektiv *y^{e}hūdī*, von dem *yahadūt* abgeleitet ist, kommt zwar in der Bibel vor, bezeichnet aber zunächst nur einen Nachkommen des Stammes Juda und später, nach der Zerstörung des Nordreiches Israel, alle diejenigen Stämme, die im Südreich Juda gelebt hatten. Heutzutage im Hebräischen verwendete komparatistische Begriffe, wie *dāt* oder *emūnāh* greifen zwar auf biblische Termini zurück und finden sich auch innerhalb der späteren klassischen rabbinischen Literatur, wie dem Talmud, doch ist ihre Verwendung als Äquivalente für Begriffe wie ‚Religion' und ‚Glaube' erst im Kontext der mittelalterlichen Übersetzungsliteratur aus dem Arabischen zustande gekommen. Indem man gezwungen war, zu den einschlägigen aus der islamischen Terminologie entlehnten und für die eigene Religion nutzbar gemachten Begriffen hebräische Äquivalente zu finden, griff man auf Begriffe zurück, die in semantischer Hinsicht den arabisch-islamischen Begriffen Verwandtes zum Ausdruck brachten, jedoch bis dahin keineswegs als Religionsbegriffe im oben definierten Sinne verwendet worden sind.

Innerhalb der hebräischen Bibel findet eine intensive Auseinandersetzung mit in Konkurrenz zum israelitischen Monotheismus stehenden Kulten bzw. mit allem, was als nicht vereinbar mit ihr angesehen wird, statt. Es zeigt sich dabei allerdings, dass die Abgrenzung gegenüber den konkurrierenden Religionen zunächst nicht mittels Religionsbegriffen in dem von uns definierten Sinne geführt wird. Die Alternative besteht in der hebräischen Bibel nicht zwischen verschiedenen Religionen, sondern nur zwischen verschiedenen Gottheiten. Stellvertretend wird dies bei Jeremia (2,11) deutlich gemacht: „Hat [je] ein Volk [seine] Götter vertauscht, und sie sind nicht [einmal] Götter. Mein Volk aber vertauschte seine Herrlichkeit mit einem, der nicht hilft."

Wie in der Bibel, vollzieht sich auch im rabbinischen Judentum die Auseinandersetzung mit fremden Religionen zunächst nicht mittels Religionsbegriffen;

statt dessen finden sich Gegenüberstellungen wie „Israel und die Völker der Welt" (*yiśra'el we-ūmōt ha-'ōlām*) oder es wird von den Göttern der einzelnen Völker gesprochen, wie etwa im *Midrasch Shemot Rabbah*, einer Auslegung des Buches Exodus (5,14) mit Bezug auf die Moabiter und Ammoniter. Daneben finden sich jedoch auch Vergleiche anhand des Brauchtums, so etwa im *Midrasch Bereshit Rabbah*, einer Auslegung zum Buche Genesis (13,6), wo ein Nichtjude gegenüber Rabbi Jehoschua im Rahmen einer Frage die Äußerung macht: „Bei euch gibt es Festzeiten, und bei uns gibt es Festzeiten."[4]

Zahlreiche Stellen innerhalb der rabbinischen Literatur sprechen auch immer wieder von *'avodāh zarāh*. Bei diesem Ausdruck, der wörtlich ‚fremder Kult' bedeutet, ist allerdings an den einschlägigen Stellen in der rabbinischen Literatur nicht immer eindeutig zu ermitteln, ob damit eine kultische Praxis gemeint ist oder das Objekt einer solchen, nämlich ein ‚Götze'. Generell lässt sich feststellen, dass alle Stellen, an denen von fremden religiösen Praktiken oder von anderen Religionen die Rede ist, in ihrem historischen Wert sehr zweifelhaft sind. Zumindest lassen sie aber erkennen, dass das rabbinische Judentum noch nicht über ein begrifflich ausformuliertes Religionsverständnis verfügte. Es besaß weder einen allgemeinen komparatistischen Religionsbegriff noch einen exklusivistischen Religionsbegriff, wie sie die spätere Selbstbezeichnung *Judentum* darstellt.

Die heute in der hebräischen Sprache existierenden exklusivistischen und komparatistischen Religionsbegriffe gehen, wie bereits erwähnt, auf die mittelalterliche Übersetzungsliteratur ursprünglich in Arabisch geschriebener religionsphilosophischer Werke des Judentums zurück. Das Äquivalent zum modernen exklusivistischen Religionsbegriff ‚Judentum' (*yahadūt*) kommt zwar bereits in einem frühen rabbinischen Text vor, doch ist die Lesart an dieser Stelle unsicher. Auch im Folgenden ist es eher selten belegt und findet erst in der Neuzeit in verstärktem Maße Verwendung. Der derzeitige im modernen Hebräisch verwendete komparatistische Religionsbegriff *dāt* findet jedoch in der mittelalterlichen Literatur häufigere Verwendung. Im modernen Hebräisch wird er zwar einerseits analog zu dem Begriff ‚Religion' verwendet, doch bringt er gegenüber dem christlich geprägten Begriff ‚Religion' viel stärker kultisch-rituelle oder ethische Verhaltensmaßregeln zum Ausdruck. Jemand der etwa das Adjektiv gebraucht und sagt, *anī dātī* (‚ich bin religiös'), will damit weniger zum Ausdruck bringen, dass er an Gott glaubt oder an das ewige Leben, als dass er den Sabbat einhält oder die Speisegebote praktiziert. Diese Aspekte sind auch zugrunde zu legen, wenn man sich in einer anderen Sprache erklärt. Ein orthodoxer Jude denkt in der Regel an diese primär praktischen Regeln, wenn er sich im Deutschen als ‚religiös' bezeichnet. Problematischer sieht es hingegen aus, wenn der Begriff nicht mehr in einem orthodoxen Sinne verwendet wird, sondern im Kontext reformerischer Strömungen, in denen die Religionsgesetzlichkeit eine geringere Bedeutung besitzt als in der traditionellen orthodoxen Auffassung des Judentums. In jedem Fall können wir sagen, dass sowohl exklusivistische als auch komparatistische Religionsbegriffe im Judentum erst im Laufe einer längeren Entwicklung herausgebildet wurden und im traditionellen Verständnis stärker die praktischen Aspekte der Religiosität betont werden.

6. Islam

Der Islam hatte vom Beginn seiner Entwicklung an, wie bereits der bekannte kanadische Religionswissenschaftler Wilfred Cantwell Smith richtig erkannt hat, einen Begriff und eine Vorstellung, die dem westlichen Verständnis von Religion nahe kommt (Smith 1963: 81). Er ist unter den großen Weltreligionen die einzige, die von Anfang an über einen komparatistischen Religionsbegriff verfügte, der es ihr ermöglichte, sich selbst mit anderen Religionen unter einem einheitlichen Oberbegriff zu subsumieren. Im Gegensatz zu den beiden anderen monotheistischen Religionen verfügte der Islam auch von Anfang an über einen exklusivistischen Religionsbegriff, nämlich die Selbstbezeichnung *islām*, mit der er sich gegenüber den konkurrierenden Religionen abgrenzen konnte. Der Begriff *dīn* ist im Koran an zahlreichen Stellen belegt[5] und kann somit von Beginn an als ein zentraler Begriff des Islam angesehen werden. Freilich wird innerhalb des Korans keine klare Definition von ihm gegeben; die Bedeutung des Begriffs kann nur aus dem jeweiligen Kontext erschlossen werden. Einige Stellen lassen jedoch deutlich eine Verwendung von *dīn* unter komparatistischem Aspekt erkennen, wie etwa die (späte) mekkanische Sure 109:

> „Sprich: ‚Oh ihr Ungläubigen: Ich verehre nicht was ihr verehrt und ihr verehrt nicht was ich verehre, und nicht verehre ich das, was ihr verehrt habt, noch verehrt ihr, was ich verehre. Ihr habt eure Religion (*dīn*) und ich die meine!'"

Hier ist zwar deutlich zu erkennen, dass *dīn* im Sinne eines Oberbegriffs für unterschiedliche Religionen verwendet wird, andererseits bleibt offen, ob mit dem Begriff theologische, kultische, soziologische oder andere Implikationen verbunden werden. ‚Eure Religion' und ‚meine Religion' kann sowohl im Sinne unterschiedlicher Überzeugungen über Gott und Götter als auch im Sinne unterschiedlicher ritueller Praktiken oder aber unterschiedlicher religiöser Gruppen verstanden werden. Natürlich ist auch eine Kombination von mehreren oder allen diesen Komponenten denkbar. Die Verwendung des Verbs verehren (*'abada*) lässt jedoch vermuten, dass *dīn* hier auch ein aktives Moment mit einschließt und insofern auch der kultisch-rituelle Aspekt angesprochen sein dürfte.

Unter einem theologischen Aspekt ist *dīn* hingegen wohl in 4,171 zu verstehen, wo die Christen – hier einfach als ‚Leute des Buches' (*ahl al-kitāb*) bezeichnet – aufgefordert werden, dem Glauben an die Trinität abzuschwören:

„Leute des Buches, übertreibt nicht in eurer Religion (*dīn*) und sagt über Gott nichts als die Wahrheit. Christus Jesus ist der Sohn Marias, er ist ein Gesandter Gottes (...) und saget nicht (dass Gott) drei (ist)!"

Auf religiöse Praktiken von Polytheisten (*mušrikūn*) wird in 6,137 angespielt. Es wird gesagt, dass ihre Götter es ihnen als wohlgefällig erscheinen lassen, dass sie ihre Kinder töten. Sie wollten sie damit ins Verderben stürzen und ihnen ihre Religion (*dīn*) verdunkeln. Die spätere islamische Tradition, angefangen von den großen Traditionssammlern bis hin zu den Häresiographen, hat sich dann um eine eingehendere Definition von *dīn* und den anderen einschlägigen religiösen Termini bemüht.

Während der Koran den Begriff *dīn* noch auf die Polytheisten anwendet, finden wir innerhalb der mittelalterlichen islamischen Theologie nur noch einen begrenzt komparatistischen Gebrauch dieses Begriffs. Bei dem berühmten Häresiographen Schahrastani aus dem 11. Jahrhundert, dem das Verdienst zugeschrieben werden kann, die erste umfassende Religionsgeschichte der Menschheit geschrieben zu haben (Sharpe 1991: 11), wird der Begriff *dīn* nur auf diejenigen Religionen angewendet, die über Propheten und Offenbarungsschriften verfügen, sowie das monotheistische Bekenntnis mit dem Islam teilen. Dies trifft auf Judentum und Christentum zu, nicht jedoch auf Hinduismus, Buddhismus oder die altarabischen Religionen. Diese werden in Schahrastanis Werk nicht als *dīn* (‚Religion') bezeichnet, sondern als *ahl al-ahwā'ī*, Leute die nach ihren eigenen Neigungen verfahren, sich mithin also nicht auf eine beglaubigte Offenbarung stützen können.

7. Schluss

Die einzelnen Religionen weisen also in ihrem Religionsverständnis erhebliche Unterschiede voneinander auf. Diese kommen einerseits darin zum Ausdruck, inwieweit die jeweiligen von ihnen verwendeten Begriffe komparatistisch bzw. exklusivistisch sind, andererseits in den mit diesen Begriffen verbundenen Aspekten. Während das neuzeitliche Christentum und in seiner Folge auch das moderne Verständnis von Religion den Schwerpunkt auf theologisch-glaubensmäßige und emotionale Aspekte legt, betonen andere Religionen in ihrem Religionsverständnis viel stärker den kultisch-rituellen Aspekt. Missverständnisse zwischen den Religionen liegen häufig darin begründet, dass das Religionsverständnis der jeweils eigenen Religion auf andere Religionen übertragen wird. Es wird also für die

Zukunft darauf ankommen, sich der grundlegenden Unterschiede im Religionsverständnis bewusst zu werden. Sie sollten allerdings nicht den Blick für die ebenfalls bestehenden Gemeinsamkeiten verstellen.

Anmerkungen

1. Vgl. dazu die weiter unten befindlichen Ausführungen zum mittelalterlichen Islam.

2. Zu exklusivistischen und komparatistischen Religionsbegriffen vgl. Haußig (1999).

3. Etwa im apostolischen Glaubenbekenntnis bei den Christen, in den dreizehn Glaubensartikeln des Maimonides bei den Juden oder den vier edlen Wahrheiten (*ariya-sacca*) bei den Buddhisten.

4. Die Stellenangabe bezieht sich auf die Ausgabe Theodor/Albeck (1965).

5. Innerhalb des Korans ist *dīn* nur im Singular belegt. Neben *dīn* ist auch *milla* zu erwähnen, das im Koran zwar wesentlich seltener belegt ist, aber ebenfalls als komparatistischer Begriff fungiert. An drei Stellen (4,125; 6,159 und 22,78) werden *dīn* und *milla* sogar synonym verwendet.

Literatur

Elsas, Christoph (Hrsg.) (1994): Tradition und Translation. Zum Problem der interkulturellen Übersetzbarkeit religiöser Phänomene. Berlin/New York.
Fox Young, Richard (1981): Resistant Hinduism. Sanskrit Sources on Anti-Christian Apologetics in Early Nineteenth-Century India. Wien.
Fox Young, Richard (1982): ‚Extra vedos nulla salus'. Observations on Religious Plurality from the Perspective of Resistant Hinduism. In: ZMR 66: 81-95.
Haußig, Hans-Michael (1999): Der Religionsbegriff in den Religionen. Studien zum Selbst- und Religionsverständnis in Hinduismus, Buddhismus, Judentum und Islam. Berlin/Bodenheim.
Sharpe, Eric J. (^{2}1991): Comparative Religion. A History. La Salle, Illinois.
Smith, Wilfred Cantwell (1963): The Meaning and End of Religion. A New Approach to the Religious Traditions of Mankind. New York.
Stolz, Fritz (1994): Gott, Kaiser, Arzt. Konfigurationen religiöser Symbolsysteme. In: Elsas (1994): 113-130.
Theodor, J./Albeck, Ch. (1965): Midrash Bereshit Rabba. Jerusalem.

Der Begriff der Religion in der Religionssoziologie: eine Annäherung

Sabine A. Haring

1. Vorbemerkung

Die Zahl der im wissenschaftlichen Diskurs angebotenen Definitionen von Religion geht inzwischen wohl in die Hunderte. Eine allgemein anerkannte wissenschaftliche Begriffsbestimmung liegt indes nicht vor (vgl. Figl 2003: 62; Kaufmann 1989: 83; Kerber 1992; Knoblauch 1999: 8-13; Pollack 1995: 163), während die Menschen in der alltäglichen Kommunikation den Begriff Religion ganz selbstverständlich gebrauchen: „Mit anderen Worten: die Menschen ‚wissen' schon immer ‚irgendwie', was Religion ist, und sie verbinden mit diesem Wissen auch meist sehr starke Interessen, seien diese ‚existentieller', ‚spiritueller' oder sogar (...) wirtschaftlicher, finanzieller und politischer Natur" (Knoblauch 1999: 11f.).

Der Begriff der Religion ist – wie auch der eng damit verbundene Begriff der Säkularisierung – ein äußerst vielschichtiger, der – wie u. a. Friedrich Tenbruck zeigte – fest verknüpft war mit den christlichen Institutionen und Idealen. In der Moderne wurde im Okzident die christliche Einheit von Wissen und Glauben zunehmend in Frage gestellt, wobei die christliche Theologie zugleich die Voraussetzungen für die moderne Wissenschaft mit geschaffen hatte. Insofern verstand Tenbruck die Religionswissenschaft als spätes Produkt der europäischen Religionsgeschichte, als Produkt einer Kultur, die mit dem Religionsbegriff aufgewachsen war (vgl. Tenbruck 1993).[1] Angeregt durch die großen Entdeckungen in Übersee, die bedeutsamen archäologischen sowie prähistorischen Funde und die damit einhergehende Möglichkeit, Schriften alter Kulturen zu übersetzen,[2] wurden schließlich auch die nicht-christlichen Religionen in die Reflexion über Religion miteinbezogen. Ab ungefähr der Mitte des 19. Jahrhunderts begannen Wissenschafter und Wissenschaftlerinnen verschiedener Disziplinen ihre Aufmerksamkeit auf das Themenfeld der Religion zu richten: Sprachwissenschaftler, Ethnologen, Bibelwissenschaftler und Althistoriker leisteten hierbei Pionierarbeit und legten innerhalb von 70 Jahren die Grundlagen der wissenschaftlichen Religionsanalyse (vgl. Kippenberg 1997a: 44ff. und 263):

„Über den unlösbaren Streit um die Wahrheit des christlichen Glaubens schob sich nun die Frage, welche Rolle die Religion in der Geschichte der Kultur gespielt habe; daran sollte sich nun entscheiden, welcher Platz ihr jetzt noch zustehe. Damit stiegen die Religionsprobleme herab von der philosophischen Ebene der Aufklärung auf die Ebene der empirischen Einzelwissenschaften und fielen den historischen Kulturwissenschaften zu" (Tenbruck 1993: 60f.).

Im Ausdifferenzierungsprozess der Wissenschaften verselbständigten sich die empirischen Religionswissenschaften: die Religionswissenschaft im engeren Sinne am Ende des 19. Jahrhunderts, die vor allem auf den Forschungsergebnissen und -methoden der Nachbarwissenschaften, insbesondere der Altertumswissenschaft, der Orientalistik, der Theologie und der sich gleichzeitig formierenden Ethnologie aufbaute,[3] aber auch die Religionssoziologie, -psychologie, und -phänomenologie.[4] Dabei veränderten die Religionswissenschaften[5] und insbesondere die Religionssoziologie das religiöse Verständnis – und zwar in weitaus stärkerem Maße, als das die Religionsphilosophie getan hatte –, und ihre Erkenntnisse wurden „zum allgemeinen Kulturbestand und sozialen Vokabular" (Tenbruck 1993: 32). Die neu entstandene Religionssoziologie, -psychologie, und -phänomenologie legten ihrerseits wiederum eine Reihe von Definitionen darüber vor, was denn unter ‚Religion' zu verstehen sei. Im Folgenden sollen nun kaleidoskopartig die Religionsbegriffe einiger der namhaftesten Soziologen in den Blick genommen werden.

2. Der Begriff der Religion bei den frühen Klassikern der Religionssoziologie: Emile Durkheim und Georg Simmel[6]

Um 1900 finden sich die Anfänge der Religionsanthropologie und -psychologie sowie die der Religionssoziologie, zu deren Klassikern u. a. Emile Durkheim, Georg Simmel, Max Weber, und später – nach dem Zweiten Weltkrieg – Peter L. Berger sowie Thomas Luckmann zählen. Mit Emile Durkheim und Max Weber beginnt in Absetzung von der Religionskritik vorangehender Jahrhunderte – obwohl die Religionskritik mithin den Keim moderner Religionssoziologie darstellt (vgl. Haring 2003) – das, was wir heute als „Religionssoziologie im engeren Sinne" bezeichnen. Dabei fühlt sich diese den ‚methodologisch-agnostizistischen' Orientierungen der modernen Sozialwissenschaften verpflichtet. (Der Begriff des methodologischen Agnostizismus lehnt sich an Peter L. Bergers ‚methodologischen Atheismus' an.) D. h., dass Wissenschaft Aussagen über die Existenz höherer Mächte oder göttlicher Wesen weder bestätigen noch widerlegen kann, sondern diese Frage letztendlich ausklammern muss, wobei Glaube in vielen religionssoziologischen Konzepten als ein menschliches Konstrukt interpretiert wird. Nicht entscheidend im soziologischen Kontext ist allenfalls, ob das, was die Menschen glauben, wirklich ist, sondern vielmehr ob das in den Mittelpunkt der Betrachtung gestellt wird, was die Menschen für wirklich halten und deswegen in ihren Handlungen umsetzen und verwirklichen – ganz gemäß dem ‚Thomas Theorem': „If men define situations as real, they are real in their consequences" (William I. Thomas, zitiert nach Coser 2003: 521). Die Auseinandersetzung mit der Frage, was Religion ist und welche Funktionen sie für den Einzelnen und für die Gesellschaft erfüllt, begleitete die Religionssoziologie von Anfang an, wobei die Heftigkeit der Kontroversen sich wohl auch dadurch erklären lässt, dass Religion „zu den am stärksten emotional besetzten Erfahrungen des Menschen gehört" (Höllinger 1996: 11).

2.1 Emile Durkheim

Im Jahre 1888 stellte Emile Durkheim fest, dass es noch keinen wissenschaftlichen Begriff dafür gebe, was Religion eigentlich sei. Erst mit den Schriften der Vertreter des Präanimismus hätte sich dies geändert (vgl. Kippenberg 1998: 120). Durkheim, der sich zunächst mit anderen Bereichen der Soziologie beschäftigt hatte, bevor er sich dem Themenfeld der Religion zuwandte, exemplifizierte seine Gedanken zu religionssoziologischen Fragestellungen in erster Linie in dem Werk *Die elementaren Formen des religiösen Lebens*, das in Frankreich in einer Zeit der scharfen religiösen Auseinandersetzung zwischen Ultramontanismus und Laizismus sowie des zunehmenden Antisemitismus erschien. Im Gegensatz zu Weber, der sein Material aus der Religionsgeschichte schöpfte und insbesondere die Entwicklung des Abendlandes im Vergleich mit anderen Kulturen nachzeichnete, orientierte sich Durkheim an den anthropologisch-ethnographischen Studien seiner Zeitgenossen, vor allem an jenen über überseeische Kulturen (vgl. Knoblauch 1999: 59).[7] Demgemäß stellte er – wie auch Sigmund Freud in *Totem und Tabu* (vgl. Freud 1964) – den Totemismus in den Mittelpunkt seiner Betrachtung; dies begründete er damit, dass es „primitive" Religionen erlauben würden,[8] „die Bauelemente der Religion herauszuschälen" (Durkheim 1994: 24). Das Vorgehen, welches die ‚höheren' Formen religiösen Denkens durch den Rückgang auf einfachere zu erhellen sucht, entspricht einer Grundvorstellung Durkheims, wonach sich die Wesensmerkmale eines sozialen Phänomens durch eine Analyse seiner elementaren Formen erschließen lassen. Im Verlauf der Untersuchung des Totemismus australischer Stämme, die sowohl von Zeitgenossen als auch von nachgeborenen Forschern zum Teil heftig kritisiert wurde (vgl. Jones 1989: 152; Kippenberg 1997b: 116; Knoblauch 1999: 71), zeigte Durkheim, dass man „alle großen Ideen und alle hauptsächlichsten Ritualhandlungen, die an der Basis selbst der fortgeschrittensten Religion stehen", dort wieder finden könne:

„die Einteilung der Dinge in heilige und profane; den Begriff der Seele, des Geistes, der mythischen Persönlichkeiten, der nationalen und sogar der übernationalen Gottheit; den negativen Kult mit seinen asketischen Praktiken, die dessen übersteigerte Formen sind;

die Opfer- und Gedächtnisriten; die Nachahmungs-, die Gedenk- und Sühneriten" (Durkheim 1994: 556).

Folgt man der Durkheimschen Argumentation weiter, so ist Religion immer ein Abbild der gesellschaftlichen Wirklichkeiten:[9] „Alle [Religionen] entsprechen, wenn auch auf verschiedene Weise, bestimmten Bedingungen der menschlichen Existenz" (Durkheim 1994: 19) – ein Gedanke, der sich später in den Ausführungen von Peter L. Berger und Thomas Luckmann wieder finden sollte. Religion sei etwas, das die Gesellschaft hervorbringt. Jedoch sei diese Schöpfung für die Gesellschaft nicht irgendeine Ersatzhandlung, mit der sie sich ergänzt, wenn sie einmal gebildet ist, sondern es sei vielmehr der Akt, mit dem sie sich bildet und erneuert. Kollektives Bewusstsein, das durch eine Synthese *sui generis* der einzelnen Bewusstseine hervorgebracht wird, erzeuge wiederum „eine ganze Welt von Gefühlen, Ideen und Bildern", die eigenen Gesetzen gehorcht (vgl. Durkheim 1994: 565ff.).[10]

Durkheim geht es also *nicht* um die Analyse bestimmter historischer Religionen, sondern letztlich um die Frage, was Religion ist, bzw. was das Wesen einer jeden Religion ausmacht (vgl. Helle 1997: 26). Von zentralem Stellenwert für nachfolgende religionssoziologische Forschungen ist darüber hinaus Durkheims These, dass

„an der Basis aller Glaubenssysteme und aller Kulte (...) es notwendigerweise eine bestimmte Anzahl von Grundvorstellungen und rituellen Handlungen geben" muss, „die trotz der Vielfalt der Formen, die die einen und die anderen haben annehmen können, überall die gleiche objektive Bedeutung haben und überall die gleiche Funktion erfüllen" (Durkheim 1994: 22).

In Ablehnung des herkömmlichen Religionsbegriffs, der Religion entweder durch die Existenz einer übernatürlichen Sphäre oder durch die Idee geistiger oder göttlicher Wesen bestimmt sah, definierte er Religion folgendermaßen:[11]

„Eine Religion ist ein solidarisches System von Überzeugungen und Praktiken, die sich auf heilige, d. h. abgesonderte und verbotene Dinge, Überzeugungen und Praktiken beziehen, die in einer und derselben moralischen Gemeinschaft, die man Kirche nennt, alle vereinen, die ihr angehören" (Durkheim 1994: 75).

Religiöse Vorstellungen sind also Kollektivvorstellungen, die Kollektivwirklichkeiten ausdrücken. Persönliches Erleben, das, was Simmel unter Religiosität verstand, spielte bei Durkheim eine untergeordnete Rolle, wobei Durkheim der Religion eine Vorzugsstellung bei der Erforschung jener sozialen Handlungen, die er als *faits sociaux* bezeichnete, einräumte.[12] Vielmehr müssten wir die Religion studieren, um unsere eigene soziale Existenz begreifen zu können: „Religionsgeschichte ist nicht mehr *explanandum*, sondern *explanans*" (Kippenberg 1997a: 211).

Für Durkheim war die Idee der Religion nicht von jener der Kirche als der organisatorischen Verankerung der Religion zu trennen; diese Verbindung weise vielmehr darauf hin, dass „Religion eine im wesentlichen kollektive Angelegenheit ist" (Durkheim 1994: 75) und durch die Morphologie des jeweiligen Kollektivs – wie zum Beispiel durch ihre religiösen, moralischen und wirtschaftlichen Einrichtungen – bestimmt werde. Religiöse Phänomene könnten nun in zwei Kategorien eingeteilt werden, nämlich in jene der Glaubensüberzeugungen auf der einen Seite und die der Riten als Verhaltensregeln für den Umgang mit „heiligen Dingen" auf der anderen Seite (vgl. Durkheim 1994: 61f. und 67). Beide, religiöse Überzeugungen und Riten, bezögen sich auf den Bereich des Sakralen, nicht auf jenen des Profanen. Durkheim ordnete nun das, was er als Religion bezeichnete, eindeutig der sakralen Welt zu:

„Die Aufteilung der Welt in zwei Bereiche, von denen der eine alles umfaßt, was heilig ist, und der andere alles, was profan ist; das ist Unterscheidungsmerkmal des religiösen Denkens: die Überzeugungen, die Mythen, die (Erd)Geister, die Legenden sind entweder die Darstellungen oder die Systeme von Darstellungen, die die Natur der heiligen Dinge ausdrücken, die Tugenden und die Kräfte, die ihnen zugeschrieben werden, ihre Geschichte, ihre Beziehungen untereinander und mit den profanen Dingen. (...) In der Geschichte des menschlichen Denkens gibt es kein Beispiel zweier Kategorien von Dingen, die so tief verschieden und einander so radikal entgegengesetzt sind" (Durkheim 1994: 62ff.).

Die Wirklichkeit des Sakralen sei dabei die Gesellschaft selbst, die einen eigenen Wirklichkeitsbereich bildet, der das Individuum übersteigt. Genau dieses Transzendieren des Individuums verleihe der Gesellschaft den „religiösen Charakter", der in der jeweiligen gesellschaftlichen Form von Religion – als Kirche – verdichtet wird: „Das bedeutet jedoch nicht, dass Gott vergesellschaftet würde. Vielmehr wird man Durkheim eher gerecht, wenn man sagt: *die Religion ist ein metaphorisches Spiegelbild der Gesellschaft*" (Knoblauch 1999: 64f., Hervorh. i. O.).

Neben der Definition des Religionsbegriffs ist die Durkheimsche Bestimmung der Funktionen von Religion, die jede Form von Religion erfüllen müsse, für religionssoziologische Fragestellungen besonders bedeutsam. Durkheim beschrieb in diesem Zusammenhang die Funktion der Vergesellschaftung, die das Individuum zu einem Teil des Kollektivs mache. Diese allgemeine anthropologische Funktion könne jedoch als Integrationsfunktion, als normative sowie psychologischkognitive Funktion ausdifferenziert werden (vgl. Knoblauch 1999: 68). Wie die Gesellschaft ihre Form wechsle, so verändere sich zwar auch die Religion, doch würden die Grundelemente des Religiösen in jeder Gesellschaft erhalten bleiben.

Insbesondere in seinem Beitrag zur Dreyfus-Affaire wird deutlich, dass für Durkheim die Sakralität einer modernen, differenzierten und individualisierten Gesellschaft im Prinzip der unveräußerlichen Rechte und in der Würde des Individuums liegt: „Diese moderne Sakralisierung des Individuums bildet für ihn die affektive Stütze der neuen Moral" (Joas 1997: 106f.).

Die Religionsgeschichte sollte Durkheim bei der Beantwortung der Frage behilflich sein, *wie* in Gesellschaften verbindliche Sozialmoral entstehen kann. Denn die Gesellschaft habe die Aufgabe, die ihre Einheit ausmachenden kollektiven Ideen und Gefühle zu bestätigen.[13] Dabei sei es durchaus möglich, dass politische Lehren und Zeremonien an die Stelle traditioneller Religion treten und allmählich deren Funktionen erfüllen (vgl. Joas 1997: 88f.).[14] Nur wenige Jahre nach seinem Tod sollte sich diese Ahnung, die Durkheim hiermit zum Ausdruck brachte, in den ‚politischen Religionen' sowohl des Nationalsozialismus als auch des Kommunismus bestätigen. Die von ihm streng getrennten Sphären des Profanen und des Heiligen gingen ineinander über, und jene weltlichen Ersatzbildungen übernahmen eine Reihe der von Durkheim beschriebenen Funktionen (vgl. Haring 2006).

Eine funktionalistische Zugangsweise wählte im Anschluss an Durkheim auch einer seiner frühen Gegner, nämlich Bronislaw Malinowski, wenn er danach fragte, welche sozialen und psychologischen Probleme durch religiöse Praktiken und Glaubensvorstellungen gelöst werden könnten. Malinowski unterschied wie Durkheim zwischen dem sakralen Bereich und dem profanen. Religion und Magie gehörten dem ersten, die Wissenschaft dem zweiten an, wobei als wissenschaftlich jenes Verhalten zu gelten habe, das durch empirisch-rationale Erkenntnis gesteuert wird. Beide Handlungstypen, magisches und rationales Verhalten, ließen sich jedenfalls, so Malinowski, bei seinen Feldforschungen auf den Trobriand-Inseln genau unterscheiden. Im Unterschied zu Durkheim ging er nicht von einem rein kollektiven Ursprung von Religion aus, sondern er nahm auch individuelle Quellen für das Entstehen von Religion an, obwohl er diese Gedanken wissenschaftlich nicht weiter verfolgte. Die religionssoziologischen Studien Durkheims beeinflussten darüber hinaus sowohl eine Reihe von Anthropologen, wie beispielsweise Claude Lévi-Strauss und Mary Douglas, wie auch den wissenssoziologischen Ansatz von Peter L. Berger und Thomas Luckmann. Indem Durkheim die Religion als *eine* gesellschaftlich bedingte Denk- und Wissensform erkannte und ihre jeweilige spezifische Eigenschaft durch den sozio-ökonomischen und kulturellen Kontext, in dem sie sich entfaltet, erklärte, zeigte er jene Relativität von Wissensformen auf, mit welchen sich die Vertreter der Wissenssoziologie – beispielsweise Karl Mannheim oder später Berger und Luckmann – in besonderer Art und Weise beschäftigen sollten (vgl. Stolz 1997: 257ff.; Mikl-Horke 1992: 51).

2.2 Georg Simmel

Im Unterschied zu Durkheim sah Georg Simmel, der in allen Phasen seines soziologischen Schaffens – das gemeinhin in drei Perioden: die positiv-evolutionistische, die neukantianische und die lebensphilosophische, eingeteilt wird – an Religion und Moral interessiert war und in Austausch mit Durkheim stand (vgl. Joas 1997: 110f.), Religion durch eine Gottesvorstellung bestimmt. Doch dieser Gott diene dann als Formel für die transzendenten Orte der Gruppenkräfte:

„Nicht das einzelne Mitglied, sondern die Gruppe als solche steht unter einem bestimmten Gott, und dieses eben weist darauf hin, daß es ihre *Einheit* ist, die sich in dem Gott ausspricht, das, was über die Individuen hinübergreifend sie zusammenhält" (Simmel 1995: 78f., Hervorh. i. O.).

Religion ist für Simmel eine „Totalität des Weltbildes", mit einer eigenen Logik, die oft in Widersprüche zu anderen Logiken gerät. Der religiöse Mensch lebe auf eine ganz bestimmte Art und Weise. Erst wenn dieses religiöse Leben mit spezifischen Inhalten gefüllt werde, entstünden die objektiven Religionen (vgl. Simmel 1995: 48ff.; Simmel 1898: 2ff.):

„In der Hauptsache erschien das objektiv geistige Gebilde der Religion als die Gestaltung des religiösen Lebens, das ein Prozeß, eine Daseinsart ist, und seine Inhalte, die ‚Glaubensartikel' an den Gegebenheiten weltlicher Existenz gewinnt. Es ist die Art jenes *Lebens*, sich in der Form des *Absoluten* zu objektivieren, und so entreißt es gleichsam den sozialen Tatsachen (ebenso wie anderen Lebensgegebenheiten) ihre Formen und läßt sie in die Absolutheit transzendieren – damit auch die immerzu erwiesene Möglichkeit gewinnend, auf die irdisch relativen Tatsachen weihend, erhöhend, sie gleichsam ins Herz treffend zurückzuwirken. Die alte Beobachtung, daß der Götterhimmel die Verabsolutierung von Empirischem ist, verliert hier ihren sensualistisch-aufklärerischen Sinn: niemals würde – wie diese letztere Gedankenrichtung sehr naiv glaubt – die Empirie transzendent geworden sein, wenn nicht die *religiöse Lebensbewegtheit als apriorische Kategorie und Kraft zugrunde läge und das Gegebene nach ihrem Gesetz, aber nicht nach einem in jenem zu findenden, über sich hinaus triebe*" (Simmel 1995: 112f., Hervorh. i. O.).

Nicht die Religion schaffe die Religiosität, „die ein an sich gegenstandsloser *Zustand* oder Rhythmus der Innerlichkeit ist" (Simmel 1995: 69, Hervorh. i. O.), sondern die Religiosität die Religion, „die Gegenstandswelt des Glaubens", wobei diese „in ihrem Vollendungsstadium (...) als die absolute, zur Einheit zusammengeschlossene Form von Gefühlen und Impulsen" erscheint, „die schon das soziale Leben, soweit es als Stimmung oder Funktion – religiös orientiert ist, in Ansätzen und gleichsam versuchsweise entwickelt" (Simmel 1995: 54-56):[15]

> „Die tiefe Grundlage, auf der die religiöse Kategorie die sozialen Beziehungen durchdringen und formen, aber auch von ihnen wieder zur Anschauung gebracht werden kann, ist durch die merkwürdige Analogie geschaffen, die zwischen dem Verhalten des Individuums zur Gottheit und dem zur sozialen Allgemeinheit besteht. Vor allem ist das Gefühl der Abhängigkeit hier entscheidend. Das Individuum fühlt sich an ein Allgemeines, Höheres gebunden, aus dem es fließt und in das es fließt, dem es sich hingibt, aber von dem es auch Hebung und Erlösung erwartet, von dem es verschieden und doch auch mit ihm identisch ist" (Simmel 1995: 60).

Dem Gläubigen steht es nach Simmel frei einen Glauben, hier verstanden als die Fähigkeit, die Welt aus religiöser Perspektive zu betrachten, anzunehmen, ja vielmehr ist es eine Frage seiner erlebten Gefühle, ob er ihn annehmen kann. Gefühlsreaktionen auf erlebte Ereignisse wie Hoffnung, Verzweiflung, Rebellion, Zufriedenheit können religiös sein oder nicht. Die Deutung der Lebenswirklichkeit liege in den Händen des Betrachters (vgl. Simmel 1898: 2ff.; Helle 1997: 35 und 43). Zwischen dem Verhalten des Individuums zur Gottheit als der „Verabsolutierung der soziologischen Einheit" (Simmel 1995: 107) und seiner Beziehung zur Gesellschaft sah Simmel deutliche Parallelen:

> „Insbesondere jene Demut, in der der Fromme alles, was er ist und hat, Gott zu verdanken bekennt, in ihm die Quelle seines Wesens und seiner Kraft erblickt, läßt sich auf das Verhältnis des Einzelnen zur Gesamtheit übertragen" (Simmel 1995: 60).

Letztendlich definierte Georg Simmel Religion über die Gottesvorstellung: Gott sei „der Gegenstand des Glaubens schlechthin" und „das Ziel des Suchens überhaupt" (Simmel 1995: 74 und 76). Insofern war der Buddhismus für Simmel auch keine Religion.[16] Religion erfüllt nach Simmel ganz bestimmte menschliche Bedürfnisse:

> „Jene Bedürfnisse nach der Ergänzung des fragmentarischen Daseins, nach der Versöhnung der Widersprüche im Menschen und zwischen den Menschen, nach einem festen Punkt in allem Schwankenden um uns herum, nach der Gerechtigkeit in und hinter den Grausamkeiten des Lebens, nach der Einheit in und über seiner verworrenen Mannigfaltigkeit, nach einem absoluten Gegenstande unserer Demut wie unseres Gefühlsdranges – alles dies nährt die transzendenten Vorstellungen: der Hunger des Menschen ist ihre Nahrung. Der Gläubige des reinsten religiösen Sinnes sieht gar nicht auf ihre theoretischen Möglichkeit oder Unmöglichkeit hin, sondern fühlt ausschließlich, daß seine Sehnsucht in seinem Glauben ihre Ausmündung und Erfüllung gefunden hat. Daß all die so entstehenden Dogmen in der Art ‚wahr' sind, wie eine praktische Erfahrung oder ein wissenschaftlicher Satz, ist sozusagen erst ein sekundäres Interesse: das Wesentliche ist, daß sie überhaupt gedacht, empfunden werden, und ihre Wahrheit ist nur der unmittelbare oder vervollständigende Ausdruck für die Intensität der inneren, verlangenden Bewegung, die auf sie führte – ungefähr wie eine starke subjektive

Sinnesempfindung uns zwingt, an die Existenz eines Gegenstandes, der ihr entspreche, zu glauben, auch wenn wir logisch an dieser zweifeln müßten" (Georg Simmel 1995: 46).

Simmel trachtete nicht danach, etwas über die Realität der religiösen Gegenstände auszusagen, die Aufgabe des Wissenschaftlers sei vielmehr eine psychologische: nämlich den Beitrag, die Funktion zu erfassen, den die Religion für die Befriedigung bestimmter Bedürfnisse des Individuums leisten kann (vgl. Simmel 1898: 4ff.). Insofern hat Religion ihre individuellen Wurzeln in psychologischen Tatbeständen, in „religiösen Trieben", die jedoch auch in Kunst oder Wissenschaft, ja wohl auch in „politischen Religionen" zum Ausdruck kommen können (vgl. Joas 1997: 117; Knoblauch 1999: 66f.; Simmel 1995: 51):

„Die starke Betonung freilich darauf, daß das Religiöse in den sozialen Beziehungen verankert sei, sensibilisierte ihn nicht nur für erste Anzeichen neuer Religiosität, sondern öffnete auch das Tor dafür, daß an die Stelle der Religion in der Moderne etwas Neues treten konnte, das ohne allen Transzendenzbezug die Qualitäten des Religiösen für sich reklamierte" (Joas 1997: 118).

3. Der Begriff der Religion in der deutschsprachigen Religionssoziologie nach dem Zweiten Weltkrieg

Auf die klassische Phase der Religionssoziologie folgte etwa ab der Mitte des 20. Jahrhunderts eine Phase stärker pragmatisch orientierter Theorie und Forschung, die so genannte Kirchensoziologie, die sich zunächst in den Niederlanden, dann in Frankreich und schließlich auch in Deutschland durchzusetzen begann.[17] Wie der Name schon verrät, konzentrierte sich hierbei die religionssoziologische Forschung vorrangig auf kirchlich verfasste Religiosität, auf die kirchliche Praxis und auf die Frage, wie konfessionelle Zugehörigkeit mit der sozialen Struktur und ganz bestimmten Einstellungen korreliert. Kirchensoziologische Forschung war und ist stark an die pragmatischen Probleme der Kirche angebunden, wird in erster Linie von kirchlichen Einrichtungen finanziert und war in ihrer Konsolidierungsphase zum Großteil durch eine Interesselosigkeit gegenüber jeglicher Theorienbildung gekennzeichnet. Hatte man im Gefolge der damals tonangebenden empirischen Beschäftigung mit Religion diese in erster Linie mit Kirche identifiziert und damit den wesentlich offeneren Religionsbegriff der Klassiker drastisch verengt, strebte man seit den 1960er Jahren nach einer Weiterentwicklung der Kirchensoziologie zur Religionssoziologie und suchte wieder zunehmend nach einem offeneren Religionsbegriff, wie ihn beispielsweise Thomas Luckmann in seiner Definition von Religion formulierte (vgl. Matthes 1993: 16f.).

An die frühen Klassiker der Religionssoziologie, Max Weber (der allerdings keine Definition von Religion vorgelegt hatte)[18], Emile Durkheim und Georg Simmel, knüpften nach dem Zweiten Weltkrieg Niklas Luhmann[19] mit seinem systemtheoretischen Ansatz sowie Peter L. Berger und Thomas Luckmann an. Ab den 1960er Jahren lässt sich in religionssoziologischen Arbeiten eine stärkere Hinwendung zu subjektbetonenden Ansätzen und damit einhergehend eine Abwendung von kirchensoziologisch motivierten Studien beobachten. In diesem Zusammenhang sind insbesondere die Arbeiten von Peter L. Berger und Thomas Luckmann zu nennen, die sich an wissenssoziologischen und phänomenologischen Fragestellungen – vor allem an Alfred Schütz – sowie an der philosophischen Anthropologie von Helmuth Plessner, Max Scheler und Arnold Gehlen orientierten (vgl. Haring 2006):

„Das Unbehagen an der positivistischen Praxis der fünfziger Jahre hat erneut zu einer allgemeineren Reflexion auf religiöse Phänomene und ihrer Bedeutung im Rahmen einer Gesellschaftstheorie geführt. Am nachhaltigsten haben hier die Arbeiten von Th. Luckmann und P. L. Berger gewirkt, und sie können für ein Jahrzehnt als die Hauptvertreter einer allgemeinen Religionssoziologie angesehen werden. Ihre von Durkheim und Schütz inspirierten Theorien befreiten einerseits von einer Engführung der Identifizierung des Religiösen ausschließlich im kirchlich Manifesten und öffneten so den Blick für außerkirchliche und quasisäkularisierte Sinnsysteme, andererseits wurden sie für die deutschsprachigen Religionssoziologen zum Brückenkopf der Rezeption der obengenannten amerikanischen Traditionen. Es scheint in der Logik dieser Perspektive zu liegen, daß der Fokus des Forschungsinteresses sich von hier aus allmählich von dem Studium religiöser Sinnsysteme auf die soziale Konstruktion von Deutungs- und Symbolsystemen anderer Art verschob und somit in den siebzigern von einer Soziologie der Wissens- und Glaubenssysteme gesprochen werden kann" (Fischer/Marhold 1983: 158).

Grob vereinfacht kann man in der Religionssoziologie zwischen einer substantialistischen und einer funktionalistischen Definition von Religion unterscheiden. Erstere, die substantialistische Definition, bestimmt Religion durch den Inhalt, durch die Substanz, wobei man diese Definition nach Knoblauch wiederum in einen psychologisch orientierten und in einen soziologisch orientierten substantialen Religionsbegriff unterteilen kann. Während der psychologisch orientierte substantiale Religionsbegriff betont, dass es bestimmte Erfahrungen gibt, denen Kraft ihres Inhaltes etwas Religiöses anhaftet, akzeptiert der soziologisch orientierte substantiale Religionsbegriff, der zumeist auf dem psychologischen gründet, die Inhalte derjenigen Vorstellungen als wahr, welche von den Gesellschaftsmitgliedern als wahr akzeptiert werden, und verbindet demgemäß religiöse Erfahrungen mit Ritualen und Dogmen sowie mit als religiös ausgewiesenen Gemeinschaftsformen (vgl. Knoblauch 1999: 114).

Peter L. Berger, einer der namhaftesten Religionssoziologen der Gegenwart, arbeitet mit einer substantialistischen Definition von Religion, wobei „das *tertium comparationis* dieser Definition (...) natürlich die Kategorie des Heiligen" (Berger 1973: 168) sei. Er versteht diese im Wesentlichen im Sinne der Religionswissenschaft seit Rudolf Otto und bezeichnet als Religion den Versuch des Menschen,[20] einen Heiligen Kosmos zu errichten. Zum Wesen von Religion gehöre dabei die Dichotomisierung in Heiliges und Profanes. Religion ist in diesem Kontext durch die substantiale Erfahrung des Heiligen bestimmt (vgl. Berger 1973: 26f.):

> „Die Realität dieser Erfahrung, die Welt des Übernatürlichen, ist radikal, überwältigend *anders*. Man begegnet dabei einer ganz anderen Welt, die sich von der irdischen Erfahrung abhebt, ihr übergeordnet ist. Mehr noch, aus der Perspektive dieser Welt gesehen, ist die Welt der gewöhnlichen Erfahrung eine Art von *Vorzimmer*. Der Status der Enklave oder begrenzten Sinnprovinz ist damit radikal auf den Kopf gestellt: Das Übernatürliche ist keine Enklave mehr in der normalen Welt, es wölbt sich vielmehr darüber, umfängt sie, ‚sucht sie heim'" (Berger 1992: 55, Hervorh. i. O.).

Obwohl der Soziologe oder die Soziologin nur etwas über die historisch-kulturell bedingten Formen, Paradigmen und Traditionen des Heiligen aussagen kann, müsse das Heilige dennoch nicht als rein menschliche Erfindung, Projektion oder bloße Wunschvorstellung gedeutet werden.[21] Meines Erachtens kann der Ansatz von Peter L. Berger insofern als vermittelnde Instanz interpretiert werden, als er die soziologisch-funktionalistische und die phänomenologisch-hermeneutische Position zu verbinden vermag. Denn erst

> „wenn spezifische Ausprägungen transzendenter Vorstellungen als letzte Legitimation von Wertideen und Praktiken im Religionsbegriff mit aufgenommen sind, lassen sich gültig etwa religiöse von quasi-religiösen Phänomenen unterscheiden, und erst dann kann eine analytische Trennschärfe des Religionsbegriffs erreicht werden, die durch bloße funktionalistische Subsumtion unter einen allgemeinen Gesellschaftsbegriff nur allzu leicht verloren geht" (Drehsen 1983: 101).

Neben den *substantialistischen* Ansätzen in der Religionswissenschaft zur Bestimmung dessen, was denn Religion nun eigentlich sei, nennt Detlef Pollack die *hermeneutischen* und die *erklärenden* Ansätze. Erstere nehmen entweder – wie in der Intentionsforschung – als Definitionskriterium, ob die Intentionen des Kollektivs oder des Individuums über den Horizont des Alltagslebens hinausführen und sich auf etwas richten, das für die betreffende Gruppe oder für den betreffenden Menschen eine nicht weiter ableitbare, das heißt ‚absolute' Qualität besitzt, auch wenn diese Richtung bisweilen die Selbstdarstellung der Beteiligten überschreitet und Haltungen zu Tatbeständen ins Blickfeld nimmt, die von den Beteiligten selbst nicht als religiös verstanden werden, oder versuchen wie die klassische Religionsphänomenologie, die zunächst als das systematische Gegenstück zu den zahlreichen Religionsgeschichtsschreibungen der verschiedenen religiösen Traditionen angesehen wurde, die Religion von innen zu verstehen (vgl. Kaufmann 1989: 71; Pollack 1995: 174).

Zu den erklärenden Ansätzen zählen folgende methodische Zugangsweisen, wobei bei der konkreten wissenschaftlichen Arbeit mehrere Methoden miteinander kombiniert werden: erstens die historisch-philologische Methode, zweitens die Dimensionsforschung, drittens die kontextuale und viertens die funktionale Methode. Die Dimensionsforschung versucht, mittels einer Reihe von Merkmalen das Phänomen Religion systematisch zu erfassen. Bereits um 1900 hatte Durkheim zwischen Ritus und Glauben, die dazu dienten, die Anhänger einer Religion in einer moralischen Gemeinschaft oder Kirche zu vereinigen, unterschieden. Gemeinschaft, Ritus und Glaube seien die drei Charakteristika der Religion. Nach dem Zweiten Weltkrieg wiesen unterschiedliche Autoren auf die Mehrdimensionalität von Religion und Religiosität hin. So sprach Ch. Y. Glock, der die Religion als ein System von Symbolen, Glaubenssätzen, Werten und Praktiken betrachtete, die sich auf übernatürliche Dinge und Kräfte einer jenseitigen Welt beziehen und die Welterfahrung interpretierend ordnen, von fünf Dimensionen der Religiosität, nämlich von der „ritualistic", der „ideological", der „intellectual", der „experiental" und der „consequential dimension". Alle Dimensionen treten in jeder Religion auf, doch werden diese unterschiedlich bewertet. Damit werden zum einen die Konformität des Individuums mit den institutionalisierten Erwartungen der Kirche und zum anderen Einstellungen, Gefühle, Akte des Gottesvertrauens – also die „Innerlichkeitsphäre" des religiösen Erlebens – gemessen (vgl. Hahn 1974: 16; Knoblauch 1999: 92ff.).[22]

Der funktionale Zugang schließlich bezieht Religion auf ein Problem, das durch diese gelöst erscheint – beispielsweise das Problem des gesellschaftlichen Zusammenhangs –, und bestimmt die Leistung, die die Religion zur Lösung dieses Problems beiträgt: „Während es in substantiellen Definitionen darum geht festzustellen, was Religion ist, kommt es funktionalen Definitionen darauf an zu bestimmen, was Religion *leistet*" (Pollack 1995: 179, Hervorh. i. O.). Dabei liegt wohl gerade in der Möglichkeit des umfassenden Vergleichs – wie Niklas Luhmann, der in den 1970er Jahren einen eigenständigen systemtheoretischen Ansatz in der deutschen Religionssoziologie begründete, in dem Buch *Funktion der Religion* formulierte – *eine* der Stärken der funktionalistischen Betrachtungsweise. Denn obwohl sich der Haupteinwand gegen diese Forschungsperspektive dagegen richtet, dass „jede Spezifikation der Funktion von Religion (...) auch andersartige Institutionen, Prozesse oder Mechanismen, die dieselbe Funktion erfüllen, aber selbst bei einem weit gefaßten Verständnis nicht als Religion angesehen werden können", erfasst, wird dieser „Überschußeffekt" durch die funktionale Analyse in der Tat erzielt, ja intendiert: „Ihr Prinzip ist es, ihre Gegenstände durch Bezug auf ein Problem mit anderen Gegenständen vergleichbar zu machen"[23] (Luhmann 1977: 9). Denn orientiere man sich bei der Definition von Religion an der Polarität von Transzendenz und Immanenz, gebe es außerhalb von Religion, in einem substantialistischen Sinne definiert, keine funktionalen Äquivalente mehr. Lässt man diese Frage jedoch beiseite, könne man sehr wohl, und zwar in einem analytischen Sinne, funktionale Äquivalente für Religion, beispielsweise in Form von politischen Ideologien, finden (vgl. Luhmann 1977: 46):[24] Wandeln sich nämlich die gesellschaftlichen Rahmenbedingungen, so verändern sich auch die Kontingenzformeln. Die zentrale Funktion der Religion, nämlich die der Kontingenzbewältigung, lag dabei für Luhmann – sei es auf individueller Ebene in Form von persönlichen Krisen, sei es auf gesellschaftlicher Ebene in Form von wirtschaftlichen oder politischen Umbrüchen – in der Übersetzung von Unbestimmtem ins Bestimmte oder zumindest ins Bestimmbare. Religion schütze in diesem Kontext das soziale System vor der unberechenbaren Umwelt. Für moderne Gesellschaften sei in Bezug auf die Religion das Spezifische darin zu sehen, dass die kirchliche Aktivität aus dem Bereich primärer in den Bereich sekundärer Funktionen verlagert werde: „Die Funktionsorientierung nimmt ab und die Leistungsorientierung nimmt zu" (Luhmann 1977: 264). In späteren Arbeiten räumte Luhmann allerdings ein, dass der Hinweis auf die Funktion nicht genüge, sondern dass die Funktionsbestimmung durch andere Bestimmungen zu ergänzen sei. Denn die Ausdifferenzierung von Religion sei durch einen religionsspezifischen binären Code gesteuert, nämlich durch die Unterscheidung von Immanenz und Transzendenz (vgl. Pollack 1995: 181; Schöfthaler 1983: 139).

Luhmann, der seit den 1970er Jahren in Anlehnung an Talcott Parsons eine soziologische Theorie der Religion formulierte,[25] wies darüber hinaus darauf hin, dass sich bei eingehender Betrachtung der soziokulturellen Evolution zeige, dass sich Funktionsorientierungen, die gesellschaftliche Relevanz besitzen, mit der Bildung größerer Gesellschaftssysteme zunehmend spezialisieren. Dadurch kommt es einerseits zwar zur Fokussierung und Systematisierung entsprechender Orientierungen und Handlungsmuster wie der Reservierung bestimmter Orte und Mittel, Rollen, Rollensysteme und Organisationen, doch andererseits wird Funktionsorientierung zunehmend ausdifferenziert.[26] In modernen Gesellschaften gewinnt zwar jeder Funktionsbereich höhere Eigenständigkeit und Autonomie, wird aber gleichzeitig auch davon abhängiger, *dass* und *wie* die anderen Funktionen erfüllt werden (vgl. Luhmann 1977: 255). Dabei wird der Übergang zur funktional differenzierten Gesellschaft in erster Linie in den Bereichen Wirtschaft, Politik und Wissenschaft forciert, während die gesteigerte Ausdifferenzierung des Religionssystems sich gleichsam als ein Nebeneffekt einstellt. In modernen Systemen nehmen die Integrationsleistungen der Gesellschaft zwar nicht ab, wie dies zuweilen suggeriert wird, aber sie bleiben relativ zurück bei zunehmenden Anforderungen (vgl. Luhmann 1977: 242ff.). In Bezug auf die Religion ist Folgendes von besonderer Relevanz: Während bei frühen Gesellschaftsformationen die Funktion von Religion bereits dann erfüllt gewesen war, wenn es gelungen war – beispielsweise mit Hilfe von Mythen oder Riten –, Unsicherheit in mehrdeutigen Lagen zu absorbieren und Unbestimmtes in Bestimmtes zu übersetzen, forderten komplexere Gesellschaften andere, neue Formen von Religion, die in den Hochreligionen mit ihren institutionellen Apparaten zum Ausdruck kamen (vgl. Luhmann 1972: 22ff.). Im Abendland hatte sich schließlich eine Form von Monotheismus entwickelt, „die die *Transzendenz* als (verehrungswürdige) *Person* festzuhalten" suchte, „um Generalisierung, Systematisierung und Spezifikation zu verbinden" (Luhmann 1977: 38, Hervorh. i. O.). Spezifische Formen der Kommunikation erzeugen gleichsam die Grenze zwischen der Religion und anderen Systemen, die durch die handelnden Personen, Institutionen und Organisationen gewissermaßen hindurchlaufen, wobei die Religion nach Luhmann mit dem Problem zu kämpfen hat, dass sich die Kommunikation über das Transzendente eigentlich der Kommunikation selbst entzieht; denn wann immer man über Transzendentes spreche, erzeuge man ja Immanentes. Schließlich fasst Niklas Luhmann die sinnstiftende Funktion von Religion, wobei er Sinn als „eine besondere Form der Reduktion von Komplexität, die zugleich komplexitätserhaltend oder auch komplexitätssteigernd wirkt" (Luhmann 1977: 20), definiert, wie folgt zusammen:

> „Religion hat (...) für das Gesellschaftssystem die Funktion, die unbestimmbare, weil nach außen (Umwelt) und nach innen (System) hin unabschließbare Welt in eine bestimmbare zu transformieren, in der System und Umwelt in Beziehung stehen können, die auf beiden Seiten Beliebigkeit der Veränderung ausschließt. Sie hat, mit anderen Worten, zu verantworten und tragbar zu machen, daß alle Typisierungen, alle Selbst-Identifikationen, alle Kategorisierungen, alle Erwartungsbildungen reduktiv verfahren müssen und widerlegbar bleiben. Auch die Religion selbst hat sich dabei an zugängliche Sinnformen zu halten, hat Appräsentatives zu repräsentieren. Aber sie spezialisiert im Laufe einer langen Geschichte ihre besonderen Anstrengungen auf Repräsentationen, die das Repräsentationsrisiko absorbieren" (Luhmann 1977: 26f.).

Doch erfüllt nach Luhmann das religiöse System nicht nur die Funktion der Kontingenzbewältigung mit Bezug auf die Gesamtgesellschaft, sondern es bleibt trotz aller Spezifikation ein soziales System, das vielerlei andere Funktionen mit erfüllt. Die soziale Leistung des religiösen Systems nannte Luhmann „Diakonie", die Leistungen gegenüber dem personalen System „Seelsorge", wobei er diakonische und seelsorgerische Leistungen zunehmend in den Vordergrund treten sah, während die religiöse Funktion, die von der Kirche ausgeübt wurde und wird, an Bedeutung verliere.

Letztendlich mag der wesentliche Beitrag systemtheoretischen Denkens im Vergleich mit früheren demoskopischen und kirchensoziologischen Konzepten darin liegen, die funktionale Austauschbarkeit unterschiedlicher Symbolsysteme bewusst gemacht zu haben. Bei zahlreichen Vorteilen, die die funktionale Methode für religionssoziologische Untersuchungen und für das Verhältnis von Politik und Religion thematisierende Fragestellungen bietet, muss jedoch auch auf deren Defizite hingewiesen werden. Der Haupteinwand lautet in diesem Zusammenhang, „daß sie ihr Objektfeld zu weit faßt und auch Phänomene in ihren Erfassungsbereich mit aufnimmt, die selbst bei einem weiten Religionsverständnis gewöhnlich nicht als Religion begriffen werden können" (Pollack 1995: 179), dass sie letztendlich auch das Selbstverständnis der Religionsangehörigen übergeht und durch die Relationierung der religiösen Formen und Inhalte auf ein mit ihnen gelöstes Problem die in ihnen erhobenen Geltungsansprüche nicht mehr ernst nimmt.

Ebenfalls einen funktionalistischen Religionsbegriff wählen Hermann Lübbe, der die zeitepochen- und kulturunabhängige lebenspraktische Funktion von Religion in der „Praxis der ‚Kontingenzbewältigung'" (Lübbe 1986: 219) sieht, und Thomas Luckmann. Dabei bedeutet für Lübbe die Charakterisierung der Religion durch die Funktion der Kontingenzbewältigung als „Kultur des Verhaltens zum Unverfügbaren" (Lübbe 1986: 150), dass Religion auf diejenige Funktion bezogen wird, die nicht durch irgend etwas anderes substituierbar ist. Insofern sage die funktionalistische Religionstheorie nicht, worum es sich bei den Religionen im Unterschied zu ihrem Selbstverständnis in Wahrheit handelt, sondern was ihre religiöse Kultur unter dem Aspekt ihrer Funktion leistet (vgl. Lübbe 1986: 226f.).

Berger und Luckmann formulierten gemeinsam in ihrem einflussreichen Buch *Die gesellschaftliche Konstruktion der Wirklichkeit* eine wissenssoziologische Theorie, die für beide die Grundlage ihrer religionssoziologischen Arbeiten bildete.[27] Wie Berger geht Luckmann davon aus, dass Religion in einer grundlegenden anthropologischen Tatsache, nämlich im Transzendieren der biologischen Natur durch den menschlichen Organismus, entsteht: „Religiös in diesem Sinne ist, was die engen Grenzen des unmittelbaren Erlebens eines bloß biologisch verstandenen Wesens überschreitet. Luckmann folgt hier zwar den Spuren Durkheims, der Religiosität gewissermaßen als die Transzendenz des Gesellschaftlichen selbst ansah. Im Unterschied jedoch zu Durkheim siedelt Luckmann die Transzendenz des Religiösen nicht erst auf der Ebene der Gesamtgesellschaft an. Vielmehr ist das Religiöse selbst der Kern des Sozialen" (Knoblauch 1996: 13).[28] Der Heilige Kosmos wird schließlich in Verhaltensmustern (Ritualen), Bildern (Ikonen) und Sprache (göttlichen Namen) objektiviert, die eine spezifische Funktion der gesamten Weltansicht erfüllen (vgl. Luckmann 1986: 98f.).

Für Thomas Luckmann ist Religion in ihrer unspezifischen Form in allen Gesellschaften und allen sozialisierten Individuen zu finden und bezeichnet eine religiöse Dimension in der Definition von Individuum und Gesellschaft, ohne etwas über ihren empirischen Gehalt auszusagen (vgl. Luckmann 1986: 118). Im Gegensatz zum substantialistischen Religionsbegriff von Peter L. Berger verwendet Thomas Luckmann in seinen Arbeiten eine funktionalistische Definition von Religion. Nicht der Inhalt bestimmt hier Religion, sondern das, was sie innerweltlich leistet (vgl. Gabriel 1983: 169; Knoblauch 1999: 114 und 119; Zulehner 2001: 14ff.).

Auch Franz-Xaver Kaufmann geht im Anschluss an Luhmann von der Vermutung aus, dass jene Funktionen, die ursprünglich von Religion erfüllt wurden, in neuzeitlichen Gesellschaften stärker ausdifferenziert sind und dass die ihnen zugrunde liegenden Leistungen von unterschiedlichen Einrichtungen erbracht werden. Er unterscheidet schließlich sechs Funktionen von Religion – Identitätsstiftung, Handlungsführung, Kontingenzbewältigung, Sozialintegration, Welt-Distanzierung und Welt-Kosmisierung. In der Welt-Kosmisierung scheint Religion weitgehend entbehrlich geworden zu sein (vgl. Kaufmann 1989: 62f.).[29] Diese sechs Funktionen von Religionen entsprechen sechs Problemen, deren Lösung für menschliches Zusammenleben konstitutiv zu sein scheint. Kaufmann nennt hier erstens das Problem der Affektbindungen oder Angstbewältigung, zweitens das der Handlungsführung im Außeralltäglichen – beispielsweise mit Hilfe von Magie und Ritualen, aber ebenso mit Hilfe von Moral –, drittens das der Verarbeitung von Kontingenzerfahrungen, von Unrecht, Leid und Schicksalsschlägen, viertens das der Legitimation von Gemeinschaftsbildung und sozialer Integration – ein Aspekt, den insbesondere die politische Philosophie und der soziologische Struktur-Funktionalismus hervorhoben –, fünftens das der Distanzierung von gegebenen Sozialverhältnissen, der Ermöglichung von Widerstand und Protest gegen einen als ungerecht oder unmoralisch erfahrenen Gesellschaftszustand, und sechstens das der Kosmisierung von Welt, also die Begründung eines Deutungshorizontes aus einheitlichen Prinzipien. Das mittelalterliche Christentum habe wohl alle sechs Funktionen von Religion erfüllt, heute jedoch gebe es

> „offenkundig keine Instanz und keinen zentralen Ideenkomplex, die im Stande wären, all diese sechs Funktionen in für die Mehrzahl der Zeitgenossen plausibler Weise *zugleich* zu erfüllen; in diesem Sinne gibt es ‚Religion' nicht mehr. Wir müssen von der Annahme ausgehen, daß entsprechend der allgemeinen Funktionsdifferenzierung die auf die genannten Probleme gerichteten Leistungen heute von *verschiedenen Instanzen* erbracht werden, wobei zunächst offen bleiben kann, ob und inwieweit solche Leistungen zu der dauerhaften Funktionserfüllung ausreichen" (Kaufmann 1989: 86, Hervorh. i. O.).

Für Kaufmann ist auf der Ebene des Vergleichs einzelner Funktionen der Unterschied zwischen religiösen und nicht-religiösen Phänomenen weitgehend eingeebnet.³⁰ Die spezifisch religiöse Qualität solcher Deutungsmuster liegt dabei in der gleichzeitigen Erfüllung mehrerer solcher Leistungen (vgl. Kaufmann 1989: 87), wobei auch weltliche Ersatzbildungen für die Religion eine Reihe von Funktionen traditioneller Formen der Religion übernehmen konnten und können.

4. Der Begriff der Religion aus der Perspektive von Marxismus, Austromarxismus und Kritischer Theorie

Ganz kurz seien an dieser Stelle noch die ‚religionssoziologischen' Vorstellungen des Marxismus beziehungsweise des Austromarxismus und der Kritischen Theorie erwähnt. Bei Karl Marx war Religion im Vergleich zu Feuerbach nicht bloß die Projektion des Bewusstseins, sondern das Produkt des vergesellschafteten Menschen. Marx verstand Religion als *ein* Element des menschlichen Bewusstseins, als *einen* Ausdruck der jeweils herrschenden Produktionsverhältnisse. Sie spiegle sowohl das durch das Bewusstsein geformte Verhältnis zur Natur als auch die auf den Produktionsverhältnissen beruhenden allgemeinen gesellschaftlichen Verhältnisse wider. Religion sei daher das Produkt der Unterordnung der Menschen unter natürliche und gesellschaftliche Mächte. Diese Unterordnung bleibe jedoch aufgrund der durch die Produktionsverhältnisse bestimmten Erkenntnisschranken unbegriffen. Gerade in der Klassengesellschaft wurde laut Marx Religion zur Ideologie im Interesse der herrschenden Klasse. Indem Religion das Bewusstsein einer unbegriffenen, in ihrer Verkehrtheit nicht durchschauten Welt darstellt und diese für die unterdrückten Klassen am Leben erhält, verhindere sie den Protest der Unterdrückten gegen das reale Elend in der Welt und neutralisiere diesen Protest durch den Verweis auf ein Jenseits der Gesellschaft: Religion wirke in dieser Weise als Opium des Volks:

„Die Religion ist die allgemeine Theorie dieser Welt, ihr enzyklopädisches Kompendium, ihre Logik in populärer Form, ihr spiritualistisches Point-d'honneur, ihr Enthusiasmus, ihre moralische Sanktion, ihre feierliche Ergänzung, ihr allgemeiner Trost und Rechtfertigungsgrund. Sie ist die phantastische Verwirklichung des menschlichen Wesens. Weil das menschliche Wesen keine wahre Wirklichkeit besitzt. Der Kampf gegen die Religion ist also mittelbar der Kampf gegen jene Welt, deren geistiges Aroma die Religion ist. Das religiöse Elend ist in einem der Ausdruck des wirklichen Elendes und in einem die Protestation gegen das wirkliche Elend. Die Religion ist der Seufzer der bedrängten Kreatur, das Gemüt einer herzlosen Welt, wie sie der Geist geistloser Zustände ist. Sie ist das Opium des Volks. Die Aufhebung der Religion als des illusorischen Glücks des Volkes ist die Forderung seines wirklichen Glücks. Die Forderung, die Illusionen über seinen Zustand aufzugeben, ist die Forderung, einen Zustand aufzugeben, der der Illusionen bedarf. Die Kritik der Religion ist also im Keim die Kritik des Jammertales, dessen Heiligenschein die Religion ist" (Marx 1970: 607f.).

Als erste Form des menschlichen Selbstbewusstseins, als erste phantastische Verwirklichung des menschlichen Wesens, machte die Religion jedoch auch die Konturen einer besseren Welt dem menschlichen Geist zugänglich. Unter bestimmten sozio-ökonomischen und historischen Verhältnissen könne Religion – insofern sie auch ein utopischer Vorgriff auf die Wirklichkeit des Menschen als Gattungswesen ist – der Legitimierung eines revolutionären Kampfes unterdrückter Klassen dienen. Als diesbezügliche Beispiele dienten Marx das Urchristentum, Jan Hus und Thomas Münzer (vgl. Mörth 1983: 39ff.).

Letztendlich war für Marx die Zerstörung des religiösen Bewusstseins die erste Voraussetzung für die Herrschaft des Menschen über seine Welt, und die Leugnung der menschlichen Abhängigkeit von einer bestehenden Schöpfungsordnung war die Voraussetzung der materiellen Weltrevolution:

„Für Deutschland ist die Kritik der Religion im Wesentlichen beendigt, und die Kritik der Religion ist die Voraussetzung aller Kritik. Die profane Existenz des Irrtums ist kompromittiert, nachdem seine himmlische oratio pro aris et focis widerlegt ist. Der Mensch, der in der phantastischen Wirklichkeit des Himmels, wo er einen Übermenschen suchte, nur den Widerschein seiner selbst gefunden hat, wird nicht mehr geneigt sein, nur den Schein seiner selbst, nur den Unmenschen zu finden, wo er seine wahre Wirklichkeit sucht und suchen muß. Das Fundament der irreligiösen Kritik ist: Der Mensch macht die Religion, die Religion macht nicht den Menschen. Und zwar ist die Religion das SelbstBewußtsein und das Selbstgefühl des Menschen, der sich selbst entweder noch nicht erworben oder schon wieder verloren hat. Aber der Mensch, das ist kein abstraktes, außer der Welt hockendes Wesen. Der Mensch, das ist die Welt des Menschen, Staat, Sozietät. Dieser Staat, diese Sozietät produzieren die Religion, ein verkehrtes Weltbewußtsein, weil sie eine verkehrte Welt sind" (Marx 1970: 607).

Die Aufgabe des historischen Materialismus sah Marx im Sichtbarmachen und in der Analyse der besonderen Widersprüche und Nöte innerhalb der wirklichen Welt, die ihrerseits Religion erst ermöglichen. Es genüge eben nicht, wie Feuerbach festzustellen, dass die Religion eine Schöpfung des Menschen sei. Diese Erkenntnis müsse vielmehr näher bestimmt werden: Religion sei das Selbstbewusstsein *jenes* Menschen, der sich aus seiner Selbstentfremdung *noch nicht* befreit und sich in seinen weltlichen Verhältnissen *noch nicht* zurechtgefunden habe. Weder die bloße Verwerfung von Religion (Bauer) noch deren einfache Humanisierung (Feuerbach) waren nach Marx der Kern der materialistischen Kritik, dieser Kern liege vielmehr in der positiven Forderung, Zustände zu schaffen, die die Religion ihrer Quelle und ihrer Motivationskraft beraubten. Nur die praktische Kritik der bestehenden Gesellschaft könne die Religion ablösen. Infolge der Umwandlung der traditionellen Religionskritik in eine materialistische veränderte sich für Marx auch der Sinn des Atheismus: Man führe nun nicht mehr den Kampf gegen heidnische und christliche Götter, sondern vielmehr den Kampf gegen irdische Götzen wie beispielsweise den Fetischcharakter der Waren (Löwith 1967: 52f.). Warum für Marx die Kritik der Religion schließlich die Voraussetzung aller Kritik sein musste, liegt für den Philosophen K. P. Liessmann auf der Hand:

„Religion (...) war das Überbauphänomen schlechthin. Sie war, jetzt in Anlehnung an die Terminologie von Michel Foucault, der herrschende *Diskurs*. Alle Auseinandersetzung fand in der Syntax und Semantik dieses Diskurses statt. Wenn irgendwo Widersprüche im Denken produktiv gemacht werden konnten, dann in dieser Sphäre – sieht man einmal von der realpolitischen Macht, die Religion und religiöse Institutionen in diesem Jahrhundert wohl noch gehabt haben mögen, ab. Marxens Anspruch, daß die Kritik der Religion die Voraussetzung aller Kritik sei, ist auch heute unter dieser Perspektive zu lesen. Es ging um die Destruktion eines Diskurstyps, der nicht mehr leistungsfähig genug schien, die *theoretisch* aufbrechenden Fragen zu thematisieren. Was sich dabei durchsetzte, war eine Überbietung des religiösen Diskurses, die dennoch alle Merkmale desselben beibehalten hat" (Liessmann 1992: 52f., Hervorh. i. O.).[31]

Die verwandelte Kritik sei nun nicht mehr Theorie, sondern Praxis, ihr Gegenstand nun ihr Feind, den sie nicht zu widerlegen, sondern zu vernichten trachte:

„Hier spricht der Mordwille des gnostischen Magiers. Das Realitätsband ist zerrissen; der Nebenmensch ist nicht mehr Partner im Sein; die Kritik ist nicht mehr Argument. Das Urteil ist gesprochen; es folgt die Exekution" (Voegelin 1959: 79f.),

so formulierte es Eric Voegelin in dem Büchlein *Wissenschaft, Politik und Gnosis*.[32] Die Religion als Ideologie werde schließlich verschwinden und als Utopie unnötig sein. Verwirklicht werden könne die Aufhebung der Entfremdung, die Wahrheit menschlichen Wesens aber nur durch die gesellschaftliche Tat, nie durch die reine Erkenntnis. Werde religiöses Bewusstsein zur gesellschaftlichen Tat der Befreiung, so hebe es sich letztendlich mit seinen gesellschaftlichen Voraussetzungen selbst auf.

Beim jungen Marx hatte sich auch etwas von dem angedeutet, was sich eigenständig und kraftvoll in der Säkularisierung des 19. Jahrhunderts entfaltete: der Gedanke, dass das Christentum – wie jede andere Erlösungsreligion – erst dann auch praktisch „seine universell-religiöse Bedeutung" ausdrücken könne, wenn es darauf verzichte, sich mit irgendeiner „weltlichen Macht" zu identifizieren. Die politische Emanzipation der Religion lasse, so Marx, letztendlich die Religion bestehen, wenn es auch nicht länger eine privilegierte Religion geben werde (vgl. Marramao 1996: 41ff.).

Im Anschluss an Marx wurde bei den Vertretern einer materialistischen Geschichtsauffassung Religion als Ideologie, als Widerspiegelung entfremdeter Mächte in der Gesellschaft verstanden. Religion als Institution, als Kirche, sei zu bekämpfen, sofern sie der ideologisch-politischen Bestätigung im Interesse einer herrschenden Klasse dient. Ansonsten sei sie Privatsache. Max Adler verwendete schließlich wie Ernst Bloch, der Religion als Element der Befreiung, als revolutionäres Denken, analysierte, einen Begriff von Religion, der auch positive Aussagen über sie zulässt. Religion sei Ausdruck einer viel grundlegenderen Entfremdung, als sie im Basis-Überbau-Schema zum Tragen komme, nämlich Ausdruck dessen, dass der Mensch sich und seine Zukunft niemals theoretisch und praktisch einzuholen imstande sein wird (vgl. Mörth 1983: 41).[33]

Für die Kritische Theorie waren Religion und Metaphysik nicht länger nur eine quasi partikuläre, bürgerliche Ideologie, sondern diese werden vielmehr zum integrierten Bestandteil einer totalen Ideologie, in die sich alle Bewusstseinskategorien einfügen, ja zur Logik der Herrschaft werden. Während Horkheimer der Religion durchaus noch ein positiv-utopisches Potential zugeschrieben hatte,[34] war für Theodor W. Adorno und Herbert Marcuse die Religion ebenso wie die affirmative Kunst und Wissenschaft sowie eine in die psychische Struktur eingegangene Konsumideologie Kitt, der das ausweglose „Gehäuse der Hörigkeit" verfugt. Die bürgerlich affirmative Kultur übernahm nach Marcuse von der Religion die Sorge für den Glücksanspruch der Individuen und setzte demgemäß das Geschäft der Religion fort. Affirmative Kultur als Kunst erreiche eine Scheinwirklichkeit, die weder die Philosophie noch die Religion zu erreichen vermögen. Habermas versuchte schließlich die „zwischen absoluter Resignation und absoluter Hoffnung schwankende Haltung der Kritischen Theorie" zu überwinden und sie wieder „als konkret emanzipatorische Praxis und reale Utopie zu etablieren" (Mörth 1983: 55). Er entwickelte zu diesem Zwecke ein evolutionstheoretisches Modell zunehmender, auf verschiedenen Bahnen verlaufender Rationalisierung. Dabei habe sich die Rationalisierung der Religion in vier Schritten, parallel *zu* und in Abhängigkeit *von* den Veränderungen der Verständigungsformen vollzogen: In archaischen Gesellschaften dienten Rituale und Mythen, in Hochkulturen religiöse und metaphysische Weltbilder und die sakramentale Praxis, in frühmodernen Gesellschaften die Bildungsreligion und die religiöse Gesinnungsethik, und in der Moderne kommunikatives Handeln und kommunikative Ethik als Verständigungsformen. Im Zuge der gesellschaftlichen Entwicklung werde so aus der religiösen „Kommunion" das rationale kommunikative Handeln. Habermas schrieb im Anschluss an Durkheim der Religion in erster Linie die Funktion der Begründung von Moral zu, wobei sich mit zunehmender Rationalisierung der transzendente religiöse Bezug verlor und die Grenze zwischen Heiligem und Profanem verwischt wurde. Nicht länger legitimiere die Religion die soziale Ordnung und begründe Normen, sondern dies müsse nun von den Handelnden selbst in der Kommunikation geleistet werden, wiewohl die Religion weiterhin mit der kommunikativen Vernunft koexistiere (vgl. Knoblauch 1999: 140ff.).

5. Schlussbetrachtung

Versteht man Soziologie als wissenschaftliche Disziplin, die nicht nur „jene Wirklichkeiten" untersucht, „welche die anderen basteln, sondern – in permanenter Selbstreflexion – auch solche, welche sie selbst bastelt", so ist sie stets „Deutungs- und Reflexionswissenschaft" zugleich (vgl. Prisching 2001b: 33). In ihrer zweiten Funktion, als Reflexionswissenschaft, hat sie die Entstehungs- und Wirkungsgeschichte von Begriffen, wissenschaftlichen Konzepten und Theorien, den biographischen und sozio-politischen Rahmen, in dem diese entstanden sind, und die Intentionen, die den Wissenschaftler beziehungsweise die Wissenschaftlerin möglicherweise leiteten, mit einzubeziehen.[35] Dieser Anspruch kann im vorliegenden Aufsatz nicht eingelöst werden; er sollte allein die unterschiedlichen Religionsbegriffe einiger weniger, namhafter Religionssoziologen vorstellen.

Sowohl Fragestellungen wissenssoziologischer Art als auch eine genauere Analyse der jeweiligen religionssoziologischen Modelle konnten nicht näher in den Blick genommen werden. Zweifellos wäre – ganz im Sinne Karl Mannheims, der in *Ideologie und Utopie* feststellte, „daß die Seinslage nicht nur das historische Entstehen der Gedanken betrifft, sondern konstitutiv in das Denkergebnis hineinragt und in dessen Inhalt und Form irgendwie erscheint" (Mannheim 1969: 239) – eine Reihe bedeutsamer Fragen in wissenssoziologischer Hinsicht zu stellen. Die Klassiker der Soziologie widmeten sich der Religion als „sozialer Tatsache", als zentralem Bestandteil der Gesellschaft. Sie äußerten sich deutlich über die zeitgenössische religiöse Lage und die Zukunft von Religion, und zwar wohl nicht vorrangig aus einem theoretischen Interesse am Verhältnis von Religion und Gesellschaft, sondern angeregt durch eine konkrete Problemlage: durch den Streit um Wissen und Glauben, Wissenschaft und Religion (vgl. Tenbruck 1986: 61ff.). Ungeachtet aller Differenzen beschäftigten sich beispielsweise Emile Durkheim und Max Weber mit der Religionsgeschichte, um die Genealogie moderner Gesellschaft zu ermitteln, wobei beide eine gewisse Distanz und Sorge im Hinblick auf eine zunehmend differenzierte, arbeitsteilige Gesellschaft einnahmen. Durkheim war besorgt, ob die arbeitsteilige Gesellschaft nicht das soziale Band zwischen den Menschen zerstören würde, und zugleich auf der Suche nach einer neuen Moral,

„die der französischen Republik und der modernen Gesellschaft schlechthin einen sozialen Zusammenhang sichert, der zugleich die Werte des Individualismus gegen die Kritik eines restaurativen Katholizismus in Schutz nimmt" (Joas 1997: 89).

Weber fragte sich unter anderem, ob die moderne Zivilisation überhaupt noch individuelle Freiräume bestehen lassen würde, und Simmel sah den Menschen „dem Überwuchern der objektiven Kultur (...) weniger und weniger gewachsen" (Simmel 1998b: 131).

Im Unterschied zu den Klassikern, die Religion in der Frage nach Gesellschaft mitthematisiert hatten und sie zur Erklärung sozialer Phänomene heranzogen, erscheint nun, wie Fischer und Marhold ausführen, Gesellschaft als das Selbstverständliche, von wo aus die Religion zu erklären sei. Dabei erweise sich die Neubestimmung des religionssoziologischen Aufgabenfeldes theoretisch und forschungspragmatisch als ambivalent: Zum einen führte sie den Forschungsgegenstand der Religion aus der kirchensoziologischen Enge heraus und betonte dessen universale Bedeutung, zum anderen ging damit eine Unsicherheit einher, wie denn nun die Grenze zwischen religiösen und nicht-religiösen Phänomenen zu ziehen sei. Die bereits dargestellten zahlreichen Definitionsbemühungen von Religion spiegeln diese Problematik wider (vgl. Fischer/Marhold 1983: 131).

Bereits 1898 bemerkte Simmel, dass „niemand (...) bisher eine Definition zu geben" vermochte, „die uns, ohne vage Allgemeinheit und doch alle Erscheinungen einschließend, sagte, was ‚Religion' ist" (Simmel 1898: 1). In den 1980er Jahren fordert Joachim Matthes schließlich, eine erweiterte kulturgeschichtliche und kultursoziologische Perspektive in die religionssoziologische Forschung mit einzubeziehen:

> „Statt sich (...) in immer neuen Anläufen an dem Versuch einer umfassenden Definition von Religion abzumühen, statt dann auch, aus den unausweichlichen Frustrationen heraus, die solches Abmühen mit sich bringt, in das Bekenntnis zur Nicht-Definierbarkeit von Religion oder in das Bekenntnis zur Unvergleichbarkeit der ‚Religionen' auszubrechen, sollte alle Aufmerksamkeit und Anstrengung zunächst darauf gerichtet werden, sich des Stellenwerts all dessen zu vergewissern, was unter der Selbstbezeichnung ‚Religion' ins gesellschaftliche und kulturelle Leben (*in unseres*) eingerückt ist" (Matthes 1993: 19, Hervorh. i. O.).[36]

Matthes plädiert in diesem Zusammenhang dafür „Religion" und „Religiöses" als „kulturelle Konzepte" (Matthes 1992: 131), „als *diskursive Tatbestände* – als Tatbestände also, die sich im gesellschaftlichen Diskurs konstituieren" (Matthes 1992: 129) – zu betrachten.

Anmerkungen

1. Vgl. dazu u. a. Ahn (1997: 47), der darauf hinweist, dass die Religionswissenschaft in der vom Christentum geprägten neuzeitlich-europäischen Tradition wurzelte, mit der sich wiederum ein ganz bestimmtes Arsenal an Begrifflichkeit, Leitfragen und kulturspezifischen Vorverständnissen verband und verbindet.

2. So wurde beispielsweise 1771 die Avesta, das Heilige Buch der Parsen, von Anquetil-Duperron übersetzt, 1816 erschien eine erste vergleichende Grammatik des Sanskrit, Griechischen, Lateinischen, Persischen und Deutschen. Champollion gelang schließlich die Übersetzung der Hieroglyphen. F. M. Müller regte auf dem Internationalen Orientalistentag in London 1874 die Veröffentlichung der bekannt ge-wordenen Schriften als Reihe, den *Sacred Books of the East*, an. Bis 1898 waren 50 Bände erschienen.

3. Aus jenen Disziplinen übernahm die Religionswissenschaft Methodik und Terminologie und wandte sie schließlich auch zur Beschreibung von Befunden aus Religionen an, die mit den für die Begriffsbildung maßgeblichen Ausgangskulturen nicht identisch waren. Dabei wurden Begriffe und Erklärungsmuster aus der christlich-theologischen Tradition ebenso übernommen wie „kulturspezifische Importbegriffe" aus der ethnologischen Forschung wie „Totem", „Mana", „Tabu", „Dema-Gottheit" etc. (vgl. Ahn 1997: 48f.).

4. Vgl. zur Geschichte und zu den Methoden der Religionspsychologie u. a. den Sammelband von Henning/Nestler (1998).

5. Als ‚Klassiker der Religionswissenschaft' gelten u. a. Friedrich Max Müller, der den Begriff „Religionswissenschaften" 1867 erstmals erwähnte, Edward Burnett Tylor, James George Frazer, William Robertson Smith, Robert Ranulph Marett, Gerardus van der Leeuw, Nathan Söderblom und Rudolf Otto, die unterschiedliche Religionsbegriffe entwickelten und auf die sich die soziologischen Klassiker teilweise in ihren Studien bezogen (vgl. Kippenberg 1997a; Michaels 1997).

6. Innerhalb der Religionssoziologie existieren verschiedene Systematisierungen der unterschiedlichen Ansätze. So benennt Horst Jürgen Helle (1997: 7ff.) in seinem Buch *Religionssoziologie* vier Zugangsweisen innerhalb der Religionssoziologie, die wiederum mit ganz bestimmten Religionsbegriffen korrespondieren: den objektivistischen, den marxistischen, den funktionalistischen und den verstehenden Ansatz.

7. In diesem Zusammenhang sind die Forschungen von Robertson Smith, insbesondere seine Unterscheidung von Magie und Religion, sowie von J. G. Frazer für Durkheims Werk von Bedeutung. Darüber hinaus scheint Durkheim von Wilhelm Wundt, den er bei seinen Studien in Leipzig kennenlernte, und insbesondere von dessen *Ethik* beeinflusst worden zu sein.

8. Durkheim legte in diesem Zusammenhang folgende Definition des ‚primitiven' Religionssystems vor: „Wir behaupten von einem Religionssystem, daß es das primitivste ist, das wir beobachten können, wenn es die beiden folgenden Bedingungen erfüllt: erstens muß es in Gesellschaften zu finden sein, deren Organisation von keiner anderen an Einfachheit übertroffen wird. Es muß zweitens möglich sein, es zu erklären, ohne daß man ein Element einführen muß, das von einer voraufgegangenen Religion geborgt worden ist" (Durkheim 1994: 17).

9. Ähnliches galt für die Mythen. Auch sie verstand Durkheim als soziale Phänomene, die alltägliche Lebensformen zu strukturieren in der Lage sind. Marcel Mauss definierte schließlich den Mythos als soziale Institution. Ungefähr zeitgleich wurde aus der Perspektive deutscher Philosophie, in der Kant-Tradition bei Ernst Cassirer, der Mythos als rational zu verstehendes Basiselement von Intersubjektivität begriffen (vgl. Dietzsch/Marroquin 1999: 25ff.).

10. Durkheims Vorstellung, dass das Ganze – in diesem Falle das kollektive Bewusstsein – mehr als die Summe seiner Teile sei und einer eigenen Dynamik unterliege, spiegelt sich in diesen Ausführungen wider.

11. Durkheim lehnte die ausschließliche Bestimmung von Religion als „Welt des Mysteriösen, des Unverkennbaren und Unverständlichen" ebenso ab wie die Definition von Religion rein durch das „Göttliche", die ebenfalls „eine Menge offenkundig religiöser Fakten unbeachtet" lasse (vgl. Durkheim 1994: 47, 52f. sowie 60).

12. Für Durkheim kann Soziales nur durch Soziales erklärt werden. Er legte diese Definition eines soziologischen Tatbestandes vor: „Ein soziologischer Tatbestand ist jede mehr oder minder festgelegte Art des Handelns, die die Fähigkeit besitzt, auf den Einzelnen einen äußeren Zwang auszuüben; oder auch, die im Bereiche einer gegebenen Gesellschaft allgemein auftritt, wobei sie ein von ihren individuellen Äußerungen unabhängiges Eigenleben besitzt " (Durkheim 1976: 114).

13. Doch werde die gesellschaftliche Integration keineswegs nur durch kollektive Rituale und Vorstellungen befördert, sondern auch durch den Individualismus. Im Zuge des Übergangs von der vormodernen, durch die mechanische Solidarität gekennzeichneten Gesellschaft zur modernen, durch organische Solidarität mit einem geringeren Kollektivbewusstsein bestimmten Gesellschaft vergrößerte sich auch der Bereich, in welchem der einzelne, losgelöst von traditionellen Bindungen, autonom agiert: „In dem Maß, in dem alle anderen Überzeugungen und Praktiken einen immer weniger religiösen Charakter annehmen, wird das Individuum der Gegenstand einer Art von Religion" (Durkheim 1986: 227).

14. Durkheim sprach von einem Wandel der Religion im Zuge zunehmender Differenzierung, nicht von einem Verschwinden. Thomas Luckmann sollte diesen Gedanken später aufgreifen.

15. Das Leben der Gesellschaft besteht nach Simmel in den Wechselbeziehungen ihrer Elemente – „Wechselbeziehungen, die teils in momentanen Aktionen und Reaktionen verfließen, teils sich in festen Gebilden verkörpern: in Ämtern und Gesetzen, Ordnungen und Besitzstücken, Sprache und Kommunikationsmitteln" (Simmel 1995: 55).

16. „Nun aber ist der Buddhismus auch keine Religion. Er ist die Lehre von dem Heil, das der Strebende absolut allein, durch sein eigenes Wollen und Denken gewinnen kann, und das, wenn er die ausschließlich in der Verfassung seiner Seele gelegenen Bedingungen desselben erfüllt, sich ganz von selbst einstellt. Die Erlösung vom Leiden, der einzige Inhalt des Buddhismus, bedarf keiner transzendenten Macht, keiner Gnade, keines Mittlers, sie wird nicht vollzogen, sondern sie vollzieht sich als der logische Erfolg des Verzichtes der Seele auf allen Lebenswillen" (Simmel 1995: 63).

17. S. R. Steinmetz entwickelte die analytische Soziographie, G. Le Bras versuchte diese soziographischen Elemente mit historisch-soziologischen und pastoralen zu verbinden. Auf dem Deutschen Soziologentag im Jahre 1959 sprach Goldschmidt geradezu von einer Umkehrung der religionssoziologischen Fragestellungen.

18. Max Weber, der in Deutschland *der* Klassiker der Religionssoziologie schlechthin ist und auf den allenthalben nicht weniger Bezug genommen wird als auf die wichtigsten lebenden Theoretiker, legte allerdings keine Definition von Religion vor: „Es war weise von M. Weber, die Definition von Religion ans Ende seines unvollendeten Werkes *Wirtschaft und Gesellschaft* zu verschieben (daß er sie gleichwohl nicht mehr leistete, liegt wohl nicht nur an seinem plötzlichen Ableben, sondern auch an seiner liberalen und pragmatischen Haltung)" (Michaels 1997: 13). Weber verzichtete weitgehend auf einen allgemeinen Religionsbegriff zugunsten der Analyse historisch bestimmter Religionsformen.

19. Luhmann führte das handlungstheoretische Konzept von Weber fort, ohne dessen Relativierung religiöser Inhalte voll zu teilen, übernahm die sozialtechnische Komponente aus Durkheims Religionstheorie, ohne Religion in ihrer integrativen Leistung aufgehen zu lassen und würdigte Troeltschs distanzierte Religiosität, wies jedoch die synkretistischen Tendenzen kulturprotestantischer Tradition ab (vgl. Schöfthaler 1983: 137f.).

20. Wenn man wie die Religionswissenschaft oder die Religionssoziologie davon ausgeht, dass eine sinnvolle Definition von Religion letztendlich auf das empirische Material Bezug zu nehmen hat, stellt sich die Frage, wie denn in der Fülle des empirischen Materials das erkannt werden könne, was religiös ist. Die *substantialistische Methode* löst dies durch die Angabe des Bezugsgegenstandes der Religion: beispielsweise unter Hinweis auf den Glauben an einen oder mehrere Götter. Um der gegenstandsspezifischen Begrenztheit einer ausschließlich über den Gottesbegriff vorgenommenen Religionsdefinition zu entgehen, wurde der Gottesbegriff oft durch jenen des Heiligen, der am Anfang des Jahrhunderts durch Rudolf Otto und Nathan Söderblom in die Religionswissenschaft eingeführt wurde, ersetzt. Für Söderblom war das Herz der Religion ein *mysterium tremendum*. Der Gründer und Leiter des in den 1920er Jahren als interreligiöse Arbeitsgemeinschaft gegründeten „Religiösen Menschheitsbundes", der deutsche Religionswissenschaftler und -philosoph Rudolf Otto, beschrieb das Numinose nicht nur als etwas anderes, als etwas, das gar nicht verstehbar sei, sondern auch als etwas Schauervolles und Übermächtiges. Während Durkheim sich am Kollektiv orientierte und demgemäß als Repräsentant einer am GruppenBewusstsein, an der Gemeinschaft, an der Gesellschaft oder den Institutionen orientierten soziologisch-funktionalistischen Richtung gilt, meinte Rudolf Otto mit dem Begriff des Heiligen etwas ganz anderes. Hier liegt die Orientierung am Einzelsubjekt. In seinem Begriff von Religion orientierte sich Otto: durch den der Begriff des Heiligen eine weit über die Religionswissenschaft hinausragende Breitenwirkung erlangte, stark an Schleiermacher, der „erstmals Religion als ‚Anschauung und Gefühl' klar *gegen Moral und Metaphysik* abzugrenzen" versuchte und „Religion einen *eigenen und eigentümlichen* Bereich innerhalb des Menschen" (Hervorh. i. O.) erschloss. Schleiermacher und Otto unterschieden scharf zwischen Religion und Moral. Nach Otto darf das Heilige keinesfalls auf eine sittlich-rationale Grundkategorie reduziert werden (vgl. Gantke 1998: 222, 240, 246 und 384).

21. Vgl. hierzu auch die Position der problemorientierten Religionsphänomenologie: „Für die problemorientierte Religionsphänomenologie ist das Heilige möglicherweise mehr als nur ein Kulturprodukt, weshalb sie alle kulturwissenschaftlichen Reduktionismen, die jede ‚Transzendenzoffenheit' a priori ausschließen, zurückweist. Nur einer einseitig westlich-anthropozentrischen Sichtweise kann das Heilige als reines ‚Kulturprodukt' erscheinen. In den nichtwestlichen Kulturen ist es aber auch heute noch nicht üblich, die Religion dem Kulturbereich ein- oder sogar unterzuordnen" (Gantke 1998: 193).

22. Dass dabei die operationelle Trennung von fünf Dimensionen ein Maß an Säkularisierung – nämlich den Verlust an universaler Verbindlichkeit der Religion – voraussetzt, betonte Alois Hahn in *Religion und der Verlust der Sinngebung*. – Zur Kritik am Konzept von Glock vgl. u. a. Pollack (1995: 176 f.).

23. Vgl. in diesem Kontext auch Luhmanns Hinweis auf die „Unschärfe" eines substantialistischen Religionsbegriffs: Diese „läßt sich allenfalls verbal überspielen – so wenn man Religion mit Bezug (oder als Bezug) auf Heiliges, Numinoses, Übermächtiges definiert. Mit solchen Definitionen wird der Prozeß der Analyse zu früh gestoppt. Sie kommen dem religiösen Erleben selbst, also ihrem Gegenstand, zu rasch zu nahe, so daß ein Kurzschluß entsteht" (Luhmann 1977: 10).

24. Im Laufe des von Luhmann beschriebenen Prozesses zunehmender Differenzierung wird die Unterscheidung zwischen Heiligem und Profanem überformt und durch Duale ersetzt, „bei denen die professionelle Praxis selbst die Transformation vom Einen ins Andere zu leisten beanspruchen kann, und zwar als soziale Interaktion". In diesem Kontext böten die neueren Duale Leid/Heil und Sünde/Gnade sehr viel weniger starre und sehr viel „reichere", innergesellschaftlich brauchbare Anknüpfungspunkte für Beziehungen zur Politik und zur Wirtschaft, zum System der sozialen Schichtung und zu den Familienhaushalten als die Trennung von Sakralem und Profanem, auch wenn damit zugleich die Folgeprobleme und Interferenzen zunähmen, welche nicht zuletzt durch gesteigerte Differenzierung innerhalb des Religionssystems selbst ausgeglichen werden müssten (vgl. Luhmann 1977: 194ff.).

25. Luhmann nahm in seinen Analysen direkte theoretische Anleihen bei den systemtheoretischen und evolutionären Konzepten von Parsons und Bellah. Parsons und Luhmann hielten Differenzierung für die Triebkraft gesellschaftlicher Evolution bis hin zur Weltgesellschaft, wobei nach Parsons dieser Prozess einem universellen evolutionären Trend zu Werten der Freiheit und Demokratie folgt, während Luhmann einen solchen evolutionären Universalismus für idealistisch hält (vgl. Knoblauch 1999: 98ff.; Schöfthaler 1983: 138).

26. Analog zur biologischen Evolution, die durch eine zunehmende Komplexität der Organismen gekennzeichnet ist, lasse sich gesellschaftliche Entwicklung als ein Prozess einer dreistufigen Differenzierung, nämlich von segmentären, durch Religion integrierten (Familien, Klane, Dörfer, Stämme), über die stratifikatorische (feudale, Klassen- oder Schichtengesellschaften) zur funktionalen Entwicklung (moderne Gesellschaften) beschreiben. Hier knüpft Luhmann an Parsons an. Dieser stellte, ausgehend von einem evolutionären Modell, das die soziale Evolution als Erweiterung der biologischen begreift und einen Prozess der zunehmenden Differenzierung sozialer Institutionen beschreibt, moderne Industriegesellschaften – ganz in der Tradition des klassischen Evolutionsgedankens – an die Spitze der Entwicklung. Bei Parsons verlangen evolutionäre „Sprünge" Durchbrüche in vier Dimensionen: nämlich die Steigerung adaptiver Kapazitäten, die strukturelle Differenzierung, die Inklusion sozialer Gruppen und die Generalisierung von Werten. Dabei nehmen in seinen Analysen „evolutionäre Universalien" eine besondere Stellung ein, zu denen er Sprache, Religion, Verwandt-schaft und Technologien zählte, da diese derart grundlegende Aspekte jeder menschlichen Gesellschaft beträfen, so dass kein Prozess der sozialen Evolution ohne sie stattfinden könne (vgl. Parsons 1979: 55ff.).

27. *Die soziale Konstruktion der Wirklichkeit* ist für Berger „nicht nur eine Abhandlung zur Wissenssoziologie (...), sondern darüber hinaus eine Orientierung für die Soziologie überhaupt": „Zuerst wollten wir [Peter L. Berger und Thomas Luckmann] nur einige Beobachtungen unseres Lehrers Alfred Schütz zur Wissenssoziologie systematisch weiterführen. Erst später wurde uns klar, dass jede Soziologie auf dieser Grundlage – eine theoretische Liaison von Alfred Schütz mit Max Weber und George Herbert Mead – aufgebaut werden kann. In den Jahren seit damals hat sich diese Einsicht bei Arbeiten an den verschiedensten Themen immer wieder bestätigt" (Berger 2001: 166).

28. Luckmann unterscheidet dabei drei Formen des Transzendenten, welche Leistungen des „kollektiven" Gedächtnisses enthalten, nämlich: kleinere, mittlere und große Transzendenzen (vgl. Luckmann 1996: 167f. und 171).

29. Auch Luhmann wies darauf hin, dass Religion nicht nur eine systemintegrierende oder interpretierende Funktion erfüllt. – Vgl. hierzu insbesondere seine Kritik an der einseitigen Interpretation der Funktion von Religion als systemintegrierend, als integrativ oder interpretierend. Denn Religion könne beispielsweise auch systemsprengende oder zumindest doch desintegrierende Funktionen ausüben (vgl. Luhmann 1977: 10f.).

30. Soziologische Definitionen von Religion, die entweder die inhaltliche Bestimmung von Religion völlig außer Acht lassen oder diese so weit fassen, dass mit Transzendenz alles gemeint ist, das den einzelnen und seine individuelle Existenz übersteigt, also alles Soziale, laufen jedoch einerseits Gefahr, eine analytische Sicherung der Differenz zwischen religiösen und anderen, mithin religiöse Züge aufweisenden, politischen und sozialen Phänomenen zu behindern, und entfernen sich andererseits teilweise sehr weit vom Alltagsverständnis der Menschen (vgl. Drehsen 1983: 101; Hahn 1974: 84; Höllinger 2005: 424).

31. Nach Marx werden die Menschen jedoch nicht zur Religion verführt, sondern „Religion, Ideologie, ja Bewußtsein überhaupt sind in ihrer jeweiligen *Form und Gestalt* Resultat und Produkt der Defizite, Negativa und Differenzen des wirklichen Lebens – in der Weise aber *notwendig* und unhintergehbar" (Hervorh. i. O.). Religion lasse den Menschen dieses „Defizit" ertragen, ja, es gar nicht als „Defizit" wahrnehmen. In diesem Kontext markieren die Elemente des religiösen Bewusstseins erst die Schwachstellen der gesellschaftlichen Wirklichkeit (vgl. Liessmann 1992: 56).

32. Eric Voegelin machte darauf aufmerksam, dass der Gottesmord wesensnotwendig zur modernen gnostischen Neuschöpfung der Seinsordnung gehörte, wobei die alte Gotteswelt nicht nur durch eine neue Menschenwelt ersetzt, sondern bereits als Menschenwelt entlarvt werden musste. Die vorbereitenden Arbeiten an dieser Zerstörung des religiösen Bewusstseins, am Gottesmord, waren laut Marx von den Linkshegelianern, von D. F. Strauß, L. Feuerbach, B. Bauer und M. Stirner, geleistet worden.

33. Vgl. zum Stellenwert von Ethik und Religion im austromarxistischen Denken Mozetič (1987: 172ff.).

34. Horkheimer differenzierte in seinen Schriften im Anschluss an Adler immer wieder zwischen Religion im guten (utopischen) und im schlechten (transzendentalen) Sinne. Im Gegensatz zu Adorno folgerte er aus der „neutralisierten Religion" nicht die totale Vereinnahmung einst religiöser Elemente durch die zeitgenössische Kulturindustrie, sondern versuchte zu zeigen, dass sie in den Ideen der Nächstenliebe und Freiheit auch heute noch wirksam sind.

35. Zweifellos sind die „Wissenschaften (...) gleichzeitig ein Produkt der Moderne wie auch einer ihrer Schöpfer. Wenn wir wissenschaftlich das Verhältnis von *Religion* und Moderne in den Blick nehmen, setzen die Wissenschaften, das heißt die Wissenschaftler, immer auch *sich selbst* ins Verhältnis zu Religion. Dieses aber (das Verhältnis von Wissenschaft und Religion) ist ein prekäres, weil das Selbstverständnis der modernen Wissenschaften (...) sich nicht zuletzt in Abgrenzung von religiösen, das heißt theologischen Voraussetzungen herausgebildet hat. Da der Rationalismus der Wissenschaften als Teil der Moderne begriffen wird, wird die Spannung, die zwischen Religion und Wissenschaft gesehen wird, zum Paradigma für das Verhältnis von Religion und Moderne" (Seiwert 1995: 92, Hervorh. i. O.).

36. Matthes weist in diesem Zusammenhang auf die beiden in der okzidentalen Kulturgeschichte seit der Reformation wurzelnden und lange Zeit auch die Soziologie beeinflussenden Bedeutungen der Kategorie „Religion" hin: Zum einen wurde mit „Religion" die Einheit eines nunmehr gespalten

auftretenden Christentums bezeichnet. Religion war in diesem Kontext das Eigene. Zum anderen wurde insbesondere von der protestantischen Laienschaft „Religion" der Kirche, dem institutionellen Gebilde, gegenübergestellt. Daraus folgten allmählich weitere Differenzierungen wie jene von Religion und Magie, Religion und Wissenschaft, Religion und Staat sowie schließlich jene zwischen Religion und Gesellschaft, wobei nun, spiegelverkehrt zur Ausgangsposition, Religion, nicht Gesellschaft, institutionalisierte Züge trägt (vgl. Matthes 1993: 19f.).

Literatur

Acham, Karl/Scherke, Katharina (2003): Kontinuitäten und Brüche in der Mitte Europas. Wien.
Ahn, Gregor (1997): Eurozentrismen als Erkenntnisbarrieren in der Religionswissenschaft. In: Zeitschrift für Religionswissenschaft 5: 41-58.
Berger, Peter L. (1973): Zur Dialektik von Religion und Gesellschaft. Elemente einer soziologischen Theorie. Frankfurt a. M.
Berger, Peter L. (1992): Der Zwang zur Häresie. Religion in der pluralistischen Gesellschaft. Freiburg i. B.
Berger, Peter L. (2001): Mit merkwürdigen Gefühlen – ein Nachwort. In: Prisching (2001a): 165-173.
Bergmann, Jörg/Hahn, Alois/Luckmann, Thomas (Hrsg.) (1993): Religion und Kultur. KZfSS Sonderheft 33. Opladen.
Bertram, Hans (Hrsg.) (1986): Gesellschaftlicher Zwang und moralische Autonomie. Frankfurt a. M.
Coser, Lewis A. (2003): Masters of Sociological Thought. Ideas in Historical and Social Context. Long Grove, Illinois.
Dahm, Karl-Wilhelm/Luhmann, Niklas/Stoodt, Dieter (1972): Religion – System und Sozialisation. Darmstadt/Neuwied.
Daiber, Karl-Fritz/Luckmann, Thomas (Hrsg.) (1983): Religion in den Gegenwartsströmungen der deutschen Soziologie. München.
Dietzsch, Steffen/Marroquin, Carlos (1999): Der Mythos als Institution und als Erkenntnisproblem. Die Durkheim-Schule und Ernst Cassirer. In: Zeitschrift für Religionswissenschaft 7: 25-34.
Drehsen, Volker (1983): Kontinuität und Wandel der Religion. Die strukturell-funktionale Analyse in der deutschen Religions- und Kirchensoziologie nach 1945. Versuch einer problemgeschichtlich und systematisch orientierten Bestandsaufnahme. In: Daiber/Luckmann (1983): 86-135.
Durkheim, Emile (^{4}1976): Die Regeln der soziologischen Methode. Neuwied/Berlin.
Durkheim, Emile (1986): Der Individualismus und die Intellektuellen (1898). In: Bertram (1986): 54-70.
Durkheim, Emile (1994): Die elementaren Formen des religiösen Lebens. Frankfurt a. M.
Figl, Johann (Hrsg.) (2003a): Handbuch Religionswissenschaft. Religionen und ihre zentralen Themen. Innsbruck.
Figl, Johann (2003b): Einleitung. Religionswissenschaft – Historische Aspekte, heutiges Fachverständnis und Religionsbegriff. In: Figl (2003a): 17-80.
Fischer, Wolfram/Marhold, Wolfgang (1983): Das Konzept des Symbolischen Interaktionismus in der deutschen Religionssoziologie. In: Daiber/Luckmann (1983): 157-181.
Freud, Sigmund (1964): Totem und Tabu. Frankfurt a. M.
Gabriel, Karl (1983): Religionssoziologie als ‚Soziologie des Christentums'. In: Daiber/Luckmann (1983): 182-198.
Gantke, Wolfgang (1998): Der umstrittene Begriff des Heiligen. Eine problemorientierte religionswissenschaftliche Untersuchung. Marburg.
Hahn, Alois (1974): Religion und der Verlust der Sinngebung. Identitätsprobleme in der modernen Gesellschaft. Frankfurt a. M.

Haring, Sabine A. (2003): Die Schwierigkeiten der europäischen Moderne mit dem Christentum. Eine ‚kleine Geschichte der Religionskritik'. In: Acham/Scherke (2003): 181-201.
Haring, Sabine A. (2006): Religion und ihre weltlichen Ersatzbildungen in Politik und Wissenschaft. Ein Beitrag zur Analyse des Säkularisierungsprozesses. Wien.
Helle, Horst Jürgen (1997): Religionssoziologie. Entwicklung der Vorstellung vom Heiligen. München/Wien.
Henning, Christian/Nestler, Erich (Hrsg.) (1998): Religion und Religiosität zwischen Theologie und Psychologie. Frankfurt a. M.
Höllinger, Franz (1996): Volksreligion und Herrschaftskirche. Die Wurzeln religiösen Verhaltens in westlichen Gesellschaften. Opladen.
Höllinger, Franz (2005): Ursachen des Rückgangs der Religiosität in Europa. In: SWS-Rundschau 45, 4: 424-448.
Joas, Hans (1997): Die Entstehung der Werte. Frankfurt a. M.
Jones, Robert Alun (^{2}1989): Emile Durkheim. An Introduction to Four Major Works. Beverly Hills/ London/New Delhi.
Kaufmann, Franz-Xaver (1989): Religion und Modernität. Sozialwissenschaftliche Perspektiven. Tübingen.
Kerber, Walter (Hrsg.) (1992): Der Begriff der Religion. München.
Kippenberg, Hans G. (1997a): Die Entdeckung der Religionsgeschichte. Religionswissenschaft und Moderne. München.
Kippenberg, Hans G. (1997b): Emile Durkheim (1858-1917). In: Michaels (1997): 103-132.
Kippenberg, Hans G. (1998): Warum Emile Durkheim den Individualismus der arbeitsteiligen Gesellschaft religionsgeschichtlich einordnete. In: Zeitschrift für Religionswissenschaft 6: 65-78.
Knoblauch, Hubert (1996): Verflüchtigung. In: Luckmann (1996): 7-41.
Knoblauch, Hubert (1999): Religionssoziologie. Berlin/New York.
Liessmann, Konrad Paul (1992): Karl Marx *1818 †1989. Man stirbt nur zweimal. Wien.
Löwith, Karl (^{5}1967): Weltgeschichte und Heilsgeschehen. Die theologischen Voraussetzungen der Geschichtsphilosophie. Stuttgart/Berlin/Köln/Mainz.
Luckmann, Thomas (^{3}1996): Die unsichtbare Religion. Mit einem Vorwort von Hubert Knoblauch. Frankfurt a. M.
Lübbe, Hermann (1986): Religion nach der Aufklärung. Graz/Wien/Köln.
Luhmann, Niklas (1972): Religiöse Dogmatik und gesellschaftliche Evolution. In: Dahm/Luhmann/ Stoodt (1972): 15-132.
Luhmann, Niklas (1977): Funktion der Religion. Frankfurt a. M.
Mannheim, Karl (^{5}1969): Ideologie und Utopie. Frankfurt a. M.
Marramao, Giacomo (1996): Die Säkularisierung der westlichen Welt. Frankfurt/Leipzig.
Marx, Karl (1970): Zur Kritik der Hegelschen Rechtsphilosophie. Einleitung. In: Marx, Karl/ Engels, Friedrich (1970): Historisch-kritische Gesamtausgabe. Werke/Schriften/Briefe. Band 1, 1. Halbband: Karl Marx: Werke und Schriften bis Anfang 1844 nebst Briefen und Dokumenten. Glashütten im Taunus: 607-621.
Matthes, Joachim (1992): Auf der Suche nach dem ‚Religiösen'. Reflexionen zu Theorie und Empirie religionssoziologischer Forschung. In: Sociologia Internationalis. Internationale Zeitschrift für Soziologie, Kommunikations- und Kulturforschung 30: 129-142.
Matthes, Joachim (1993): Was ist anders an anderen Religionen? Anmerkungen zur zentristischen Organisation des religionssoziologischen Denkens. In: Bergmann/Hahn/Luckmann (1993): 16-30.
Michaels, Axel (Hrsg.) (1997): Klassiker der Religionswissenschaft. Von Friedrich Schleiermacher bis Mircea Eliade. München.
Mikl-Horke, Gertraude (^{2}1992): Soziologie. Historischer Kontext und soziologische Theorie-Entwürfe. München/Wien.
Mörth, Ingo (1983): Religionssoziologie als Kritische Theorie. In: Daiber/Luckmann (1983): 38-85.

Mozetič, Gerald (1987): Die Gesellschaftstheorie des Austromarxismus. Geistesgeschichtliche Voraussetzungen, Methodologie und soziologisches Programm. Darmstadt.

Parsons, Talcott (1979): Evolutionäre Universalien der Gesellschaft. In: Zapf (1979): 55-74.

Pollack, Detlef (1995): Was ist Religion? Probleme der Definition. In: Zeitschrift für Religionswissenschaft 3: 163-190.

Prisching, Manfred (Hrsg.) (2001a): Gesellschaft verstehen. Peter L. Berger und die Soziologie der Gegenwart. Wien.

Prisching, Manfred (2001b): Der soziologische Gastgeber. In: Prisching (2001a): 23-71.

Schöfthaler, Traugott (1983): Religion paradox: Der systemtheoretische Ansatz in der deutschsprachigen Religionssoziologie. In: Daiber/Luckmann (1983): 136-156.

Seiwert, Hubert (1995): Religion in der Geschichte der Moderne. In: Zeitschrift für Religionswissenschaft 1: 91-101.

Simmel, Georg (1898): Zur Soziologie der Religion. In: Neue Deutsche Rundschau (Freie Bühne). 9: 111-123 (http:// socio.ch/sim/rel98.htm. 1-17 [22.6.2005]).

Simmel, Georg (1995): Die Religion. Frankfurt a. M.

Simmel, Georg (1998a): Soziologische Ästhetik. Darmstadt.

Simmel, Georg (1998b): Die Großstädte und das Geistesleben. In: Simmel (1998a): 119-133.

Stolz, Fritz (1997): Bronisław Kaspar Malinowski (1884-1942): In: Michaels (1997): 247-263.

Tenbruck, Friedrich H. (1993): Die Religion im Maelstrom der Reflexion. In: Bergmann/Hahn/Luckmann (1993): 31-67.

Voegelin, Eric (1959): Wissenschaft, Politik und Gnosis. München.

Zapf, Wolfgang (Hrsg.) (^{4}1979): Theorien des sozialen Wandels. Königstein/Ts.

Zulehner, Paul Michael (2001): Es reicht, Bücher zu schreiben (...) Laudatio für Peter L. Berger. In: Prisching (2001a): 13-22.

Infallibilität als sozial konstruierte Form religiösen Glaubens und ihre Folgen für das Verhältnis von Religion und Politik

Arne Moritz

„Das tatsächliche Verhalten der Leute im Alltagsleben straft ihre Worte Lügen und zeigt, daß ihre Zustimmung in diesen Dingen irgendeine unerklärliche Geistesoperation zwischen Zweifel und Überzeugung ist, die aber der ersteren weit näher kommt als der letzteren" (Hume 1984: 51).

1. Einleitung

In den drei Abschnitten dieses Beitrags wird die These entwickelt, dass die sozial konstruierte Annahme unmöglicher Falschheit einer Überzeugung, welche sehr wohl falsifiziert werden kann, die Besonderheit religiösen Glaubens gegenüber anderen Überzeugungen ausmacht. Im zweiten Abschnitt des Beitrags wird allerdings zunächst dargelegt, inwiefern die im vorliegenden Band behandelte Frage nach einem geeigneten Begriff von Religion überhaupt mit der in diesem Beitrag behandelten Frage nach einer Bestimmung dessen zusammen hängt, was religiöse Überzeugungen sind (2.). Die Beantwortung dieser Frage wird anschließend auf die Bestimmung eines geeigneten Kriteriums der Unterscheidung religiöser von anderen Überzeugungen begrenzt, wobei die prinzipielle Vorläufigkeit einer solchen Beobachtung zweiter Ordnung festgehalten wird.

Der dritte Abschnitt formuliert zunächst die bereits genannte Hauptthese des Beitrags (3.) und grenzt sie gegenüber geläufigen inhaltlichen Bestimmungen der Besonderheit religiöser Überzeugungen ab (3.1). Zur Bekräftigung der These wird danach exemplarisch sozial konstruierte Infallibilität als dasjenige bestimmt, was sowohl die religionsimmanente Perspektive des religiösen Wunderglaubens in Lourdes (3.2) sowie die in Bezug auf faktisch existierende Religionen eher religionsexterne Perspektive Kants (3.3) als die Besonderheit religiöser Überzeugungen voraussetzen.

Der vierte Abschnitt schließlich deutet knapp Konsequenzen aus der hier vertretenen These für das Verhältnis von Religion und Politik an, genauer für die Begründung von Toleranzkonzeptionen (4.1) und für die Bestimmung des Verhältnisses von säkularer Demokratie und den Überzeugungen religiös gläubiger Bürger (4.2).

2. Die Frage nach dem Begriff der Religion

Die Frage nach dem Begriff der Religion impliziert die Frage nach religiösem Glauben oder religiösen Überzeugungen. Dies scheint ein zwar kontingentes, aber doch kaum revidierbares Ergebnis des Verlaufs der Begriffsgeschichte von ‚Religion' zu sein, insofern diese spezifisch abendländisch-christlichen Prägungen unterlag. So scheinen zumindest drei Entwicklungen innerhalb dieser Geschichte entscheidend dazu beigetragen zu haben, dass man in der Regel heute mit der Verwendung des Religionsbegriffs, auch wenn man ihn über das Christentum hinaus gebraucht, zugleich voraussetzt, dass jemand etwas glaubt:

a) die frühchristliche und bis heute durch Konzilien und Amtsträger der Kirchen sowohl fortgesetzte wie fortwirkende Praxis autoritativer Festlegungen auf einen gemeinsamen Bekenntnisgehalt, das Credo christlicher Religion(en),

b) die in der antiken Apologetik einsetzende, sich in der mittelalterlichen Wissenschaftswelt verschärfende und in der säkularisierten Moderne kulminierende Auseinandersetzung christlicher Religion(en) mit einer auf Überzeugungen bezogenen wissenschaftlichen Rationalität, auf die das Christentum lediglich episodisch bzw. teilweise mit nicht-propositionaler Abschottung, meist jedoch mit theologischen Formulierungen seiner eigenen Glaubensgehalte reagierte,

c) die frühmoderne Institutionalisierung des Zusammenhangs von Religionsgemeinschaft und religiösem Glaubensbekenntnis im sozialgeschichtlichen Prozess der so genannten ‚Konfessionalisierung', der durch Reformation und Gegenreformation initiiert wurde und der entsprechenden historischen Forschung zufolge Religion in Form religiöser Überzeugungen ‚sozialdisziplinierend' bis in die Tiefe der Gesellschaft verbreitet hat (Reinhard 1995; Schilling 1986).

Wie lässt sich nun aber bestimmen, was genau der Begriff der Religion impliziert, insofern er religiöse Überzeugungen impliziert?

Was religiöse Überzeugungen sind, lässt sich mit der Bestimmung des Kriteriums beantworten, anhand dessen eine Überzeugung als religiöse Überzeugung von anderen Überzeugungen unterschieden wird.

Luhmann hat die Frage nach einer Bestimmung des sozialen Phänomens Religion in folgende Form gebracht: „Woran erkennen wir, diese Frage muß zuerst gestellt und beantwortet werden, daß es sich bei bestimmten sozialen Erscheinungen um Religion handelt?" (Luhmann 2000: 7). Man kann die Analyse religiöser Überzeugungen auf dieselbe Art und Weise als die Frage nach dem Kriterium verstehen, mit Hilfe dessen wir eine bestimmte Überzeugung als religiöse Überzeugung von anderen Überzeugungen unterscheiden.

Die Frage in diese Form zu bringen, ist zweckmäßig, insofern es von dem anspruchsvolleren Vorhaben einer Realdefinition religiösen Glaubens entlastet. Indem nach einem Kriterium als Instrument der Unterscheidungspraxis gefragt wird, verliert die historisch wie gegenwärtig mehr als unüberschaubare Sachebene der Vielfalt religiöser Glaubensphänomene ihre vorrangige Bedeutung für die Untersuchung. Das gesuchte Kriterium muss auch nicht mit allen inhaltlich divergierenden Glaubensaussagen korreliert werden, sondern es kann mittels Beobachtung zweiter Ordnung gewonnen werden, der Beobachtung des zumindest etwas übersichtlicheren Feldes derer, die religiösen Glauben als solchen und insgesamt von anderen Erscheinungen unterscheiden zu können meinen.

Natürlich behält auch diese Untersuchung prinzipiell einen vorläufigen Charakter, insofern die Bestimmung des gesuchten Kriteriums aus Beobachtung folgt. Es muss immerhin mit den beiden Fällen gerechnet werden, dass entweder a) nicht für alle Beobachter nur ein einziges solches Kriterium der Unterscheidung religiöser von anderen Überzeugungen existiert oder b) nicht berücksichtigte Fälle der Unterscheidung religiöser von anderen Überzeugungen existieren, die ein anderes, weiteres oder engeres Kriterium als ein einmal aufgefundenes erkennen lassen. Insofern gilt:

Bei der Bestimmung eines Kriteriums für die Unterscheidung religiöser von anderen Überzeugungen kann die volle Beweislast nur durch denjenigen getragen werden, der ein bestimmtes Kriterium ablehnt. Denn er muss nur ein Gegenbeispiel liefern. Entsprechend gilt in der Umkehrung auch:

Die positive Bestimmung des Kriteriums der Unterscheidung religiöser von anderen Überzeugungen kann niemals abschließend, sondern lediglich vorläufig, anhand zweckmäßig ausgewählten, exemplarischen Materials erfolgen.

Nicht anders als in dieser prinzipiell unaufhebbaren Vorläufigkeit lässt sich die folgende These entwickeln.

3. ‚Sozial konstruierte Infallibilität' als Unterscheidungskriterium

‚Sozial konstruierte Infallibilität' ist das Kriterium, anhand dessen eine Überzeugung als religiöse von anderen Überzeugungen unterschieden wird. Dies bedeutet, dass wir eine Überzeugungen dann als religiöse Überzeugung von anderen Überzeugungen unterscheiden, wenn

a) sie nicht von einem Individuum allein, sondern übereinstimmend in einer Gruppe vertreten wird;

b) sie prinzipiell falsifizierbar ist und gemessen an üblichen Maßstäben sogar hohe Wahrscheinlichkeit bzw. gute Gründe dafür, wenn nicht sogar die Gewissheit bestehen, dass die entsprechende Überzeugung falsch ist;

c) die Gruppe, die diese Überzeugung vertritt, ihr jedoch den epistemischen Status der Infallibilität verleiht, also explizit oder implizit darin übereinkommt, dass diese Überzeugung nicht falsch sein kann.

Diese drei Bedingungen scheinen zumindest in dreierlei Hinsicht weiterer Erläuterung bedürftig:

1. Die Formulierung von a)-c) ist zunächst als der Versuch zu verstehen, den für die hier behandelte Frage aufschlussreichen Gedankengang Lessings aufzunehmen, der im Zentrum des so genannten Fragmentenstreits mit Schumann steht (Lessing 1989: 439-445). Demnach glaubt man religiös an eine Auferstehung Christi nach dessen Tod, indem man diese Überzeugung gemeinsam mit anderen so behandelt als sei sie nicht nur begründet durch einige wenige, möglicherweise unzuverlässige, parteiisch oder falsch überlieferte Berichte (die Evangelien), sondern so als ob diese Überzeugung nicht falsch sein könne. Das Religiöse religiöser Überzeugungen besteht demnach nicht in einem bestimmten Gehalt, sondern in der sozial konstruierten Abweichung vom üblichen epistemischen Status einer entsprechenden Überzeugung. Denn die inhaltlich übereinstimmende Überzeugung über die Auferstehung Christi ohne diese epistemische Statusveränderung, also mit den oben angegebenen Vorbehalten, würden wir nicht religiös nennen. Wir würden sie vermutlich als eine einigermaßen schwache historische Überzeugung einstufen.

2. In Bezug auf die Bedingung b) sollte darauf hingewiesen werden, dass die prinzipielle Falsifizierbarkeit religiöser Überzeugungen keineswegs unumstritten ist. Verbreitet ist nicht nur die sich an Wittgensteins Spätwerke anschließende Interpretation religiösen Glaubens im Sinne weltbild- bzw. sprachspielkonstitutiver Gewissheiten. Ihr zufolge ist die lediglich auf Züge innerhalb eines Sprachspiels anwendbare Frage nach der Wahrheit oder Falschheit solcher religiöser Gewissheiten entweder sinnlos (Jäger 2003) oder nur sinnvoll zu verstehen als Frage nach der praktischen Zuträglichkeit bzw. Schädlichkeit der durch die entsprechenden religiösen Überzeugung konstituierten Praxis (Stosch 2005). Vor allem wird aber ein eher durch Wittgensteins Frühwerk, bzw. den logischen Empirismus beeinflusster, genereller Sinnlosigkeitsverdacht gegenüber religiösen Überzeugungen in der Form der Bestreitung ihrer Falsifizierbarkeit vorgebracht (Flew 1974). Diesen Positionen wird im Folgenden indirekt auf eine allerdings möglicherweise etwas minimalistisch anmutende Weise begegnet, insofern die in 3.2 aufgegriffene religiöse Überzeugung von medizinisch nicht erklärbaren Heilungen in Lourdes durch eine medizinische Erklärung solcher Heilungen klarerweise falsifiziert zu werden und somit falsifizierbar zu sein scheint.

Andererseits soll den fraglichen Positionen, insofern sie auf generellere und weniger übersichtliche Überzeugungen, wie die der Geschaffenheit der Welt durch einen Schöpfergott bezogen sind, an dieser Stelle auch unmittelbar entgegen getreten werden. Die isolierte Betrachtung derartiger religiöser Überzeugungen mag zwar im Unklaren lassen, welche „logisch möglichen wahren oder falschen Basissätze" ihnen „widersprechen" sollen, wenn unter einem Basissatz ein Satz zu verstehen sein soll, „der ein logisch mögliches und im Prinzip beobachtbares Ereignis beschreibt" (Popper 1989: 425). Dasselbe gilt jedoch für zahlreiche wissenschaftliche und alltägliche Überzeugungen, wenn man sie isoliert betrachtet. Schon bei Popper war entsprechend die Gesamtheit einer wissenschaftlichen Theorie Gegenstand der Falsifizierbarkeitsüberlegungen und Bezugspunkt der Angabe falsifizierender Basissätze (Popper 1989: 53-54). Religiöse Überzeugungen wie der Schöpfungsglaube können entsprechend aus der Perspektive eines Überzeugungsholismus rekonstruiert werden, wie etwa Quine ihn vorgelegt hat (Quine 1980: 30-37). Dann scheint zunächst nichts dagegen zu sprechen, sie zu denjenigen theoretischen Überzeugungen im Zentrum eines religiösen Überzeugungssystems zu zählen, deren Falsifikation durch die Gewinnung bestimmter Überzeugungen an der Peripherie der Erfahrung durchaus möglich ist, insofern diese erfahrungsmäßig gewonnenen Überzeugungen empiriebezogenen Überzeugungen des religiösen Überzeugungssystems widersprechen, die enger oder weiter mit dem Schöpfungsglauben zusammen hängen.

Dass religiös Gläubige in der Regel diese Falsifikation vermeiden, indem sie ihre auf Erfahrung bezogenen religiösen Überzeugungen so ergänzend modifizieren oder semantisch reinterpretieren, dass sie bestimmten Erfahrungen nicht mehr widersprechen (Flew 1974), scheint vor diesem Hintergrund weniger einen Nachweis der Nichtfalsifizierbarkeit als logischer Eigenart religiöser Überzeugungen zu bringen als die Behauptung desjenigen epistemischen Status zu bestätigen, den solche Überzeugungen gemäß c) besitzen, also ihre gemeinschaftliche Annahme als infallibel. Denn Modifikation oder Reinterpretation sollen im fraglichen Zusammenhang gewährleisten, dass die Wahrheit derjenigen Überzeugungen aufrecht erhalten wird, die nach gemeinsamer Übereinkunft nicht falsch sein können. Gerade durch diese hermeneutische Verteidigungsstrategie wird jedoch die Falsifizierbarkeit eines bestimmten, nämlich des nicht modifizierten oder nicht reinterpretierten religiösen Überzeugungssystems dokumentiert, was religiös Gläubige unter Aufrechterhaltung ihres Infallibilitätsanspruchs insofern anerkennen können, als sie behaupten, schon immer die modifizierte bzw. reinterpretierte Überzeugung vertreten zu haben.

3. Wichtig erscheint schließlich noch die Erläuterung, dass die Rede von einer sozial konstruierten Infallibilität religiöser Überzeugungen keine Prävalenz für anspruchsvollere Konzepte eines erkenntnistheoretischen Konstruktivismus zum Ausdruck bringen soll, sondern lediglich als verkürzende Formel die drei Bedingungen a)-c) vertritt, die als neutral gegenüber der Annahme oder Ablehnung solcher oder anderer epistemologischer Grundannahmen verstanden werden sollen. Die Rede von sozialer Konstruiertheit ist lediglich darauf bezogen, dass religiösen Überzeugungen innerhalb der mit a) geforderten sozialen Gruppe vor dem Hintergrund der in b) festgelegten allgemeinen Anerkennung der Falsifizierbarkeit oder

sogar mutmaßlichen Falschheit der entsprechenden Überzeugungen der in c) formulierte Status der Infallibilität nur aufgrund von gruppenspezifischen Begründungsleistungen zukommen kann, die entweder als solche nicht allgemein anerkannt sind oder aber für die Annahme der Infallibilität entsprechender Überzeugungen allgemein nicht als ausreichend angesehen werden. Eine solche Bezugnahme auf für eine religiöse Gruppe eigentümliche, allgemein nicht geteilte Begründungsverfahren hinsichtlich der Annahme der Infallibilität religiöser Überzeugungen lässt aber durchaus Raum für verschiedenste erkenntnistheoretische Grundkonzeptionen, bezüglich derer eine Festlegung somit an dieser Stelle unterbleiben kann.

Bevor in den Abschnitten 3.2-3.3 das soeben erläuterte Kriterium der Unterscheidung religiöser von anderen Überzeugungen in Bezug auf zwei exemplarische Kontexte weiter gerechtfertig wird, soll im folgenden Abschnitt zunächst die Ablehnung einer wichtigen konkurrierenden Auffassung dieses Kriteriums begründet werden.

3.1 Überzeugungsgehalt als ungeeignetes Kriterium

Der traditionell und meist auch gegenwärtig entsprechend verstandene Gehalt religiöser Überzeugungen stellt nicht das gesuchte Kriterium ihrer Unterscheidung von anderen Überzeugungen dar. Paradigmatische Varianten der Formulierung von Gehalten, die religiöse Überzeugungen als solche von anderen Überzeugungen unterscheiden sollen, sind die folgenden:

1. der Glaube an eine „unsichtbare, intelligente Macht in der Welt", für Hume der „einzige Punkt in der Theologie, wo wir eine nahezu allgemeine Übereinstimmung der Menschen antreffen" (Hume 1984: 14), und in den durch die entsprechende Tradition geprägten neueren Diskussionen (Dalferth 1974, High 1972, Jäger 1998, Plantinga/Wolterstorff 1983) immer noch selbstverständlicher Bezugspunkt für die Auseinandersetzung über religiöse Überzeugungen;

2. „staunendes Anschauen des Unendlichen", Schleiermachers „allgemeinste und höchste Formel der Religion", die ihm zufolge auf diese „eigentümliche Art das Gemüt bewegt" (Schleiermacher 1970: 14-15);

3. die „Aufteilung der Welt in zwei Bereiche, von denen der eine alles umfasst, was heilig ist, und der andere alles, was profan ist", Durkheims „Unterscheidungsmerkmal des religiösen Denkens" (Durkheim 1994: 62), das zuletzt bei Luhmann als für Religionen charakteristische Setzung der Einheit von nicht beobachtbarer „Transzendenz" und beobachtbarer „Immanenz" systemtheoretisch wiedererstanden ist (Luhmann 2000: 35-36; 59-60).

Gegen alle drei Varianten der inhaltlichen Bestimmung kann zunächst eingewendet werden, dass sie keine hinreichenden Bedingungen für die Religiosität

Infallibilität als sozial konstruierte Form religiösen Glaubens 149

religiöser Überzeugungen formulieren. Fehlte etwa einem Glauben an den unsichtbaren Weltschöpfer, einer Einsicht ins unpersönliche Infinite oder einer Transzendenzsetzung jegliche soziale Übereinstimmung mit anderen – etwa wenn jemand als einziger an ein bestimmtes, transzendentes, unendliches Wesen beliebigen Namens glaubte, das alles, ihn inbegriffen, lenkt –, so würde eine solche Überzeugung eher als wahnhaft und nicht als religiöse Überzeugung qualifiziert. Die Vernachlässigung dieses sozialen Kriteriums lässt im Übrigen auch all diejenigen Auffassungen religiöser Überzeugungen problematisch erscheinen, die – wie William James' Theorie religiöser Erfahrung – das eigentlich Religiöse im individuellen Erlebnis situieren und in dessen Vergesellschaftung nur ein abgeleitetes religiöses Leben aus zweiter Hand sehen wollen (James 1997: 346f.) – was noch vor jeder Würdigung der zweifellos grundsätzlicheren Problematik der an sich schon zweifelhaften Annahme privater Erfahrungen (Taylor 2002: 30ff.) festgestellt werden kann.

Die oben genannten Inhalte scheinen jedoch darüber hinaus nicht einmal notwendige Bedingungen für die Religiosität einer religiösen Überzeugung zu formulieren. Ihre inhaltlichen Festlegungen sind, wie sich relativ leicht durch Gegenbeispiele zeigen lässt, für die Varianz dessen, was im Allgemeinen als religiös anerkannt wird, zu eng. Durkheim hat etwa bereits darauf hingewiesen, dass das erste Charakteristikum des Glaubens an ein übernatürliches Wesen den in dieser Hinsicht bescheidenen Buddhismus kontrafaktisch zum üblichen Begriffsgebrauch aus dem Bereich religiösen Glaubens ausschließen würde (Durkheim 1994: 52ff.). Schleiermachers anonyme Alleinsicht ist ebenfalls allzu offenkundig durch die deutsche Romantik beeinflusst als dass man von ihr erwarten könnte, auch nur für stärker an die traditionelle Dogmatik gebundene Varianten des Christentums angemessen zu sein: die Überzeugung von der Transsubstantiation ist gewiss keine Alleinsicht im fraglichen Sinn, und doch religiös. Durkheims Festlegung des Gehalts religiöser Überzeugungen auf die Unterscheidung von heilig und profan schließlich vermag beispielsweise nicht recht zu überzeugen in Bezug auf diejenigen Varianten aller möglichen Religionen, die sich als Fundamentalismen bezeichnen lassen, welche eine Durchdringung der gesamten Welt und der Existenz des Menschen durch das wie auch immer bestimmte Religiöse annehmen bzw. politisch-rechtlich fordern und an die folglich die angebliche Setzung des Profanen oder Säkularen lediglich von anderen, von außen herangetragen werden kann.

Natürlich muss abschließend auch hier erneut Vorläufigkeit konstatiert werden: es kann nicht prinzipiell ausgeschlossen werden, dass künftig ein Gehalt aufgefunden werden wird, der doch all jenen Überzeugungen gemeinsam ist, die wir gewöhnlich als religiöse Überzeugungen bestimmen. Solange ein solcher Gehalt allerdings nicht identifiziert ist und seine Existenz aufgrund der Vielfalt religiöser Glaubensphänomene eher für unwahrscheinlich gelten kann, scheint der Versuch des Nachweises durchaus vielversprechend, dass ein eher formales Kriterium wie das im vorigen Abschnitt vorgeschlagene statt dessen dasjenige ist, was der Unterscheidung religiöser von anderen Überzeugungen zugrunde liegt. Für den Versuch dieses Nachweises, der entsprechend den eingangs gemachten Bemerkungen exemplarisch zu führen ist, wird im folgenden Abschnitt auf zwei Kontexte Bezug genommen. Diese Kontexte scheinen insofern zweckmäßig gewählt, als sie die Rekonstruktion einer religionsimmanenten und entsprechend gegenüber religiösen Überzeugungen als solchen unkritischen Perspektive mit der Rekonstruktion einer Außenperspektive verbinden, die eher religionskritisch orientiert ist.

3.2 Das Kriterium des religiösen Glaubens an Wunderheilungen in Lourdes

Der religiöse Glaube an Wunderheilungen in Lourdes bestätigt das Kriterium sozial konstruierter Infallibilität als religionsinternes Kriterium der Unterscheidung religiöser von anderen Überzeugungen.

Eine entsprechende Betrachtung des religiösen Glaubens an Wunderheilungen am Marienwallfahrtsort Lourdes in Südfrankreich erfordert zunächst die Feststellung, dass dem Quellwasser in der dortigen Mariengrotte nach dem Stand naturwissenschaftlicher Erkenntnis keine gesundheitsfördernden Eigenschaften zugesprochen werden können. Außerdem ist zu beachten, dass eine Heilung durch die Jungfrau Maria in Lourdes als solche durch den zuständigen Bischof der katholischen Kirche erst Anerkennung finden kann, nachdem sie der Prüfung einer unabhängigen Ärztekommission standhält. Deren Aufgabe ist es, auszuschließen, dass keine andere medizinisch nachvollziehbare Ursache zu der entsprechenden Heilung geführt hat. Es ist offenkundig, dass eine solche Exklusion medizinischer Erklärbarkeit jeweils nur für den aktuellen Stand der medizinischen Forschung und unter der Klausel möglichen Irrtums, also nicht abschließend geleistet werden kann. Trifft die Ärztekommission die entsprechende Feststellung, kann aber die kirchliche Anerkennung der entsprechenden Heilung als durch das Lourdes-Wasser vermitteltes, göttliches Wunder erfolgen. Das war seit der ersten Heilung 1858, trotz ca. 7.000 entsprechender Anträge erst 66 mal der Fall (Dondelinger 2003).

Inwiefern stützt diese kurze Darstellung des religiösen Glaubens an Heilungen durch Lourdes-Wasser die Annahme, sozial konstruierte Infallibilität sei das Kriterium der Unterscheidung religiöser von anderen Überzeugungen?

Man muss das beschriebene Anerkennungsverfahren wohl verstehen als ein von der entsprechenden Religionsgemeinschaft eingeführtes Instrument, das der kontrollierten Generierung religiöser Überzeugungen dienen soll. Daher kann man annehmen, dass diese Religionsgemeinschaft ihre eigenen Kriterien der Unterscheidung religiöser von anderen Überzeugungen in die Ausgestaltung des Anerkennungsverfahrens integriert hat. Insofern ist es jedoch äußerst interessant, dass das beschriebene Verfahren in all den Fällen, in denen sein Ergebnis eine religiöse Überzeugung ist, die Erfüllung derjenigen Bedingungen gewährleistet, die eben mit der Formel sozial konstruierter Infallibilität zusammen gefasst wurden. Anders gesagt: alle 66 bisherigen und alle künftigen Fälle des religiösen Glaubens an Wunderheilungen in Lourdes werden durch diese Formel nicht nur zufällig erfasst, sondern weil das Verfahren, das zu diesen Überzeugungen führt(e), (neben möglichen anderen) genau die drei genannten Bedingungen an die zu beurteilenden Überzeugungen anzulegen scheint. Im Einzelnen:

a) Die bloße Einführung des Anerkennungsverfahrens scheint zu zeigen, dass die entsprechende Religionsgemeinschaft davon ausgeht, dass eine religiöse Wunderüberzeugung nicht von einem Individuum allein, sondern nur übereinstimmend in einer Gruppe vertreten werden kann.

b) Die Konsultation der Ärztekommission zeigt, dass die entsprechende Religionsgemeinschaft davon ausgeht, dass jeder Wunderglaube prinzipiell falsifizierbar ist, nämlich durch den Nachweis einer medizinisch nachvollziehbaren Einwirkung auf den Geheilten, wobei die Religionsgemeinschaft durch die Konsultation der Ärztekommission auch ihr Wissen dokumentiert, dass angesichts der medizinischen Wirkungslosigkeit des Lourdes-Wassers und der Möglichkeit einer ursächlichen Rolle einer Vielzahl anderer medizinisch nachvollziehbarer Faktoren für die Heilung eine hohe Wahrscheinlichkeit der Falschheit eines jeden Wunderglaubens besteht.

c) Die Notwendigkeit des Abschlusses des Verfahrens durch die Entscheidung des für den entsprechenden geheilten Gläubigen zuständigen Ortsbischofs scheint schließlich zu zeigen, dass der zweifelhafte epistemische Status eines jeden Wunderglaubens nur durch den sozial konstruktiven Akt eines gruppenspezifischen Begründungsverfahrens (hier die autoritative Entscheidung des Bischofs) aufgehoben und in den epistemischen Status der Infallibilität transformiert werden kann.

Das Lourdes-Exempel stützt demnach die Annahme, sozial konstruierte Infallibilität sei das Kriterium der Unterscheidung religiöser von anderen Überzeugungen indem es zeigt, wie innerhalb einer Religionsgemeinschaft genau dieses Kriterium die Unterscheidung religiöser von anderen Überzeugungen bestimmt.

Damit kann zum zweiten exemplarischen Kontext der Bestimmung des Kriteriums der Unterscheidung religiöser von anderen Überzeugungen übergegangen werden, der kritischen Außenperspektive Kants.

3.3 Das Kriterium der kritischen Außenperspektive der Religionsphilosophie Kants

Auch der deskriptive Kern der kritischen Philosophie der Religion Kants bestätigt das Kriterium sozial konstruierter Infallibilität als dasjenige der Unterscheidung religiöser von anderen Überzeugungen.

Dies lässt sich anhand einer primär an der Beschreibung faktisch existierender Religionen interessierten Lektüre von Kants Kritik am so genannten „Kirchenglauben" zeigen. Die Bewertung dieses Glaubens als „Religionswahn" und „Afterdienst" besitzt einen deskriptiven Kern, der die kritisierten religiösen Überzeugungen als solche gemäß dem in Frage stehenden Kriterium sozial konstruierter Infallibilität von anderen Überzeugungen abgegrenzt zu haben scheint (Kant 1968: 153; 168).

Religiöse Überzeugungen, wie Kant sie seiner Religionskritik als Gegenstandsbereich zugrunde legte, besitzt man nicht, wie in der einen, von ihm erdachten Vernunftreligion prinzipiell mit allen Menschen gemeinsam, insofern sie sich „aus jedes Menschen eigener Vernunft entwickeln lassen". Denn die religiösen Überzeugungen des „Kirchenglaubens" sind keine als moralische Pflicht gegebene „Gesetzgebung der Vernunft", die durch eine aus der praktischen Vernunft „selbst erzeugte Idee von Gott" modifiziert, soll heißen „formal" in eine der Entschließung zuträglichere und damit selbst moralisch gebotene Form gebracht worden sind (Kant 1968a: 36f.).

Religiöse Überzeugungen wie sie waren, und nicht, wie sie gemäß Kants Religion innerhalb der Grenzen der bloßen Vernunft einmal sein sollten, widersprachen zwar im Hinblick auf ihre Konsequenzen für die Praxis denen der reinen praktischen Vernunftreligion nicht notwendig. Aber das Skandalöse, für Kant Wahnhafte, war, dass sie innerhalb einer sozialen Gemeinschaft, die kleiner war als die Vernunftgemeinschaft der Menschheit, indem diese sich größer glaubte, als deren ‚Statuten' feststanden, und damit für alle Angehörigen dieser Gemeinschaft nicht disponierbar waren. Diese Unumstößlichkeit hätte Kant jenen Überzeugungen nur zugestehen können, wenn diese tatsächlich von der reinen praktischen Vernunft in der Art moralischer Pflicht geboten und so allen Menschen gemeinsam gewesen wären, also ‚von sich aus' den epistemischen Status gehabt hätten, den sich hier eine Gemeinschaft unberechtigterweise angemaßt hatte, ihnen geben zu können.

Der deskriptive, nicht der kritische Kant erweist so das Kriterium sozial konstruierter Infallibilität als das Unterscheidungsinstrument auch einer religionsexternen Perspektive. Denn innerhalb seiner gesamten Bezugnahme auf tatsächlich existierende Religiosität scheint Kant den drei Bedingungen des Kriteriums entsprechend davon auszugehen, dass Überzeugungen sich als religiöse von anderen Überzeugungen unterscheiden, wenn an ihnen gemäß a) und c) gemeinschaftlich mit einem absoluten Geltungsanspruch festgehalten wird, während b) dieser absolute Anspruch gerade nicht dadurch seine Berechtigung erweist, dass die Zustimmung aller vernünftigen Wesen zu diesen Überzeugungen notwendig angenommen werden kann.

4. Folgen für die Bestimmung des Verhältnisses von Religion und Politik

Wenn religiöser Glaube aufgrund seiner sozial konstruierten Infallibilität von anderen Überzeugungen unterschieden wird, hat dies Folgen für Bestimmungen des Verhältnisses von Religion und Politik.

Aufgrund der zugegebenermaßen schmalen Basis der beiden vorangegangenen exemplarischen Darstellungen zu Lourdes und Kant wird selbst bei einer gewissen Sympathie für die These, dass religiöser Glaube durch das Kriterium sozial konstruierter Infallibilität von anderen Überzeugungen unterschieden wird, die Forderung nach einer breiteren Basis weiterer geeigneter Beispiele nahe liegen. Solche Beispiele darzustellen wäre eine lohnenswerte Aufgabe, der allerdings an anderer Stelle nachgegangen werden soll. In diesem Zusammenhang ist auf die eingangs angestellten Überlegungen zurück zu verweisen, denen zufolge auch solche fortgesetzten Untersuchungen die volle Beweislast der Bestimmung eines entsprechenden Kriteriums nicht zu tragen vermöchten. Auch am Ende solcher fortgesetzten Untersuchungen müsste so notwendig der Vorbehalt stehen, dass die vorgenommene Bestimmung des Kriteriums der Unterscheidung religiöser von anderen Überzeugungen bis zum Nachweis eines Gegenbeispiels – also keineswegs infallibel – zu halten sei. Und dieselbe Situation ist – so ist zu hoffen – schon jetzt herbeigeführt.

Deshalb erscheint es für den Augenblick lohnenswerter, sich abschließend mit dem ebenfalls nahe liegenden Einwand auseinander zu setzen, dass die vorangegangenen Untersuchungen über das Kriterium der Unterscheidung religiöser von anderen Überzeugungen zwar überzeugend, aber zugleich über einen gewissen begriffsanalytischen Aufschluss hinaus für Fragen der politischen Philosophie einigermaßen irrelevant seien. Dieser wichtige Einwand soll abschließend kurz entkräftet werden, da ansonsten eine fortgesetzte Auseinandersetzung mit dem vorgeschlagenen Kriterium – positiv oder negativ – vermutlich nicht leicht zu motivieren sein dürfte. Dass dies anders sein sollte, lässt sich jedoch dadurch begründen, dass Annahme oder Ablehnung des vorgeschlagenen Kriteriums zumindest in zweierlei Hinsicht Folgen dafür haben, wie eine geeignete Bestimmung des Verhältnisses von Religion und Politik aussehen sollte.

4.1 Annahme der Falsifizierbarkeit als Vorbedingung für Toleranz

Die Annahme der Falsifizierbarkeit eigener religiöser Überzeugungen als Vorbedingung für Toleranz gegenüber anderen Religionen scheint von religiös Gläubigen nicht erwartet werden zu können.

Die entsprechende Erwartung knüpft bisweilen an traditionelle theologische Aussagen über eine vollständige oder teilweise Unerkennbarkeit Gottes an oder versucht, einen solchen teilweisen oder vollständigen Agnostizismus neu zu begründen. Ein älteres Beispiel für das erste Vorgehen ist Ernst Cassirers Interpretation der Lehre von der *docta ignorantia* bei Nikolaus von Kues (Cassirer 1927: 29ff.). Ein neueres Beispiel für die zweite Vorgehensweise stellt die zwischen der göttlichen Wirklichkeit an sich und ihren verschieden defizienten Erscheinungsweisen für uns unterscheidende ‚pluralistische Theologie' John Hicks dar (Hick 1989: 388ff.; Hick 2001: 98ff.). In beiden Fällen soll jedenfalls neben anderem die aus dem teilweisen oder vollständigen Agnostizismus gefolgerte Annahme einer prinzipiellen Falsifizierbarkeit religiöser Überzeugungen Toleranz gegenüber widersprechenden religiösen Überzeugungen begründen. Denn nicht nur die religiösen Überzeugungen anderer, welche man für falsch hält, sondern auch die eigenen könnten sich vom nicht einnehmbaren epistemischen Standpunkt des Göttlichen her als falsch darstellen.

Es ist eine durchaus plausible Annahme, dass die Überzeugung, eigene Überzeugungen könnten falsch sein, Toleranz gegenüber widersprechenden anderen Überzeugungen begründen kann. Problematisch ist allerdings, dass ein Widerspruch auftritt, wenn eine so begründete Toleranz in Bezug auf solche Überzeugungen erwartet wird, bei denen entsprechend dem hier vorgeschlagenen Kriterium der Unterscheidung religiöser von anderen Überzeugungen zugleich angenommen wird, dass sie als infallibel vertreten werden. Die Anerkennung des hier eingeführten Kriteriums der Unterscheidung religiöser von anderen Überzeugungen kann also zu der durchaus relevanten Einsicht führen, dass in Bezug auf religiöse Überzeugungen Toleranzerwartungen unter Vermeidung des genannten Widerspruchs anders zu begründen sind als durch die Annahme, die religiös Gläubigen selbst könnten ihre religiösen Überzeugungen als falsifizierbar ansehen.

Die Annahme sozial konstruierter Infallibilität als Kriterium der Unterscheidung religiöser von anderen Überzeugungen scheint jedoch noch zu zumindest einer weiteren relevanten Folgerung für Zusammenhänge der politischen Philosophie zu führen.

4.2 Religiöse Überzeugungen in der (post)säkularen Diskursgemeinschaft

Religiöse Überzeugungen, insofern sie durch sozial konstruierte Infallibilität ausgezeichnet sind, können nicht problemlos mit ihrem normativen Gehalt in die (post)säkulare Diskursgemeinschaft eingehen.

Die entsprechende Hoffnung ist von Jürgen Habermas mit der Aussicht auf eine gewisse Kompensation der notorischen normativen Unterversorgung weltanschaulich neutraler Demokratien unter dem Stichwort „postsäkulare Gesellschaft" vertreten worden (Habermas 2001; Habermas 2005b), andererseits auch im Hinblick auf die Frage nach Partizipationsmöglichkeiten religiös gläubiger Bürger an solchen postsäkularen Gesellschaften (Habermas 2005c). Seyla Benhabib hat in ähnlicher Weise einen die friedliche Koexistenz fördernden Lern- und Verständigungsprozess verschiedener religiöser Gruppen innerhalb weltanschaulich neutraler Demokratien als Forderung der Diskursethik formuliert (Benhabib 1999: 62ff.). Mit einer Anleihe im Poststrukturalismus hat sie diesen Prozess später als „democratic iteration" bezeichnet, insofern in ihm die diskursive Wiederholung religiöser Überzeugungen unter demokratischen Bedingungen mit der Bildung semantischer Differenzen zum ursprünglichen Gehalt der entsprechenden Überzeugungen zusammenfallen muss (Benhabib 2004: 171ff.).

Bezüglich beider Ansätze stellt sich im Hinblick auf das vorgeschlagene Kriterium der Unterscheidung religiöser von anderen Überzeugungen nochmals ein Konsistenzproblem: Wieder wäre es eine widersprüchliche Erwartung, dass diejenigen, die zur Infallibilität ihrer Überzeugungen sozial überein gekommen sind, zugleich die mögliche Falschheit jener Überzeugungen zugestehen könnten, was jedoch transzendentale Minimalbedingung jeder Diskursgemeinschaft zu sein scheint, in die sie solche Überzeugungen per Übersetzung oder Iteration einbringen könnten.

Konsistent mit dem vorgeschlagenen Kriterium kann allenfalls erwartet werden, dass religiös Gläubige (aus zunächst einmal zu vernachlässigenden Motiven) ihre Überzeugungen diskursfähig machen, indem sie diese in andere Überzeugungen transformieren, die nicht durch sozial konstruierte Infallibilität gekennzeichnet sind, also erstens falsch sein können und zweitens den Anspruch auf allgemein zugängliche Formen der Begründung erfüllen. D. h. aber, konsistent mit dem eingeführten Kriterium der Unterscheidung religiöser von anderen Überzeugungen wäre nur die Erwartung, dass religiöse Überzeugungen innerhalb einer Transformation in die Diskursgemeinschaft eingehen, innerhalb derer sie die sie auszeichnende Form des Religiösen verlieren, ausdrücklicher: keine religiösen Überzeugungen mehr sind. Dies wird den religiös Gläubigen vor die Aufgabe stellen, seine transformierten Überzeugungen so zu wählen, dass die praktischen Implikationen dieser Überzeugungen (um die ja in der Regel im Diskurs gestritten wird) möglichst mit dem Gehalt seiner religiösen praktischen Überzeugungen überein stimmen. Tatsächlich ist dies, was die meisten theologischen Autoren in aktuellen moralphilosophischen Debatten zu leisten versuchen. Habermas selbst reagiert auf derartige Anstrengungen mit einer gewissen Skepsis bezüglich der Ersetzung zentraler theologischer Begriffe durch weltanschaulich neutrale Begriffe, die sich religiös Gläubigen dabei zumuten, insofern die entsprechenden Übersetzungsversuche sich im Hinblick auf tiefere Bedeutungsschichten als voreilig und so langfristig als instabil erweisen könnten (Habermas 2001: 21f.).

Vor dem Hintergrund des hier eingeführten und offenbar von Habermas (Habermas 2005c: 135) geteilten Kriteriums der Unterscheidung religiöser von anderen Überzeugungen scheint gegenüber semantisch zu kurz greifenden Übersetzungen die gravierendere Belastung darin zu bestehen, dass religiös Gläubige anlässlich einer Beteiligung am Diskurs regelmäßig öffentlich nicht lediglich das Vokabular, sondern die ihre religiösen Überzeugungen als solche auszeichnende Transformation des epistemischen Status dieser Überzeugungen aufzugeben haben. Dies gibt weit mehr Anlass zu der Annahme, dass die Betroffenen, solange sie ihre religiösen Überzeugungen als solche nicht bereits aufgegeben haben, in stetiger Gefahr stehen dürften, ihren entsprechenden Schritt zu revidieren. Denn dieser belastet sie, solange der normenbezogene Diskurs innerhalb der weltanschaulich neutralen Demokratie als deliberativ und wahrheitsorientiert (Habermas 2005c: 150ff.) und nicht lediglich positivistisch als Verfahren der Generierung gültiger Normen verstanden wird, selbst mit dem oben bereits in Bezug auf mögliche Beobachter formulierten Widerspruch der gleichzeitigen Annahme und Ablehnung prinzipiell möglicher Falschheit ihrer entsprechenden Überzeugungen. Und selbst wenn man mit Habermas eine Vermeidung dieser Belastung vorsieht, indem den religiös Gläubigen lediglich die Äußerung ihrer religiösen Überzeugungen im Diskurs zugemutet wird, während säkular denkende Bürger „kooperativ" die Arbeit der Übersetzung übernehmen (Habermas 2005b: 133ff.), scheinen dadurch zwei weitere Probleme noch nicht gelöst zu sein:

Erstens darf man mutmaßen, dass es für religiös Gläubige gerade dann, wenn sie die fragliche Übersetzung nicht selbst geleistet haben, nahe liegen dürfte, sich in den entsprechend transformierten Überzeugungen nur solange wiederzuerkennen, wie der deliberative Diskurs im Einklang mit der infalliblen Form der religiösen Überzeugung die Annahme der Wahrheit der sie vertretenden Übersetzungen zum Ergebnis hat. Damit wären zwar für die postsäkulare Gesellschaft neue Felder der normativen Sinnbildung erschlossen, das Problem der gelingenden Partizipation religiös gläubiger Bürger daran aber längst nicht gelöst.

Außerdem kann man zweitens mit einem Perspektivwechsel auf die betroffenen demokratischen Gesellschaften auch bezweifeln, dass von den in ihrem epistemischen Status depotenzierten Derivaten religiöser Überzeugungen, die in die Diskursgemeinschaft einzugehen vermögen, überhaupt das Potenzial erwartet werden kann, die postsäkulare Gesellschaft mit für sie akzeptablen normativen „Intuitionen" (Habermas 2005b: 115; Habermas 2005c: 137; Habermas 2002: 73f.) zu versorgen bzw. in irgendeiner Hinsicht in kollektive Lernprozesse im Sinne Benhabibs einzugehen. Auf Schrift, Lehr- und Überlieferungsautorität gründende religiöse Überzeugungen wie die von der Gottesebenbildlichkeit des Menschen bzw. vom göttlichen Gebot zur Verschleierung von Frauen sind offenbar jenseits der sozial konstruierten Infallibilität bestimmter religiöser Gemeinschaften von einem zu schwachen epistemischen Status um derartiges zu leisten. Von Habermas bzw. Benhabib werden entsprechend die Überzeugungen von der unbedingten

Würde des Menschen (Habermas 2005b: 115-116) bzw. vom Recht auf den Schleier als Bestandteil individueller Lebensgestaltung (Benhabib 2004: 193f.) als diejenigen Überzeugungen angeführt, die in den beiden genannten Fällen religiösen Glaubens diskursgerechte Übersetzung bzw. demokratische Iteration repräsentieren sollen. In beiden Fällen scheint allerdings – sofern er denn in ihnen als repräsentiert angesehen werden kann – eher der religiöse Glaube von Intuitionen des säkularen Diskurses profitiert zu haben als umgekehrt.

Literatur

Benhabib, Seyla (1999): Kulturelle Vielfalt und demokratische Gleichheit. Politische Partizipation im Zeitalter der Globalisierung. Frankfurt a. M.
Benhabib, Seyla (2004): The Rights of Others. Aliens, Residents and Citizens. Cambridge.
Cassirer, Ernst (1927): Individuum und Kosmos in der Philosophie der Renaissance. Leipzig und Berlin.
Dalferth, Ingolf U. (Hrsg.) (1974): Sprachlogik des Glaubens. München.
Dondelinger, Patrick (2003): Die Visionen der Bernadette Soubirous und der Beginn der Wunderheilungen in Lourdes. Regensburg.
Durkheim, Emile (1994): Die elementaren Formen des religiösen Lebens. Frankfurt a. M.
Flew, Anthony (1974): Theologie und Falsifikation. In: Dalferth (1974): 84-87.
Habermas, Jürgen (2001): Glauben und Wissen. Frankfurt a. M.
Habermas, Jürgen (⁴2002): Die Zukunft der menschlichen Natur. Auf dem Weg zu einer liberalen Eugenik? Erweiterte Ausgabe. Frankfurt a. M.
Habermas, Jürgen (2005a): Zwischen Naturalismus und Religion. Philosophische Aufsätze. Frankfurt a. M.
Habermas, Jürgen (2005b): Vorpolitische Grundlagen des demokratischen Rechtsstaats. In: Habermas (2005a): 106-118.
Habermas, Jürgen (2005c): Religion in der Öffentlichkeit. Kognitive Voraussetzungen für den ‚öffentlichen Vernunftgebrauch' religiöser und säkularer Bürger. In: Habermas (2005a): 119-154.
Hick, John (1989): Religion. Die menschlichen Antworten auf die Frage nach Leben und Tod. München.
Hick, John (2001): Gott und seine vielen Namen. Frankfurt a. M.
High, Dallas M. (Hrsg.) (1972): Sprachanalyse und religiöses Sprechen. Düsseldorf.
Hume, David (1984): Die Naturgeschichte der Religion. Hamburg.
Jäger, Christoph (Hrsg.) (1998): Analytische Religionsphilosophie. Paderborn.
Jäger, Christoph (2003): Wittgenstein über Gewißheit und religiösen Glauben. In: Uhl/Boelderl (2003): 221-256.
James, William (1997): Die Vielfalt religiöser Erfahrung. Eine Studie über die menschliche Natur. Frankfurt a. M.
Kant, Immanuel (1968): Die Religion innerhalb der Grenzen der bloßen Vernunft. Akademieausgabe. Bd. VI. Berlin.
Kant, Immanuel (1968a): Der Streit der Fakultäten. Akademieausgabe. Bd. VII. Berlin.
Lessing, Gotthold Ephraim (1989): Werke und Briefe in zwölf Bänden. Bd. 8. Werke 1774-1778. Frankfurt a. M.
Lütterfelds, Wilhelm/Mohrs, Thomas (Hrsg.) (2005): Wahr oder tolerant? Religiöse Sprachspiele und die Problematik ihrer globalen Koexistenz. Frankfurt a. M./Berlin/ Bern u.a.
Luhmann, Niklas (2000): Die Religion der Gesellschaft. Frankfurt a. M.

Plantinga, Alvin/Wolterstorff, Nicholas (Hrsg.) (1983): Faith and Rationality. Reason and Belief in God. Notre Dame/London.
Popper, Karl Raimund (⁹1989): Logik der Forschung. Tübingen.
Quine, Willard van Orman (1980): Wort und Gegenstand (Word and Object). Stuttgart.
Reinhard, Wolfgang (Hrsg.) (1995): Die katholische Konfessionalisierung. Münster.
Schilling, Heinz (Hrsg.) (1986): Die reformierte Konfessionalisierung in Deutschland – das Problem der ‚Zweiten Reformation'. Gütersloh.
Schleiermacher, Friedrich Daniel Ernst (1970): Reden über die Religion an die Gebildeten unter ihren Verächtern. Hamburg.
Stosch, Klaus von (2005): Religiöse Wahrheitsansprüche in doppelter Kontingenz. Zur Möglichkeit der Wertschätzung religiöser Pluralität. In: Lütterfelds/Mohrs (2005): 125-148.
Taylor, Charles (2003): Die Formen des Religiösen in der Gegenwart. Frankfurt a. M.
Uhl, Florian/Boelderl, Artur R. (Hrsg.) (2003): Die Sprachen der Religion. Berlin.

Der Religionsbegriff im deutschen Religionsverfassungsrecht – oder: Vom Spiel mit einer großen Unbekannten

Michael Droege

1. Religion und Staat in Zeiten neuer Unübersichtlichkeit

„Der Begriff, welchen man in Deutschland mit dem durch das Wort ‚Religionsfreiheit' bezeichneten Rechte verbindet, hat je nach der geschichtlichen Entwicklung im Laufe der Jahrhunderte mehrfach gewechselt und ist auch jetzt noch, obgleich die Religionsfreiheit in Deutschland ein allgemein anerkanntes, gesetzlich gewährleistetes Recht ist, keineswegs überall derselbe" (Fürstenau 1891: 1).

Diese Sentenz Hermann Fürstenaus gab nicht nur eine luzide Beschreibung des Religionsverfassungsrechts im Wilhelminischen Kaiserreich und seinen Territorialstaaten, sie ist auch heute im grundgesetzlich verfassten Staat nicht minder aktuell. Die Wiederkehr der Religion scheint die gesellschaftliche Entwicklung der letzten Jahre zu kennzeichnen (Graf 2004). Hierbei lassen sich zumindest zwei Strömungen beobachten: Die Menschen der Postmoderne suchen einerseits Verbindlichkeit und Halt in einer neuen Spiritualität jenseits der überkommenen Bindung an eine Religionsgemeinschaft. Sie bedienen sich dabei nicht notwendig exkludierend in einem bunten *Patchwork* religiöser Sinnangebote. Neue Religionsgemeinschaften, etwa die so genannten Jugendreligionen, stellen das Recht vor bislang unbekannte Herausforderungen (Badura 1989; Abel 2003, 2001, 1999, 1997, 1996).[1] Zum anderen ist das „volkskirchliche Missionsland" (Hollerbach 1968: 65) Bundesrepublik durch die Migration der letzten vierzig Jahre nicht mehr widerspruchsfrei als einzig dem christlichen Abendland zugehörig zu beschreiben. Religion ist ein mobiles Gut – die wachsende soziale Bedeutung des Islam ist dessen Ausdruck (Tibi 2000; Rohe 2001; Oebbecke 2003).[2] Religiöse und kulturelle Varianz und Differenzierung nehmen zu. Die postmoderne Unsicherheit trifft auf die vormoderne Unhinterfragbarkeit. Die soziale Dimension der Religion und des religiösen Lebens ist es, die auch den Staat und seine Rechtsordnung zwingt, sich der neuen Unübersichtlichkeit zu stellen. Das Recht ist dabei behäbig. In der Aufnahme der Vielfalt kultureller und religiöser Anliegen der Bürger zeigen Gesetze oftmals eine kontrafaktische Beharrungskraft, das einst Selbstverständliche wird als Normalfall, ja als Normfall selbstverständlich perpetuiert. Gerade im Islam oder mit ihm begründete Verhaltensweisen haben sich in den letzten Jahren zunehmend als rechtlicher Konfliktstoff erwiesen. Stichworte sind etwa die Errichtung von Moscheen[3], der Ruf des Muezzins (Muckel 1998: 1; Sarcevic 2000: 519), Schächten[4], islamischer Religionsunterricht[5], das Kopftuch der Verkäuferin[6] und der Lehramtsbewerberin[7] und schließlich das Verbot verfassungsfeindlicher Vereinigungen wie des so genannten ‚Kalifatsstaates'[8]. Dieser neuen Unübersichtlichkeit können auch das Verfassungsrecht und sein Ordnungsanspruch nicht ausweichen. Sich im Umgang mit neueren sozialen Entwicklungen zu bewähren, führt das Verfassungsrecht im Falle der Religion in große Unsicherheit: Die Religionsfreiheit des Art. 4 GG und die sie stützenden Normen des institutionellen Religionsverfassungsrechts werden unscharf, ja können sich jenseits vermeintlicher Evidenzen ihres Gegenstandes nicht mehr sicher sein: Was ist also Religion im Sinne des Verfassungsrechts?[9]

Ich werde mich einer Antwort von zwei Seiten her nähern: In einem ersten Schritt zeichne ich mögliche Ursachen nach, aus denen heraus dem Staat und seinem Verfassungsrecht die Interpretation von Religion in besonderem Maße schwer fällt. Hierzu werden bestimmte Attribute von Verfassungsstaatlichkeit in ihrem Bezug zu Religion zu interpretieren sein (2.). Auf dem so bereiteten, in der allgemeinen Verfassungslehre fußenden Hintergrund der Religionsfreiheit des Staates werde ich in einem zweiten Schritt auf die bisherigen Versuche der Verfassungsinterpreten, Religion zu definieren, eingehen und den grundrechtsdogmatischen Rahmen dieses Definitionsunterfangens entfalten. Ein besonderes Augenmerk wird hier auf der Rechtsprechung des Bundesverfassungsgerichts liegen (3.). Den Abschluss meiner Ausführungen bildet ein Blick auf das institutionelle Religionsverfassungsrecht und die Definitionsspielräume, die die Verfassung gegenüber Religionsgemeinschaften als Körperschaften des öffentlichen Rechts bereithält (4).

2. Die Religionsfreiheit des Staates

Die Gründe dafür, warum das Religionsverfassungsrecht, seine staatlichen Akteure und Interpreten Religion als einer Unbekannten begegnen, sind auf der hier einmal gesetzten Basis eines liberalen Staatsverständnisses rasch nacherzählt: Der säkulare Verfassungsstaat hat keine Religion, aber er hat eine kulturelle Prägung und ist notwendig verwiesen auf ein ethisches Fundament, einen ethischen Minimalkonsens. Religion um ihrer selbst willen ist ihm fremd, Religion um seiner Bürger willen ist ihm Aufgabe, Religion als Kultur kann von ihm nutzbar gemacht werden. Dies soll näher entfaltet werden (vgl. Droege 2004: 123ff., 287ff.):

Der deutsche Verfassungsstaat ist von jeder Religion im Grundsatz geschieden. Die staatliche Souveränität lässt die Ableitung staatlicher Herrschaft aus etwas anderem als der verfassungsrechtlich begründeten, kontingenten Quelle nicht zu.

Im kompromisslosen existenziellen Konflikt um Glaubenswahrheiten betritt der moderne souveräne Staat als unparteilicher Dritter und Streitschlichter die Bühne der Weltgeschichte (vgl. Grimm 1987: 53ff.): *Auctoritas non veritas facit legem*. Der Staat ist zuallererst Friedensordnung. Das Seelenheil seiner Bürger ist ihm keine Aufgabe (vgl. Böckenförde 1991b: 106). Die Säkularisierung des Verfassungsrechts privatisiert Religion strukturell. Religion wandelt sich vom notwendigen Staatsattribut zur grundrechtlichen Freiheit (Dreier 2002: 12). Das Gewaltmonopol des Staates befähigt diesen, die Bedingungen äußeren Friedens nötigenfalls durch die Zwangsmittel des Rechts zu garantieren. Seine Legitimation findet er in den autochthonen, ursprünglichen Verfahren, die staatliche Gewalt an den Souverän rückbinden. Demokratische Partizipation und Willensbildung legitimieren Staatsgewalt. Die tragenden Strukturprinzipien des freiheitlichen Verfassungsstaates, deren Bestandteile durch Art. 79 Abs. 3 GG normative Gestalt gewinnen, sind für den Staat als Garant des Friedens unverzichtbar. Die Achtung der Würde des Einzelnen, die Verbürgung seiner Freiheitssphären in der grundgesetzlichen Ordnung, die Determinanten eines offenen, politischen Prozesses der Mehrheitsbildung, gleiche demokratische Partizipationschancen behaupten ihren Vorrang auch vor multikultureller und religiöser Beliebigkeit (Schlink 1997: 312ff.).

Im Gewaltmonopol liegt auch der Grund für die Neutralität des Staates gegenüber Religionen und Weltanschauungen (Schlaich 1972; Huster 2002): Sie erst ermöglicht es ihm „Heimstatt aller Staatsbürger" (BVerfGE 19, 206, 216) zu sein. Damit ist dem Staat die Einführung staatskirchlicher Rechtsformen verwehrt und die Privilegierung bestimmter Bekenntnisse untersagt. Der Staat hat vielmehr auf eine am Gleichheitssatz orientierte Behandlung der verschiedenen Religions- und Weltanschauungsgemeinschaften zu achten. Auch dort, wo er mit ihnen zusammenarbeitet oder sie fördert, darf dies nicht zu einer Identifikation mit bestimmten Religionsgemeinschaften führen.[10]

Primäre Aufgabe des verfassten Staates ist nach dem Gesagten, die Garantie der Friedlichkeit und die Schaffung der Prozesse und Institutionen gemeinschaftlicher Willensbildung der durch ihn verfassten und mit ihm sich verfassenden Gesellschaft. Die Aufgabenbeschreibung ist indes bei genauerer Betrachtung anspruchsvoller: Die Verfassung selbst soll die Herausbildung von Gemeinschaftlichkeit, von kollektiver Identität befördern – ist Mittel zur gesellschaftlichen Integration und auf deren Ergebnisse angewiesen (Smend 1994b: 119; Vorländer 2002).

Je nachdem, welcher politischen Theorie im weiten Spektrum zwischen Liberalismus und Kommunitarismus man folgen will, bedient sich Integration verschiedenster Medien: Die kollektive Identität im kulturell differenzierten Gemeinwesen kann ungeachtet des Wegfalls ihrer Gelingensvoraussetzungen als homogener Grundkonsens, als Wertekonsens kommuniziert werden, kann sich aber auch auf die Kraft des Konflikts und seiner im Verfahren kanalisierten, prekären Ergebnisse zurückziehen. Das Maß der Materialisierung dieses ‚Grundkonsenses' im Sinne substanzieller Übereinstimmung, entscheidet über die Möglichkeiten zur Exklusion anderer kulturell-religiös bestimmter Anliegen und Standpunkte (Droege 2004: 300ff.).

Der Staat steht dabei sicher in christlich-abendländischer Tradition, mag ohne christliche Wertvorstellungen nicht denkbar sein, ist „Derivat" (Depenheuer 1999: 31 mit weiteren Nachweisen) dieses Sinnhorizonts – nur erwächst sein Woher, seine Herkunft ihm dadurch nicht zur gegenwärtigen Aufgabe. Andernfalls ist die Friedensfunktion des Staates ihrerseits gefährdet. Besonders die Indienstnahme der Religion zur „Selbstvergewisserung" (Denninger 1994: 98) der staatlich verfassten Ordnung, als „Wertlieferant" des sektoralen Staates, der die Sinnfrage nicht mehr selbst beantwortet (Isensee 1996: 161f., Rdn. 159), führt an sein Dilemma, dass der freiheitliche Staat von Voraussetzungen lebe, die er selbst nicht garantieren könne.[11]

Dem Staat ist Religion damit nicht unmittelbar um seiner selbst willen, sondern um seiner Bürger willen zur Aufgabe. Konnte der moderne Staat zwar nicht mehr die Sinnfrage für den Einzelnen beantworten, so sollte er doch in der Verantwortung dafür bleiben, dass sich der Einzelne als geistig sittliches Wesen möglichst umfassend entfalte.[12] Der Staat ist sich nicht Selbstzweck, sondern dazu da, fundamentale menschliche Lebenszwecke zu verwirklichen (Böckenförde 1978: 18f.). Als freiheitliche Rahmenordnung hat die Verfassung der Religionsfreiheit des Bürgers hinreichend Raum zur Entfaltung zu geben, auf allen Felder der Gegensätzlichkeit staatlichen und religiösen Wirkens, aber auch auf denen der Kongruenz – wie etwa im Rahmen der Wohlfahrtspflege. In seiner „ekklesiologischen" (Barion 1959: 30) Farbenblindheit ist dem Staat Parteinahme grundsätzlich versagt.

Anderes liegt indes nahe, wenn man die kulturelle Gestalt der Religion in den Blick nimmt. Zur kulturellen Neutralität ist der Staat von Verfassungs wegen nicht verpflichtet. In seiner kulturellen Gestalt ist hier insbesondere der christliche Glaube – unvermindert – wirkmächtig. So verortete auch das Bundesverfassungsgericht im Kruzifix-Beschluss die kulturelle Dimension des Christentums im Verhältnis zum Staat. Das Gericht führte aus, dass über die Jahrhunderte zahlreiche christliche Traditionen in die allgemeinen kulturellen Grundlagen der Gesellschaft eingegangen seien, denen sich auch Gegner des Christentums und Kritiker seines historischen Erbes nicht entziehen könnten. Es folgerte sodann, dass auch ein Staat, der die Glaubensfreiheit umfassend gewährleiste und sich damit selber zu religiös-weltanschaulicher Neutralität verpflichte, die kulturell vermittelten und historisch verwurzelten Wertüberzeugungen und Einstellungen nicht abstreifen könne, auf denen der gesellschaftliche Zusammenhalt beruhe und von denen auch die Erfüllung seiner eigenen Aufgaben abhänge. Der christliche Glaube und die christlichen Kirchen seien dabei, wie immer man ihr Erbe heute beurteilen möge, von überragender Prägekraft gewesen. Die darauf zurückgehenden Denktraditionen, Sinnerfahrungen und Verhaltensmuster könnten dem Staat nicht gleichgültig sein (BVerfGE 93, 1 (22)).

Diese Nichtgleichgültigkeit ermöglicht die Indienstnahme der Religion zu eigenen, staatlichen Zwecken: Religion fungiert als Wertlieferant zur Stabilisierung des Gemeinwesens, der Glaube als Handlungsform in zivilreligiöser Übersetzung richtet sich auf den Staat.

In dem liberalen Kampf um Anerkennung der jeweils eigenen religiösen und kulturellen Anliegen kann die Verfassungsrechtsordnung zudem in ihrer Interpretation nicht immer eine Schieflage zugunsten des Traditionalen vermeiden. Der Religionsbegriff im Verfassungsrecht tendiert zur Abbildung seiner Vorfindlichkeiten. Verfassungsinterpretation ist insoweit auch immer Kultur- und Rechtspolitik. Das christliche Proprium des grundgesetzlich verfassten Staates wird nur langsam von der duldenden in Richtung der anerkennenden Toleranz überwunden. Schon in dem bisherigen Negativattest wird der Begriff Religion mitgeführt, mitgeführt als etwas, was dem Staat – anders als Kultur – nicht zu Eigen sein kann. Was also geht ihm mit Religion ab?

3. Die Staatsfreiheit der Religion

Erste Annäherungen an einen verfassungsrechtlichen Religionsbegriff offenbart die Analyse der formalen Struktur des einschlägigen Grundrechts des Art. 4 Abs. 1 und 2 GG (3.1). Von der Frage der materiellen Definition von Religion, ist diejenige des definierenden Personals, also der Definitionshoheit zu scheiden. Hier erweist sich das Grundrecht als Paradebeispiel „offener Verfassungsinterpretation" (Robbers 2000: 234ff.) als gemeinsame Angelegenheit von Grundrechtsberechtigten und staatlichen Organen (3.2). Auf der Basis dieses Zusammenspiels werden Definitionsansätze in Literatur und Rechtsprechung kritisch zu würdigen sein (3.3); dies insbesondere im Wechselspiel von Schutzbereichsdefinition und Schrankenarchitektur des Grundrechts (3.4).

3.1 Religion – Der blinde Fleck des Verfassungsrechts

Nach Art. 4 GG ist die Freiheit des Glaubens, des Gewissens und die Freiheit des religiösen und weltanschaulichen Bekenntnisses unverletzlich. Die ungestörte Religionsausübung wird gewährleistet. Der Einzelne hat danach in der Interpretation der Rechtsprechung das Grundrecht einen Glauben zu bilden, zu haben

– man spricht insoweit vom Schutz des *forum internum* – und ihm entsprechend zu leben und zu handeln – *forum externum*. Gewährleistet ist die Freiheit der Weltanschauung. Dem Einzelnen steht aber gleichberechtigt offen, keine Religion oder Weltanschauung zu haben, oder einer solchen ablehnend gegenüber zu stehen. Man spricht missverständlich von negativer Religionsfreiheit. Entgegen des Textbefundes werden die in Art. 4 Abs.1 und Abs. 2 GG genannten einzelnen Verbürgungen der Religionsfreiheit zu einem einheitlichen Grundrecht amalgamiert, weil es unmöglich ist, die Einzelgewährleistungen ihrem rechtlichen Gehalt nach in aller Schärfe voneinander abzugrenzen (vgl. BVerfGE 83, 341 (354ff.); Groh 2004: 119).

Die Religionsfreiheit ist in Art. 4 GG zudem nur vordergründig als reines Recht des Einzelnen ausgestaltet: Das Grundrecht der Religions- und Weltanschauungsfreiheit umfasst neben der Freiheit des Einzelnen zum privaten und öffentlichen Bekenntnis seiner Religion oder Weltanschauung auch die Freiheit, sich mit anderen aus gemeinsamem Glauben oder gemeinsamer weltanschaulicher Überzeugung zusammenzuschließen (BVerfGE 105, 279 (293); BVerfGE 53, 366 (387); BVerfGE 83, 341 (355)). Die durch den Zusammenschluss gebildete Vereinigung selbst genießt das Recht zu religiöser oder weltanschaulicher Betätigung, zur Verkündigung des Glaubens, zur Verbreitung der Weltanschauung sowie zur Pflege und Förderung des jeweiligen Bekenntnisses (BVerfGE 105, 279 (294)). Der Begriff der Religion wird der Struktur des Grundrechts entsprechend also auch eine gemeinschaftsbezogene Dimension aufweisen müssen (Classen 2003: 22ff.).

3.2 Definitionshoheit – Selbstverständnis und staatliche Letztentscheidung

Der Wert dieses Grundrechts hängt entscheidend davon ab, was unter Religion von Verfassungs wegen zu verstehen ist und welche Verhaltensweisen grundrechtlichen Schutz genießen (Isensee 1980).

Auch hier ist ein Spannungsverhältnis unvermeidlich: Einerseits hat der säkulare Staat aus sich heraus keine Kenntnis der Religion, kann keine Kriterien generieren, um ein soziales Geschehen als religiös oder areligiös zu qualifizieren. Konsequent müsste allein das Selbstverständnis desjenigen, der sich auf die Religionsfreiheit beruft, für ihre Definition maßgeblich sein (Morlok 1993; Isak 1994).

Andererseits führt die Berufung auf die Religion tendenziell zur Entpflichtung von den Geboten staatlichen Rechts (Preuß 1998: 68ff.), ihre Definition ist staatlicher Letztentscheidung anzuvertrauen, will man nicht die Allgemeingültigkeit des Gesetzes der Beliebigkeit des Subjektivismus opfern. Vor dem Schreckbild einer Entgrenzung der Religionsfreiheit, einer Grundrechtshypertrophie (Bettermann 1984: 5), ja eines zügellosen Subjektivismus kann die Frage, ob dem Staat überhaupt eine Definitionshoheit zusteht, nur bejaht werden (Muckel 1997). Damit ist allerdings noch nichts über das Ausmaß seiner Definitionsmacht gesagt: Kann der Staat Religion zu den begrenzten Zwecken des säkularen Verfassungsrechts durch materielle, inhaltliche Kriterien definieren, oder ist er auf die Heranziehung formaler Maßstäbe beschränkt?

Die Religionsfreiheit bildet einerseits eine menschenrechtliche Vorfindlichkeit ab. Religion ist kein normgeprägtes Grundrecht, sondern eine natürliche Freiheit. Das Definitionsunterfangen des Staates hat diesen Hintergrund zu berücksichtigen. Andererseits ist Religion Tatbestandsmerkmal eines Grundrechts und damit eines subjektiv öffentlichen Rechts, das um seiner Rechtsqualität willen einen definierbaren und definierten Inhalt haben muss. In besonderem Maße weist dieser einen starken subjektiven Einschlag auf, Religion scheint sich einem materiell-juristischen Zugriff zu entziehen (Groh 2004: 123). Dem Staat fehlt wegen seiner Säkularität schlicht die Kenntnis von Religion, die zu einer materiellen Definition erforderlich wäre. Mangels eines konsistenten und konsentierten außerrechtlichen Religionsbegriffs bleibt nur der Rückgriff auf das Selbstverständnis derjenigen, die die Religionsfreiheit für sich in Anspruch nehmen wollen. Der Religionsbegriff ist – positiv formuliert – das Produkt eines unaufgelösten Balanceakts zwischen dem Gebot staatlicher Definition und dem Gebot der Achtung des subjektiven Selbstverständnisses, negativ betrachtet: Ausfluss einer steten Definitionskrise.

Die Rechtsprechung geht hier einen Mittelweg: Sie geht von der Maßgeblichkeit des Selbstverständnisses aus, prüft dieses aber auf seine Plausibilität. Allein die Behauptung und das Selbstverständnis, eine Gemeinschaft bekenne sich zu einer Religion und sei eine Religionsgemeinschaft, können danach für diese und ihre Mitglieder die Berufung auf die Freiheitsgewährleistung des Art. 4 Abs. 1 und 2 GG nicht rechtfertigen; vielmehr muss es sich auch tatsächlich, nach geistigem Gehalt und äußerem Erscheinungsbild, um eine Religion und Religionsgemeinschaft handeln. Dies im Streitfall zu prüfen und zu entscheiden, obliegt – als Anwendung einer Regelung der staatlichen Rechtsordnung – den staatlichen Organen, letztlich den Gerichten. Die Gerichte übten dabei keine freie Bestimmungsmacht aus, sondern hätten den „von der Verfassung gemeinten oder vorausgesetzten", dem Sinn und Zweck der grundrechtlichen Verbürgung entsprechenden Begriff der Religion zugrunde zu legen. Als Kriterien zur Bestimmung dieses Begriffs wiederum nennt das Bundesverfassungsgericht die „aktuelle Lebenswirklichkeit", das „allgemeine und religionswissenschaftliche Verständnis" sowie die „Kulturtradition" (BVerfGE 83, 341 (341, Ls.1, 353)). Das Verfassungsrecht ist danach zur Adaption disziplinfremder Definitionen von Religion auf der Ebene der Plausibilitätskontrolle eines religiösen Selbstverständnisses damit prinzipiell offen.[13] Religion ist im Zusammenspiel des subjektiven Selbstverständnisses und der staatlichen formalen Plausibilitätskontrolle ein Mantelbegriff: Das Religionsverfassungsrecht – und in ihm die staatlichen Organe – ziehen eine

Grenze, definieren die säkulare Hülle der Religions- und Weltanschauungsfreiheit (BVerfGE 24, 236 (247f.); Müller-Volbehr 1995: 302). Deren Inhalt, deren materielles Substrat ist in der Perspektive des weltanschaulich-neutralen Staates ein notwendig blinder Fleck. Ein hierüber hinausgehender Religionsbegriff muss dem staatlichen Recht unbekannt bleiben.

3.3 Religion als formeller Mantelbegriff und seine materielle Engführung

Als rechtlicher Mantelbegriff verlangt der Verfassungsbegriff ‚Religion' in der Diktion der Rechtsprechung letztlich ein einheitliches und normatives Konzept, das eine Antwort auf die Frage nach dem Sinn der menschlichen Existenz beinhaltet, die Beziehung des Menschen zu höheren Mächten und tieferen Seinsschichten beleuchtet, wesentliche Lebensprinzipien und -maximen bereithält sowie letzte Fragen thematisiert (vgl. BVerwGE 90, 112 (115); BVerwGE 89, 368 (370)). Die spezifische Leistung der Religion liegt hiernach in einer Positionsbestimmung des Menschen im Bewusstsein der Endlichkeit seiner Existenz, in der Bewältigung von Kontingenz (Luhmann 2000: 115ff.). Wie auch immer man das Gegenüber dieser Positionsbestimmung bezeichnen mag, geht Religion den Menschen insoweit „unbedingt an" (vgl. Tillich 1966: 155) und bindet ihn in einen „Horizont des Unverfügbaren" ein (EKD 2002: 23). Funktional löst Religion damit Sinnfindungskrisen im Rückgriff auf Transzendenz; das Subjekt erlebt diese Krisen zum einen allein, zum anderen sucht es ihre Lösung aber zumeist in der Gemeinschaft. Religion ist relational, in der Begegnung zu Gott, dem Göttlichen. Sie ist aber in gleichem Maße relational im Gegenüber zum Anderen, ist Kommunikation, ist Gemeinschaftserlebnis.

Alle Versuche, diesen formellen Religionsbegriff durch materielle Kriterien enger zu führen und damit die Reichweite der grundrechtlichen Verbürgung zu begrenzen, haben bisher nicht überzeugen können. Hier sind zwei Strömungen zu unterscheiden: Die religiöse ‚Nettofreiheit' kann schon auf der Stufe des Religionsbegriffs beschnitten werden, oder auf der Stufe der Verhaltensweisen, die als Ausübung der Religionsfreiheit anzuerkennen sind. Dass eine begriffliche Engführung wenig überzeugend ist, ist wiederum in der religiös-weltanschaulichen Neutralität des Staates begründet. Als Heimstatt aller Staatsbürger ist es diesem verwehrt, sich auch bei der Definition verfassungsrechtlicher Begriffe mit bestimmten Religionen und Weltanschauungen zu identifizieren. Eine exkludierende Vorrangstellung christlicher Kulturtradition ergibt sich indes insbesondere bei einer Wiederbelebung der Thesen Walter Hamels, der die grundgesetzliche Ordnung als christliche Verfassungsordnung durch „absolute Sittengebote, die genuin christlich sind", geformt sah (Hamel 1960: 77). In ihnen meint Josef Isensee einen „richtigen Kern" ausmachen zu können, der ihn im Rahmen des Art. 4 Abs. 1 und

2 GG zur Annahme eines „europazentrischen" Religionsbegriffs führt. Dieser wird abgesteckt durch den geschichtlich gewordenen Wirkungskreis der christlichen Kirchen, gibt aber innerhalb dieses Rahmens auch nichtchristlichen Religionen Raum (Isensee 1980: 63). Entsprechend wird zur Anerkennung von Weltanschauungen bzw. Religionen als Weltanschauungen und Religionen im verfassungsrechtlichen Sinne eine ähnliche Geschlossenheit und Breite gefordert, wie sie diejenigen aufweisen, die im abendländischen Kulturkreis bekannt sind (vgl. BVerwGE 89, 368 (371)). Der Widerspruch nicht nur zum menschenrechtlichen Hintergrund der Religionsfreiheit, sondern auch zum Grundsatz religiös-weltanschaulicher Neutralität ist offensichtlich.

Entsprechendes gilt für einen noch immer nicht überwundenen Kulturvorbehalt, der sich in der frühen Rechtsprechung des Bundesverfassungsgerichts finden lässt. Danach habe das Grundgesetz nicht irgendeine, wie auch immer geartete freie Betätigung des Glaubens schützen wollen, sondern nur diejenige, die sich bei den heutigen Kulturvölkern auf dem Boden gewisser übereinstimmender sittlicher Grundanschauungen im Laufe der geschichtlichen Entwicklung herausgebildet habe (BVerfGE 12, 1 (4)). Unter einem solchen eurozentrischen Religionsbegriff wird die Eigenschaft des Islam, Religion im verfassungsrechtlichen Sinne zu sein, als fraglich kommuniziert (Hillgruber 1999: 540). Das Gericht hat sich allerdings schon bald von solcherart Kulturchauvinismus verabschiedet und die Offenheit gegenüber dem Pluralismus weltanschaulich-religiöser Anschauungen als „ethischen Standard" der Verfassung hervorgehoben (BVerfGE 41, 29(50)). Dies mit guten Gründen: Zum einen krankt die Kulturadäquanzformel in ihrem Rekurs auf die „übereinstimmenden sittlichen Grundanschauungen" daran, dass kaum rational, intersubjektiv verbindlich festgelegt werden kann, wer zum Kreis der „heutigen Kulturvölker" zu zählen ist, geschweige denn, welche Elemente „übereinstimmender sittlicher Grundanschauungen" diese aufweisen (Jeand'-Heur/Korioth 2000: Rdn. 97). Zum zweiten hat insbesondere die Kulturadäquanzformel nicht zuletzt wegen dieser definitorischen Schwächen bisher in der Rechtsprechung des Bundesverfassungsgerichts keine tragende Rolle gespielt, da das Gericht Grenzen der Religionsfreiheit aus dem Gedanken des Grundrechtsmissbrauchs bzw. der Kollision mit konfligierenden Verfassungsgütern, namentlich der Würdegarantie des Art. 1 Abs. 1 GG gezogen hat (BVerfGE 12, 1 (4); Isak 1994: 30f.), ohne dass es auf die Kulturadäquanz hätte eingehen müssen. Funktional ist die Einschränkung des Schutzbereiches also durch die dogmatisch handhabbareren Figuren der grundrechts- und verfassungsimmanenten Einschränkung verlustfrei zu ersetzen (Fleischer 1989: 83ff.). Die jüngste Renaissance des Kulturvorbehalts in der Begegnung mit außereuropäischen Religionen kann – wie auch einer exkludierenden theozentrischen Deutung der Religionsfreiheit (vgl. Groh 2004: 124f.) – nur eine deutliche Absage erteilt werden.[14]

Die Reichweite des Mantelbegriffs der Religion wird unscharf in seiner Abgrenzung zur Wirtschaft und zur Politik. Die wirtschaftliche Betätigung wird als Widerpart zur Religionsfreiheit insbesondere im Falle der Scientology Church mobilisiert (vgl. Classen 2003: 30ff.; Diringer 2004). Teilweise wird gefordert, dass solche Gemeinschaften nicht als Religion im verfassungsrechtlichen Sinne anzuerkennen seien, bei denen eine als religiös bezeichnete Lehre nur einen Vorwand für eine wirtschaftliche Betätigung und wirtschaftliches Gewinnstreben darstellt (vgl. BVerwGE 61, 152 (160 f.); BVerwGE 90, 112 (116); BAGE 79, 319 (338 f.)). Lässt sich dies noch mit dem Gedanken des Grundrechtsmissbrauchs luzide rechtfertigen, so ist der generelle Ausschluss wirtschaftlicher Betätigung aus der Religionsfreiheit, soweit letztere den Schwerpunkt der Tätigkeit einer Gemeinschaft darstellt, problematisch. Religion ist kein Aliud zur Wirtschaft, Glaube kein Gegenüber zum Gewinn. Auch Religionsgemeinschaften sind auf die Sicherung und Schaffung des materiellen Substrats, einer hinreichenden Finanzausstattung, die sie erst zur Wahrnehmung ihrer Aufgaben in die Lage versetzt, angewiesen (Classen 2003: 34f.). Ob Scientology hiernach als Religion im verfassungsrechtlichen Sinne anzusehen ist, hängt nicht zuletzt davon ab, auf wessen Selbstverständnis man abstellt, ob und inwieweit die religiöse Imprägnierung nur ein Vorwand zur Verfolgung wirtschaftlicher Zwecke ist. Zieht man das Selbstverständnis der Mitglieder, der ‚Gläubigen' heran, wird man den Religionsbegriff eher bejahen können, als bei der Bewertung der institutionellen Verlautbarungen (einerseits Groh 2004: 142ff. und andererseits Thüsing 2000). Auch die Beziehung zwischen Religion und Politik wird man in entsprechender Weise auflösen müssen: Wenn und soweit die politisierte Religion nur Vorwand rein politischer Anliegen ist, ist der Schutz der Religionsfreiheit zu versagen. Der religiös-motivierte Fundamentalismus verliert nicht seinen Charakter als Ausübung der Religionsfreiheit (Depenheuer 1999; Hufen 1992), wenn und soweit er nur im Sinnhorizont und Hintergrund einer Religion eingebettet bleibt.

Auch die Auslegung der Reichweite der Religionsausübungsfreiheit steht vor einem Wandel (Classen 2003: 35 ff.): Anfangs ließ man jede Verhaltensweise dem Schutz teilhaftig werden, so sie nur glaubensgeleitet war. Religionsfreiheit als religiös motivierte allgemeine Handlungsfreiheit hieß dann, einen Glauben zu haben und ihm gemäß zu leben, sein Leben an den Glaubensgeboten auszurichten (vgl. BVerfGE 41, 29 (49); BVerfGE 33, 23 (28); BVerfGE 32, 98 (106)). Unausgesprochen mit gemeint war aber die Beschränkung des religiösen Bereichs, die Scheidung von Gottesdienst und Alltag. Im Eindruck des Befundes, dass der Alltag im Islam und neueren religiösen Bewegungen wesentlich stärkere religiöse Imprägnierung aufweist, oder aber so gelebt wird, ist das Bemühen um Engführung der Religionsausübungsfreiheit unverkennbar. Geschützt werden soll nunmehr lediglich ein Kernbereich der Kultausübung, also Gottesdienste, Prozessionen und

Feiern, nicht aber jede Alltagshandlung, nur weil sie glaubensgeleitet ist. Dem religiösen Gehalt soll nunmehr im Rahmen anderer Freiheitsrechte ein besonderes Gewicht beigemessen werden. Das berufsmäßige Schächten und seine Vereinbarkeit mit dem Tierschutz ist danach eine Frage nicht der Religions-, sondern der Berufsfreiheit (BVerfGE 104, 337ff.). Mit einem solchen Vorgehen ist ein hoher Preis verbunden: Die Religionsfreiheit verliert ihre eigenständige Rolle, auf der Ebene der Grundrechtskonkurrenzen wird eine Frage, die sich schon im Rahmen der Schutzbereichsdefinition stellt, systematisch verfehlt behandelt (Arndt/Droege 2003). Auch die restriktive Auslegung der Religionsausübungsfreiheit in Form einer Kultausübungsfreiheit ist wenig überzeugend: Zum einen geht mit ihr eine starke Betonung der korporativen Seite des Grundrechts einher, weil der Kult einer Religion durch das gemeinschaftliche Selbstverständnis bestimmt werden wird (Hense 1998: 199ff., 211ff.). Die Religionsausübungsfreiheit als Individualrecht wird dann zum reinen Partizipationsrecht, zum Recht auf Teilnahme an gemeinschaftlicher Religionsausübung. Zudem besteht kein Bedarf an einer Schutzbereichsreduktion: Dem berechtigten Anliegen, die Religionsausübung mit den berechtigten Anliegen der Allgemeinheit zum Ausgleich zu bringen, ist durch eine elaborierte und differenzierende Schrankenarchitektur zu genügen.

3.4 Grenzen der Religionsfreiheit

Die zunehmende kulturelle und religiöse Differenz und Varianz erschwert dem Staat auch die Erfüllung seiner Friedensfunktion. In ihrer Buntheit streben differente und nicht selten mit dem Selbstverständnis der Ausschließlichkeit einhergehende religiöse Anliegen nach gleichmäßiger Anerkennung. Das grundrechtliche Programm zur Konfliktschlichtung scheint klar zu sein: Die Religionsfreiheit unterliegt als einheitliches Grundrecht einheitlichen, verfassungsimmanenten Schranken (vgl. BVerfGE 33, 23 (31) („Überlagerung"); BVerfGE 32, 98 (107f.); BVerfGE 28, 243 (259f.)). Die Freiheit des Einen findet ihre Grenze in der des Anderen, oder sonstigen für das Gemeinwesen unverzichtbaren oder für unverzichtbar gehaltenen Gütern von Verfassungsrang. Konflikte- und Kollisionen hat der Staat in praktischer Konkordanz zu schonendem Ausgleich zu bringen. Leitprinzip ist die gegenseitige Toleranz.

Zu einer Frage des Verfassungsrechts werden religiöse Lebensäußerungen allerdings erst dann, wenn sie ihre Selbstverständlichkeit, ihre Ubiquität verlieren, also einer Betrachtung anhand von Mehrheit und Minderheit, von Zustimmung und Ablehnung zugänglich werden. In den letzten Jahren wurde dies anhand religiöser Symbolsprache bundesverfassungsgerichtlich niedergebrochen. Das Kreuz nach staatlichem Gebot in öffentlichen Schulen scheiterte an der negativen Religionsfreiheit des Anthroposophen (BVerfGE 93, 1ff.) – letztlich aber am Minderheitenschutz, der eine Abwägung widerstreitender Ausübungen religiöser oder areligiöser Freiheit nach dem Mehrheitsprinzip untersagt. Den Staat trifft die Verpflichtung, bei der Ausübung von Hoheitsgewalt auf ihm zurechenbare religiöse Symbolik oder auch Rituale zu verzichten. Diese Enthaltsamkeit erstreckt sich – anders als in laizistischen Systemen – indes nicht auf den öffentlichen Raum. Der Staat bleibt verpflichtet, der Religionsausübung Raum zur Entfaltung zu geben. Dies gilt auch für seine von den Bürgern benutzten Einrichtungen: Das freiwillige Schulgebet ist dabei ebenso zulässig (BVerfGE 52, 223ff.), wie der religiöse Eid (BVerfGE 33, 23ff.) – soweit nur die Nichtteilnahme zumutbar bleibt und keine Diskriminierung bedeutet. Das Ausmaß der religiösen Imprägnierung öffentlicher, genauer: staatlicher Einrichtungen ist verfassungsrechtlich bis zur Grenze des Minderheitenschutzes dem Souverän überlassen. Die Gesetzgeber in Bund und vor allem in den Ländern haben Grenzen zu ziehen, sind aber bei der Grenzziehung an die Gebote der Neutralität und vor allem der strikten Gleichbehandlung aller Religionen gebunden. Bei deren Verletzung tritt an die Seite der politischen Verantwortlichkeit auch die verfassungsrechtliche Sanktion der Nichtigkeit. Das Kopftuch der Lehrerin ist in Schulen daher weder a priori zulässig, noch unzulässig, sondern bleibt Gegenstand des parlamentarischen Gestaltungsprozesses und damit des politischen Diskurses. Die hier zumeist in restriktiver Weise gefundenen Regelungen auf Landesebene zeichnen sich allerdings nicht immer durch strikte Gleichbehandlung aus.

Der Entgrenzung der Religionsausübungsfreiheit, die sich bei einer Orientierung am Selbstverständnis des Grundrechtsträgers einstellt, ist – jenseits der genannten gesetzgeberischen Konkretisierung der verfassungsimmanenten Schranken der Religionsfreiheit – auf Schrankenebene mit weit weniger Kosten für den Freiheitsschutz des Einzelnen als auf Schutzbereichsebene zu begegnen: Dem höheren Sozialbezug der Religionsausübung, ihrem höheren Konfliktpotenzial kann durch eine gestufte Schrankenarchitektur begegnet werden: Während das *forum internum*, die Bildung und das Haben eines Glaubens, wie die Gewissensfreiheit nach Art. 4 Abs. 1 GG lediglich verfassungsimmanent beschränkbar bleibt, kann die Religionsausübung, das *forum externum* dem gesetzgeberischen Regelungsanliegen in Gestalt eines einfachen Gesetzesvorbehalts zugänglich gemacht werden. Hier steht der Weg offen, die Norm des Art. 140 GG i. V. m. Art. 136 Abs. 1 WRV als Gesetzesvorbehalt zu aktivieren (Muckel 1997: 230ff., mit weiteren Nachweisen) – ein Weg, auf dem das Bundesverfassungsgericht im Falle des Schächtens dem Bundesverwaltungsgericht leider nicht gefolgt ist (BVerfGE 104, 337ff., gegenüber: BVerwGE 112, 227ff.).

4. Die Staatsfreiheit der Religion im Kleid der Körperschaft

Verlässt man die Ebene der individuellen Religionsfreiheit und wendet sich dem verfassungsrechtlichen Rahmen gemeinschaftlicher, organisierter Religionsfreiheit zu, wird der definitorische Zugriff des Verfassungsrechts auf Religion intensiver. Der Begriff der Religionsgemeinschaft ist materiellen Anforderungen weit mehr zugänglich, als derjenige der Religion, wenn eine Religionsgemeinschaft als Körperschaft des öffentlichen Rechts agieren will (vgl. Magen 2004). Schon die Qualifikation als Religionsgemeinschaft ist mit einer gewissen Homogenitätszumutung verbunden: Erforderlich ist die Gleichgerichtetheit des Bekenntnisses und die Reproduzierbarkeit der Glaubensinhalte. Hinzu tritt der Anspruch, den Menschen in seiner Ganzheit zu erfassen (Poscher 2000). Dass sich die Religionsgemeinschaften in eine unvergleichlich enge Beziehung zum Staat begeben können, zeigt sich dann besonders deutlich an der ihnen offen stehenden Rechtsform einer Körperschaft des öffentlichen Rechts.

Der Körperschaftsstatus ist als „öffentliches Kleid" (BVerfGE 102, 370 (388)) und institutioneller Unterbau auf die Entfaltung der korporativen Religionsfreiheit angelegt, ist also eine Form der Grundrechtsförderung (BVerfGE 102, 370 (387)). Mit ihm geht die Übertragung von Hoheitsrechten einher. Eben wegen der Verantwortung, die mit der Ausübung von Hoheitsgewalt einhergeht, ist die Verleihung des Körperschaftsstatus an anspruchsvolle Voraussetzungen geknüpft. Verlangt wird mit der Gewähr der Dauerhaftigkeit ein hohes Maß an organisatorischer Verdichtung. Vorbild waren hier die körperschaftlich organisierte katholische Kirche und die evangelischen Landeskirchen. Das Fehlen einer zentralen Deutungsinstanz in Glaubensfragen – zur Sicherung der Homogenität des Bekenntnisses – und der übergemeindlichen Organisation bereitet insbesondere islamischen Gemeinschaften auf dem Weg zur Körperschaft Hindernisse.

Eben wegen der Bindung jeder Hoheitsgewalt an Grundrechte sind auch Religionsgemeinschaften als Körperschaften wie der Staat an Recht und Grundrechte gebunden. Die Vergünstigungen, die mit dem Körperschaftsstatus einhergehen, bewirken erhöhte Einflussmöglichkeiten aber auch die erhöhte Gefahr eines Missbrauchs zum Nachteil der Religionsfreiheit der Mitglieder oder zum Nachteil anderer Verfassungsgüter. Bei der Bestimmung der Voraussetzungen, unter denen eine Religionsgemeinschaft den Status einer Körperschaft des öffentlichen Rechts erlangen kann, muss deswegen auch die Verantwortung des Staates zur Geltung gebracht werden, welche das Grundgesetz ihm auferlegt. Es gibt ihm die Achtung und den Schutz der Menschenwürde als des tragenden Konstitutionsprinzips und obersten Grundwerts der freiheitlichen, demokratisch verfassten Grundordnung auf und verpflichtet ihn zur Wahrung und zum Schutz der Grundwerte der Verfassung (BVerfGE 102, 370 (389), mit weiteren Nachweisen). Eine Religionsgemeinschaft, die den Status einer Körperschaft des öffentlichen Rechts erwerben will, muss deshalb die Gewähr dafür bieten, dass ihr künftiges Verhalten die in Art. 79 Abs. 3 GG umschriebenen fundamentalen Verfassungsprinzipien, die dem staatlichen Schutz anvertrauten Grundrechte Dritter sowie die Grundprinzipien des freiheitlichen Religions- und Staatskirchenrechts des Grundgesetzes nicht gefährdet (BVerfGE 102, 370 (392)). Die Religionsgemeinschaft begibt sich in eine Kooperation mit dem Staat und unterliegt in diesem Kooperationsverhältnis, soweit durch sie öffentliche Gewalt ausgeübt wird, recht engen verfassungsrechtlichen Bindungen. Der Begriff der Religionsgemeinschaft als Körperschaft des öffentlichen Rechts ist wiewohl Mantelbegriff weitaus stärker verfassungsrechtlich präformiert als derjenige der Religion. Das Verhalten einer Religionsgemeinschaft unterliegt in Bezug auf die Voraussetzungen des Körperschaftsstatus der staatlichen, der exekutiven und judikativen Kontrolle (BVerfGE 102, 370 (394)).

Mit dem öffentlich-rechtlichen Kleid einer Körperschaft empfiehlt sich eine Religionsgemeinschaft als Kooperationspartner des Staates und kommt in den Genuss eines institutionellen Unterbaus. Mit dem Steuererhebungsrecht wird ihr die Möglichkeit gegeben, die finanziellen Grundlagen ihres Wirkens notfalls mittels hoheitlichen Zwangs von ihren Mitgliedern zu erlangen. Körperschaften nahe stehende und zurechenbare Einrichtungen entlasten den freiheitlichen Sozialstaat als Träger sozialer Einrichtungen und Dienste von der Wahrnehmung eigner Aufgaben: Kirchliche Krankenhäuser, Pflegeheime und Kindergärten sind für die flächendeckende Versorgung der Bevölkerung vielerorts unverzichtbar. Mit dem Religionsunterricht als ordentlichem Lehrfach steht ein Forum zur Vermittlung von Glaubensinhalten offen.

Das Wechselspiel von Staat und Religionsgemeinschaft kann aber auch im Konflikt enden. Die Anerkennung kultureller und religiöser Varianz findet um des Staates willen Grenzen. Gegen die Herausforderung des religiösen Fundamentalismus ist der Verfassungsstaat gewappnet. Zum einen ist es die Überzeugungskraft des pluralen Diskurses selbst, der eine gute Basis bildet, im Gespräch, in der Auseinandersetzung des Arguments zu bestehen. Wenn allerdings die Diskursbasis selbst in Abrede gestellt wird, erweist sich die Verfassungsrechtsordnung als wehrhaft. Einer aggressiv kämpferischen, sich in entsprechenden Handlungen niederschlagenden Haltung gegen die repräsentative Demokratie und die Essentialia der verfassungsrechtlichen Ordnung kann mit repressiven Mitteln begegnet werden. Religion bietet hier keinen Schutz (vgl. BVerwGE 105, 313ff.).

Nach dem Wegfall des Vereinsprivilegs können die korporativen Strukturen fundamentalistischer religiöser Vereinigungen und Gemeinschaften mit dem Mittel des Vereinsverbotes zerschlagen werden (Pieroth/Kingreen 2001). Das Verbot des so genannten Kalifatsstaates im unmittelbaren zeitlichen Zusammenhang zu den Anschlägen des 11. September bildet den Präzedenzfall.

5. Ein Fazit: Religion als offener Verfassungsbegriff

Das Fazit fällt ernüchternd aus: Gegenüber den ausdifferenzierten Begriffsbildungen in Theologie, Religionswissenschaft und Religionssoziologie ist der Religionsbegriff im Religionsverfassungsrecht inhaltsarm geblieben. Anspruchsvolle Definitionsversuche in der Rechtsprechung auch des Bundesverfassungsgerichts lassen sich nicht ausmachen (vgl. Classen 2003: 21). Die gerichtliche Zurückhaltung ist allerdings kein Versäumnis, kein Ausweichen in Zeiten neuer Unübersichtlichkeit, sondern konsequenter Ausdruck religionsverfassungsrechtlicher Wertungen: Der Religionsbegriff ist als Mantelbegriff auf seine inhaltlich-materielle Ausfüllung durch die Grundrechtsberechtigten und deren Selbstverständnis angewiesen. Die verfassungsrechtliche Residualkontrolle ist auf bloße Plausibilität hin angelegt. Eine weitergehende materielle Ausfüllung des Religionsbegriffs ist dem säkularen, religiös-weltanschaulich neutralen Staat versagt. Eben hierin beweist sich die Verfassung als Rahmenordnung und erhält sich in ihrer Offenheit die Freiheitlichkeit, die sie benötigt, um allen Staatsbürgern, was immer sie sich zur Religion, Weltanschauung oder gewissensgeleiteten Überzeugung erwählen, eine Heimstatt zu sein.

Anmerkungen

1. Zu staatlichen Warnungen nur: BVerfGE 105, 279ff. – Osho.

2. Einen faktenreichen Überblick vermittelt auch: Antwort der Bundesregierung, Islam in Deutschland, BT/Drs. 14/4530 vom 8.11.2000.

3. VG Frankfurt am Main, Urt. v. 27.8.2001, NVwZ-RR 2002, 175ff.; VG Augsburg, Urt. v. 21.03.200-2, NVwZ-RR 2002, 597f.; OVG Koblenz, Beschl. v. 20.11.2000, NVwZ 2001, 933f.; BayVGH, Urt. v. 29.8.1996, NVwZ 1997, 1016ff.; BVerwG, Urt. v. 27.2.1992, NVwZ 1992, 2170ff.

4. BVerfGE 104, 337ff.; BVerwGE 99, 1ff. sowie: BVerwGE 112, 227ff.; OVG Hamburg, v. 14.9.1992, NVwZ 1994, 592ff.; VGH Kassel, v. 16.3.2000, NVwZ 2000, 951f.; VG Darmstadt, Urt. v. 9.9.1999, NVwZ-RR 2000, 513ff.

5. Zu den Auseinandersetzungen um den islamischen Religionsunterricht in Berlin vgl. BVerwGE 110, 326ff.; VG Berlin, Urt. v. 25.10.2001, NVwZ 2002, 1011ff.; OVG Berlin, v. 4.11.1998, NVwZ 1999, 786ff.; VG Berlin, v. 19.12.1997, InfAuslR 1998, 353ff.

6. BAG, Urt. v. 10.10.2002, NJW 2003, 1685ff.; LAG Hessen, Urt. v. 21.6.2001, NJW 2001, 3650ff.

7. BVerfG, Urt. v. 24.09.2003, NJW 2003, 3111ff.

8. BVerwGE 105, 313ff.

9. Als grundlegend hierzu kann noch immer auf die Arbeit von Fleischer (1989) verwiesen werden.

10. Diesen Grundsatz entnimmt das BVerfG in ständiger Rechtsprechung dem Normensemble der Art. 4 Abs. 1, Art. 3 Abs. 3, Art. 33 Abs. 3 GG sowie Art. 136 Abs. 1 und 4 und Art. 137 Abs. 1 WRV i. V. m. Art. 140 GG. Vgl. BVerfGE 93, 1 (17) mit Hinweis auf: BVerfGE 19, 1 (8); BVerfGE 19, 206 (216); BVerfGE 24, 2336 (246); BVerfGE 30, 415 (422).

11. Diese – berühmte und berüchtigte – Sentenz von E. W. Böckenförde (1991b: 112) ist scheinbar immer, wenn Staat und Religion in den Blickpunkt rücken, unvermeidbar. Sie findet sich in der Sache schon bei: Jellinek (1913: 252).

12. Insofern kann man mit Klaus Obermayer von einer „Sinnverantwortung" des Staates sprechen, vgl. Obermayer (1977: 16, 27).

13. Die außer-rechtswissenschaftlichen Definitionsversuche (vgl. Feil 2000; Feil 1995) sind hierüber hinaus für das Verfassungsrecht nur begrenzt aussagekräftig.

14. Exemplarisch aus der Rechtsprechung: BVerwGE 94, 82 (87); BSG, NJW 1981, 1526 (1526); OVG Münster, NVwZ 1986, 400 (400); BayVGH, NVwZ 1987, 706 (707); VGH Mannheim, NVwZ 1989, 878 (879). Weitere Nachweise auch aus der fachgerichtlichen Rechtsprechung bei: Fleischer (1989: 58).

Literatur

Abel, Ralf (1996): Die Entwicklung der Rechtsprechung zu neueren Glaubens- und Weltanschauungsgemeinschaften In: NJW 49: 91-95.
Abel, Ralf (1997): Die Entwicklung der Rechtsprechung zu neueren Glaubens- und Weltanschauungsgemeinschaften. In: NJW 50: 426-432.
Abel, Ralf (1999): Die Entwicklung der Rechtsprechung zu neueren Glaubens- und Weltanschauungsgemeinschaften. In: NJW 52: 331-337.
Abel, Ralf (2001): Die Entwicklung der Rechtsprechung zu neueren Glaubens- und Weltanschauungsgemeinschaften. In: NJW 54: 410-419.
Abel, Ralf (2003): Die Entwicklung der Rechtsprechung zu neueren Glaubens- und Weltanschauungsgemeinschaften. In: NJW 56: 264-268.
Arndt, Nina/Droege, Michael (2003): Das Schächturteil des BVerfG – Ein ‚dritter Weg' im Umgang mit der Religionsausübungsfreiheit. In: ZevKR 48: 188-198.
Badura, Peter (1989): Der Schutz von Religion und Weltanschauung durch das Grundgesetz. Tübingen.
Barion, Hans/Forsthoff, Ernst /Weber,Werner (1959): Festschrift für Carl Schmitt zum 70. Geburtstag. Berlin.
Barion, Hans (1959): Ordnung und Ortung im kanonischen Recht. In: Barion/Forsthoff/Weber (1959): 1-34.
Bettermann, Karl August (Hrsg.) (1960): Die Grundrechte. Band IV/1. Berlin.
Bettermann, Karl August (1984): Hypertrophie der Grundrechte. Hamburg.
Böckenförde, Ernst-Wolfgang (1978): Der Staat als sittlicher Staat. Berlin.
Böckenförde, Ernst-Wolfgang (1991a): Recht, Staat, Freiheit. Frankfurt a. M..
Böckenförde, Ernst-Wolfgang (1991b): Die Entstehung des Staates als Vorgang der Säkularisation. In: Böckenförde (1991a): 92-114.
Classen, Claus Dieter (2003): Religionsfreiheit und Staatskirchenrecht in der Grundrechtsordnung. Tübingen.
Denninger, Erhard (1994): Sicherheit, Vielfalt, Solidarität. In: Preuß (1994): 95-130.
Depenheuer, Otto (1999): Wahrheit oder Frieden? Die fundamentalistische Herausforderung des modernen Staates. In: Essener Gespräche 33: 5-35.

Diringer, Arnd (2004): Wirtschaftliche Betätigung und grundrechtlicher Schutz von so genannten neuen Jugendreligionen. In: NVwZ 23: 1312ff.
Dreier, Horst (2002): Kanonistik und Konfessionalisierung – Marksteine auf dem Weg zum Staat. In: JZ 57: 1-13.
Droege, Michael (2004): Staatsleistungen an Religionsgemeinschaften im säkularen Kultur- und Sozialstaat. Berlin.
EKD (2002): Räume der Begegnung. Religion und Kultur in evangelischer Perspektive. Gütersloh.
Feil, Ernst (1995): Zur Bestimmung und Abgrenzungsproblematik von ‚Religion'. In: Ethik und Sozialwissenschaften 6: 441-514.
Feil, Ernst (2000): Streitfall ‚Religion'. Diskussionen zur Bestimmung und Abgrenzung des Religionsbegriffs. Münster.
Fleischer, Thomas (1989): Der Religionsbegriff des Grundgesetzes. Bochum.
Fürstenau, Hermann (1891): Das Grundrecht der Religionsfreiheit nach seiner geschichtlichen Entwicklung und heutigen Geltung in Deutschland. Leipzig.
Graf, Friederich Wilhelm (2004): Die Wiederkehr der Götter. München.
Grimm, Dieter (1987a): Recht und Staat der bürgerlichen Gesellschaft. Frankfurt a. M.
Grimm, Dieter (1987b): Der Staat in der kontinentaleuropäischen Tradition. In: Grimm (1987a): 53-83.
Groh, Kathrin (2004): Selbstschutz der Verfassung. Berlin.
Hamel, Walter (1960): Glaubens- und Gewissensfreiheit. In: Bettermann (1960): 37-110.
Hense, Ansgar (1998): Glockenläuten und Uhrenschlag. Berlin.
Hillgruber, Christian (1999): Der deutsche Kulturstaat und der muslimische Kulturimport. In: JZ 54: 538-547.
Hollerbach, Alexander (1968): Staat und Kirche unter dem Grundgesetz. In: VVDStRL 26: 57-106.
Hufen, Friedhelm (1992): Fundamentalismus als Herausforderung des Verfassungsrechts und der Rechtsphilosophie. In: Staatswissenschaften und Staatspraxis 3: 455-485.
Huster, Stefan (2002): Die ethische Neutralität des Staates. Tübingen.
Isak, Axel (1994): Das Selbstverständnis der Kirchen und Religionsgemeinschaften. Berlin.
Isensee, Josef (1980): Wer definiert die Freiheitsrechte. Selbstverständnis der Grundrechtsträger und Grundrechtsauslegung des Staates. Heidelberg.
Isensee, Josef (1996): Gemeinwohl und Staatsaufgaben im Verfassungsstaat. In: J. Isensee/P. Kirchhof (1996): § 57.
Isensee, Josef/Kirchhof, Paul (1996): Handbuch des Staatsrechts. Bd. III. Heidelberg.
Jeand'Heur, Bernd/Korioth, Stefan (2000): Staatskirchenrecht. Stuttgart.
Jellinek, Georg (1913): Allgemeine Staatslehre. Nachdruck 1966. Bad Homburg.
Luhmann, Niklas (2000): Die Religion der Gesellschaft. Frankfurt a. M.
Magen, Stefan (2004): Körperschaftsstatus und Religionsfreiheit. Tübingen.
Morlok, Martin (1993): Selbstverständnis als Rechtskriterium. Tübingen.
Muckel, Stefan (1997): Religiöse Freiheit und staatliche Letztentscheidung. Berlin.
Muckel, Stefan (1998): Der Ruf des Muezzin. In: NWVBl. 12: 1-6.
Müller-Volbehr, Gerd (1995): Das Grundrecht der Religionsfreiheit und seine Schranken. In: DÖV 48: 301-310.
Obermayer, Klaus (1977): Staat und Religion. Berlin.
Oebecke, Janbernd (2003): Muslimische Gemeinschaften im deutschen Recht. Frankfurt a. M.
Pieroth, Bodo/Kingreen, Thorsten (2004): Das Verbot von Religions- und Weltanschauungsgemeinschaften. In: NvwZ 20: 841-846.
Poscher, Ralf (2000): Totalität – Homogenität – Zentralität – Konsistenz. In: Der Staat 39: 49-67.
Preuß, Ulrich K. (1994): Zum Begriff der Verfassung. Frankfurt a. M.
Preuß, Ulrich K. (1998): Die Belagerung des liberalen Verfassungsstaates durch die multikulturelle Gesellschaft. In: Leviathan 26: 60-76.
Robbers, Gerhard (2000): Staat und Religion. In: VVDStRL 59: 231-365.

Rohe, Mathias (2001): Der Islam – Alltagskonflikte und Lösungen. Tübingen.
Sarcevic, Edin (2000): Religionsfreiheit und der Streit um den Ruf des Muezzins. In: DVBl. 115: 519-528.
Schlaich, Klaus (1972): Neutralität als verfassungsrechtliches Prinzip. Tübingen.
Schlink, Bernhard (1997): Zwischen Säkularisation und Multikulturalität. In: Stober (1997): 301-316.
Smend, Rudolf (1994a): Staatsrechtliche Abhandlungen. Berlin.
Smend, Rudolf (1994b): Verfassung und Verfassungsrecht. In: Smend (1994a): 119-276.
Stober, Rolf (1997): Recht und Recht. Festschrift für Gerd Roellecke. Stuttgart.
Thüsing, Gregor (2000): Ist Scientology eine Religionsgemeinschaft? In: ZevKR 45: 592-621.
Tibi, Bassam (2000): Der Islam und Deutschland. Stuttgart.
Tillich, Paul (1966): Systematische Theologie. Stuttgart.
Vorländer, Hans (2002): Integration durch Verfassung. Opladen.

III. Der Begriff der Religion: politikwissenschaftliche Perspektiven

Religion in der vergleichenden Politikwissenschaft:
Begriffe – Konzepte – Forschungsfelder

Antonius Liedhegener

1. Religion als Thema der vergleichenden Politikwissenschaft: eine Fehlanzeige?

Das Verhältnis von Politik und Religion ist in Bewegung geraten. Der zeitgenössische Beobachter kann nicht umhin, diese Tatsache zu registrieren. Spätestens seit dem Ausgang des Ost-West-Konflikts tauchen religiöse Fragen in den unterschiedlichsten politischen Zusammenhängen verstärkt auf. Religiös motivierter Terror hat Religion zu einem Thema der Weltpolitik gemacht. Während früher bestenfalls einzelne regionale Konflikte etwa in Nordirland oder im Nahen Osten als Konflikte mit religiösen Implikationen wahrgenommen wurden, halten heute nicht wenige Zeitgenossen die Weltreligionen für eine wesentliche Ursache der gegenwärtigen Konfliktstruktur der Weltpolitik bzw. der internationalen Beziehungen. Im Prozess der europäischen Integration sind Konflikte aufgetreten, in denen, wie etwa bei der Frage einer Präambel der europäischen Verfassung oder des Beitritts der Türkei, Religion im Mittelpunkt des Streits um Selbstverständnis und Richtung des weiteren Wegs der Europäischen Union steht. In etablierten Demokratien haben sich etwa in den USA religiöse Bewegungen und Organisationen formiert, die Einfluss auf das jeweilige Parteiensystem und Wahlverhalten ausüben. In Frankreich, Großbritannien oder Deutschland wird anhaltend um die richtige Grenzziehung zwischen Staat und Kirche gerungen. Debatten um das ‚Kopftuch' werden in vielen Staaten dieser Welt geführt. Auch in vielen jungen Demokratien der dritten bzw. vierten Welle der Demokratisierung, die ihren Ausgangspunkt bekanntlich häufig in den Räumen der Kirchen nahm, gehört die Frage der Abgrenzung bzw. Zuordnung von Religion und Staat bzw. Politik zu den im Zuge der Konsolidierung zu lösenden Aufgaben.

Diese wenigen Hinweise zeigen, dass die Politikwissenschaft dem Phänomen ‚Religion' weniger denn je ausweichen kann. Will man nicht ausschließlich über den religiös motivierten Terrorismus reden, so stellen die aktuellen Veränderungen vor allem die vergleichende Politikwissenschaft vor Herausforderungen. Der folgende Beitrag konzentriert sich daher bewusst auf diese Teildisziplin. Inhaltlich verspricht die vergleichende Untersuchung der Rolle von Religion in verschiedenen politischen Systemen und den gängigen Dimensionen von *polity*, *politics* und *policy* (vgl. statt vieler Lehner/Widmaier 2002: 12) besondere Erkenntnisfortschritte zur politischen Relevanz des religiösen Faktors. Gleichzeitig ergibt sich damit – ganz pragmatisch – auch eine Abgrenzung der heranzuziehenden politikwissenschaftlichen Literatur. Wenn im Folgenden der Versuch unternommen wird, anhand der deutschsprachigen und angelsächsischen Forschung die vorfindbaren Begriffsdefinitionen von ‚Religion', verschiedene Forschungskonzepte und ausgewählte Forschungsfelder vorzustellen, ist dies gleichwohl nicht ohne Schwierigkeiten zu bewerkstelligen.

Der Blick in die gängigen deutschsprachigen Lehrbücher der vergleichenden Politikwissenschaft zeigt, dass das Thema ‚Religion' als eine eigenständige Dimension der vergleichenden Analyse politischer Systeme bislang nicht existiert. Begriffsdefinitionen oder explizite Operationalisierungen von ‚Religion' sind hier Mangelware. Hierin unterscheiden sich aktuelle Werke (Berg-Schlosser/Müller-Rommel 2003; Lehner/Widmaier 2002) nicht von älteren Lehrbüchern (Naßmacher 1991; Hartmann 1995, dort aber zum Islam der Sache nach ausführlicher 162-188). Auch der vielversprechende Griff zu jenem von John T. S. Madeley im Rahmen der *International Library of Politics and Comparative Government* herausgegebenen Band *Religion and Politics* endet mit einer Enttäuschung (Madeley 2003). In diesem ebenso teuren wie dickleibigen Werk, das ‚nur' Zeitschriftenbeiträge aus englischen Journals abdruckt, sucht der Leser einen grundlegenden Beitrag etwa des Herausgebers vergeblich. Gleiches gilt auch für das *New Handbook of Political Science* von 1996 (Goodin/Klingemann 1996).

Angesichts dieser Ausgangslage wird im Folgenden die Strategie verfolgt, das Problem der Begriffsdefinition bzw. konzeptionellen Einordnung von ‚Religion' in der vergleichenden Politikwissenschaft gleichsam empirisch aufzuarbeiten. Zunächst werden einschlägige, der vergleichenden Politikwissenschaft zuzuordnende Lexika auf ihre Auskünfte zum Themenfeld ‚Religion' befragt. Sodann werden verschiedene Forschungsfelder in den Blick genommen. Diese sind unter die drei Oberrubriken ‚Religion und Demokratisierung', ‚Religion und politische Gewalt' und ‚Religion in etablierten Demokratien' subsumiert worden, um Forschungsfragen, die nach Ansicht des Autors ähnlich bzw. miteinander verwandt sind, zusammenhängend thematisieren zu können.

2. Begriff und Begriffsfeld in politikwissenschaftlichen Lexika

Lexika und Handbücher reflektieren den Kenntnisstand und die vorherrschenden Problemsichten einer Wissenschaft, hier der vergleichenden Politikwissenschaft. Bevor einzelne Definitionen von ‚Religion' vorgestellt werden, ist es interessant, wie das Phänomen, sofern es berücksichtigt wird, in Artikel und Stichworte umgesetzt wird. Oft fehlt nämlich ein expliziter Eintrag ‚Religion', nicht aber das

Phänomen als solches. Religion wird in Lexika etwa verhandelt unter dem Eintrag „Religionsfreiheit" (Neumann 2003). Die politische Relevanz von Religion in diesem Sinne ist unmittelbar einsichtig. Grundrechtsfragen und Fragen der rechtlichen Zuordnung von Religionsgemeinschaften und Staat berühren sowohl die Grundlagen demokratischer staatlicher Ordnung als auch die Grundstruktur und Herrschaftstechnik diktatorischer Regime. Andere Lexika, wie etwa das von Everhard Holtmann herausgegebene, legen den Schwerpunkt auf den Eintrag „Kirche und politisches System" (Jasper 2000). Damit wird die überkommene institutionelle und organisatorische Gestalt von Religion in Europa, die Verfasstheit als ‚Kirche' im Sinne fest organisierter, sozial abgrenzbarer Gruppen oder Körperschaften der Mitglieder eines bestimmten christlichen Glaubensbekenntnisses, und ihre Zuordnung zum politischen System bzw. Staat in den Mittelpunkt gerückt. Noch etwas enger ist der Fokus, wenn der Eintrag sich wie etwa in der *International Encyclopedia of Government and Politics* auf „Church and Government" bezieht (Redditt 1996). Mit diesem Fokus wird notwendig das jeweilige Rechtsgefüge zwischen Staat und Kirche ins Zentrum gestellt. Die wichtige, vierbändige *Encyclopedia of Democracy* kennt dagegen nur den Eintrag „Religion, civil" (Beiner 1995). Hier wird erwartungsgemäß anhand von Rousseau und Tocqueville vor allem das Legitimationsproblem demokratischer Herrschaft insbesondere auf Seiten der Bürger verhandelt. Abgesehen vom Islam gelte: „[T]he very question of the relationship between religion and politics seems anachronistic in a world in which religion has been thoroughly privatized by Protestant Christianity in alliance with political liberalism" (ebd.: 1054).

Wie steht es aber nun um explizite Definitionen von ‚Religion' in der vergleichenden Politikwissenschaft? Die in den zitierten Lexikonartikeln zum Ausdruck kommende Zurückhaltung vieler Politikwissenschaftler in dieser Frage ist verständlich. Anthony Gill, der einen der wenigen substanziellen Überblicksartikel zum Thema geschrieben hat, stellt fest: „Defining religion is a slippery enterprise" (Gills 2001: 120). Sein eigener Vorschlag lautet: Religion ist „a system of beliefs and practices oriented toward the sacred or supernatural, through which the life experience of groups of people are given meaning and direction" (ebd., im Anschluss an Smith 1996: 5). Gill merkt an, dass diese Definition den Konfuzianismus nicht wirklich mit einschließe. Der Vorteil ist nach Gill aber, dass mit ihr die Masse der heute bekannten Weltreligionen eindeutig abgedeckt ist, da sie den Akzent auf die übernatürliche Dimension legt. Gleichzeitig betone sie die Tatsache, dass Religion „frequently take on an institutional form" (ebd.).

Manfred G. Schmidt, der im Alleingang ein politikwissenschaftliches Wörterbuch vorgelegt hat, das der vergleichenden Politikwissenschaft in hohem Maße verpflichtet ist, hat der zweiten, erheblich erweiterten Auflage das Stichwort ‚Religion' hinzugefügt (Schmidt 2004: 608f.). In sozialwissenschaftlicher Perspektive ist Religion demnach ein „System von Glaubensüberzeugungen und zeremoniellen Riten, das auf einer – allgemeinere [sic] Verbindlichkeit beanspruchenden – Unterscheidung von heiligen und profanen (also vor dem heiligen Bereich liegenden) Dingen und der positiven Bezugnahme auf eine überweltliche, göttliche Wesenheit beruht und das in der Regel (abgesehen vom Falle privater R.) als Kirche, Kirchengemeinde, Sekte oder Orden in einer organisierten Gemeinschaft von Gläubigen institutionalisiert ist" (Schmidt 2004: 608). Im bereits zitierten Lexikon Holtmanns findet sich eine Definition, die ganz ähnlich angelegt ist, die allerdings zusätzlich die Rolle von Priestern als definierendes Element einführt (Brinkmann 2000: 600). Dort wo ‚Religion' explizit definiert wird, zeigt sich also insgesamt eine gewisse Konvergenz: Transzendenzbezug, kollektive Sinnstiftung und Institutionalisierung sind die zentralen Charakteristika der Definitionen von Religion.

Jeweils deutlich andere Wege beschreiten der Lexikonbeitrag von Jürgen Gebhardt (Gebhardt: 2002) und der von Ted Jelen und Clyde Wilcox vorgelegte Sammelband *Religion and Politics in Comparative Perspective* (Jelen/Wilcox 2002). Gebhardts facettenreicher begriffsgeschichtlicher Überblick verzichtet auf eine eigene Definition. Statt dessen werden verschiedene historisch wie aktuell „vorherrschende(n) Bedeutungsgehalte" bzw. Theoriediskussionen vorgestellt (Gebhardt 2002: 808), die aber kaum auf die Probleme einer empirisch-vergleichenden Erforschung unterschiedlicher politischer Systeme rückbezogen werden. Genau an diesem Punkt setzt der Sammelband von Jelen und Wilcox an. Sein Untersuchungsgegenstand bzw. die von den Herausgebern explizit eingeführte abhängige, zu erklärende Variable ist die „nature of religious politics in particular settings" (Jelen/Wilcox 2002: 7). Allerdings stelle die schiere Vielfalt der religiösen Traditionen und der politischen Systeme sowie deren unterschiedliche Zuordnungen und Überschneidungen eine entmutigende Herausforderung für alle im nationalen Vergleich angestrebten Generalisierungen zum Verhältnis von Religion und Politik dar. An Stelle einer Definition von Religion liefern die Herausgeber daher eine Beschreibung, die auf die Vielfalt und Unterschiede zwischen den Weltreligionen abhebt. Religionen „differ in the attention they devote to converting others to the faith, and to secular matters, such as politics. Even within religious traditions there is considerable variation: evangelical Protestants in the United States and Latin America differ theologically with Protestants who dominate northern Europe" (Jelen/Wilcox: 4). Anders gesagt, weder ein allgemeiner Religionsbegriff noch der Rückgriff auf die verschiedenen Weltreligionen oder christlichen Konfessionen *in toto* eignen sich nach Jelen und Wilcox als erklärende Variablen der unterschiedlichen Arrangements von Politik und Religion in verschiedenen Staaten.

3. Religion und Demokratisierung

Sowohl in historischer Perspektive auf die Geschichte Europas und Amerikas als auch im Blick auf die heutige Staatenwelt ist das Verhältnis von Religion und Demokratisierung ein zentrales Thema. In der vergleichenden Politikwissenschaft haben in den späten 1950er und 1960er Jahren die Arbeiten amerikanischer Politikwissenschaftler im Rahmen der Modernisierungstheorie für lange Zeit den Grundton vorgegeben. Interessanterweise setzte sich in den schon damals vergleichsweise sehr frommen Vereinigten Staaten eine theoretische Sicht durch, die Religion *per se* als ein Hindernis auf dem Weg zur Moderne und damit zu einem demokratischen Gemeinwesen sah. Exemplarisch sei hier das mehrfach neu aufgelegte Standardwerk von Gabriel Almond und Bingham Powell *Comparative Politics Today. A World View* zitiert (Almond/Powell 1996; vgl. auch Almond/Powell/ Mundt 1996). Der Einzelne müsse sich aus seinen traditionalen, durch religiöse Vorschriften und Eliten bestimmten Bindungen lösen, um als autonomes Individuum seine Kräfte in den verschiedenen Teilsystemen einer strukturell sich zunehmend ausdifferenzierenden Gesellschaft entfalten zu können. In der Politik bedeute dies die Übernahme einer aktiven Bürgerrolle. In diesem Kontext war eine massive Säkularisierung, eine nachhaltige Freisetzung der Welt aus religiösen Begründungszusammenhängen eine *conditio sine qua non* für eine gelingende Demokratisierung (Lerner 1968). In dem ansonsten für den Vergleich politischer Systeme immer noch sehr hilfreichen Theorieangebot der funktional-strukturellen Systemtheorie findet sich diese zu einfache Hypothese von „mehr Religion = weniger Demokratie" bis heute (Beiner 1995: 1054).

In der politischen Wirklichkeit haben zahlreiche Staaten der dritten bzw. vierten Welle der Demokratisierung, die Anfang der 1970er Jahre mit der Rückkehr Portugals und Spaniens zur Demokratie begann, diese Hypothese widerlegt. Samuel Huntington hat in seinem in Deutschland nur wenig beachteten Buch *The Third Wave. Democratization in the Late Twentieth Century* 1991 die Bedeutung insbesondere der katholischen Kirche für diese erstaunliche Veränderung betont (Huntington 1991: 74ff.). Er wies nach, dass unter den rund 30 Staaten, die zwischen 1974 und 1990 den Schritt von einem autoritären Herrschaftssystem zur Demokratie schafften, Länder mit katholischer Bevölkerungsmehrheit und katholischer Kultur einen großen Anteil hatten. Ausdrücklich hob Huntington die wichtige Rolle der katholischen Kirche und ihres Engagements für Menschenrechte und Demokratie insbesondere in den Ländern Lateinamerikas hervor. Gegenläufig zur gängigen, vor allem in protestantisch geprägten Ländern weit verbreiteten Ansicht, „Roman Catholicism and democracy as fundamentally opposed" zu halten (Sigmund 1995: 181; Huntington 1996: 75), hatten in der katholischen Kirche nämlich zuvor weitreichende Veränderungen stattgefunden. Mit dem Pontifikat

Johannes XXIII. und mit dem Zweiten Vatikanischen Konzil (1962-1965) änderte sich schließlich auch die im 19. Jahrhundert zunächst feindliche, später bestenfalls indifferente Position der katholischen Kirche zu Demokratie und Volkssouveränität grundlegend. Das Konzil würdigte erstmals ausdrücklich die Religions- und Gewissensfreiheit und sprach sich explizit zugunsten demokratischer Herrschaftsformen aus (Sigmund 1987: bes. 540-547). Mit Huntington kann daher festgehalten werden: „After 1970 (...) Catholicism was a force for democracy because of changes within the Catholic Church" (Huntington 1991: 77ff.).

Diese von Sozialwissenschaftlern anfangs kaum gewürdigten innerkatholischen Veränderungen machen darauf aufmerksam, dass religiöse Überlieferungen und Traditionen selbst keine statischen philosophischen Gedankengebäude sind, sondern Deutungskulturen, die sich zum Teil mit einer erstaunlichen Flexibilität an sich ändernde politische Rahmenbedingungen anzupassen wissen oder gar, wie im vorgestellten Fall, letztere aktiv zu beeinflussen vermögen.

Das Wissen um solche Entwicklungsmöglichkeiten innerhalb religiöser Traditionen dürfte auch für die Debatten um die Demokratiefähigkeit anderer religiöser Traditionen und insbesondere des Islams von Nutzen sein. Am Beispiel der Staaten Ägypten, Algerien und Libanon hat etwa Mehran Tamadonfar im Sammelband von Jelen und Wilcox gezeigt, dass es innerhalb verschiedener Staaten mit mehrheitlich islamischer Bevölkerung durchaus unterschiedliche Zuordnungen von Staat und Religion und unterschiedliche innenpolitische Allianzen gibt (Tamadonfar 2002). Allerdings hat er gleichzeitig eindrücklich betont, dass derzeit all jene Gruppen, die als Islamisten bezeichnet werden können, an ihrem „commitment to gain power, by eradicating the existing regimes and establishing Islamic states" (Tamadonfar: 163) ungebrochen festhalten und bestenfalls taktische Kompromisse mit anderen politischen Kräften der Region eingehen. Für die asiatischen Staaten mit einer starken konfuzianischen Tradition hat Mathias Hildebrandt die Komplexität und historische Bedingtheit des Verhältnisses der verschiedenen Traditionen im Konfuzianismus zur Demokratisierung betont. Während Huntington tendenziell noch von einer inhärenten Demokratieunfähigkeit des Konfuzianismus ausging, zeigt Hildebrandt, dass „die demokratischen Kräfte in China, Taiwan, Hongkong und Südkorea eine Synthese zwischen Konfuzianismus und den Prinzipien der westlichen Demokratie herzustellen (versuchen), indem sie sich auf die herrschaftskritischen Elemente der konfuzianischen und anderer religiöser Traditionen berufen" (Hildebrandt 2003: 474).

4. Religion und politische Gewalt

Der Einband des von John Storey und Glenn Utter verantworteten Bandes *Religion and Politics* in der Reihe *Contemporary World Issues* zeigt groß und in Farbe eine Porträtaufnahme Osama bin Ladens (Storey/Utter 2002). Der Band, der als Nachschlagewerk zu Religionsgemeinschaften, religiösen Persönlichkeiten und Informationsquellen im weltweiten Maßstab konzipiert ist, im Einzelnen aber eine klare Präferenz auf US-amerikanische Inhalte aufweist, bedient damit die öffentliche Wahrnehmung von politischer Religion nach dem Ereignis ‚9/11'. Politische Gewalt, hier verstanden als offene, brutale Gewaltanwendung gegenüber bestehenden politischen Systemen, ihren Einrichtungen, Eliten und Bürgern, ist ein drängendes Thema, das die vergleichende Politikwissenschaft wie das Teilgebiet Internationale Beziehungen gleichermaßen betrifft.

Im Kontext der vergleichenden Politikwissenschaft wird das Phänomen religiös begründeter oder motivierter politischer Gewalt unter dem Stichwort ‚Fundamentalismus' debattiert. Die gegenwärtige Agenda der Forschungen der vergleichenden Politikwissenschaft zum Thema Religion und Politik ist nach der Einschätzung Anthony Gills dominiert von den zahlreichen Versuchen, das Phänomen des Fundamentalismus und das aus diesem Zusammenhang hervorgegangene neue politische Gewaltpotential mit religiösem Hintergrund zu erklären (Gill 2001: 123f.). An erster Stelle nennt Gill das viel beachtete *Fundamentalism Project*, das schon zu Beginn der 1990er Jahre, d. h. relativ zum Problem sehr früh, von Scott Appleby und Martin E. Marty im Umfeld der University of Chicago und der University of Notre Dame ins Leben gerufen worden ist und von der American Academy of Arts and Science finanziert wurde (vgl. aus der Reihe der Projektpublikationen insbesondere Appleby/Marty 1991, 1993; Almond/Appleby/Sivan 2003). In diesem Kontext ist die Entstehung des Fundamentalismus vor allem mit einer von seinen Anhängern subjektiv wahrgenommenen Bedrohung ihres Glaubens und ihres Lebensstils erklärt worden. Fundamentalismus ist eine Reaktion auf eine tatsächliche oder befürchtete Krise. Die Kurzformeln für die Ursachen der Krise am Ende des 20. Jahrhunderts lauten ‚globale Modernisierung' bzw. ‚Globalisierung'. Religiöser Fundamentalismus richte sich gegen die Idee einer westlichen Moderne, die auf der Autonomie des Individuums aufbaue. Fundamentalismus versuche, Sicherheit in der Lebensführung zurückzugewinnen, indem er den Einzelnen in die Gleichförmigkeit eines organisch gedachten, religiösen Kollektivs zurückzudrängen suche. In Deutschland argumentiert in diese Richtung vor allem Bassam Tibi (Tibi 1995). Wilfried Röhrich sieht dagegen in seinem Buch *Die Macht der Religionen. Glaubenskonflikte in der Weltpolitik* eher einen dualistischen, von beiden Seiten ausgehenden Konflikt zwischen der hegemonialen USA und ihrem ‚amerikanischen Christentum' auf der einen und den armen, meist islamischen Staaten und Regionen auf der anderen Seite (Röhrich 2004). Insgesamt scheint es – wohl auch infolge der Thesen Huntingtons vom Zusammenprall der Zivilisationen (Huntington 1996) – derzeit einen Trend zu geben, bei der Beschreibung und Erklärung des Fundamentalismus von einzelnen politischen Systemen zu abstrahieren und überstaatliche Räume bzw. Regionen als Analyseeinheit zu wählen (vgl. auch Jelen/Wilcox 2002: 322f.). Disziplinär gesehen wird dadurch eine Zuordnung der Studien sowohl zur vergleichenden Politikwissenschaft wie zur Lehre von den Internationalen Beziehungen möglich.

In der amerikanischen vergleichenden Politikwissenschaft wird diese Art der Fundamentalismusforschung mindestens in zweierlei Hinsicht kritisiert. Einmal wird eingewandt, dass bislang den religiösen Traditionen selbst nicht genügend Raum in den Studien eingeräumt werde. Die politischen Implikationen der heiligen Texte und Überlieferungen gelte es zu erkunden. Unausweichlich wird dann die – aus deutscher Sicht alte – Debatte um die Konflikthaltigkeit der monotheistischen Weltreligionen neu entdeckt: „The First Commandment appears to have profound political consequences" (Jelen/Wilcox 2002: 320ff.).

Die zweite Richtung der Kritik wirft Erklärungen des Fundamentalismus als Folge von Modernisierungs- und Globalisierungskrisen vor, sich mit der Berufung auf im Prinzip nicht falsifizierbare makrosoziologische Konzepte in die Nähe von metaphysischen Erklärungen zu begeben – ein Manko, das diese Kritiker genauso schon in der älteren Säkularisierungsdebatte ausmachten. Gefordert wird daher „a methodological emphasis on the individual" (Gill 2001: 126). Ob und wie sich der Fundamentalismus und terroristische Gewalt weiterentwickeln, hänge weniger von den Inhalten einzelner Glaubenslehren, sondern vielmehr von den je individuellen Kosten-Nutzen-Kalkülen der einzelnen Akteure innerhalb ihrer jeweiligen Kontexte ab. Ins Zentrum der Erklärung wird so eine an Rational-Choice-Überlegungen orientierte ‚Religious Economy' gerückt, in der es das Verhalten von Individuen in Institutionen und religiösen Märkten zu untersuchen und zu generalisieren gilt (Gill 2001: 130ff. mit weiterer Literatur).

Trotz der ungebrochenen Dringlichkeit bzw. öffentlichen Aufmerksamkeit für das Phänomen ‚Fundamentalismus' ist die vergleichende Politikwissenschaft mit Michael Minkenberg und Ulrich Willems allerdings vor einer drohenden „Verengung des Blickwinkels auf die Bedeutung des Fundamentalismus in der heutigen Welt" zu warnen (Minkenberg/Willems 2002: 6; Minkenberg/Willems 2003a: 32). Der folgende Blick auf die Rolle von Religion in etablierten Demokratien zeigt, wie vielschichtig das Thema jenseits der Fundamentalismusdebatte tatsächlich ist. Im Einzelnen sollen dazu vier Grundaussagen bzw. Befunde der neueren Forschung näher erläutert werden.

5. Religion in etablierten Demokratien

5.1 In modernen, verfassungsstaatlichen Demokratien nimmt Religion Einfluss auf die verfassungsrechtliche Ordnung eines Staates bzw. politischen Systems

Verfassungen sind in aller Regel politische Basiskompromisse, die einer spezifischen historischen Ausgangssituation geschuldet sind. Durch ihre Bewährung im Zeitverlauf verfestigen sich diese Kompromisse aber häufig und erlangen schließlich den Charakter unangefochtener, nicht hinterfragter Grundsätze. Dieser Vorgang lässt sich in vielen Demokratien auch bei der Institutionalisierung der Religionsfreiheit als Grundrecht aufzeigen. Zur Verfassung im weiteren Sinne eines jeden politischen Systems gehören zahlreiche rechtliche Regelungen der Abgrenzung bzw. Zuordnung von Religion und Politik. Im westlichen Kontext wird dieser Regelungskomplex meist als Staat-Kirchen-Verhältnis bezeichnet. Nicht zuletzt vor dem Hintergrund der in den 1990er Jahren stark beschleunigten europäischen Integration hat die vergleichende Politikwissenschaft diesem Staat-Kirchen-Verhältnis eine bislang unbekannte Aufmerksamkeit geschenkt. Im Zentrum der Bemühungen der Arbeiten von Stephen Monsma, Christopher Soper, Gerhard Robbers oder Michael Minkenberg stehen Versuche, zu plausiblen Typologien zu gelangen, die es erlauben, die historisch gewachsene Vielfalt im Verhältnis von Staat und Kirchen im atlantischen Raum zu systematisieren und ähnliche Fälle zu Gruppen zusammenzufassen (vgl. Minkenberg 2002, 2003a, 2003b; Monsma/Soper 1997; Monsma 2000; Robbers 2003). Dabei gelangt die Forschung zu sehr unterschiedlichen Bewertungen, wenn es um die Frage nach dem ‚besten Modell' geht. Die kämpferische Trennung Frankreichs, die freundliche, aber (noch) sehr strikte Trennung der USA, die kooperative Trennung der Bundesrepublik Deutschland – alle drei Varianten finden ihre wissenschaftlichen Befürworter. Entschieden treten etwa Monsma/Soper gegen das U.S.-Trennungsmodell und für eine kooperative Trennung ein (Monsma/Soper 1997).

Der naheliegende Versuch, Unterschiede im Staat-Kirchen-Verhältnis als erklärende Variable etwa für Politiken in einzelnen Politikfeldern heranzuziehen, hat aber bislang keine durchschlagenden Ergebnisse geliefert – vielleicht auch deshalb, weil in westlichen Demokratien in der Praxis eine gewisse Konvergenz hin zu friedlichen, kooperativen Arrangements vorzuherrschen scheint (Monsma 2000; Müller 2003; Ballestrem 2005). Die jüngeren Studien zum Staat-Kirchen-Verhältnis zeigen aber eines sehr deutlich: „In modern nations, religious autonomy cannot be granted (purely) by an absence of government action or regulation" (Jelen/Wilcox 2002: 319). In modernen, pluralen Gesellschaften mit ihren langen Handlungsketten bestehen vielfache, nicht zu umgehende Zwänge zur rechtlichen Regulierung der alten Frage der Zuordnung von Staat und Religion.

5.2 Religion prägt Parteien, Parteiensysteme und damit die Machtverteilung in Demokratien mit

Diese Aussage ist eine Einsicht der 1960er Jahre, die sich mit den Namen bzw. Arbeiten von Lipset und Rokkan in den USA oder Lepsius in Deutschland verbindet (Lispet/Rokkan 1967a; Lepsius 1966). Zumindest indirekt hat sie über die Theorie der für das Wahlverhalten (mit-)entscheidenden Hauptkonfliktlinien einer Gesellschaft Eingang in das Lehrbuchwissen der vergleichenden Politikwissenschaft gefunden. Danach waren die strategischen Entscheidungen der Eliten etwa in den zahlreichen ‚Kulturkämpfen' in den europäischen Staaten des 19. Jahrhunderts ursächlich für die dauerhafte Strukturierung des Parteiensystems. Für die Zeit nach 1945 haben Lipset und Rokkan daher im europäischen Vergleich von den „frozen party systems" gesprochen (Lispet/Rokkan 1967b: 50).

Stärker als dies in der vergleichenden Politikwissenschaft präsent ist, hat gerade die jüngere historische Forschung ausgeleuchtet, wie etwa die Konfliktlinie Staat-Kirche auch lebensweltlich bis weit in die Nachkriegszeit hinein in weltanschaulich getrennten und sozial recht scharf voneinander abgegrenzten Milieus oder Teilgesellschaften verankert gewesen ist (Dürr/Walter 1999; Horstmann/Liedhegener 2001; Walter 1999). Die Länderstudien zum aktuellen Wahlverhalten in Europa, die im verdienstvollen Band David Brougthons und Hans Martien ten Napels von 2000 versammelt sind, zeigen einerseits, dass Religion in Europa anders als in den USA derzeit *summa summarum* keine wahlentscheidende Bedeutung zukommt (Brougthon/ten Napel 2000). Andererseits sind in den meisten Parteiensystemen der behandelten Länder Religion, bzw. genauer, die verschiedenen christlichen Traditionen und ihre säkularen Gegenspieler gleichsam als Hintergrundfaktoren immer noch deutlich erkennbar. In diesem Kontext ist auch auf die zahlreichen neueren, oftmals vergleichend angelegten historischen Arbeiten hinzuweisen, die zur Parteifamilie der christlichen Demokratie bzw. einzelner christlicher bzw. gemäßigt konservativer Parteien erschienen sind (Buchstab/Uertz 2004; Gehler/Kaiser/Wohnout 2001; Kalyvas 1996; Lamberts 1997). Ein vertieftes Verständnis der heutigen Parteienkonstellationen in westeuropäischen Demokratien setzt m. E. eine Auseinandersetzung mit dem Wandel bzw. der Auflösung älterer sozialer Milieus in diesen Gesellschaften seit den 1970er Jahren voraus.

Darüber hinaus ist hier auch auf sich abzeichnende, neue Fragestellungen hinzuweisen. In vergleichender Perspektive wird zu untersuchen sein, ob und wie die Zunahme des islamischen Bevölkerungsanteils in vielen Staaten Europas sowie das Erstarken des Islamismus – was ja zwei zu unterscheidende Vorgänge sind – sich auf den Parteiwettbewerb auswirken werden (vgl. Jelen/Wilcox 2002: 318). Einen eigenständigen Problemkreis zur Bedeutung von Religion und Kirchen für den Wandel von Parteiensystemen stellen die Transitionsländer Mittel- und Osteuropas dar. Junge, vielfach instabile Parteien und rasch wechselnde parlamentarische Mehrheiten legen zunächst Analysen vor allem kurzfristiger Faktoren nahe. Gleichwohl dürfte die Frage nach der Repositionierung der verfassten Kirchen, die anders als in Westeuropa ja vielfach der ostkirchlichen bzw. orthodoxen Tradition angehören, in den nunmehr pluralistischen Gesellschaften und insbesondere im Parteienwettbewerb der jungen Demokratien mittelfristig von erheblicher Bedeutung sein (Ansätze in Casanova 1994a; Uertz/Schmidt 2004).

5.3 Religion beeinflusst auch die Formulierung und Umsetzung von Politiken

Für diesen Zusammenhang lässt sich aus der jüngeren vergleichenden Forschung eine ganze Reihe von Beispielen anführen. Wiederholt sind Zusammenhänge zwischen unterschiedlichen rechtlichen Regelungen der in vielen Demokratien hochkontroversen Abtreibungsfrage und den Unterschieden im Verhältnis von Staat und Kirche sowie in der religiösen Zusammensetzung der Wählerschaft untersucht worden. Erwartungsgemäß tragen hier insbesondere die Stärke des Katholizismus und sein Einfluss auf das Parteiensystem viel zur Erklärung bei (Castles 1994; Minkenberg 2002, 2003a). Methodisch handelt es sich dabei im Kern um Vergleiche auf Aggregatebene mit möglichst hohen Fallzahlen. ‚Gemessen' wird zunächst die Varianz der religiösen und staatskirchenrechtlichen Grundstrukturen der berücksichtigten Staaten auf der einen und die Varianz in der Art der rechtlichen bzw. politischen Regelungen auf der anderen Seite. Im zweiten Schritt wird dann nach Zusammenhängen zwischen diesen beiden Messungen Ausschau gehalten. Anders gesagt, der Schluss von ‚Religion' auf ‚Politiken' erfolgt in diesem Design induktiv und bleibt mit der nur schwer zu überprüfenden bzw. auszuschließenden Möglichkeit eines Fehlschlusses behaftet. Die methodische Alternative ist ein an einigen, wenigen Fällen orientiertes Vorgehen, bei dem in detaillierten Politikfeldanalysen vergleichend nach den Zielen, Strategien und Einflussmöglichkeiten sowie dem tatsächlichen Erfolg oder Misserfolg von religiösen kollektiven Akteuren wie etwa von Bischofskonferenzen oder anderen religiösen Organisationen im weitesten Sinne im Kontext des jeweiligen Regierungssystems gefragt wird (Liedhegener 2001, 2004). Unabhängig von der Frage des methodischen Zugangs gilt, dass etwa die rasche Entwicklung in der Gentechnologie und insbesondere in der Stammzellenforschung reichlich Material für zukünftige Untersuchungen liefern wird, weil es hier um Fragen geht, die das Selbstverständnis des Menschen und damit religiöse bzw. menschenrechtliche Vorstellungen von der Heiligkeit bzw. Unantastbarkeit allen menschlichen Lebens zutiefst herausfordern.

Ein zweites Beispiel vergleichender Forschung zur Bedeutung von Religion für Prozesse der Politikformulierung und Politikimplementation liefert die vergleichende Wohlfahrtsforschung. Hier gilt die Unterscheidung Esping-Andersons in wohlfahrtsstaatliche Systeme liberaler, konservativer und sozialdemokratischer Prägung mittlerweile als Standard und Ausgangspunkt aller Überlegungen. Während der liberale und sozialdemokratische Typ – repräsentiert etwa durch die USA einerseits und Schweden andererseits – als Kategorien nicht beanstandet werden, ist bei der Kennzeichnung des dritten Typs als ‚konservativ' Kritik vorgebracht worden. Josef Schmid hat mit Blick auf die Bundesrepublik Deutschland, die nach der Typologie Esping-Andersons den ‚konservativen Wohlfahrtsstaaten' zugeordnet wird, nachdrücklich die Aufmerksamkeit auf die Bedeutung von Katholizismus und Protestantismus für die Entstehung und Ausgestaltung des deutschen Sozialstaats gelenkt.

> „Gerade aus dem historisch-politischen Konflikt zwischen Staat und Kirche, dem Pluralismus der Konfessionen sowie den normativen Bindungswirkungen und Legitimationspotentialen von Religion hat sich in der deutschen Sozialpolitik das Subsidiaritätsprinzip wirkungsmächtig entwickelt und im Bereich der sozialen Dienste starke Wohltätigkeitsverbände hervorgebracht. Zugleich ist das einer der Gründe für die häufig bemerkte Sonderrolle der christdemokratischen Parteien, die gerade auf dem Feld wohlfahrtsstaatlicher Politik von ihren konservativen und liberalen Pendants abweichen" (Schmid 2002: 37).

Das Zitat macht deutlich, dass in diesem Politikfeld die Einflüsse der religiösen Akteure sich nicht auf die politischen Entscheidungen im engeren Sinne beschränken, sondern dass gerade im deutschen Modell der Sozialen Marktwirtschaft die duale Struktur von staatlicher Leistungsgarantie einerseits und sozialer Leistungserbringung durch freie, d. h. auch und vor allem kirchlich gebundene Wohlfahrtsverbände andererseits historisch auf die gesellschaftliche Mächtigkeit der Konfessionen als Glaubensgemeinschaften bzw. soziale Milieus zurückzuführen ist. Diese breite soziale Verankerung verschaffte ihnen zunächst Zutritt zum Politikfeld und wurde dann durch den Ausbau der Organisationen verstetigt (Gabriel 2000, 2003; Leitner 2003). Ein ähnlicher Prozess ist derzeit in Ansätzen übrigens in den USA zu beobachten. Dort ist seit Mitte der 1990er Jahre eine zunehmende Einbeziehung religiöser Organisationen als ‚Faith Based Organizations' in die staatlich-soziale Leistungserbringung zu beobachten, die insbesondere von der Bush-Administration favorisiert wird.

Die Beispiele zeigen, dass „comparative political scientists have begun to realize the benefits of examining religion from an interest-based and institutional perspective" (Gill 2001: 133). Besonders, aber nicht nur für Religion in etablierten Demokratien ist diese Forschungsperspektive m. E. der erfolgversprechendste Ansatz, wenn es um die Bestimmung der politischen Wirkungen und des politischen Einflusses von Religion geht. In diesem Kontext bietet sich auch ein ungezwungener Übergang bzw. Anschluss an die Debatte der politischen Theorie, um die Rolle von Kirchen und Glaubensgemeinschaften als ‚public religion', d. h. um den Ort von Religion in der Öffentlichkeit und Politik in Demokratien an (Casanova 1994b).

5.4 Religion kann einen Beitrag zu stabilen demokratischen Systemen liefern

Diese letzte Aussage zum Thema Religion in etablierten Demokratien ist im Blick auf vergleichende Untersuchungen mehr eine zu untersuchende Hypothese als eine gesicherte Erkenntnis. Im Hintergrund steht die ältere, vor allem von David Easton eindrücklich gestellte Frage nach den Funktionsbedingungen demokratischer Herrschaft unterhalb bzw. jenseits der unmittelbar erfahrbaren Ebene konkreter politischer Forderungen und Konflikte. Bekanntlich hat David Easton dafür den Begriff der ‚diffusen Unterstützung' eingeführt. Die diffuse politische Unterstützung, die durch Sozialisation erworben wird und sich etwa in einem Vertrauen der Bürger in die Institutionenordnung und Verfahrensweisen einer Demokratie ausdrückt, trägt politische Systeme über immer wieder auftretende Effizienz- und Legitimationsprobleme im Einzelfall hinweg. Religion, besser religiöse Gemeinschaften könnten ein Ort sein, an dem Vertrauen zu den Mitbürgern und politischen Institutionen sowie andere notwendige Haltungen und praktische Fähigkeiten des Bürgers, die zum Bestand eines politischen Systems beitragen, eingeübt und gepflegt werden. Empirisch bewiesen ist ein solcher Zusammenhang nur für die USA (Verba/Schlozman/Brady 1995). In der vergleichenden Forschung wie etwa in der interessanten Studie von Ina Sowaidnig zu Italien und Deutschland spielt diese für beide Nationen naheliegende Frage dagegen bislang keine Rolle (Sowaidnig 1997). Selbstverständlich wäre in weiteren Forschungen auch die Gegenthese zu überprüfen, dass Religion den Auf- und Ausbau einer Zivilgesellschaft und die Verbreitung der diffusen Unterstützung in demokratischen Systemen nicht fördert.

6. Fazit: „Gott steckt im Detail" – Befunde und Perspektiven zum Verhältnis von Politik und Religion in der vergleichenden Politikwissenschaft

Die bisherigen Befunde zur konzeptionellen Beschäftigung der vergleichenden Politikwissenschaft mit dem Phänomen ‚Religion' können in vier Punkten zusammengefasst werden. Zuerst ist für die Teildisziplin mit Gill festzuhalten: „[R]eligion is still a marginal topic in comparative politics, [but] the past two decades witnessed a renewed interest in the study of religion among a small but growing number of scholars" (Gill 2001: 119).

Zweitens stehen – wie gezeigt – Fragen der Begriffsdefinition von Religion nicht im Zentrum der Aufmerksamkeit dieser wissenschaftlichen Teildisziplin. Dort, wo Religion explizit oder implizit definiert wird, steht ein klassischer, substantieller Religionsbegriff im Raum, der sich an der Kategorie der Transzendenz festmacht. Seine meist nicht weiter reflektierten Konkretisierungen laufen in der Forschungspraxis rasch auf die großen Weltreligionen oder die einzelnen institutionell verfassten Religionsgemeinschaften hinaus. Je nach Problemsicht des Forschenden tauchen das Christentum bzw. dessen historisch vorherrschende Sozialgestalt der ‚Kirchen' oder andere Weltreligionen ohne weitere Erläuterung oder Einführung auf.

Damit werden manche in der Religionssoziologie oder politischen Theorie diskutierten Aspekte wie zum Beispiel die ‚unsichtbare Religion', Ersatzreligionen, politische Religionen im Sinne von religiös überhöhten Ideologien oder Zivilreligion ausgeblendet. Im weltweiten Maßstab liegt eine Konzentration bzw. Begrenzung auf Religion in ihren überkommenen und organisierten Formen allerdings ohne Zweifel weiterhin nahe.

Drittens ist unter den drei Rubriken ‚Religion und Demokratisierung', ‚Religion und politische Gewalt' und ‚Religion in etablierten Demokratien' eine durchaus stattliche Reihe von Forschungsfeldern und Forschungstraditionen versammelt worden, in denen das Verhältnis von Politik und Religion empirisch-vergleichend in unterschiedlicher Art und Weise angegangen wird. Auffallend ist, dass sie untereinander vielfach nicht in Beziehung stehen.

Und schließlich ist viertens kritisch anzumerken, dass die eingangs vorgestellten Begriffsdefinitionen kaum oder gar nicht zur Klärung eines korrespondierenden Begriffsfelds oder gar zur Formulierung übergreifender Forschungsstrategien beitragen. Symptomatisch dafür erscheint mir die zitierte, m. E. unterbestimmte leitende Forschungsfrage des ansonsten verdienstvollen Sammelbandes von Jelen und Wilcox. Dort wurde ganz allgemein der „,style' of religious politics in a variety of national and regional settings" als unabhängige Variable definiert, die es zu beschreiben und zu erklären gelte. Die weitere Forschung wird differenziertere Forschungsfragen entwickeln müssen, die den Fokus systematisch auf bestimmte Grundfragen zum Verhältnis von Politik und Religion lenken, die dann im Zuge komparativer Forschung empirisch zu klären sind.

Wie auch immer man diese offenen Aufgaben in Zukunft in der vergleichenden Politikwissenschaft angehen wird, so ist ein wichtiger Punkt unhintergehbar: „In essence, by acknowledging that religion commonly takes on institutional forms, the role of interests becomes as critical to the analysis of religion and politics as are beliefs and values" (Gill 2001: 120). Will man das Verhältnis von Politik und Religion empirisch-vergleichend untersuchen, verhandelt man also stets und notwendig ein „komplexes Gefüge komplexer Größen" im Blick auf jenes auf gesamtgesellschaftlich verbindliche Entscheidungen angelegte soziale System, das wir Politik nennen (Schneider 1997: 30). Anders und mit Jelen und Wilcox gesagt gilt (auch) für die vergleichende Politikwissenschaft: „God is in the details" (Jelen/ Wilcox 2003: ix).

Literatur

Abel, Wilhelm (Hrsg.): Wirtschaft, Geschichte und Wirtschaftsgeschichte. Festschrift zum 65. Geburtstag von Friedrich Lütge. Stuttgart.
Almond, Gabriel A./Appleby, R. Scott/Sivan, Emmanuel (2003): Strong Religion. The Rise of Fundamentalism around the World. Chicago/London.
Almond, Gabriel A./ Powell, Bingham G. (Hrsg.) ([6]1996): Comparative Politics Today. A World View. New York.
Almond, Gabriel A./Powell, Bingham G./Mundt, Robert J. ([2]1996): Comparative Politics. A Theoretical Framework. New York.
Appleby, Scott/Marty, E. Martin (Hrsg.) (1991): Fundamentalism Observed (= The Fundamentalism Project, Bd.1). Chicago.
Appleby, Scott/Marty, E. Martin (Hrsg.) (1993): Fundamentalism and the State: Remaking Polities, Economies, and Militance (= The Fundamentalism Project, Bd.3). Chicago.
Ballestrem, Karl Graf (Hrsg.) (2005): Kirche und Erziehung in Europa. Wiesbaden.
Beiner, Roland (1995): Art. Religion, Civil. In: The Encyclopedia of Democracy. Vol. 3. London: 1052-1054.
Berg-Schlosser, Dirk/Müller-Rommel, Ferdinand (Hrsg.) ([4]2003): Vergleichende Politikwissenschaft. Ein einführendes Studienbuch. Opladen.
Brinkmann, Heinz Ulrich (2000): Art. Religion. In: Holtmann (2000): 600.
Brocker, Manfred/Behr, Hartmut/Hildebrandt, Mathias (Hrsg.) (2003): Religion – Staat – Politik. Zur Rolle der Religion in der nationalen und internationalen Politik. Wiesbaden.
Brougthon, David/ten Napel, Hans Martien (Hrsg.) (2000): Religion and Mass Electoral Behaviour in Europe. London/New York.
Buchstab, Günter/Uertz, Rudolf (Hrsg.) (2004): Christliche Demokratie im zusammenwachsenden Europa. Entwicklungen – Programmatik – Perspektiven. Freiburg/Basel/Wien.
Casanova, José (1994a): Religion und Öffentlichkeit. Ein Ost-/Westvergleich. In: Transit 8: 21-41.
Casanova, José (1994b): Public Religions in the Modern World. Chicago/London.
Castles, Francis G. (1994): On Religion and Public Policy: Does Catholicism Make a Difference? In: European Journal of Political Research 25: 19-40.
Drechsler, Hanno (Hrsg.) ([10]2003): Gesellschaft und Staat. Lexikon der Politik. München.
Dürr, Tobias/Walter, Franz (Hrsg.) (1999): Solidargemeinschaft und fragmentierte Gesellschaft. Parteien, Milieus und Verbände im Vergleich. Festschrift zum 60. Geb. v. Peter Lösche. Opladen.
Fauth, Dieter/Satter, Erich (Hrsg.) (2003): Staat und Kirche im werdenden Europa. Nationale Unterschiede und Gemeinsamkeiten. Würzburg.
Gabriel, Karl (2000): Die religiösen Wurzeln von dualer Wohlfahrtspflege und Wohlfahrtsstaat in Deutschland. Das Beispiel des Katholizismus. In: Meyer/Minkenberg/Ostner (2000): 203-224.
Gabriel, Karl (2003): Wohlfahrtsregime und Religion: Der Beitrag des Katholizismus zur dualen Wohlfahrtspflege in Deutschland. In: Brocker/Behr/Hildebrandt (2003): 188-197.
Gebhardt, Jürgen (2002): Art. Religion und Politik. In: Nohlen/Schulze (2002): 807-812.
Gehler, Michael/Kaiser, Wolfram/Wohnout, Helmut (Hrsg.) (2001): Christdemokratie in Europa im 20. Jahrhundert. Wien.

Gill, Anthony (2001): Religion and Comparative Politics. In: Annual Review of Political Science 4: 117-138.
Goodin, Robert E./Klingemann, Hans-Dieter (Hrsg.) (1996): A New Handbook of Political Science. Oxford/New York.
Hartmann, Jürgen (1995): Vergleichende Politikwissenschaft. Ein Lehrbuch. Frankfurt a. M./New York.
Hildebrandt, Mathias (2003): Politik und Religion in den konfuzianisch geprägten Staaten Ostasiens. In: Minkenberg/Willems (2003): 456-477.
Holtmann, Everhard (Hrsg.) (^{3}2000): Politik-Lexikon. München/Wien.
Horstmann, Johannes/Liedhegener, Antonius (Hrsg.) (2001): Konfession, Milieu, Moderne. Konzeptionelle Positionen und Kontroversen zur Geschichte von Katholizismus und Kirche im 19. und 20. Jahrhundert. Schwerte.
Huntington, Samuel P. (1991): The Third Wave. Democratization in the Late Twentieth Century. Norman/London.
Huntington, Samuel P. (1996): Kampf der Kulturen. Die Neugestaltung der Weltpolitik im 21. Jahrhundert. München/Wien.
Jasper, Gotthart (2000): Art. Kirche und Politisches System. In: Holtmann (2000): 299-302.
Jelen, Ted Gerard/Wilcox, Clyde (Hrsg.) (2002): Religion and Politics in Comparative Perspective. The One, the Few, and the Many. Cambridge.
Kalyvas, Stathis N. (1996): The Rise of Christian Democracy in Europe. Ithaca/London.
Kremp, Werner/ Meyer, Berthold (Hrsg.) (2001): Religion und Zivilreligion im Atlantischen Bündnis. Trier.
Kremp, Werner (Hrsg.) (2004): Katholizismus im atlantischen Raum. Trier.
Lamberts, Emiel (Hrsg.) (1997): Christian Democracy in the European Union (1945-1995). Leuven.
Lehner, Franz/Widmaier, Ulrich (^{4}2002): Vergleichende Regierungslehre. Opladen.
Leitner, Sigrid (2003): Katholizismus und Sozialpolitik: Zur Entstehung der Sozialversicherungen in Kontinentaleuropa. In: Minkenberg/Willems (2003): 369-390.
Lepsius, M. Rainer (1966): Parteiensystem und Sozialstruktur. Zum Problem der Demokratisierung der deutschen Gesellschaft. In: Abel (1966): 371-393.
Lerner, David (1968): Art. Modernization I: Social Aspects. In: Sills (1968): 386-395.
Liebmann, Maximilian (Hrsg.) (1997): Kirche in der Demokratie – Demokratie in der Kirche. Graz/Wien/Köln.
Liedhegener, Antonius (2001): „The Challenge of Peace" – „Gerechtigkeit schafft Frieden". Der amerikanische und deutsche Katholizismus in der außen- und sicherheitspolitischen Kontroverse um NATO-Doppelbeschluß und Nachrüstung. In: Kremp/Meyer (2001): 273-291.
Liedhegener, Antonius (2004): Politischer Katholizismus nach dem Zweiten Vatikanischen Konzil. Strukturen und Entwicklungslinien in der Bundesrepublik Deutschland und den USA im Vergleich. In: Kremp (2004): 87-115.
Lipset, Seymour Martin/Rokkan, Stein (Hrsg.) (1967a): Party Systems and Voter Alignments. Cross-National Perspectives. New York.
Lipset, Seymour Martin/Rokkan, Stein (1967b): Cleavage Structures, Party Systems, and Voter Alignments: An Introduction. In: Lipset/Rokan (1967a): 1-64.
Madeley, John T.S. (Hrsg.) (2003): Religion and Politics. Burlington, VT.
Magill, Frank N. (Hrsg.) (1996): International Encyclopedia of Government and Politics. Bd.1. London/Chicago.
Meyer, Heinz-Dieter/Minkenberg, Michael/Ostner, Ilona (Red.) (2000): Religion und Politik. Zwischen Universalismus und Partikularismus. Opladen.
Minkenberg, Michael (2002): Religion and Public Policy: Institutional, Cultural and Political Impact on the Shaping of Abortion Policies in Western Democracies. In: Comparative Political Studies 35: 221-247.

Minkenberg, Michael (2003a): Abtreibungsregime im Vergleich: Religiöse Einflüsse auf ‚Public Policy' in westlichen Demokratien. In: Brocker/Behr/Hildebrandt (2003): 127-147.

Minkenberg, Michael (2003b): Staat und Kirche in westlichen Demokratien. In: Minkenberg/Willems (2003a): 115-138.

Minkenberg, Michael/Willems, Ulrich (2002): Neuere Entwicklungen im Verhältnis von Politik und Religion im Spiegel politikwissenschaftlicher Debatten. In: Aus Politik und Zeitgeschichte, B42-43: 6-14.

Minkenberg, Michael/Willems, Ulrich (Hrsg.) (2003a): Politik und Religion. Wiesbaden.

Minkenberg, Michael/Willems, Ulrich (2003b): Politik und Religion im Übergang – Tendenzen und Forschungsfragen am Beginn des 21. Jahrhunderts. In: Minkenberg/Willems (2003a): 13-41.

Monsma, Stephen V. (2000): Staat und Kirche in den USA und der Bundesrepublik Deutschland: auf dem Weg zur Konvergenz? In: Meyer/Minkenberg/Ostner (2000): 81-107.

Monsma, Stephen V./Soper, J. Christopher (1997): The Challenge of Pluralism. Church and State in Five Democracies. Lanham u.a.

Müller, Alois (2003): Wie laizistisch ist Frankreich wirklich? Von der kämpferischen zur offenen Laizität. In: Brocker/Behr/Hildebrandt (2003): 70-82.

Naßmacher, Hiltrud (1991): Vergleichende Politikforschung. Eine Einführung in Probleme und Methoden. Opladen.

Neumann, Franz (2003): Art. Religionsfreiheit. In: Drechsler (2003): 832-833.

Nohlen, Dieter/Schultze, Rainer-Olaf (Hrsg.) (2002): Lexikon der Politikwissenschaft. Theorien, Methoden, Begriffe. Bd. 2. München.

Redditt, Paul L. (1996): Church and Government in History. In: Magill (1996): 160-163.

Robbers, Gerhard (2003): Status und Stellung von Religionsgemeinschaften in der Europäischen Union. In: Minkenberg/Willems (2003): 139-163.

Röhrich, Wilfried (2004): Die Macht der Religionen. Glaubenskonflikte in der Weltpolitik. München.

Schmid, Josef (^{2}2002): Wohlfahrtsstaaten im Vergleich. Soziale Sicherung in Europa: Organisation, Finanzierung, Leistungen und Probleme. Opladen.

Schmidt, Manfred G. (^{2}2004): Wörterbuch zur Politik. Stuttgart.

Schneider, Heinrich (1997): Demokratie und Kirche – ein komplexes Gefüge komplexer Größen. In: Liebmann (1997): 30-93.

Sigmund, Paul E. (1987): The Catholic Tradition and Modern Democracy. In: The Review of Politics 49: 530-548.

Sigmund, Paul E. (1995): Art. Catholicism, Roman. In: The Encyclopedia of Democracy. Bd. 3: 180-185.

Sills, David L. (Hrsg.) (1968): International Encyclopedia of the Social Sciences. Bd. 10. New York/London.

Smith, Christian (Hrsg.) (1996): Disruptive Religion: The Force of Faith in Social Movement Activism. New York.

Sowaidnig, Ina (1997): Die Unterstützung der Demokratie in Deutschland und Italien. Eine empirische Analyse zum Einfluß der traditionellen politischen Teilkulturen 1959 bis 1992. Frankfurt a. M.

Storey, John, W./Utter, Glenn H. (2002): Religion and Politics. A Reference Handbook. Santa Barbara, CA.

Tamadonfar, Mehran (2002): Islamism in Contemporary Arab Politics: Lessons in Authoritarianism and Democratization. In: Jelen/Wilcox (2002): 141-165.

Tibi, Bassam (1995): Krieg der Zivilisationen. Politik und Religion zwischen Vernunft und Fundamentalismus. Hamburg.

Uertz, Rudolf/Schmidt, Lars Peter (Hrsg.) (2004): Beginn einer neuen Ära? Die Sozialdoktrin der Russisch-Orthodoxen Kirche vom August 2000 im interkulturellen Dialog. Bornheim.

Verba, Sidney/Schlozman, Kay L./Brady, Henry E. (1995): Voice and Equality: Civic Voluntarism in American Politics. Cambridge, MA.

Walter, Franz (1999): Katholisches Milieu und politischer Katholizismus in säkularisierten Gesellschaften: Deutschland, Österreich und die Niederlande im Vergleich. In: Dürr/Walter (1999): 43-71.

Die Religiosität der Gesellschaft:
Systemische und lebensweltliche Kontexte des spätmodernen „Zwangs zur Häresie"

Christian Schwaabe

> „Wer z. B. über die Religiosität spricht anstatt über Gott,
> denkt schon innerhalb der Aufklärungstradition"
> (Gehlen 1957: 76).
>
> „Religion versteht Sinn auch nicht als ein ‚Bedürfnis',
> das zu befriedigen wäre. Sie ist nicht dazu da,
> ‚Sinnsuche' mit Aussichten auf Erfolg auszustatten"
> (Luhmann 2000: 35).

1. Einleitung

Der moderne Mensch, so Max Weber, habe der „Grundtatsache" ins Auge zu sehen, „daß er in einer gottfremden, prophetenlosen Zeit zu leben das Schicksal hat" (Weber 1991b: 269). In dieser Einschätzung kommt eine Sichtweise zum Ausdruck, die lange Zeit die Beschreibungen der Moderne prägte: Rationalisierung, Intellektualisierung, Entzauberung der Welt, und natürlich Säkularisierung gelten demnach als Megatrends der okzidentalen Moderne. Jüngst aber mehren sich die Stimmen, die diese Sichtweise zumindest insofern relativieren wollen, als auf dem Gebiet des Religiösen eine Wiederkehr oder nachgerade eine Renaissance des Religiösen zu verzeichnen sei – und zwar nicht nur als Fundamentalismus im außereuropäischen Raum, sondern inmitten einer eben nur scheinbar säkularisierten Moderne. Diese ‚postsäkularen' Diagnosen haben ihre Berechtigung. Dennoch soll im Folgenden gezeigt werden, dass ein Großteil jener neu-religiösen Phänomene jedenfalls auf eines nicht verweisen: dass Webers These von der gott*fremden* Moderne keine Gültigkeit mehr hätte.

Die Rede von der Religiosität (und ihrer Renaissance) ist nicht etwa deshalb schon entlarvend oder irreführend, weil der so denkende Wissenschaftler damit innerhalb der Aufklärungstradition steht. Zumal der wissenschaftliche Diskurs hat hier nun einmal seinen Platz. Wohl gibt es einen signifikanten Unterschied zwischen der mittelalterlichen Scholastik und der Art und Weise, wie das ausdifferenzierte Kommunikationssystem Wissenschaft Religion beobachtet. Doch die Verwendung des *catch-all-terms* ‚Religiosität' ist vor allem insofern vielsagend, als dieser Begriff nur allzu angemessen erscheint angesichts der Diffusität des empirisch Gegebenen. Semantische und inhaltliche Dimension verweisen aufeinander, wenn in einschlägigen Untersuchungen selten von Glaube und umso öfter von Religiosität die Rede ist. Im Mittelalter stößt man auf den Begriff *religiositas* höchst selten, und wenn er verwendet wird, so meist um die Zugehörigkeit zu einem geistlichen Stand zu benennen. Zur Bezeichnung von Frömmigkeit, Andacht, Gottesfürchtigkeit und Gottesergebenheit greift man auf Begriffe wie *devotio* oder *pietas* zurück. Und mit diesen und anderen Begriffen verständigt sich das christliche Mittelalter über Religion – genauer: über Gott und den Menschen als sein Geschöpf.

Mit dem 18. Jahrhundert wurde dann die Unterscheidung zwischen *objektiver Religion* als Glaubenswahrheit und *subjektiver Religion* als Einstellung eines Menschen zu dieser prominent, und damit die Religiosität als wissenschaftliche Kategorie. Man kann Religiosität dann mit Fichte als „undeutliches Gefühl" oder als „Sinn für das Ewige" beschreiben, mit Humboldt als „Sehnsucht nach religiösen Ideen", oder mit Schleiermacher als ein je individuell geprägtes „Gefühl", als „Sinn und Geschmack fürs Unendliche" (vgl. Fritsche 1992: 775ff.). Besondere Bedeutung hat ‚Religiosität' freilich erst (wieder) in jenen bereits genannten Debatten gewonnen, die auf eine Renaissance der Religion aufmerksam machen. Zumindest in Westeuropa kann dabei freilich von einer Renaissance des christlichen Glaubens keine Rede sein. Religiöse Individualisierung und Pluralisierung beherrschen das Feld. Der folgende Beitrag soll diese Phänomene soziologisch angemessen zu verstehen und einzuordnen helfen. Die Überlegungen beziehen sich vornehmlich auf den westeuropäischen Raum, insbesondere auf die Situation in der Bundesrepublik. Die in mancher Hinsicht anderen Umstände z. B. in den USA können im Rahmen dieses Beitrages nicht umfassend berücksichtigt werden. Es soll dabei nicht nur verdeutlicht werden, dass zwischen Glaube und spätmodern verbreiteter ‚*Patchwork*-Religiosität' ein eklatanter Unterschied besteht, der in den Diskussionen über etwaige religiöse Renaissancen nicht unterschlagen werden sollte. Es gibt darüber hinaus einen spezifisch modernen „Zwang zur Häresie" (Berger), der *gesellschaftliche* Ursachen hat und sich einer allein theologischen oder philosophischen Betrachtungsweise weithin entzieht.

2. Deutschland als ‚Missionsland' – Abschied vom *homo religiosus*?

Deutschland ist ein „Missionsland" geworden (Spieker 2003: 96). Jedenfalls scheinen Welten zwischen dem christlichen Mittelalter und der weithin entkirchlichten Bundesrepublik der Gegenwart zu liegen. Man hat sich diesbezüglich vor

Überzeichnungen – oder, je nach Standpunkt: Idealisierungen – des Mittelalters zweifelsohne in Acht zu nehmen. Wenn im Folgenden der Typus des mittelalterlichen *homo religiosus* rekonstruiert werden soll, dann ist dies zum einen immer als Idealtypisierung zu verstehen; zum anderen werden die Unterschiede zur modernen Situation von Glaube und Gläubigen erst dann verstehbar, wenn die strukturellen Voraussetzungen und Eigenarten moderner Gesellschaften systematisch Beachtung finden. Dies wird im zweiten Abschnitt geschehen.

Den *homo religiosus* des Mittelalters hat zumal die französische Mentalitätsgeschichte erforscht und beschrieben. Den Mentalitätsforschern geht es, so Marc Bloch, nicht nur um Herrschafts- und Rechtsverhältnisse, sondern um den „état de civilisation", um die „attitude de l'homme", die „atmosphère mentale". In ihren „façons de sentir et de penser" sind die Menschen des Mittelalters tief geprägt von einer „mentalité religieuse" (Bloch 1968: 128). Der Mensch lebt in einer „von der Religion beherrschten und bis in ihre intimsten Strukturen durchdrungenen Gesellschaft", die Ewigkeit ist für ihn „ganz nah", die im Jenseits sich vollendende umfassende Ordnung ist ständig präsent (Le Goff 1989: 10). Die Religion prägt das Weltbild, die geistigen Strukturen, die „kulturellen und psychologischen Einstellungen", ja die „Obsessionen" der mittelalterlichen Menschen so stark, dass man, so Le Goff, bei allen Unterschieden und bei aller Vielfalt durchaus von „einem mittelalterlichen Menschen" sprechen kann (Le Goff 1989: 36). Auf die dabei nötigen Differenzierungen werden wir noch zurückkommen.

Das Konzept der Mentalität eignet sich sehr gut, um gerade das Phänomen der ‚Religiosität' in einem ersten Schritt soziologisch und sozialhistorisch angemessen zu verorten – und zwar gerade dann, wenn Glaube im Mentalitätshaushalt von Menschen keine dominante Rolle mehr spielt und man dies nicht nur *ex negativo*, als Areligiosität, fassen will. Nicht nur scheinen „die systematischen Bezüge zur Mentalität nirgendwo sonst so evident zu sein wie im Fall der Religiosität" (Kuhlemann 1996: 185). Mehr noch:

„Mentalitätengeschichte hat sich, jedenfalls zu weiten Teilen, als historische Phänomenologie der Glaubensformen im christlichen Europa entwickelt. Vielleicht ist das ‚Mentale' selbst nur eine moderne Metapher für jene primäre Stellung zur Welt, die im christlichen Vokabular ‚Glauben' heißt" (Raulff 1987: 14).

„Historische Mentalität ist das Ensemble der Weisen und Inhalte des Denkens und Empfindens, das für ein bestimmtes Kollektiv in einer bestimmten Zeit prägend ist" (Dinzelbacher 1993b: XXI). Sie umfasst die „Evidenzen erster Ordnung", die „Glaubensgewißheiten" und Dispositionen zu bestimmten Denk-, Empfindungs- und Verhaltensschemata, „die automatisierten Wertverknüpfungen bzw. -urteile, die zur alltäglichen Sehweise der Dinge führende Selektion der Wahrnehmung, die nicht bewußt thematisierten Einstellungen" (Dinzelbacher 1993b XXIIIf.). Als

„praktische Sinngewißheit der sozialen Wirklichkeit" (Sellin 1987: 106) ist Mentalität eng verflochten mit der Lebenswelt der Menschen wie auch mit den historisch wandelbaren gesellschaftlichen Kontexten. In engem Bezug zu diesen verfestigt sie sich zu Strukturen von langer Dauer (*longue durée*), zu einem weithin unbewussten Habitus. Wie eng Mentalität bzw. Habitus und gesellschaftliche Institutionen und Sinngebilde miteinander verflochten sind und aufeinander einwirken, hat insbesondere Pierre Bourdieu mit seiner Soziologie der symbolischen Formen herausgearbeitet. In unserem Zusammenhang wird dies insbesondere für die Institution der Kirche und der lebensweltlichen Resonanz des von ihr angebotenen Glaubens eine erhebliche Rolle spielen: Bourdieu beschreibt dieses Wechselspiel so:

> „Als Produkt einer Prägungs- und Aneignungsarbeit, die notwendig ist, damit die Erzeugnisse der kollektiven Geschichte als objektive Strukturen in Form der dauerhaften und angepaßten Dispositionen reproduziert werden können, die für das Funktionieren dieser Institutionen nötig sind, ermöglicht eben der Habitus (...), Institutionen zu bewohnen (*habiter*), sie sich praktisch anzueignen und sie damit in Funktion, am Leben, in Kraft zu halten, sie ständig dem Zustand des toten Buchstabens, der toten Sprache zu entreißen, den Sinn, der sich in ihnen niedergeschlagen hat, wieder aufleben zu lassen (...). Besser noch: erst durch den Habitus findet die Institution ihre volle Erfüllung (...)" (Bourdieu 1993: 107).

In eben diesem Sinne scheinen die meisten Deutschen heute die Kirche nicht mehr zu ‚bewohnen'. In ihrer gesamten Mentalität stehen sie dem Glauben mehrheitlich fern. Sie leben zweifelsohne nicht in einer Gesellschaft, die bis ‚in ihre intimsten Strukturen' von Religion ‚durchdrungenen' wäre. Die ‚praktischen Sinngewissheiten der sozialen Wirklichkeit' scheinen einem tief vom Glauben geprägten Leben nachgerade mentale Barrieren zu setzen. Wir werden auf diese Phänomene noch zurückkommen, die als spezifisch moderne Prozesse der Individualisierung, Pluralisierung und Enttraditionalisierung beschrieben werden. Wenden wir uns zunächst einigen empirischen Befunden zu, die bestätigen, dass es sich bei diesen groben Einschätzungen im Falle Deutschlands keineswegs um Übertreibungen handelt.

Eine im Jahre 2002 durchgeführte Befragung der Bundesdeutschen über ihren Glauben bzw. ihr Verhältnis zu Religion hat Ergebnisse erbracht, die einen langjährigen und für die christlichen Kirchen äußerst besorgniserregenden Trend bestätigen. 8 Prozent der Deutschen bezeichnen sich als „sehr religiös", 35 Prozent als „ziemlich religiös", 38 als „weniger religiös" und 18 als „überhaupt nicht" religiös (vgl. Vogel 2003: 197ff.). Die Frage, ob man die Religion als „den tragenden Grund" des eigenen Lebens betrachtet, wird nur von 27 Prozent bejaht – 71 Prozent verneinen dies. 11 Prozent der Deutschen geben sich als regelmäßige

Gottesdienstbesucher zu erkennen – weit über die Hälfte geht nie oder höchstens einmal im Jahr in die Kirche. Die Fragen zum Inhalt des Glaubens offenbaren „eine so dürftige Kenntnis der Kerngehalte des Glaubens oder einen so schwachen Glauben, dass das ganze wiedervereinigte Land einer Diaspora gleicht, die einer Neuevangelisierung bedarf" (Spieker 2003: 109). Nicht einmal die Hälfte glaubt an die Auferstehung Jesu. Nur 30 Prozent der Deutschen glauben an einen persönlichen Gott. Die Befragung fördert, wie unzählige andere, nicht nur eine überdeutliche Abnahme der Kirchenbindung zu Tage. Ebenso eindeutig werden kirchlich-religiöse Glaubenspraktiken, Werte und Normen zunehmend in Frage gestellt und verlieren ihre subjektive Verbindlichkeit. Kerngehalte des Apostolischen Glaubensbekenntnisses werden mehrheitlich nicht mehr geglaubt, oft auch gar nicht mehr gekannt (vgl. Zwingmann/Moosbrugger/Frank 1996). Eine Mehrheit hat bestenfalls diffuse religiöse Vorstellungen und Bedürfnisse. Insbesondere die religiösen Einstellungen Jugendlicher und junger Erwachsener zeigen einen kontinuierlichen Trend in Richtung einer Emanzipation von einer dogmatischen, kirchlich-dominierten Auffassung von Religion, wenn auch nicht zu einem Ende der Religiosität als solcher (Birkelbach 2001). Der „religiöse Individualismus" gewinnt immer mehr an Bedeutung, während dogmatisch abgesicherte religiöse Symbole in der Lebenswelt der meisten Menschen laufend an Bedeutung verlieren (vgl. Daiber 1995).

Was von diesen neuen Formen von Religiosität zu halten ist, wird noch zu besprechen sein. Aus christlicher Perspektive jedenfalls wird man sich Spieker anschließen müssen:

> „Die These, daß die Erosion des christlichen Glaubens nur die Bindung an die Institution der Kirche, nicht aber den Glauben selbst betreffe, ist nicht aufrecht zu erhalten. Glaube und Religiosität leben von der Bindung an die Kirche, vom Gottesdienst, von der Verkündigung des Evangeliums, von den Sakramenten und der Diakonie, mithin von der Glaubenspraxis in der Gemeinschaft der Gläubigen" (Spieker 2003: 113f.).

Davon ist die Mehrheit, wie gesehen, weit entfernt. Was sich eine Mehrheit hingegen durchaus wünscht, ist, die „christliche Imprägnierung der Gesellschaft" zu wahren (Koecke 2003: 146). Die Empirie zeigt hier das „Bild zweier verschiedener Kirchen": die Kirche, in die man geht und an die man glaubt, die „Kirche als universales Heilssakrament", und eine andere, die „Kirche als gesellschaftlicher Akteur", jene Kirche, deren gesellschaftspolitische Verlautbarungen man wahrnimmt und deren karitative Angebote man fallweise nutzt. Die große Mehrheit der Deutschen hat, wenn überhaupt, dann nur noch zu dieser Kirche als gesellschaftlichem Akteur Zugang. Hier aber ist diese Kirche nur einer unter vielen Anbietern: Es zeigt sich für die große Mehrheit,

„dass die Stellungnahmen nicht qua Kirche beurteilt werden, also durch ihren Ursprung in der Kirche für die Befragten kein besonderes Gepräge erhalten, sondern, wie beliebige Äußerungen anderer Anbieter, der jeweiligen Subjektivität in der Beurteilung unterworfen sind" (Koecke 2003: 148).

Die dritte EKD-Erhebung über Kirchenmitgliedschaft trägt konsequenterweise den Titel *Fremde Heimat Kirche*. Die Kirche ist den meisten fremd geworden, ist nicht mehr ihre ‚Heimat', wird von ihnen nicht mehr ‚bewohnt'. „Der Bestand an religiösem Grundwissen und Brauchtum dünnt von Generation zu Generation weiter aus" (Engelhardt/von Loewenich/Steinacker 1997: 320). Dies gilt für ganz Deutschland, obgleich die Zahlen im Westen durchgängig noch etwas günstiger ausfallen. Den *homo religiosus* findet man aber auch hier nur mehr als Minderheit. Noch dramatischer fällt das Bild im Osten der Republik aus – einer mittlerweile weitgehend heidnischen Region.

Die Distanz zu Religion und Kirche ist bei denjenigen, die in der ehemaligen DDR geboren und aufgewachsen sind, besonders ausgeprägt. Die staatliche Politik der Verdrängung der Religion aus dem gesellschaftlichen Leben hat hier den allgemein westlichen Säkularisierungsprozess so verstärkt, dass von einem regelrechten Bruch in der Tradierung des Glaubens gesprochen werden kann (Koch 1992; Meulemann 1998; Pollack 1998, 2000). Der Theologe Ehrhart Neubert sprach deshalb in der Anhörung des Bundestages zum Enquête-Bericht *Aufarbeitung von Geschichte und Folgen der SED-Diktatur in Deutschland* von einem „Supergau der Kirche" in Ostdeutschland. Und alle Untersuchungen belegen, dass sich dieser Trend weiter fortsetzt. Das Dramatische an dieser Entwicklung liegt für Eberhard Tiefensee nicht nur darin, dass der Anteil der Christen in knapp zwei Generationen von 94 auf 30 Prozent gesunken ist, sondern vor allem darin, dass die übliche Unterscheidung von konfessionslos und religionslos im Osten keinen Sinn mehr mache: Die meisten Ostdeutschen sind nach eigener Einschätzung a-religiös – man könnte mit Weber sagen: religiös vollständig unmusikalisch (vgl. Tiefensee 2000, 2002, 2004). Die Vorstellung vom *homo naturaliter religiosus*, so Tiefensee, gehe an der ostdeutschen Empirie zu Bruch: am „massierten Auftreten einer neuen Art, der Spezies homo areligiosus". Dieser *homo areligiosus* ist nicht Atheist, sondern ‚Untheist'. Seine Einstellung zu Kirche und Religion ist nicht einmal mehr kritisch, sondern schlicht nicht mehr vorhanden. 76 Prozent der ostdeutschen Konfessionslosen geben an, noch nie an Gott geglaubt zu haben. Sie haben ihren Glauben nicht verloren, noch weniger ringen sie in irgendeiner Weise mit ihrem (Un-)Glauben. Gerade darin unterscheidet sich dieser eklatante ‚Indifferentismus' wesentlich von der im Westen noch relativ verbreiteten bewusst emanzipatorisch-kritischen Haltung der Kirche gegenüber. Die Variante ‚Religion ja, Kirche nein' kommt hier praktisch nicht mehr vor. Der religiös Gleichgültige regt sich über die Kirche nicht einmal mehr auf. Sie spielt für sein Leben keinerlei

Rolle. Der *homo areligiosus* hat – wie der Berliner Theologe Krötke vermutete – bereits vergessen, dass er Gott vergessen hat. Seine Lebenshaltung – und vor allem dies lässt Tiefensee pessimistisch in die Zukunft blicken – ist in einem sehr weiten Sinne vom „Verlust der religiösen Sprache" geprägt. Dies ist das Fundament von radikal säkularen Lebensdeutungen, die sich nicht nur gänzlich von christlichen und kirchlichen Vorgaben verabschiedet haben, sondern in denen auch diffuse religiöse Bedürfnisse keine Rolle mehr spielen. Diese Entwicklung ist massenhaft bislang vor allem in Ostdeutschland zu beobachten, gewinnt aber auch im Westen immer mehr an Bedeutung. Für die Jugend in ganz Deutschland – aber nicht nur für sie – gilt, dass die Mehrheit zwar noch gerne Weihnachten feiert, sich selbst aber für ‚nicht religiös' hält. Nicht nur ist die Kirchlichkeit in den letzten 20 Jahren weiter stark zurück gegangen, „die religiöse Grundhaltung im Leben hat bei den deutschen Jugendlichen stark an Boden verloren" (Fuchs-Heinritz 2000: 180). Insofern sollte man sich mit Blick auf den Osten nicht mit dem zweifelsohne wichtigen politischen Einfluss der DDR-Sozialisation beruhigen. Das Beispiel des *homo areligiosus* zeigt, wie schnell und durchschlagend das Abbrechen der Tradierung und lebensweltlichen Präsenz von Glauben zum Absterben praktisch jeder Form von Religiosität führen kann. Ist es wirklich so abwegig, diese Entwicklung auch im Westen zu erwarten, für jene Generationen, die von ohnehin nur noch diffus religiösen Eltern erzogen werden? Spieker hat wohl recht, wenn er für das Missionsland Deutschland nicht weniger als eine grundlegende „Neuevangelisierung" für notwendig erachtet (Spieker 2003: 123).

Wie schwierig ein solches Unterfangen wäre, wird indes erst deutlich, wenn man zum einen die strukturellen systemischen Rahmenbedingungen moderner Gesellschaften analysiert, und zum anderen (und darauf aufbauend) jene lebensweltlichen Kontexte näher betrachtet, innerhalb derer spätmoderne Individuen heute in ihrer Mentalität geprägt werden und an ihrer Identität ‚basteln'. Dieser breitere Rahmen enttraditionalisierter und individualisierter Lebensführung, in dem das Angebot Religion sich behaupten muss, macht Gläubigkeit keineswegs unmöglich. Er verdeutlicht aber, dass dem Glauben als einem ‚vorgängigen Interpretationshorizont' vielfältige Grenzen gesetzt sind.

2. Religion in der modernen Gesellschaft – strukturelle Degradierung

Die Moderne gilt als Epoche der Rationalisierung, Intellektualisierung und ‚Entzauberung der Welt', als Zeitalter fortschreitender Säkularisierung und damit zugleich als Zeitalter einer spezifisch modernen Orientierungskrise. So jedenfalls haben die Gründerväter der modernen Soziologie weithin übereinstimmend das Neue dieser

Epoche gefasst. Im Großen und Ganzen treffen diese Beschreibungen auch auf die heutige moderne Gesellschaft noch zu. Mit Blick auf die Verlustseite der Moderne und die existenziellen Verunsicherungen des modernen Menschen hat Helmuth Plessner all das benannt, was in dieser entzauberten Welt mit der Religion als tragendem Fundament des Lebens verloren geht, und damit zugleich eine treffende Definition von Religiosität geliefert, auf die noch zurück zu kommen sein wird:

> „Eins bleibt für alle Religiosität charakteristisch: sie schafft ein Definitivum. Das, was dem Menschen Natur und Geist nicht geben können, das Letzte: so ist es –, will sie ihm geben. Letzte Bindung und Einordnung, den Ort seines Lebens und seines Todes, Geborgenheit, Versöhnung mit dem Schicksal, Deutung der Wirklichkeit, Heimat schenkt nur Religion. Zwischen ihr und der Kultur besteht daher trotz aller geschichtlichen Friedensschlüsse und der selten aufrichtigen Beteuerungen (...) absolute Feindschaft. Wer nach Hause will, in die Heimat, in die Geborgenheit, muß sich dem Glauben zum Opfer bringen. Wer es aber mit dem Geist hält, kehrt nicht zurück" (Plessner 1975: 342).

Das Problem des Glaubens in der modernen Welt besteht darin, dass der nach Versöhnung, Heimat und Sinn Hungernde eben nicht mehr ohne weiteres „in die weit und erbarmend geöffneten Arme der alten Kirchen" (Weber 1991b: 272) zurückkehren kann. Der moderne Mensch, so Max Weber, habe der „Grundtatsache" ins Auge zu sehen, „daß er in einer gottfremden, prophetenlosen Zeit zu leben das Schicksal hat" (Weber 1991b: 269). Das ist eine sehr treffende Beschreibung: Die moderne Zeit, genauer: die moderne Gesellschaft, ihre Strukturprinzipien sowie die Handlungsräume, die sie dem Menschen bietet, machen sie als gottfremd erfahrbar. Gottfremd heißt nicht gottlos. Auch über die Wahrheit des Glaubens ist damit nichts gesagt. Und auch darüber nicht, dass religiöse Bedürfnisse nicht unverändert vorhanden wären, dass die Sinnfragen des Menschen nicht immer noch, ja mehr als zuvor drückend wären – gerade in der polytheistischen, unversöhnten Moderne. Aber im Sinne der Plessnerschen Definition ist diese Gesellschaft dem Glauben als tragendem Lebensfundament fremd geworden. Woran liegt das?

Folgen wir zunächst einer philosophischen Beobachtung der Moderne. Herbert Schnädelbach nennt als die beiden Grundmerkmale moderner Kulturen „Dezentrierung" und „vollständige Reflexivität" (Schnädelbach 2000: 15ff.). *Dezentrierung* bedeutet den Verlust der Mitte, der harmonischen Einheit des Lebens und des Denkens, die seit der Romantik als Entzweiung und Entfremdung beklagt wird – und der zugleich als Voraussetzung moderner (individueller) Freiheit verstanden wird. *Reflexiv* sind Kulturen, „wenn sie einen Begriff von sich als Kultur haben". Sie bilden Kulturkritik als „unvermeidlichen Begleitdiskurs" aus. Das impliziert auch den verbreiteten „Schrecken vor dem Gedanken, die Kultur müsse ganz in sich selbst gründen und der Mensch in ihr völlig auf eigenen Füßen stehen, und genau dies ist mit Modernität als vollständiger Reflexivität von Kulturen gemeint." An einer Bestimmung wie dieser sieht man auch recht gut, wie sich zumindest auf wissenschaftlicher Ebene das Konzept der ‚Kultur' in einem nun sehr weiten Sinne die Religion einverleibt. Mit Luhmann kann man sagen: Religion wird in der Gesellschaft nun als ein Teilbereich von Kultur beobachtet:

> „Betroffen ist vor allem die Theologie als Reflexionsform des Religionssystems, die sich mit Religionswissenschaften verschiedenster Herkunft konfrontiert findet und der Tatsache Rechnung tragen muß, daß der von ihr vertretene Glaube nur einer unter vielen ist" (Luhmann 2000: 312).

Das ist ein signifikanter Wandel. Mit diesem Paradigma der Kultur geht es nun nicht mehr nur um Häresie oder Glaubensspaltung, sondern darum, „daß eine Religion dem Vergleich mit anderen ausgesetzt wird und dabei die Souveränität in der Bestimmung der Vergleichsgesichtspunkte aufgeben muß" (Luhmann 2000 312). Unter solchen Bedingungen kann Schnädelbach moderne Kulturen dann auch als „Kulturen in der vollendeten Profanität" beschreiben: Sie sind insofern und nur dann modern, „wenn die Menschen in ihnen unsere Endlichkeit als unübersteigbare wahrnehmen und dieser Einsicht gemäß leben". Das gerade für Religion konstitutive, im Modus des Sakralen aber vollständiger Reflexivität gerade entzogene Kontingenzproblem wird dadurch gleichsam sichtbar gemacht, säkularisiert und universalisiert. Der Modus der Beobachtung zweiter Ordnung dehnt sich auf alle Funktionssysteme aus: auch auf die Religion.

Wichtiger als diese wissenschaftlichen bzw. philosophischen Diskurse der Moderne sind für unsere Frage nach dem Schicksal des Glaubens freilich die strukturellen Bedingungen der modernen Gesellschaft, und damit ihr zentrales Prinzip der funktionalen Differenzierung. Nähert man sich der „Religion der Gesellschaft" systemtheoretisch, so bestätigt die Beschreibung von Religion als ‚kommunikativem Geschehen' zunächst Schnädelbachs Befund ‚vollständiger Reflexivität'. Niklas Luhmann verabschiedet die ‚humanistische' Tradition vor allem des 19. Jahrhunderts wie auch jede anthropologische Religionstheorie, um statt dessen Religion soziologisch als Sinn prozessierendes autopoietisches System zu beschreiben. Religion ist dann Kommunikation über Unbeobachtbares, mit der systemspezifischen Orientierung an der Leitdifferenz Immanenz/Transzendenz. Eine Kommunikation ist immer dann religiös, „wenn sie Immanentes unter dem Gesichtspunkt der Transzendenz betrachtet" (Luhmann 2000: 77). Die systemtheoretische Perspektive, die die basalen Operationen von Religion *als Kommunikation* betrachtet, wendet sich gegen die „Reduktion der Religion auf ein Phänomen des Bewußtseins" (Luhmann, 2000: 13). Natürlich ist Bewusstsein immer Voraussetzung für gesellschaftliche Kommunikation. Doch die Systemtheorie interessiert sich, als soziologische Gesellschaftsanalyse, nicht für Religiosität oder den Glauben des Einzelnen. Gleichwohl verweist Luhmann auf die Möglichkeit, sich auf „psychische Systeme" zu beziehen und damit auf das Bewusstsein und seine Operationen, auf die „Bewußtseinskorrelate für das, was gepredigt wird" (Luhmann 2000: 41): „Insofern ist und bleibt religiöser *Glaube* immer *Bekenntnis*. Aber die *Einheit* dieses Geschehens wird als Kommunikation erzeugt und nicht als (unvermeidlich prekärer) Bewußtseinszustand der Beteiligten" (Luhmann 2000: 42, Hervorh. v. V.).

Für unsere Fragestellung erscheint es nun gerade fruchtbar zu sein, die systemtheoretische Beschreibung der modernen Gesellschaft mit einer Analyse jener ‚Bewusstseinszustände' zu verknüpfen, die von den systemischen Strukturprinzipien der Moderne nachhaltig beeinflusst werden. Im Falle der Religion stellt sich dabei auch für Luhmann die durchaus sinnvolle Frage nach „den Bedingungen der Möglichkeiten religiösen Erlebens" (Luhmann 2000: 112). Bewusstsein hält sich für „Erregungszustände" bereit, liefert „eine Basis, eine Empfänglichkeit für Sinngebungshilfen" (Luhmann 2000: 113), die lebensweltlich eingebettet und geprägt ist. Gesellschaftliche Kontexte spielen dabei insofern eine große Rolle, als es „historisch sehr unterschiedliche Bedingungen der Plausibilität religiöser Semantik" gibt (Luhmann 2000: 75). Von einschneidender Bedeutung ist hier der Übergang zur Moderne: Er hat zur Folge, „dass das Individuum sich in der modernen Gesellschaft in einer radikal anderen Situation vorfindet als in den Gesellschaften, die Hochreligionen hervorgebracht haben. Die funktionale Differenzierung der modernen Gesellschaft hat die Regulierung der gesellschaftlichen Inklusion den Funktionssystemen überlassen und damit auf eine über Schichtung und Moral laufende Zentralinklusion verzichtet" (Luhmann 2000: 110). *Notabene*: Der Verzicht auf Zentralinklusion ist dabei die entscheidende gesellschaftliche Veränderung. Es geht hier nicht um egophanische Bewusstseins-Revolten oder philosophischen Gottesmord als Primärursache der Veränderung. Inklusion und Exklusion bezeichnet systemtheoretisch ein Verhältnis struktureller Kopplung zwischen psychischen und sozialen Systemen (vgl. Luhmann 1995: 237ff.). Für das Individuum ist die Frage der gesellschaftlichen Inklusion lebenswichtig. Und vor allem diese Frage stellt sich in der modernen Gesellschaft anders als in vormodernen Gesellschaften.

Mit Blick auf die Religion und ihre Bedeutung für den Einzelnen hat das gravierende Folgen: Dass Inklusion in eine *Organisation* unter modernen Bedingungen keine automatischen Folgen für gesellschaftliche Inklusion mehr hat, verändert sichtbar die Relevanz, die die Mitgliedschaft in der Kirche (als organisierter Religion) für den Menschen hat. Vor allem auf dieser Ebene unterscheidet sich die Welt des mittelalterlichen *homo religiosus* von der des modernen Menschen. Die mittelalterliche Gesellschaft hat den Einzelnen u. a. über Differenzierung von Haushalten nach Rang oder Stadt/Land-Unterscheidung feste Plätze zugewiesen, nicht über ausdifferenzierte Funktionssysteme. Der Mensch war dabei sehr wohl auch religiös integriert – und zwar insofern als der Religion hier eine *sozialintegrative* Funktion zukommt. Das impliziert aber noch nicht eine stärkere Gläubigkeit (die gleichwohl gegeben sein kann).

„Entsprechend wäre es grundfalsch, sich das Mittelalter als eine Epoche besonders intensiver Frömmigkeit vorzustellen. Die damalige religiöse Inklusion benutzte primär korporative, rechtliche, zeremonielle und, im Zusammenhang mit der Beichte, moralkasuistische Programme. Der Ort, der die Lebensführung sicherte, war nicht die Religion, sondern das Haus, und eventuell, als Ersatz oder Ergänzung, eine Korporation wie ein Kloster, eine Universität, eine Zunft oder Gilde" (Luhmann 2000: 301f.).

Religion ist in diese Integrationsformen symbiotisch verwoben. Zentral für das soziale Leben (den „Ort") des Menschen aber sind die gemeinschaftlichen *Lebensformen* als „geschichtlich eingeübte soziale Verhaltensweisen" (Borst 1997: 14). Diese *vivendi ordo* bzw. *mos vivendi* als Ganzheit der Lebenswelt „äußert sich in Gewohnheiten, Regeln, Sitten des Singens, Fastens und Essens, in Traditionen, Zeremonien, Riten, Bräuchen und Institutionen" (Borst 1997: 18). Diese nach Ständen sehr unterschiedlichen Lebensformen haben dabei drei Hauptfunktionen:

„Sie befriedigen erstens vitale Bedürfnisse und Interessen wie Selbsterhaltung oder Selbstbestätigung. Zweitens sichern sie soziale Konventionen und Institutionen wie Ansehen oder Spiel. Drittens üben sie ethische Normen und Werte wie Hingabe oder Enthaltung ein" (Borst 1997: 21).

Gerade im Gegensatz zur Neuzeit, so Borst, „ließe sich das Mittelalter kennzeichnen als Zeitalter verwirklichter und wirksamer Lebensformen" (Borst 1997: 21).

Natürlich ist Glaube als Orientierung am jenseitigen Ziel auch insofern wichtig, als das irdische Jammertal einer höchst gefährdeten, durch Not und Schicksalsschläge geprägten Existenz die Hinwendung zu Gott dringlich macht (Borst 1997: 344). Seine die Lebenswelt prägende Kraft erhält der Glaube jedoch dadurch, dass er in die sozialen Lebensformen eingewoben ist. Und eben dies ändert sich mit dem Übergang zur modernen Gesellschaft. Die Lebensformen als relativ feste soziale Kontexte, innerhalb derer Religion ihren festen Platz haben konnte, lösen sich immer mehr auf. Die gesellschaftliche Integration des Einzelnen hängt nicht mehr von Religion ab – anders gesagt: Die systemeigenen Inklusionsmechanismen von Religion haben „extrem geringe Interdependenzen mit den Inklusions/Exklusions-Regulierungen anderer Funktionssysteme. Eine Exklusion aus der Religion schließt nicht, wie noch im Mittelalter, aus der Gesellschaft aus" (Luhmann 2000: 304f.). Mit Letzterem wird die enorme Bedeutung der Religion für den mittelalterlichen *homo religiosus* freilich noch einmal unterstrichen. Und es wird auch deutlich, dass das Aufspüren irgendwelcher Formen von Religiosität in spätmodernen Gesellschaften noch recht wenig über die Bedeutung von Religion in solchen Gesellschaften aussagt.

Vor diesem Hintergrund hat, so Luhmann, denn auch der Begriff ‚Säkularisierung' immer noch seine Bedeutung: nicht als Verlust des Religiösen schlechthin, sondern im Sinne der *Entkoppelung von gesellschaftlicher Integration und Religion*. Religion ist nicht mehr mit Gesellschaft im Ganzen symbiotisch verflochten, verliert ihre Allzuständigkeit bzw. gesamtgesellschaftliche Relevanz. Die Entfaltung der modernen Gesellschaft treibt

> „einen tiefen Spalt zwischen die religiösen Skrupel, Hoffnungen, Nöte des Einzelnen und die Funktionserfordernisse der sozialen Systeme. Weder ökonomisch, noch politisch, noch wissenschaftlich, noch schließlich in der Familienbildung und Erziehung oder bei der Krankenbehandlung macht es funktional viel Sinn, sich auf Religion zu beziehen, auch wenn deren altgewordenen Gestalten eine Art Gnadenbrot gewährt wird in der Form einzelner Schulstunden, rechtlicher Interventionsverbote oder Steuerbegünstigungen. Auch werden gewisse Leistungen, etwa bei den rites de passage des Familienlebens, immer noch gern in Anspruch genommen. Aber die Aufsummierung von Marginalien dieser Art gibt in keiner Weise ein angemessenes Bild von der Bedeutung der Religion in der modernen Gesellschaft" (Luhmann 2000: 285f.).

„Letzte Bindung und Einordnung, den Ort seines Lebens und seines Todes, Geborgenheit, Versöhnung mit dem Schicksal, Deutung der Wirklichkeit, Heimat schenkt nur Religion" (Plessner 1975: 342). Die strukturellen Bedingungen der Moderne machen eine dieserart religiös geprägte und religiös getragene Lebenshaltung – vorsichtig formuliert – schwieriger, unwahrscheinlicher. Damit ist man auch systemtheoretisch bei der Frage nach den „Bedingungen der Möglichkeit religiösen Erlebens" auf der Ebene von Bewusstseinssystemen angelangt. Die Moderne erzwingt eine „Freistellung der Teilnahme" an Religion, und zwar insofern als „die Individualität von Individuen aus Gründen der gesellschaftsstrukturellen Evolution gefordert ist" (Luhmann 2000: 110, 265; vgl. Luhmann 1989: 149ff.). Erst vor diesem gesamtgesellschaftlichen Hintergrund lassen sich jene Phänomene sinnvoll einordnen, die als Enttraditionalisierung und Individualisierung für die Lebensführung moderner Menschen wie auch für ihre mentalen Prägungen tatsächlich von großer Bedeutung sind.

3. Enttraditionalisierung und Individualisierung – lebensweltliche Kontexte

Betrachtet man die lebensweltlichen Konsequenzen der Moderne für die ‚psychischen Systeme', so kann man an jene Topoi anknüpfen, die bereits die kulturkritischen Diskurse der vorletzten Jahrhundertwende prägten. Der rapide gesellschaftliche Wandel führt bald zu einem „Unbehagen an der Moderne überhaupt, neben der Modernisierungskrise steht die *Modernitätskrise*" (Nipperdey 1986: 55). Der moderne Mensch sieht sich vor ein Problem gestellt, das in dieser Schärfe in vormodernen Gesellschaften nicht vorhanden war:

> „das Problem der Entfremdung, die Schwierigkeit, mit der Vielfalt und dem Wechsel der Rollen fertig zu werden, unser Verhalten ohne dauernde Reflexion verlässlich zu regeln, Stabilität und Identität im Wandel zu behaupten, persönliche Beziehungen und Zugehörigkeiten in einer spezialisierten und abstrakten Welt zu erfahren, Glück und Sinn, kurz: sich in der Welt zu Hause zu fühlen" (Nipperdey 1986: 55).

Die Pluralität gesellschaftlicher Teilsysteme wie auch die Pluralisierung von Verhaltensstilen und Normen sowie deren dadurch bedingte Relativierung fördern das generelle Grundgefühl einer „Ambivalenz der Moderne", die hauptsächlich ist für „das Leiden an der Modernität, den Modernitätsverlusten" (Nipperdey 1991: 190). Diese moderne Verunsicherung, das Schwinden einer umfassenden Lebensorientierung lässt sich ebenfalls bereits für das ausgehende 19. Jahrhundert am Bedeutungswandel der Religion festmachen: Säkularisierung zeigt sich hier „als praktische Entmachtung des Christentums, als Trennung des Werktags vom Sonntags": Wo das Christentum nicht völlig abgelehnt wird, tritt es – ganz im Sinne der Luhmannschen Diagnose – „in den Hintergrund des Sonntags" (Nipperdey 1983: 450).

In der zweiten Hälfte des 20. Jahrhunderts verstärken sich diese Prozesse nochmals erheblich. Sie schlagen nun voll auf die Lebensführung von immer mehr Menschen durch. Und sie begünstigen jenes Phänomen religiöser Pluralisierung, auf das unten noch ausführlicher eingegangen wird. Diese Entwicklung liegt auch der jüngeren Debatte zugrunde, ob man mit Blick auf Entchristlichung und Entkirchlichung, aber auch auf scheinbar gegenläufige Prozesse einer Resakralisierung (heute noch) von Säkularisierung sprechen sollte (vgl. Pollack 1996b; Kramer 2004; Daiber 1995, 1997; Hildebrandt/Brocker/Behr 2001). Luhmanns Argument für ein Festhalten am Begriff der Säkularisierung wurde bereits genannt. In diese Richtung weist auch eine nüchterne soziologische Analyse jener Prozesse, die als moderne Megatrends bis heute zweifelsfrei festgestellt werden können: der Prozesse der Individualisierung und Enttraditionalisierung. Diese Prozesse haben auf die Lebensführung der Individuen auch ganz unabhängig von der Frage nach Religiosität einen gewichtigen Einfluss. Und nebenbei bemerkt, lässt sich empirisch zwischen diesen Prozessen und der Variable religiös-kirchliche Nähe ein eindeutiger negativer Zusammenhang aufweisen (Pollack/Pickel 1999).

Individualisierung ist ein schillernder Begriff, der nicht selten missverstanden und mit ‚Individualismus' gleichgesetzt wird. Sein harter soziologischer Kern besteht aus drei Dimensionen, mit denen sich Individuen in modernen Gesellschaften konfrontiert sehen: der fortschreitenden Herauslösung aus historisch vorgegebenen Sozialformen und -bindungen, dem Verlust von traditionellen Sicherheiten und Orientierungen, und einer neuen Art der sozialen Einbindung, insbesondere durch die Imperative gesellschaftlicher Subsysteme (vgl. Beck 1986: 206). Anthony Giddens hat diese „Konsequenzen der Moderne" auf die Lebensführungsproblematik in „posttraditionalen Gesellschaften" bezogen (vgl. Giddens 1991, 1996). Das ‚Ende der Tradition' bedeutet zunächst, dass sich die Einbettung der Individuen in stabile und kaum hinterfragbare soziale Beziehungssysteme immer mehr auflöst. Und das ist vor allem eine Frage der gesellschaftlichen Integrationsmechanismen, wie bereits mit Luhmann dargestellt wurde: „Die funktionale Differenzierung der modernen Gesellschaft hat die Regulierung der gesellschaftlichen Inklusion den Funktionssystemen überlassen und damit auf eine über Schichtung und Moral laufende Zentralinklusion verzichtet" (Luhmann 2000: 110). Dieses ‚disembedding' äußert sich in einem für vormoderne Gesellschaften weithin unbekannten Phänomen: Traditionen werden rechtfertigungsbedürftig und begründungsabhängig. Der Typus ‚traditionales Handeln' im Weberschen Sinn verliert unter modernen Bedingungen einschneidend an Bedeutung. Das entspricht weitgehend der von Schnädelbach beschriebenen Reflexivität moderner Kultur. Mit der, so Giddens, hergestellten Unsicherheit ist für den Einzelnen die Herausforderung verknüpft, das eigene Selbst „reflexiv herzustellen". Selbstverständlich ist unter diesen Bedingungen beinahe nichts mehr: „In posttraditionalen Gesellschaften haben wir keine andere Wahl, als zu wählen, wer wir sein und wie wir handeln wollen" (Giddens 1996: 142). Gerade das Wachstum des Wissens in modernen ‚Wissensgesellschaften' sorgt dabei für eine Zunahme an Unsicherheit, erzwingt ständige Revisionen von Wissen im Lichte neuen Wissens. Grundproblem dieser erzwungenen *life politics* ist es, Vertrauen (*trust*) herzustellen.

Im Gegensatz zum Idealtypus des mittelalterlichen *homo religiosus* scheint ‚der' moderne Mensch neben manch anderem vor allem dies verloren zu haben: in einer umfassenden Ordnung zu Hause zu sein. Der Mensch sieht sich nicht nur mit einem spezifisch modernen Pluralismus der Werte konfrontiert. Er wird herausgelöst aus seiner tiefen Verflechtung im Glauben, aus der Omnipräsenz des Religiösen in seinem Leben und seinem Alltag sowie aus den durch Religion abgestützten Formen sozialer Inklusion. Eine idealtypische Zuspitzung des ‚modernen Menschen' ist dabei natürlich kaum möglich – und gerade der moderne Pluralismus bietet vielen Typen Raum, auch scheinbar ‚unmodernen'. Es ist bezeichnend, dass

Ute Frevert und Heinz-Gerhard Haupt sich bei ihrem Projekt eines modernen Sitten- und Mentalitätsgemäldes einer Charakterisierung ‚des modernen Menschen' mit der höchsten Zurückhaltung angenähert haben – bzw. dass sie diesen praktisch ausschließlich aus epochalen Verlusterfahrungen zu beschreiben versuchen. Mit dem 19. Jahrhundert als dem Jahrhundert der Umwälzungen der Lebensbedingungen und der mannigfachen Revolutionen des Denkens werden ebenso viele Reaktionen darauf sichtbar. Nur in einem trauen sich Ute Frevert und Heinz-Gerhard Haupt zu, einen eklatanten Unterschied dieses Typus zu seinen Vorgängern zu benennen: Der „Mensch des 19. Jahrhunderts" unterscheidet sich von seinen Vorfahren in einer historisch nicht bekannten Freisetzung von der Tradition (Frevert/Haupt 1999b: 17) – ganz im Sinne des Giddens'schen ‚disembedding'. Vollends unübersichtlich, so Frevert/Haupt, ist dann das 20. Jahrhundert, ein Jahrhundert der Unbestimmtheit und Ambivalenz. Der „Verlust klarer Bezugssysteme und Werte" bildet das Signum der Epoche wie auch die einzig signifikante Gemeinsamkeit ihrer Menschen (Frevert/Haupt, 1999d: 11). Das 20. Jahrhundert, so schließen sie, ist bezeichnender Weise das Jahrhundert der Psychoanalyse und der Therapeuten.

Die Prozesse der Individualisierung und Enttraditionalisierung, denen der Einzelne sich gar nicht entziehen kann, führen eine durchaus ‚individualistische', ja ‚relativistische' Botschaft mit sich. Sie beeinflussen jene lebensweltlichen Kontexte, innerhalb derer spätmoderne Individuen heute in ihrer Mentalität geprägt werden und an ihrer Identität ‚basteln'. Dieser breitere Rahmen enttraditionalisierter und individualisierter Lebensführung, in dem das Angebot Religion sich behaupten muss (vgl. Mette 1995), macht eine *mentalité religieuse* keineswegs unmöglich. Es wird aber deutlich, dass dem Glauben als einem ‚vorgängigen Interpretationshorizont' vielfältige strukturelle und mentale Barrieren gesetzt sind.

„In einer Gesellschaft, die ‚subjektiven' Individualismus erfindet und annimmt, wird, so scheint es, eine grundlegende Revolutionierung des Codes der Religion notwendig, die auf semantischer Ebene als Umsturz (Nihilismus usw.) registriert wird. Nicht, daß die Codewerte Immanenz/Transzendenz aufgegeben werden und damit die Erkennbarkeit von Religion verloren geht. Aber die Besetzungen dieser Werte, ihre Verbindungen zur Welt werden umgedreht. Die Transzendenz liegt jetzt nicht mehr in der Ferne (...), nicht mehr im ‚Himmel droben'. Sie findet sich jetzt in der Unergründlichkeit des jeweils eigenen Selbst, des Ich" (Luhmann 2000: 111).

4. Kulturell adaptive Diffusion – spätmoderne Identitätskonstruktionen

Das Selbst, seine Identität und die verunsicherte Suche nach einer solchen sind populäre Themen, die insbesondere im Kontext der Diskussion um die ‚Postmoderne' häufig begegnen. Mit Vester kann man dabei insofern von einer gewissen Ironie sprechen, als

„der Dekomposition des Selbst in den philosophischen und literarischen Diskursen der Postmoderne immer verzweifeltere Bemühungen der Konstitution des Selbst in den Diskursen und Praktiken der postmodernen Alltagskultur gegenüberstehen" (Vester 1986: 192).

Die ‚kompensatorische Überthematisierung des Selbst' im breiten Markt der Lebensorientierungsangebote verweist auf einen ernst zu nehmenden gesellschaftlichen Wandel. Dem, was als Individualisierung und *Patchwork*-Identität beschrieben wird, liegen soziologische und sozialpsychologische Befunde zugrunde, die gerade bei unserem Thema nicht vernachlässigt werden dürfen – mag man nun von Postmoderne, Spätmoderne oder Zweiter Moderne sprechen.

Bei der Unterscheidung von ‚klassisch' modernen und spätmodernen Identitätsformen hat man sich natürlich immer der Tatsache bewusst zu bleiben, dass nicht alles neu ist, was vielleicht erst spät entdeckt wurde. Im übrigen lässt sich das, was Giddens ‚late modernity' nennt, am besten beschreiben als die nicht mehr gebremste und breitenwirksame Durchsetzung der Moderne selbst. Das hat Folgen auch für das ‚moderne' Konzept der Identität, dessen klassische Beschreibung sich bei Erik H. Erikson (1973) findet. Identitätsbildung ist bei Erikson eine adoleszente Entwicklungsaufgabe. Ergebnis ist eine stabile Ich-Identität, die sich durch Einheitlichkeit, Kontinuität und Kohärenz auszeichnet. Was diesem Bild einer ‚gesunden' Persönlichkeit nicht entspricht, gilt als Anomie bzw. ‚Identitätsdiffusion', d. h. als (vorübergehende oder dauernde) Unfähigkeit des Ich zur Bildung einer Identität. Dieses Bild wird angesichts gesellschaftlicher Veränderungen immer fragwürdiger. James E. Marcia (1989) hat das Identitätskonzept von Erikson operationalisiert und in empirischen Untersuchungen festgestellt, dass sich der Anteil der Befragten mit dem Identitätsstatus ‚Diffusion' seit Mitte der 80er Jahre von früher regelmäßig 20 Prozent auf ca. 40 Prozent erhöht hat. Diffusion bedeutet hier einen Mangel an festen Prinzipien und Überzeugungen sowie einen Mangel an Besorgtheit genau darüber. Marcia betont freilich, dass diese neue Form von Diffusion nicht umstandslos als negativ beurteilt werden dürfe. Er nennt sie ‚kulturell adaptive Diffusion', und unterstreicht, dass für das ‚dezentrierte' Subjekt geradewegs rational wird, was für Erikson noch ein unglückliches Ergebnis gewesen wäre: nämlich sich nicht festzulegen, für alle Wechselfälle und Optionen offen zu bleiben, also in skeptischer Grundhaltung kontinuierliche Umbauten und Reformulierungen des eigenen Identitätsprojektes zu erwarten. Das klinische Bild der Identitätsdiffusion gerät so immer mehr zur Beschreibung des Normalzustandes.

Man kann dies nicht lediglich auf die Beliebigkeit eines moralisch verrotteten „Zeitalter des Narzißmus" (Lasch 1980) reduzieren. Diesem Wandel liegen gesell-

Die Religiosität der Gesellschaft 213

schaftliche Zwänge zugrunde. Und ebenso – als gar nicht wählbare Zwänge – sind Individualisierung und Enttraditionalisierung vor dem Hintergrund funktionaler Differenzierung zu verstehen. Im Kern haben diese Veränderungen für die Einzelnen Unsicherheit erzeugt. Nicht nur werden Moden und soziale Praktiken kurzlebiger und flüchtiger. Auch kann soziale Identität nicht mehr ohne weiteres aus einem festen Platz in der Gesellschaft gewonnen werden, sondern ist als Gesamt der Teilidentitäten in den sozialen Netzen nun tendenziell vielfältiger. Die Verlässlichkeit biographischer Entwürfe und Lebensorientierungen nimmt ab. Identitätsbildung erweist sich als offener Prozess, als ein Projekt unter Unsicherheit, im Zuge dessen immer wieder nach neuen Orientierungsangeboten Ausschau gehalten wird. Der Einzelne muss seine Biographie selbst basteln: *bricolage, Collage, Patchwork* (vgl. hierzu etwa die Arbeiten von Keupp 1994 sowie Hitzler/Honer 1994). Und er muss die eigene Kohärenzerfahrung dabei selbst organisieren, was angesichts der Vielfalt lebensweltlicher Naherfahrungen und der Abnahme gesellschaftlich verfasster Kohärenzmodelle durchaus sehr schwer sein kann. Das Eriksonsche Idealergebnis der ‚gelungenen' Identität scheint zu starr, um auf die Relativierung alter Planungsfundamente zu reagieren. Überlebensfähiger erscheint ein „vielheitsfähiges Subjekt", das sich vor allem durch „innere Pluralitätskompetenz" auszeichnet (vgl. Welsch 1991). Die Gesellschaft fordert den „flexiblen Menschen" (Sennett 1998). Das Subjekt muss sich mit der Pluralität seiner Eigenschaften, Bezüge und Welten, in denen es lebt, arrangieren.

Die hier angedeutete Inkohärenz des Subjektes ist nun freilich nicht gänzlich neu. Zu Überzeichnungen besteht kein Anlass. Diese Inkohärenz ist auch kein ausschließlich modernes Phänomen, sondern war auch schon in traditionalen Gesellschaften zu beobachten. Dort freilich waren gesellschaftlicher Code und soziales Rollengefüge weitaus stabiler und umfassender als in einer spätmodernen Gesellschaft. D. h., die Dissoziation des Subjekts wird erst in dem Maße zum Problem, in dem die Gesellschaft selbst sich dissoziiert (vor allem: funktional ausdifferenziert) und damit die Kohärenzzumutung an das Individuum weitergibt. Es muss im Übrigen nicht erst betont werden, dass für die Konstruktion der eigenen ‚Bastelexistenz' spezifische Ressourcen und Kompetenzen erforderlich sind, über die viele Menschen nur begrenzt verfügen: Dann wiegt der Verlust alter Sicherheiten schwerer als der Zugewinn an Freiheit. Zudem wird im Alltag der Sinnbastler manche Erwartung gehaltvoller Selbstbestimmtheit erheblich enttäuscht – auch zu Idealisierungen besteht kein Anlass. Es ist denn auch kein Wunder, dass vor diesem Hintergrund religiöse Bedürfnisse und quasireligiöse Sinnangebote gerade *nicht* verschwinden. Es ist indes ebenso wenig verwunderlich, dass die Rückkehr „in die weit und erbarmend geöffneten Arme der alten Kirchen" (Weber) für solcherart sozialisierte und geprägte Individuen keine naheliegende Option darstellt, jedenfalls keine, auf die sie mit ihrer eingeübten Lebenshaltung adäquat vorbereitet wären.

5. Religiöse Individualisierung – ‚*Patchwork*-Religiosität' und ‚Zwang zur Häresie'

Betrachten wir nun also konkreter, wie sich im besonderen Religiosität, ihre gesellschaftlichen Einbettungen und ihre Ausformungen vor dem geschilderten Hintergrund beschreiben lassen. Der Begriff ‚Religiosität' wird in diesem Zusammenhang – mit Blick auf die Fülle an Phänomenen zwangsläufig – meist sehr offen und weit, teilweise auch sehr unbestimmt verwendet. In dieser Unschärfe spiegeln sich die Ambivalenzen der gesellschaftlichen Kontexte und der Entwicklungen selbst wider, die mit den Schlagworten religiöse Individualisierung und Pluralisierung benannt sind. Da ist dann von „religiösen Spuren", von religiösen wie auch „quasi-religiösen Ausdrucksformen" die Rede, von „*Patchwork*-Religiosität" – und manchmal auch noch von Glaube (vgl. Fischer/Schöll 1998; Könemann 2002; Krech 2003; Lange 1998; Morgenroth 2002; Preul 2003; Wohlrab-Sahr 1995a). Wir beobachten eine „Verflüchtigung der Religion ins Religiöse" (Knoblauch 1991).

Gestalt und Form des Religiösen verändern und vervielfältigen sich durch den individuellen und individualisierten Zugriff des Menschen. Auch mit Blick auf die Religion haben wir es heute mit der „Unhintergehbarkeit von individuell bestimmter Subjektivität" zu tun (vgl. Preul 2003: 96). „Individuelle Religion" ist heute die vorherrschende Sozialform der Religion geworden (Luckmann 1991: 182). Religion wird immer weniger einem weithin passiven Einzelnen von den autorisierten Organisationen „vermittelt", sondern zunehmend vom Einzelnen aktiv erworben: Die „Hermeneutik der Aneignung" gewinnt gegenüber der alten „Hermeneutik der Vermittlung" religionspädagogisch an Bedeutung (vgl. Becker/Scheilke 1995; sowie Porzelt 2002: 276). Dies ist Ausdruck einer religiösen Pluralisierung bzw. einer Ausdifferenzierung des religiösen Feldes, in dem nun immer mehr Akteure darum ringen, Religion zu definieren bzw. ihre religiösen Angebote an den Mann zu bringen (Gabriel 1993; Kramer 2004: 135ff.). Religiöse Individualisierung ist das Ergebnis des Zwanges, aus dieser Vielfalt an Sinnangeboten, religiösen Praktiken und Deutungsmustern individuell auswählen zu müssen. Sie macht Religion zu einer Sache der persönlichen Überzeugung, die der Einzelne nur mehr vor sich selbst zu rechtfertigen hat. Institutionelle Religion verliert ihre integrative Kraft in der Lebensführung der Individuen (vgl. Englert 2002). Folge ist ein immer weiter verbreiteter religiöser Synkretismus.

Die Religiosität der Gesellschaft 215

„Religion wird in der Form und in dem Maße in Anspruch genommen, wie sie den Anforderungen der individuellen Forderungen nachkommt. (...) Die wechselhaften Anforderungen der privaten Bedürfnisse führen zu einer Durchmischung von Glaubensgehalten, die umso stärker wird, je mehr die großen religiösen Institutionen an Einfluss – und somit an Bedeutung als ‚offizielles Modell der Religion' – verlieren" (Knoblauch 1991: 21).

Die Individuen stellen sich ganz unterschiedliche Traditionsgehalte, Werte und Ideen zu alltagspraktischen Sinnwelten und Orientierungsmustern zusammen, die ebenso flexibel handhabbar wie inhaltlich austauschbar sind. Bei diesem Synkretismus „handelt es sich nicht mehr um die Begegnung und gegenseitige Veränderung trennscharf unterscheidbarer religiöser Welten, Symbolsysteme und Praxisformen, vielmehr werden in einem oft nur schwach profilierten und sozial wenig verpflichtenden Herkunftshorizont einzelne Elemente verschiedenster Herkunft und geringer Verträglichkeit kurzfristig und veränderlich verknüpft" (Drehsen/Sparn 1996b: 10). Passend zur oben beschriebenen „*Patchwork*-Identität" pflegt der Einzelne seine je eigene „Flickenteppichreligiosität mit individuellen Strickmustern" (Gabriel 2000: 60). „Religiöse Bricolage" (Porzelt 2002: 278) ist das Ergebnis individualisierter und enttraditionalisierter „Lebensexperimente des Glaubens" (Ellerbrock 1990).

Auf diesem Wege wandern auch immer mehr säkulare Angebote in das Feld des Religiösen ein. Es sprießen stets neue, höchst unterschiedliche Formen außerkirchlicher Sinnsuche (vgl. Hempelmann/Dehn/Fincke 2005). Diese Religionssurrogate dienen zumindest insoweit der Befriedigung ‚religiöser' Bedürfnisse, als sie funktional äquivalent sind für die Bearbeitung von „Problemen der Weltorientierung, der Handlungsnormierung und der Ohnmachtsbewältigung" (Ebertz 1997: 43). Bei solcher religiösen Individualisierung muss Gott nicht mehr notwendig im Mittelpunkt stehen. Vielmehr wird „der Einzelne mehr und mehr zur Sache der Religion und das Selbst zum zentralen Gegenstand religiöser Sinnbildung" (Krech 2003: 26). Die oben bereits skizzierte Überthematisierung des Ich, die Suche nach dem eigenen Selbst und nach ‚Selbstverwirklichung' nehmen beinahe ihrerseits religiösen Charakter an, begünstigen eine Sakralisierung des Ich (Wippermann 1998: 362), für die immer neue kulturindustrielle Angebote bereitgestellt werden.

Religiöse Individualisierung und Synkretismus bringen Phänomene hervor, bei denen man nur mehr sehr begrenzt von Religion sprechen kann. Für Hochreligionen jedenfalls werden diese Entwicklungen ab einem gewissen Punkt insofern problematisch, als

„andere Funktionssysteme auf einen laufenden Wechsel ihrer Programme (...) eingestellt sind, während die Religion eine Art Glauben verlangt, der zwar als pluralistisches

Angebot verschiedener Religionen diversifiziert werden, aber jedenfalls nicht in die Form des ‚heute dies, morgen das' gebracht werden kann" (Luhmann 2000: 100).

Gerade weil Religion im klassischen Sinn, etwa das Christentum, dies nicht kann, wenden sich immer mehr Sinnsucher und die große Gruppe der irgendwie Religiösen von den ‚alten Kirchen' ab. Entkirchlichung und Entkonfessionalisierung sind dementsprechend die unbestrittenen Haupttrends dieser Individualisierungsprozesse. Zunehmende religiöse Desozialisation und individualisierte Lebenshaltung bedingen sich dabei wechselseitig. Bei immer mehr Menschen kommt es, so Ebertz, zu einer Erosion der „konfessionellen Biographie": die konfessionellen Bezugssysteme werden immer irrelevanter, die konfessionellen Sozialisationsstrukturen immer inkohärenter, und konfessionelle Sozialbezüge verlieren im Lebenslauf ihre Dauerhaftigkeit (Ebertz 1995: 166ff.). Ganz im Sinne des individualistischen Credos wird Religiosität von immer mehr Menschen nicht mehr mit Kirchenmitgliedschaft oder gar Kirchgang gleichgesetzt (vgl. Pollack 1996a; Matthes 2000) – dass dies einer Entkernung zumindest des christlichen Credo gleichkommt, wird von vielen, mangels theologischer Minimalbildung, gar nicht erst erkannt.

Religiöse Individualisierung äußert sich entsprechend nicht nur in Form von Kirchenaustritt, sondern gerade auch innerhalb des Christentums. Zum einen sind die Motive für ein Verbleiben in der Kirche höchst unterschiedlich und lassen keinesfalls automatisch auf gefestigten Glauben im dogmatischen Sinne schließen (vgl. Anker 2001: 65ff.). Zum anderen wählen immer mehr Gläubige aus der Glaubenslehre der Kirche das aus, was zu ihrem eigenen Lebensglauben passt. Das heutige Christentum präsentiert sich als „Auswahlchristentum" (Zulehner 1974, 1988) – in das im übrigen zunehmend auch wieder Momente des Aberglaubens und alter Bräuche einfließen, die man längst überwunden glaubte (vgl. Terwey 2003).

All diese empirisch vielfach bestätigten Entwicklungen scheinen zu belegen, „daß religiöse Sinnressourcen nun frei verfügbar und unzensiert nutzbar sind und daß institutionelle Mittler dabei weitgehend entbehrlich geworden sind" (Englert 1995: 17). Und in der Tat: Blickt man auf die heute „weit verbreitete Inkohärenz der religiös qualifizierbaren Meinungen Einzelner", auf die bunten Mischungen religiös-pseudoreligiöser *Patchwork*-Fragmente bei schwacher Institutionalisierung, so drängt sich mit Luhmann der Schluss auf:

> „Dafür braucht man keinen Rückhalt in gemeinschaftlichen Lebensformen, die alle Aspekte der Lebensführung einbeziehen, wohl aber punktuelle soziale Stützpunkte, etwa Spiritistentreffs oder Selbstfindungsseminare, Informationsblätter oder Freundschaftsgruppen mit ähnlichen Präferenzen. (...) Jedenfalls läßt die Gesellschaft das Individuum nicht ohne Unterstützung, aber sie entbindet es von Kohärenzzwängen und

Die Religiosität der Gesellschaft 217

läßt ihm die Möglichkeit, Komponenten seines Glaubens zu wechseln oder in ihrer Bedeutung verklingen zu lassen" (Luhmann 2000: 294f.).

Sind die ‚institutionellen Mittler' aber wirklich so ‚entbehrlich' (Englert)? Kann man in den geschilderten Fällen noch von Religiosität in einem irgendwie gehaltvollen Sinn sprechen – und der fortschreitenden Entkirchlichung in vielen westeuropäischen Ländern allen Ernstes eine ‚Rückkehr des Religiösen' entgegenhalten? Der Verlust der sozialen Bezüge und Traditionen von Religiosität hat schon vor einiger Zeit zu der berechtigten Frage geführt: „Welche Überlebenschance hat eine Religiosität, die weder sozial geschützt noch durch soziale Gruppen getragen wird?" (Boos-Nünning 1972: 157). Zwar zeigt das Aufkommen neuer religiöser Bewegungen, dass es auch auf dem Feld individualisierter Religiosität neue Formen von Vergemeinschaftung gibt. Wie tragfähig und stabil diese neuen Formen von Gemeinschaft sind, ist aber eine offene Frage. Zu einem dauerhaften Fundament des eigenen Lebens, zur ‚Heimat' (Plessner) werden sie wohl nur in den seltensten Fällen. Zudem zeigen Untersuchungen für Deutschland, dass bei allem Interesse an neureligiösen Praktiken die neuen religiösen Bewegungen nur einen Bruchteil des kirchlichen Austrittsbestands (gerade einmal 1,5 Prozent) binden können (Pollack 1996c: 37f.). Immer mehr Menschen sind, so Pollack, dem Religiösen insgesamt entfremdet. Beobachtungen wie diese bestätigen die Vermutung, dass fehlende Einbettung der Religiosität in einen sozialen Zusammenhang in den meisten Fällen zu Diffundierung und letztendlich zum Verlust von Religiosität führt. „Die Religion braucht religiöse Gemeinschaft und das Leben in einer religiösen Welt braucht Zugehörigkeit zur religiösen Gemeinde" (Berger/Luckmann 1984: 169).

„Die privatisierte Religion ist eine Sache der ‚Wahl' oder der ‚Vorliebe' des Einzelnen oder der Kernfamilie und hat ipso facto wenig Allgemeinverbindlichkeit. Wie ‚wirklich' private Religiosität auch für den Einzelnen sein mag, die klassische Aufgabe der Religion, eine gemeinsame Welt zu errichten, die dem ganzen gesellschaftlichen Leben seinen letzten und für jedermann verbindlichen Sinn gibt, kann sie nicht mehr erfüllen. Stattdessen beschränkt sie sich auf gesellschaftliche Enklaven des sozialen Lebens, die sich von den säkularisierten Sektoren der modernen Religiosität abgesondert haben" (Berger 1973: 128).

Die Errichtung einer ‚gemeinsamen Welt' ist tatsächlich für Religion *und* Religiosität in verschiedener Hinsicht keineswegs eine Nebensächlichkeit. Sie ist vielmehr soziologisch wie auch psychologisch eine wichtige Funktionsvoraussetzung von Religion; und sie zählt im Fall der meisten Religionen theologisch zu den Kerngehalten des Glaubens. Letzteres gilt zumal für das Christentum: Gottesdienst, Abendmahl, Gemeinschaft der Gläubigen – das sind ja keine fakultativen Zugaben, keine ‚Events', auf die ein diffus Religiöser ohne Entkernung seines Glaubens nach Belieben verzichten könnte. Genau das vermuten aber sehr viele religiöse Individualisten: dass man fern der Kirche und der von ihr hergestellten ‚gemeinsamen Welt' ganz ebenso gut gläubig oder eben religiös sein könne. Es soll hier aber gar nicht um theologische Fragestellungen gehen. Denn auch unabhängig davon wird deutlich, auf welch unsicherem Boden sich entkirchlichte Religiosität bewegt. Entkirchlichung hat nicht nur in Gestalt sinkender Mitgliedszahlen unmittelbar Folgen für die Organisation Kirche. Sie hat auch Folgen für Religion als Kommunikationssystem wie auch für die Religiosität Einzelner, insofern sie auf Leistungen von Organisationen angewiesen ist. Was leistet Organisation im Fall der Religion? „Organisation vermittelt zwischen der religiösen Sinngebung, die Mythen oder Dogmatiken erzeugt, und der täglichen Praxis spezifisch religiösen Verhaltens" (Luhmann 2000: 227). Organisationen wie die Kirche erreichen dies vor allem durch ‚Ritualisierung'. Dadurch werden, so Luhmann, Inszenierungen kondensiert und Sinngehalte verstärkt. Insbesondere kann religiöse Kommunikation nur so stabilisiert und für Bewusstsein sichtbar gemacht werden. Auch individuelle Religiosität ist darauf angewiesen, dass das Religiöse durch soziale Kommunikation reproduziert wird (Luhmann 2000: 114). Das Bewusstsein ist so und nur so strukturell an Religion gekoppelt. Und noch etwas leistet die Organisation Kirche, was diffuse, subjektiv empfundene Religiosität allein nicht schafft:

„Die Kommunikation schützt sich selbst, notfalls durch Formstrenge, gegen allzuviel Irritation durch Bewußtsein. Genau darin liegt auch die Bedingung dafür, daß das Bewußtsein sich auf Externalisierungen stützen kann und sich nicht ständig mit dem Verdacht beschäftigt, es handele sich um eine selbstgemachte Realität, die nur existiert, wenn man daran glaubt" (Luhmann 2000: 114).

Eben dies ist aber gerade das Problem, mit dem die religiösen Sinnbastler durch kirchliches ‚disembedding' (Giddens) konfrontiert sind. Freilich sind die individualisierten und enttraditionalisierten Bewohner der Spätmoderne in ihrer Grundhaltung von eben diesem Gefühl gleichsam durchdrungen: dass es sich hier wie überall immer nur um ‚selbstgemachte Realitäten' handelt, dass man sich zudem in der Pluralität und Vorläufigkeit der unterschiedlichen Angebote und Sinnbezüge nicht zu eindeutig festlegen sollte. Wir nannten das oben die ‚relativistische Botschaft', die die spätmoderne Gesellschaft mit ihren strukturellen Zwängen und lebensweltlichen Erfahrungen für den Einzelnen bereit hält. Mit Blick auf religiöse Festlegungen kann man hier trefflich von einem „häretischen Imperativ" bzw. vom „Zwang zur Häresie" sprechen (Berger 1980: 39ff.). Die Evidenz dieser relativistischen Botschaft erhöht sich zusätzlich dadurch, dass sie in Kommunikation unter Anwesenden tagtäglich verstärkt wird:

„In den älteren Gesellschaften kann in der Kommunikation unterstellt werden, dass die Glaubensannahmen (Existenzannahmen, Mythen, Sinn und Wirksamkeit kultischer Formen) zutreffen, und zwar allein deshalb, weil auch die anderen davon ausgehen, dass sie zutreffen. Das ändert sich von Grund auf, wenn man sich aus Anlass von Kommunikation immer erst vergewissern muss, ob und welche Aussagen der Religion geglaubt werden und von wem. Der Ausweg mag dann sein, das Thema – und sei es nur, um Zeit zu sparen – zu vermeiden, aber das führt natürlich nicht zurück zu einer gemeinsam akzeptierten religiösen ‚Lebenswelt'" (Luhmann 2000: 293).

Man könnte hier von der Auflösung der sozialen Evidenz des Glaubens durch Pluralisierung sprechen. Damit scheint sich der spätmoderne Kreis von strukturellen gesellschaftlichen Imperativen, lebensweltlichen Botschaften und individualisierten Anpassungsleistungen der Einzelnen zu schließen – ein Teufelskreis, wenn man so will.

6. Schluss: postsäkular und *glaubensfern*

Schwächung der sozialen Einbettung in Glaubensgemeinschaften, Aushöhlung des organisatorischen Fundaments von Gläubigkeit, Neutralisierung der lebensweltlichen Relevanz religiöser Überzeugungen, Zwang zu Häresie – es sind die strukturellen Bedingungen moderner Gesellschaft, die diese Entwicklungen hervorbringen und verstärken, zumindest stark begünstigen. Die wohl gravierendste Veränderung gegenüber der Situation des mittelalterlichen *homo religiosus* liegt, wie gezeigt wurde, darin, dass Glaube unter modernen Bedingungen keinen Rückhalt mehr in gemeinschaftlichen Lebensformen findet, *die zugleich für die gesellschaftliche Integration des Einzelnen unverzichtbar wären*. Exklusion aus der Religion führt nicht mehr zur Exklusion aus der Gesellschaft. Vor allem dies hat Glauben als „natürliche Lebensform" zurücktreten lassen zugunsten der „individuellen Zuwendung zur Religion" in der Moderne (Luhmann 2000: 296).

Postsäkular mag sie sein, die okzidentale Spätmoderne, mit ihrem vielgestaltigen ‚religiösen Empfinden', den verschwommenen Hoffnungen und Bedürfnissen ihrer Sinnsucher – *glaubensfern* und *gottfremd* ist sie gleichwohl. Und zwar gerade in all den beschriebenen Dimensionen ‚individualisierter Religiosität'. Mit Jean Paul ließe sich sagen: „schwebend zwischen dem Wunsche und dem Unvermögen zu glauben" (Jean Paul 1927: 51). Mit einem christlichen Leben aus dem Glauben, mit *devotio* und *pietas*, hat es nicht mehr viel zu tun, wenn Menschen bei ihrer Sinnsuche

> „das Bedürfnis haben, sich in ihrer Seele sozusagen mit garantiert echten, alten Sachen auszumöblieren, und sich dabei dann noch daran erinnern, daß dazu auch die Religion gehört hat, die sie nun einmal nicht haben, für die sie aber eine Art von spielerisch mit

Heiligenbildchen aus allen Herren Länder möblierter Hauskapelle als Ersatz sich aufputzen" (Weber 1991b: 271).

Der Unterschied zwischen individualisiert-‚religiös' und ‚gläubig' ist hier ein Unterschied ums Ganze.

„Wie eine Mutter, die ihre Kinder sprechen und damit zu verstehen und zusammenzuleben lehrt, lehrt uns die Kirche, unsere Mutter, die Sprache des Glaubens, um uns in das Verständnis und das Leben des Glaubens einzuführen" (Ecclesia Catholica 1993: 79f.).

Viele spätmoderne Individuen haben diese Sprache des Glaubens nicht mehr gelernt. Sie sprechen heute andere Sprachen – weil die Gesellschaft, in der sie leben, sie diese anderen Sprachen lehrt. Ratzinger hat eben dies als das „Dilemma des Glaubens in der Welt von heute" beschrieben (Ratzinger 1968: 29ff.): Die moderne Gesellschaft begünstigt dem Glauben fremde ‚Grundorientierungen', die das ‚Daseinsgefühl' des Menschen prägen – womit man sich sehr genau auf der Ebene der Mentalitäten befindet. Mentalität aber zeichnet sich nicht nur durch ihre *longue durée* aus; sie ist das Ergebnis einer Anpassung an die gesellschaftlichen Umstände. Und umgekehrt erlaubt nur eine bestimmte Mentalität, ein entsprechend ausgebildeter Habitus,

„Institutionen zu bewohnen (habiter), sie sich praktisch anzueignen und sie damit in Funktion, am Leben, in Kraft zu halten, sie ständig dem Zustand des toten Buchstabens, der toten Sprache zu entreißen, den Sinn, der sich in ihnen niedergeschlagen hat, wieder aufleben zu lassen" (Bourdieu 1993: 107).

Lässt sich die Sprache des Glaubens unter den heutigen Umständen, z. B. in der Bundesrepublik, breitenwirksam wiederbeleben? Und wie? Wohl kaum durch Preisgabe von Kerngehalten zugunsten der Bedürfnisse unsteter Seelen-*Patchworker*. Hier wird man Ratzinger Recht geben müssen, wenn er sich gegen alle Strategien der ‚Verheutigung' wendet. Wenn indes die Soziologie mit ihren Beschreibungen der Moderne auch nur annähernd richtig liegt, dann steht die Kirche vor einem echten Dilemma:

„Es handelt sich um strukturelle Inkompatibilitäten – jedenfalls dann, wenn man Religion von ihren Traditionsbeständen her interpretiert. Die Religion und ihre kirchliche Dogmatik mögen sich auf die eine oder andere Weise, durch dieses oder jenes ‚script', auf diese Situation einlassen. Aber darin liegt nicht die Beendigung einer ‚Krise', sondern allenfalls der Versuch der Religion, ihren Möglichkeiten und ihren Beschränkungen als Funktionssystem der modernen Gesellschaft gerecht zu werden" (Luhmann 2000: 317f.).

Literatur

Anker, Elisabeth (2001): „Das wäre ja, als würde ich aus dem Leben austreten!" Werkstattbericht von einer empirisch-religionspädagogischen Studie über Kirchenbindung, Zugehörigkeits- und Bleibemotive und deren Entwicklung. In: Religionspädagogische Beiträge 46: 65-68.

Beck, Ulrich (1986): Risikogesellschaft. Auf dem Weg in eine andere Moderne. Frankfurt a. M.

Beck, Ulrich/Beck-Gernsheim, Elisabeth (Hrsg.) (1994): Riskante Freiheiten. Individualisierung in modernen Gesellschaften. Frankfurt a. M.

Beck, Ulrich/Giddens, Anthony/Lash, Scott (1996): Reflexive Modernisierung. Eine Kontroverse. Frankfurt a. M.

Becker, Ulrich/Scheilke, Christoph (Hrsg.) (1995): Aneignung und Vermittlung. Beiträge zu Theorie und Praxis einer religionspädagogischen Hermeneutik. Gütersloh.

Berger, Peter L. (1973): Zur Dialektik von Religion und Gesellschaft. Frankfurt a. M.

Berger, Peter L. (1980): Der Zwang zur Häresie. Religion in der pluralistischen Gesellschaft. Frankfurt a. M.

Berger, Peter L. (1994): Sehnsucht nach Sinn. Glauben in einer Zeit der Leichtgläubigkeit. Frankfurt a. M.

Berger, Peter L./Luckmann, Thomas (1984): Die gesellschaftliche Konstruktion der Wirklichkeit. Eine Theorie der Wissenssoziologie. Frankfurt a. M.

Birkelbach, Klaus (2001): Religiöse Einstellungen zwischen Jugend und Lebensmitte. In: Soziale Welt 52: 93-118.

Bitter, Gottfried u.a. (Hrsg.) (2002): Neues Handbuch religionspädagogischer Grundbegriffe. München.

Bloch, Marc (1968): La société féodale. Paris.

Boos-Nünning, Ursula (1972): Dimensionen der Religiosität. Zur Operationalisierung und Messung religiöser Einstellungen. München/Mainz.

Borst, Arno (1997): Lebensformen im Mittelalter. Berlin.

Bourdieu, Pierre (1993): Sozialer Sinn. Kritik der theoretischen Vernunft. Frankfurt a. M.

Brose, Thomas (Hrsg.) (2002): Umstrittenes Christentum. Glaube – Wahrheit – Toleranz. Berlin.

Daiber, Karl Fritz (1995): Religion unter den Bedingungen der Moderne. Die Situation in der Bundesrepublik Deutschland. Marburg.

Daiber, Karl Fritz (1997): Religion in Kirche und Gesellschaft. Stuttgart/Berlin/Köln.

Deutsche Shell (Hrsg.) (2000): Jugend 2000. 13. Shell Jugendstudie. Opladen.

Dinzelbacher, Peter (Hrsg.) (1993a): Europäische Mentalitätsgeschichte. Hauptthemen in Einzeldarstellungen. Stuttgart.

Dinzelbacher, Peter (1993b): Zu Theorie und Praxis der Mentalitätsgeschichte. In: Dinzelbacher (1993a): XV-XXXVII.

Drehsen, Volker/Sparn, Walter (Hrsg.) (1996a): Im Schmelztiegel der Religionen. Konturen des modernen Synkretismus. Gütersloh.

Drehsen, Volker/Sparn, Walter (1996b): Vorwort. In: Drehsen/Sparn (1996a): 9-11.

Ebertz, Michael (1995): Die Erosion der konfessionellen Biographie. In: Wohlrab-Sahr (1995): 155-179.

Ebertz, Michael (1997): Kirche im Gegenwind. Freiburg.

Ecclesia Catholica (1993): Katechismus der Katholischen Kirche. München.

Ellerbrock, Jochen (1990): Lebensexperimente des Glaubens. Eine empirische Untersuchung zu Entwicklung und gegenwärtigem Erleben von Religiosität. Frankfurt a. M.

Engelhardt, Klaus/von Loewenich, Hermann/Steinacker, Peter (Hrsg.) (1997): Fremde Heimat Kirche. Die dritte EKD-Erhebung über Kirchenmitgliedschaft. Gütersloh.

Englert, Rudolf (1991): Religionspädagogik im christentumsgeschichtlichen Wandel. In: Stimmen der Zeit 116: 750-758.

Englert, Rudolf (1995): Religiöse Erwachsenenbildung. Situation – Probleme – Handlungsorientierung. Stuttgart.
Englert, Rudolf (1996): Individualisierung und Religionsunterricht. Analysen, Ansatz, Option. In: Katechetische Blätter 121: 17-21.
Englert, Rudolf (2002): Dimensionen religiöser Pluralität. In: Schweitzer/Englert/Ziebertz/Schwab (Hrsg.) (2002): 17-50.
Erikson, Erik H. (1973): Identität und Lebenszyklus. Frankfurt a. M.
Fechtner, Kristian u.a. (Hrsg.) (1996): Religion wahrnehmen. Marburg.
Fischer, Dietlind/Schöll, Albrecht (1998): Lebenspraxis und Religion. Fallanalysen zur subjektiven Religiosität von Jugendlichen. Gütersloh.
Frevert, Ute/Haupt, Heinz-Gerhard (Hrsg.) (1999a): Der Mensch des 19. Jahrhunderts. Frankfurt a. M./New York.
Frevert, Ute/Haupt, Heinz-Gerhard (1999b): Einführung: Der Mensch des 19. Jahrhunderts. In: Frevert/Haupt (1999a): 9-18.
Frevert, Ute/Haupt, Heinz-Gerhard (Hrsg.) (1999c): Der Mensch des 20. Jahrhunderts. Frankfurt a. M./New York.
Frevert, Ute/Haupt, Heinz-Gerhard (1999d): Einführung: Der Mensch des 20. Jahrhunderts. In: Frevert/Haupt (1999c): 9-20.
Fritsche, J. (1992): Religiosität. In: Ritter/Gründer (1992): 774-780.
Fuchs-Heinritz, Werner (2000): Religion. In: Deutsche Shell (2000): 157-180.
Gabriel, Karl (1993): Wandel des Religiösen. In: Forschungsjournal Neue Soziale Bewegungen 6: Die herausgeforderten Kirchen. Religiosität in Bewegung: 28-36.
Gabriel, Karl (Hrsg.) (1996a): Religiöse Individualisierung oder Säkularisierung. Biographie und Gruppe als Bezugspunkte moderner Religiosität. Gütersloh.
Gabriel, Karl (1996b): Einleitung. In: Gabriel (1996a): 9-13.
Gabriel, Karl (2000): Christentum zwischen Tradition und Postmoderne. Bamberg.
Geerlings, Wilhelm/Sternberg, Thomas (Hrsg.) (2004): Kirche in der Minderheit. Sozialgeschichtliche Untersuchungen – pastorale Aspekte. Münster.
Gehlen, Arnold (1957): Die Seele im technischen Zeitalter. Sozialpsychologische Probleme in der industriellen Gesellschaft. Frankfurt a. M.
Giddens, Anthony (1991): Modernity and Self-Identity. Self and Society in the Late Modern Age. Cambridge.
Giddens, Anthony (1995): Konsequenzen der Moderne. Frankfurt a. M.
Giddens, Anthony (1996): Leben in einer posttraditionalen Gesellschaft. In: Beck/Giddens/Lash (1996): 113-194.
Hardtwig, Wolfgang/Wehler, Hans-Ulrich (Hrsg.) (1996): Kulturgeschichte Heute. Göttingen.
Hempelmann, Reinhard/Dehn, Ulrich/Fincke, Andreas u.a. (Hrsg.) (2005): Panorama der neuen Religiosität. Sinnsuche und Heilsversprechen zu Beginn des 21. Jahrhunderts. Gütersloh.
Hitzler, Ronald/Honer, Anne (1994): Bastelexistenz. Über subjektive Konsequenzen der Individualisierung. In: Beck/Beck-Gernsheim (1994): 307-315.
Jean Paul (1927): Levana oder Erziehungslehre I. Sämtliche Werke. Bd 36. Berlin.
Kaufmann, Franz-Xaver (1989): Religion und Modernität. Sozialwissenschaftliche Perspektiven. Tübingen.
Keupp, Heiner (1994): Ambivalenzen postmoderner Identität. In: Beck/Beck-Gernsheim (1994): 336-350.
Knoblauch, Hubert (1991): Die Verflüchtigung der Religion ins Religiöse. Thomas Luckmanns Unsichtbare Religion. In: Luckmann (1991): 7-41.
Koch, Achim (1992): Religiosität und Kirchlichkeit in Deutschland. In: Mohler/Bandilla (1992): 141-154.
Koecke, Johannes Christian (2003): Die halbierte Glaubensgesellschaft. In: Vogel (2003): 127-153.

Könemann, Judith (2002): „Ich wünschte, ich wäre gläubig, glaub' ich". Zugänge zu Religion und Religiosität in der Lebensführung der späten Moderne. Opladen.
Koslowski, Peter/Spaemann, Robert/Löw, Reinhard (Hrsg.) (1986): Moderne oder Postmoderne? Zur Signatur des gegenwärtigen Zeitalters. Weinheim.
Kramer, Rolf (2004): Die postmoderne Gesellschaft und der religiöse Pluralismus. Eine sozialethische Analyse und Beurteilung. Berlin.
Krech, Volkard (2003): Götterdämmerung. Auf der Suche nach Religion. Bielefeld.
Kuhlemann, Frank-Michael (1996): Mentalitätsgeschichte. Theoretische und methodische Überlegungen am Beispiel der Religion im 19. und 20. Jahrhundert. In: Hardtwig/Wehler (1996): 182-211.
Lange, Jörg (1998): Von der Weltlichkeit des Glaubens. Fragmentarische Religiosität im Lebenslauf. Essen.
Lasch, Christopher (1980): Das Zeitalter des Narzißmus. München.
Le Goff, Jacques (1987): Eine mehrdeutige Geschichte. In: Raulff (1987): 18-32.
Le Goff, Jacques (Hrsg.) (1989): Der Mensch des Mittelalters. Frankfurt a. M./New York.
Luckmann, Thomas (1991): Die unsichtbare Religion. Frankfurt a. M.
Lüschen, Günther (Hrsg.) (1998): Das Moralische in der Soziologie. Opladen.
Luhmann, Niklas (1989): Gesellschaftsstruktur und Semantik. Studien zur Wissenssoziologie der modernen Gesellschaft. Bd 3. Frankfurt a. M.
Luhmann, Niklas (1994): Soziologische Aufklärung 4. Beiträge zur funktionalen Differenzierung der Gesellschaft. Opladen.
Luhmann, Niklas (1995): Soziologische Aufklärung 6. Die Soziologie und der Mensch. Opladen.
Luhmann, Niklas (2000): Die Religion der Gesellschaft. Frankfurt a. M.
Luszcz, M.A./Nettelbeck, T. (Hrsg.) (1989): Psychological Development across the Life-Span. North-Holland.
Marcia, James E. (1989): Identity Diffusion Differentiated. In: Luszcz/Nettelbeck (1989): 289-295.
Matthes, Joachim (Hrsg.) (2000): Fremde Heimat Kirche – Erkundungsgänge. Beiträge und Kommentare zur dritten EKD-Untersuchung über Kirchenmitgliedschaft. Gütersloh.
Mette, Norbert (1995): Individualisierung und Enttraditionalisierung als (religions-)pädagogische Herausforderung. In: Becker/Scheilke (1995): 69-84.
Meulemann, Heiner (1998): Religiosität und Moralität nach der deutschen Vereinigung. Unterschiede und Entwicklungen in den alten und neuen Bundesländern 1990-1995. In: Lüschen (Hrsg.) (1998): 269- 283.
Mohler, Peter/Bandilla, Wolfgang (Hrsg.) (1992): Blickpunkt Gesellschaft 2. Einstellungen und Verhalten der Bundesbürger in Ost und West. Opladen.
Moosbrugger, Helfried/Zwingmann, Christian/Frank, Dirk (Hrsg.) (1996): Religiosität, Persönlichkeit und Verhalten. Beiträge zur Religionspsychologie. Münster/New York.
Morgenroth, Christian (2002): Weihnachts-Christentum. Moderner Religiosität auf der Spur. Gütersloh.
Nipperdey, Thomas (1983): Deutsche Geschichte 1800-1866. Bürgerwelt und starker Staat. München.
Nipperdey, Thomas (1986): Nachdenken über die deutsche Geschichte. Essays. München.
Nipperdey, Thomas (1991): Deutsche Geschichte 1866-1918. Band I: Arbeitswelt und Bürgergeist. München.
Plessner, Helmuth (1975): Die Stufen des Organischen und der Mensch. Einführung in die philosophische Anthropologie. Berlin.
Pollack, Detlef (1996a): Gottesdienst und Moderne. Religionssoziologische Beobachtungen und Deutungen. In: Fechtner (1996): 321- 330.
Pollack, Detlef (1996b): Individualisierung statt Säkularisierung? Zur Diskussion eines neueren Paradigmas in der Religionssoziologie. In: Gabriel (Hrsg.) (1996): 57-85.
Pollack, Detlef (1996c): Dem Religiösen entfremdet. Zur religiös-kirchlichen Lage in Ost- und Westdeutschland. Ein Vergleich. In: Lutherische Monatshefte 4: 37-38.

Pollack, Detlef (1996d): Zur religiös-kirchlichen Lage in Deutschland nach der Wiedervereinigung. Eine religionssoziologische Analyse. In: Zeitschrift für Theologie und Kirche 93: 586-615.

Pollack, Detlef (1998): Bleiben sie Heiden? Religiös-kirchliche Einstellungen und Verhaltensweisen der Ostdeutschen nach dem Umbruch von 1989. In: Pollack/Borowik/Jagodzinski (1998): 207-252.

Pollack, Detlef (2000): Der Wandel der religiös-kirchlichen Lage in Ostdeutschland nach 1989. Ein Überblick. In: Pollack/Pickel (2000): 18-47.

Pollack, Detlef/Borowik, Irena/Jagodzinski, Wolfgang (Hrsg.) (1998): Religiöser Wandel in den postkommunistischen Ländern Ost- und Mitteleuropas. Würzburg.

Pollack, Detlef/Pickel, Gert (1999): Individualisierung und religiöser Wandel in der Bundesrepublik Deutschland. In: Zeitschrift für Soziologie 28, 6: 465-483.

Pollack, Detlef/Pickel, Gert (Hrsg.) (2000): Religiöser und kirchlicher Wandel in Ostdeutschland 1989-1999. Opladen.

Porzelt, Burkard (2002): Individualisierte Religiosität. In: Bitter (2002): 275-279.

Preul, Reiner (2003): So wahr mir Gott helfe! Religion in der modernen Gesellschaft. Darmstadt.

Ratzinger, Joseph (1968): Einführung in das Christentum. Vorlesungen über das Apostolische Glaubensbekenntnis. München.

Raulff, Ulrich (Hrsg.) (1987a): Mentalitäten-Geschichte. Zur historischen Rekonstruktion geistiger Prozesse. Berlin.

Raulff, Ulrich (1987b): Vorwort: Mentalitäten-Geschichte. In: Raulff (1987a): 7-17.

Ritter, Joachim/Gründer, Karlfried (Hrsg.) (1992): Historisches Wörterbuch der Philosophie. Bd. 8. Basel.

Rosien, Peter (Hrsg.) (1999): Mein Credo. Persönliche Glaubensbekenntnisse. Kommentare und Informationen. Bd. 1. Oberursel.

Schieder, Wolfgang/Sellin, Volker (Hrsg.) (1987): Sozialgeschichte in Deutschland. Entwicklungen und Perspektiven im internationalen Zusammenhang. Bd. III: Soziales Verhalten und soziale Aktionsformen in der Geschichte. Göttingen.

Schnädelbach, Herbert (2000): Philosophie in der modernen Kultur. Vorträge und Abhandlungen 3. Frankfurt a. M.

Schweitzer, Friedrich/Englert, Rudolf/Schwab, Ulrich/Ziebertz, Hans-Georg (Hrsg.) (2002): Entwurf einer pluralitätsfähigen Religionspädagogik. Gütersloh.

Sellin, Volker (1987): Mentalitäten in der Sozialgeschichte. In: Schieder/Sellin (1987): 101-121.

Sennett, Richard (1998): Der flexible Mensch. Die Kultur des neuen Kapitalismus. Berlin.

Spieker, Manfred (2003): Gespaltenes Missionsland. Zur Lage des christlichen Glaubens im wiedervereinigten Deutschland. In: Vogel (2003): 92-126.

Terwey, Michael (2003): Kirchen weiter auf der Verliererstraße – Inferno und Aberglauben im Aufwind? In: ZA-Informationen 52: 93-119.

Tiefensee, Eberhard (2000): Religiös unmusikalisch? Folgen aus einer weithin krisenfesten Areligiosität. In: Katechetische Blätter 125: 88-95.

Tiefensee, Eberhard (2002): Homo areligiosus. Zur umstrittenen Natur des Menschen. In: Brose (2002): 167-191.

Tiefensee, Eberhard (2004): Areligiosität als Herausforderung an die Kirche. In: Geerlings/Sternberg (2004): 77-103.

Vester, Heinz-Günter (1986): Verwischte Spuren des Subjekts – Die zwei Kulturen des Selbst in der Postmoderne. In: Koslowski/Spaemann/Löw (1986): 189-204.

Vogel, Bernhard (Hrsg.) (2003): Religion und Politik. Ergebnisse und Analysen einer Umfrage. Freiburg.

Weber, Max (1991a): Schriften zur Wissenschaftslehre. Stuttgart.

Weber, Max (1991b): Wissenschaft als Beruf. In: Weber (1991a): 237-273.

Welsch, Wolfgang (1991): Subjektsein heute. Überlegungen zur Transformation des Subjekts. In: Deutsche Zeitschrift für Philosophie 39: 347-365.

Wippermann, Carsten (1998): Religion, Identität und Lebensführung. Typische Konfigurationen in der fortgeschrittenen Moderne. Mit einer empirischen Analyse zu Jugendlichen und jungen Erwachsenen. Opladen.
Wohlrab-Sahr, Monika (Hrsg.) (1995a): Biographie und Religion. Zwischen Ritual und Selbstsuche. Frankfurt/New York.
Wohlrab-Sahr, Monika (1995b): Einleitung. In: Wohlrab-Sahr (1995a): 9-26.
Zulehner, Paul Michael (1974): Religion nach Wahl. Grundlegung einer Auswahlchristenpastoral. Freiburg/Wien.
Zulehner, Paul Michael (1988): Das Gottesgerücht. Bausteine für eine Kirche der Zukunft. Düsseldorf.
Zwingmann, Christian/Moosbrugger, Helfried/Frank, Dirk (1996): Der gemeinsame Glaube der Christen: Empirische Analyse zum Apostolischen Glaubensbekenntnis. In: Moosbrugger/Zwingmann/Frank (1996): 37- 57.

Authentizität und Religion:
Zum Religionsbegriff im Denken des Kommunitarismus

Michael Haus

1. Einleitung

Im folgenden Beitrag soll die Frage nach dem Religionsbegriff im kommunitaristischen Denken verfolgt werden. Das wesentliche Anliegen besteht darin zu klären, ob und inwiefern sich in dieser Strömung der zeitgenössischen politischen Philosophie, Gesellschaftstheorie und gesellschaftlichen Reformbewegung Konturen eines besonderen Verständnisses von Religion im Allgemeinen und in der Gegenwartsgesellschaft im Besonderen zeigen, die dann eventuell auch als eine beachtenswerte Facette im zeitgenössischen Religionsdiskurs betrachtet werden können. Dabei soll der begriffliche Zusammenhang zwischen dem für kommunitaristisches Denken zentralen Ideal der Authentizität und der Sphäre der Religion ins Zentrum gerückt werden.

Unter ‚Kommunitarismus' (*communitarianism*) ist das seit Anfang der 1980er Jahre zunächst im nordamerikanischen Raum zunehmende Bestreben zu verstehen, die *Gemeinschaft* als Bezugspunkt sozialphilosophischer Reflexion und politischer Reformpolitik zu begründen bzw. zu rehabilitieren.[1] Im Hintergrund steht dabei die Diagnose einer Gemeinschaftserosion durch verbreitete Muster eines unreflektierten Individualismus und einer rein instrumentalistischen Sichtweise sozialer Institutionen. Dass Religion im Kontext kommunitaristischen Denkens ganz allgemein eine *Aufwertung* – sowohl im Sinne gesteigerter Aufmerksamkeit als auch gesteigerter Wertschätzung – erfahren hat, kann vor diesem Hintergrund nicht überraschen (vgl. Haus 2003b). Neben anderen Formen von „moralischen Gemeinschaften" bzw. normgenerierenden Institutionen sieht der Kommunitarismus in Religionsgemeinschaften einen potenziellen Verbündeten in der „Remoralisierung" des öffentlichen Lebens (Joas 1995) und der normativen „Rekontextualisierung" der ausdifferenzierten Sphären moderner Gesellschaften in einen übergreifenden kulturellen Normzusammenhang (Kallscheuer 1992). Religiöse Überlieferungen sind zudem naheliegenderweise Teil eines Überlieferungskontextes, welcher Potenziale der Gesellschaftskritik und politischen Mobilisierung bereitstellt (vgl. etwa Walzer 1988 zur Bedeutung des biblischen Exodus-Berichts für den Erzählvorrat sozialer Bewegungen in der westlichen Hemisphäre).

Die Gedanken des Kommunitarismus erfuhren vor allem in einer (häufig stark stilisierten) Gegenüberstellung zur Position des *Liberalismus* als vermeintlich dominanter Ideologie westlicher Gesellschaften Beachtung. Für den Liberalismus kann der Begriff der Religion unter den allgemeineren und formalen Begriff einer „Konzeption des Guten" bzw. einer „umfassenden Lehre" gefasst und damit gleichsam neutralisiert werden (Rawls 1992). Der konstitutive Pluralismus moderner Gesellschaften wird an der ‚vernünftigen' Vielfalt von Konzeptionen des Guten, nach denen Individuen ihr persönliches Leben ausrichten, sichtbar. Politische Institutionen müssen diesen Pluralismus respektieren und die Institutionen der politischen Gemeinschaft auf Prinzipien der Toleranz und Fairness gründen. Um welche Konzeptionen es dabei genau geht, ist für das Verständnis der politischen Institutionen und der Weise, in der sie ‚Grundgüter' verteilen, letztlich völlig unbedeutsam. Die Kommunitaristen rücken demgegenüber die Frage ins Zentrum, wie die Unterstützung einer freiheitlichen Gesellschaftsordnung von den lebensweltlichen Praktiken und Einstellungen selbst her generiert werden kann. Und hier könnte es eben nicht nur von Bedeutung sein, dass diese Orientierungen der Bürger ‚pluralistisch' verfasst sind, sondern es könnte dabei auf *konstitutive Erfahrungen der Erkenntnis von und Bindung an Werte* ankommen (Joas 1997), die jenseits eines ‚doktrinären' Vergleichs ‚umfassender Lehren' das Gelingen oder Scheitern einer politischen Integration unter Bedingungen der Freiheit befördern.

Jenseits der recht offensichtlichen Referenzen zur Welt religiöser Praktiken im Widerstreit zwischen kommunitaristischer Umwerbung und liberaler Abwehr wirft gerade das zuletzt genannte Problem die Frage auf, inwiefern Religion als solche im kommunitaristischen Diskurs identifizierbare *begriffliche Gehalte* aufweist, durch die bestimmte religiöse Phänomene und dann auch Ausprägungen von Religiosität derart als bedeutsam ausgewiesen werden, dass sie nicht einfach unter allgemeinere Begriffen wie ‚Kultur' oder ‚Werte' subsumiert und durch äquivalente Praktiken ersetzt werden können. Wenn kommunitaristische Reflexionen die Gebotenheit einer differenzierteren Wahrnehmung und Berücksichtigung von religiösen Phänomenen, Semantiken und Perspektiven in der zeitgenössischen politischen Theorie aufzeigen und dazu beitragen könnten, dass im Hinblick hierauf erste begriffliche Anstrengungen unternommen werden, dann könnte darin ein wichtiger Beitrag zum sozialphilosophischen Diskurs der Gegenwart gesehen werden. Hier kann selbstverständlich keine umfassende Rekonstruktion des Religionsbegriffs im kommunitaristischen Denken unternommen werden. Es geht um einen Überblick über unterschiedliche Zugangsweisen und eine Identifikation von typischen Thematisierungspraktiken von Religion im kommunitaristischen Denken. Im Mittelpunkt stehen zwei Fragen: Zum einen die Frage nach der begrifflichen Fassung von Religion im Kontext allgemeiner kommunitaristischer Konzepte wie

z. B. ‚Gemeinschaft', ‚Narrativität' und ‚Tradition'; zum anderen die Frage nach den Akzentuierungen im kommunitaristischen Rekurs auf bestimmte religiöse Traditionen. Dabei werden mit Philip Selznick und Charles Taylor zwei kommunitaristische Denker vorgestellt werden, die mit unterschiedlicher Akzentuierung religionstheoretische Positionen des amerikanischen Pragmatismus weiterführen.

2. Kommunitarismus, Authentizität und Religion

2.1 Kommunitarismus und das Ideal der Authentizität

Mit der Komplexität und mitunter auch Disparität der unter dem *Label* des Kommunitarismus (Kallscheuer 1992) zusammengebrachten Positionen lässt sich zunächst dahingehend umgehen, dass eine Doppelgestalt von *sozialreformerischer Bewegung* einerseits und *sozialphilosophischem Diskurs* andererseits konstatiert wird. Bekanntester Protagonist im Rahmen der sozialreformerischen Gestalt von Kommunitarismus war unzweifelhaft der amerikanische Soziologe Amitai Etzioni. Weitere bekannte Soziologen wie Robert Bellah und Philipp Selznick haben die kommunitaristische Reformagenda unterstützt. Für die sozialphilosophische Richtung standen Namen wie Charles Taylor, Alasdair MacIntyre und Michael Walzer. Sowohl die philosophische Debatte zwischen *communitarians* und *liberals* als auch die sozialreformerische Bewegung erlebten ihren Höhepunkt zu Beginn der 1990er Jahre. Gerade im Hinblick auf die Befassung mit Fragen der Religion finden sich allerdings nach dem Abebben der Kommunitarismus-Liberalismus-Debatte interessante Weiterführungen von kommunitaristischer Seite, so vor allem bei den hier näher zu betrachtenden Philip Selznick (1992, 2002a) und Charles Taylor (1999a, 1999b, 2002).

Im Ideal der *Authentizität* zeigt sich nun immerhin eine Art gemeinsamer normativer Fluchtpunkt unterschiedlicher kommunitaristischer Reflexionen, was es neben weiteren partiellen Ähnlichkeiten berechtigt erscheinen lässt, statt bloß von einem ‚Etikett' von einer ‚Familienähnlichkeit' im Sinne Wittgensteins zu sprechen (Haus 2003a). Authentizität steht für einen Zustand der personalen Integrität, bei der das Individuum ganz aus eigener Erkenntnis und im Einklang mit den innersten Überzeugungen handelt und dadurch für sich selbst und andere „echt", „unverfälscht" und „transparent" erscheint. Charles Taylor hat dies als „Treue zu sich selbst" auf den Begriff gebracht (Taylor 1995: 22). Kommunitaristische Fassungen des Authentizitätsideals gehen jedoch immer davon aus, dass Authentizität die bewusste Aneignung einer individuellen und kollektiven Geschichte als eines für das Selbst konstitutiven Sinngeschehens einschließen muss und dass diese Erschließung von Sinn nur in einer dialogischen Lebensführung, keinesfalls aber in atomistischer Abschottung, instrumentalistischer Haltung zur Welt und der eigenen Person und ästhetisierender Selbstüberhöhung, erreicht werden kann. ‚Treue zu sich selbst' setzt ein angemessenes *Verständnis des Selbst* und seiner ‚Konstitution' voraus. Daher die Inflation an Begrifflichkeiten zur Kennzeichnung von konzeptionellen Verständnissen des Selbst bzw. von authentischen und pathologischen Persönlichkeitsausformungen, etwa das „emotivistische Selbst" (MacIntyre 1987), das „therapeutische Selbst" (Bellah et al. 1987) und das „ungebundene Selbst" (Sandel 1993) zur Kennzeichnung inauthentischer Formen und das „responsive Selbst" (Selznick 1992) als positives Gegenüber. Das Selbst, so eine Grundannahme kommunitaristischer Theoretiker, ist keine vorliegende Tatsache oder Teilhaber an einer ‚transzendentalen' Welt, sondern gewinnt Identität durch kohärente Deutungsmuster von Handlungen, Haltungen und Wünschen. Damit wird eine Kultur kritisiert, welche den Individuen ein falsches Selbstbild nahe legt, weil sie sie als souveräne und autarke moralische Akteure überhöht bzw. ihnen zugleich unbegrenzte Flexibilität und individuelle Souveränität abverlangt und jede Form der Abhängigkeit und Selbstinfragestellung als Schwäche und Freiheitsmangel skandalisiert. Kann die Religion hier ein Gegengift darstellen?

2.2 Bellah und MacIntyre: zu einfache und zu schwere Antworten

Eine eindeutige und zumindest in Amerika (nicht zuletzt in religiösen Kreisen) viel beachtete Antwort auf diese Frage haben Robert Bellah und sein Forschungsteam in den Büchern *Habits of the Heart* und *The Good Society* gegeben (Bellah et al. 1987, 1991). Die Wiedergewinnung der *community* und die Überwindung der (zur Orientierungslosigkeit) ‚befreiten' und ‚therapeutischen' Persönlichkeit soll durch eine soziale Bewegung erreicht werden, in deren Mittelpunkt die ‚zivilreligiöse' Erneuerung des vor Gott geschlossenen ‚Bundes' im Zusammenspiel von republikanischer Selbstregierung und ‚biblischer Religion' steht. Obwohl der prominente Platz der Religion in der Argumentation von Bellah et al. unbestritten ist, erscheint diese nicht sonderlich instruktiv, sofern es um die Suche nach einem kommunitaristischen Religionsbegriff geht. Der Grund dafür liegt darin, dass aus diesen Untersuchungen eben keine Ansätze zu einer *begrifflichen* Klärung der Frage nach der Religion in der Gegenwartsgesellschaft hervorgegangen zu sein scheinen.

Bellah und seine Kollegen zeichnen gewiss ein spannendes und spannungsreiches Sittengemälde der amerikanischen Gesellschaft im Geiste Tocquevilles, indem sie fragen, inwiefern die Religion (vor allem die protestantischen Kirchen) noch dazu in der Lage seien, jene ‚Herzensgewohnheiten' hervorzubringen und zu stützen, von denen es abhängt, dass die rastlose Suche nach individueller Selbstverwirklichung und das Streben nach materiellem Erfolg ausbalanciert wird. Problematisch bleibt bei Bellah und seinem Forschungsteam allerdings, dass sie sich nicht der Frage stellen, wie eine (Wieder-)Vergemeinschaftung durch Religion unter gegenwärtigen Bedingungen *konzeptualisiert* werden kann. Sie haben keine Theorie der religiösen Erfahrung unter (post)modernen Bedingungen aufzubieten, sondern beschränken sich auf die Beschwörung der Erinnerung an bessere Zeiten. Die Folgen dieser konzeptionellen Zurückhaltung werden an zwei Empfehlungen deutlich: zum einen dem Plädoyer für eine soziale Bewegung der zivilreligiösen Erneuerung (Bellah et al. 1987: 324), zum anderen der Rückkehr zu einer „Arbeit" mit der Bibel (siehe etwa Bellah et al. 1991: 218f.).

Religionsgemeinschaften werden unter den allgemeinen Begriff der ‚Erinnerungsgemeinschaften' und der ‚moralischen Tradition' subsumiert. Im Hinblick auf die Bedeutung ‚moralischer Traditionen' berufen sich Bellah et al. explizit auf Alasdair MacIntyres Theorie moralischer Traditionen, dem sie auch in der Diagnose einer zu moralischer Verständigung unfähigen Gesellschaft folgen, doch scheint dies höchstens einen rhetorischen Gewinn des konzeptionellen Anspruchs erzeugen zu können. Denn der von MacIntyre vorgestellte ‚Standpunkt der Tradition' scheint den Bellahschen Bewegungsaktivismus eher in ein skeptisches Licht zu rücken, statt ihn zu unterstützen (vgl. MacIntyre 1987, 1988, 1990). Moralische Traditionen treten im Zuge einer säkularen Verlustgeschichte in der Gegenwart im Plural auf, und die Inkommensurabilität von moralischen Traditionen (d. h. die Tatsache, dass sie geschlossene Begriffssysteme und Wahrheitsverständnisse bilden, die nicht direkt vergleichbar sind) verhindert echte Verständigung. Das Beispiel für eine gelungene Überwindung des Konflikts zwischen moralischen Traditionen war für MacIntyre Thomas von Aquin, und jede Aktualisierung der thomistischen Position müsste einen starken metaphysischen Wahrheitsbegriff rehabilitieren (MacIntyre 1990: 122). Aber neben dem Standpunkt der Tradition ist die moderne Gesellschaft und ihre Moralphilosophie auch – und nach MacIntyre dominant – vom Standpunkt der Aufklärung (‚Enzyklopädie' als Prinzip) und der Gegen-Aufklärung (‚Genealogie' als Prinzip) geprägt. Verfechter der Tradition sind heute folglich Bestandssicherer, eine mit Anspruch für die nationale Gesellschaft auftretende Konzeption der „Zivilreligion" erscheint aus dieser Perspektive als „Romantik" (so MacIntyre 1994: 303) gegenüber den kommunitaristischen Aktivisten. Umgekehrt kann aber auch festgehalten werden, dass die inhaltliche These der Überlegenheit der religiös-metaphysischen Tradition des Thomismus weder mit einem instruktiven *Religions*begriff verbunden ist (die interessanten konzeptionellen Überlegungen beziehen sich auf die ‚moralische Tradition', die religiöse Gehalte umfassen kann, aber nicht muss), noch Religion im Hinblick auf ihr praktisches Potenzial in der Moderne zu verorten vermag (zu letzterem vgl. von Soosten 1992: 51f.).

Bellahs Begrifflichkeit der Religion endet letztlich bei Tocquevilleschen Anleihen, während MacIntyres bereits bei Thomas von Aquin stehen bleibt. Die beiden im Anschluss dargestellten Positionen von Philip Selznick und Charles Taylor unternehmen es hingegen, Erneuerungspotenziale (post-)moderner Gesellschaften durch eine spezifische Form von Religiosität im Anschluss an und in der Auseinandersetzung mit der *pragmatistischen Religionstheorie* zu bestimmen. Sowohl bei William James als auch bei John Dewey wird ‚eigentliche' Religion eine Frage von *persönlicher Erfahrung* und damit verbundener Veränderung des Selbst und der individuellen Handlungspraxis, nicht einer dogmatischen Fixierung von Glaubenssätzen und institutionellen Formen. Entscheidend ist also der Fokus auf die *Wirkungen* religiöser Erfahrungen für die Betroffenen, ihr Verhältnis zur Welt und zur Gesellschaft und ihr Handeln (vgl. Joas 1997: Kap. 3 und 7). Selznick und Taylor unterscheiden sich jedoch in der Auswahl der vom Pragmatismus übernommenen Konzepte und Argumente. Sie betten diese in unterschiedliche Konzepte authentischer Gemeinschaft ein: Während Selznick das auch von Bellah beschworene amerikanisch-protestantische Konzept des ‚Bundes' (*covenant*) erweiternd aufgreift, weiß sich Taylor einer katholischen Perspektive der Universalität als Einheit in der Fülle verpflichtet.

2.3 Philip Selznick und die pragmatistische Religionstheorie John Deweys

Der amerikanische Soziologe Philip Selznick vermittelt zwischen den akademischen Aktivisten der kommunitaristischen Reformbewegung einerseits und dem Bereich sozialphilosophischer Theoriebildung andererseits.[2] Im kritischen Anschluss an *Deweys* Pragmatismus entwickelt Selznick die Position eines „liberalen Kommunitarismus" (Selznick 1992: 29). Neben einer besonderen Hervorhebung der Bedeutung der pragmatischen Philosophie wurde insbesondere die auch konzeptionelle Öffnung des Kommunitarismus zum Bereich der Religion hin als Besonderheit der Selznickschen Sicht des Kommunitarismus betrachtet (vgl. Lehmann 2003: 71). Selznick versucht im Ausgang von pragmatistischen Überlegungen eine gesellschaftstheoretische Reinterpretation der zivilreligiösen ‚Bundes'-Rhetorik, die bei Bellah nur als durch Tocquevillesche ‚Kunst der Assoziation' zustande gekommene Symbiose von Republikanismus und Protestantismus präsentiert wird. Ergebnis dieser theoretischen Anstrengungen wird sein, dass in der Sphäre der Religion weit über den Bereich der von Bellah in den Mittelpunkt gestellten ‚biblischen Religion' hinaus Bündnispartner für eine erneuerte Gemeinschaft zu finden sind. Zugleich folgt aus Selznicks Überlegungen, dass die Arbeitsgrundlage dieses Bündnisses den Grundkategorien pragmatistischen Denkens zu folgen hätte, was vor allem bedeutet, dass naturalistische Konzepte des Guten (*human flourishing, growth*) und *authentische Vergemeinschaftung* (Vergemeinschaftung durch Kommunikation) als Reflexionskriterien zu akzeptieren wären. Von besonderem Interesse ist in diesem Zusammenhang, dass der Pragmatismus Deweys mit einer eigenen, naturalistischen Religionstheorie aufwartet (Dewey 1934). Hauptanliegen Deweys war es, den Begriff der Religion vom Glauben an ‚übernatürliche' Instanzen als lenkende Mächte irdischer Geschicke loszulösen. Was wir in der ‚religiösen Dimension' erfahren, ist einerseits *außeralltäglich*, weil es auf das „Ideal einer ganzheitlichen Erfahrung und einer vollständig sinndurchtränkten Handlung" (Joas 1997: 171) verweist. Zugleich ist es eine Leistung der menschlichen Einbildungskraft, die es vermag, „kreative Vorgänge der Idealisierung kontingenter Möglichkeiten" zu vollziehen (Joas 1997: 180) und dabei das Selbst als ein Ganzheitliches zu imaginieren. Wenn dem so ist, kann religiöse Erfahrung Teil des *gewöhnlichen Lebens* werden, sofern dieses Raum für „erschütternde Intersubjektivität" (Joas 1997: 184) bietet und damit selbst zum Gegenstand quasi-religiöser Verehrung wird. In der Folge wird (kommunikativ verstandene) Demokratie für Dewey selbst zur „säkulare[n] Religion" (Joas 1997: 187).

2.3.1 Authentizität und Gemeinschaft

Neben Taylor hat sich Selznick von allen kommunitaristischen Theoretikern wohl am intensivsten mit der Bedeutung und dem Gehalt des Authentizitätsideals beschäftigt. Und ähnlich wie Taylor versucht er eine Rekonstruktion der historisch-kulturellen Genese dieses Ideals, welche es zugleich als konstitutiv für das moderne Selbst und als eine bewundernswürdige Frucht der kulturellen Entwicklung ausweist *und* in seiner potenziell selbstzerstörerischen Kraft thematisiert (Selznick 1992: 63-90). Authentizität verweist auf Ganzheit, Innerlichkeit und Selbstbildung („wholeness, inwardness and self formation"); sie steht für „the experience of continuity and wholeness in thought, feeling, and moral choice" (Selznick 1992: 65). Die Reformation war ein wichtiger Entwicklungsschritt in Richtung der Anerkennung des Wertes von Authentizität, denn sie stellte besonders heraus, dass „moral commitment is authentic only if it is sustained by genuine spiritual experience. That experience is personal, not social" (Selznick 1992: 63). Die Entgegensetzung von ‚personal' und ‚social' macht bereits deutlich, dass Selznick vom Protestantismus beeinflusst ist. Dazu passt, dass auch James', Deweys und Meads pragmatistische Überzeugung, dass „morality is at bottom a work of self-formation", maßgeblich durch „their Protestant millieu" beeinflusst worden sei

(Selznick 1992: 210). Während Taylor diese Einschätzung (sowohl hinsichtlich der Bestimmung des Moralischen als auch der These des protestantischen Milieus als Nährboden des Pragmatismus) teilt, hält er kritisch fest, dass das Soziale durchaus *persönlich erfahren* werden kann. Folglich sei die protestantische Abkunft auch mitverantwortlich für eine charakteristische Verengung des pragmatistischen Religionsbegriffs (Taylor 2002).

Die Geschichte des Authentizitätsstrebens ist aber nach Selznick nicht auf die Religion oder gar den Protestantismus beschränkt, sondern hat die gesamte weitere Geistesgeschichte fundamental bestimmt (auch hierin gäbe ihm Taylor recht). Dies gelte vor allem für die Entwicklung der Philosophie über die Aufklärung, den deutschen Idealismus und die Romantik, indem immer wieder die Spannung zwischen einer abstrakten moralischen Ordnung und „the concreteness of existence, the sense of rootedness and embeddedness, the clash of incommensurables, the painful dilemmas of duty and commitment" (Selznick 1992: 65) deutlich gemacht wurden und nach Versöhnungsmöglichkeiten gesucht wurde. Diese Entwicklungslinie führt einerseits (über Hegel) bis hin zum *Pragmatismus*, nach welchem die Grundlage von Moral in einer persönlichen Erfahrung von Einbettung und Wachstum im Verlauf des Handelns selbst zu sehen ist; andererseits steht am Ende (neben einer moral- und identitätsskeptischen Linie im Anschluss an Nietzsche) der *Existentialismus*, wonach Moral aus der in Freiheit getroffenen Existenz-Entscheidung folgt (etwa bei Sartre). In der Entwicklung hin zu diesen beiden Strömungen (wie auch in der parallelen Entwicklung im Bereich der Theologie) erweist sich, dass Authentizität ein intrinsisch spannungsgeladenes Ideal ist, welches die Versöhnung eines denkbar großen Gegensatzes verlangt:

> „The great paradox of authenticity is that it presumes a wholly personal moral life, yet also demands engagement with the world. To be authentic is to establish integral connections with other people, nature, work, and ideas, thus making the world really one's own. Love, truth, and justice are to be lived – internalized and acted out – not merely accepted as abstract goods. It follows that the focus must be on subjective experience, on how people perceive, feel, interpret, and respond" (Selznick 1992: 72).

Aus einer existentialistischen Lesart des Authentizitätsideals folgt die Unzulässigkeit jedweder externer (d. h. außerhalb der Entscheidung des Handelnden liegender) Maßstäbe der Moral; und hieraus speisen sich die abgründigen Züge des Authentizitätsstrebens. Demgegenüber will Selznick an der pragmatistischen Vorstellung festhalten, „that values are discoverable by appropriate inquiry" (Selznick 1992: 73), das heißt, dass Werte durch eine Analyse der Erfordernisse individuellen Wachstums (*growth, flourishing*) unter Bedingungen wechselseitiger Abhängigkeit der Handelnden in Kommunikation erschlossen werden können.

Freilich darf darüber nicht in Vergessenheit geraten, dass eben auch eine existentialistische oder nihilistische Haltung Resultat persönlicher Erfahrungen in einer dem Authentizitätsideal huldigenden Gesellschaft sein kann. Dass die humanistisch-demokratische Position des Pragmatismus kein quasi-natürliches Monopol für die Deutung der Moderne hat, wird aus den Katastrophenerfahrungen der jüngeren Geschichte, aber auch den kulturellen Krisen der Moderne deutlich, die von anderen Kommunitaristen wie MacIntyre und Bellah sowie der gesamten Kritik am „Triumph des Therapeutischen" (siehe Taylor 1994: 875-879 mit entsprechenden Nachweisen) so eindringlich analysiert werden.

Ein Hauptanliegen von Selznick ist es aufzuzeigen, dass zwischen religiösen Traditionen und philosophischen Begründungen ein Bündnis geschlossen werden kann, wenn die Anforderungen an eine authentische Lebensweise in moralischen Gemeinschaften richtig verstanden werden. Religiöse Gemeinschaften und deren Traditionen sind gewissermaßen Spezialisten für Selbst-Formierung unter erschwerten Bedingungen. In diesem Sinne macht Selznick im Anschluss an Dewey jedoch deutlich, dass es dabei nicht auf die von Religionen erhobenen dogmatischen Geltungsansprüche, sondern auf deren Beitrag zu „our best understanding of human experience" ankomme (Selznick 2002a: 151). Diese Fokussierung scheint auf den ersten Blick identisch mit Taylors Prinzip der ‚besten Analyse' zu sein. Doch legt Taylor (mit James) Wert darauf, dass das Verständnis menschlicher Erfahrung epistemisch bereits von bestimmten Vorentscheidungen geleitet und Teil eines umfassenden ‚Ethos' ist und es von daher keine Möglichkeit einer schlichten Addition von Erfahrungseinsichten gibt.

Ganz im Sinne von Deweys Verständnis der religiösen Dimension in menschlichen Erfahrungen im Allgemeinen hält Selznick dafür, dass auch die säkulare Philosophie ein *religiöses* Selbstverständnis entwickeln sollte. Ob eine Moraldoktrin religiös sei oder nicht, entscheide sich an der idealisierenden Anerkennung und Verehrung von Werten als Quelle und Anspruch der eigenen Identität:

„What is it, then, that makes a moral theory religious? The answer must be found in how moral principles are perceived and adopted. Especially important is sustained self-scrutiny, informed by the belief that there is or can be a connection between limited, frail humanity and another realm, somehow beyond time and space, worthy of reverence, awe, and worship. A moral truth becomes an article of faith when it takes on this spiritual significance" (Selznick 2002a: 151).

Mit dieser Verankerung des Religiösen im Handeln kommt Selznick auf Deweys Begriff einer „*natürlichen Frömmigkeit*" (*natural piety*) zurück, die sich als Haltung verstehen lässt, welche aus dem Gewahrwerden der „human nature as a cooperating part of a larger whole" herrührt (Dewey 1934: 25, zitiert nach Selznick

1992: 388). Frömmigkeit im Sinne des persönlichen Ergriffenseins von Werten (d. h. Idealisierung des Kooperationszusammenhangs und deren Verehrung) oder moralischen Wahrheiten ist nach Selznick eine Grundtugend in *jeder* Form von Gemeinschaft. Authentische Gemeinschaft wird sich jedoch nur dann in einem historischen Lernprozess entfalten können, wenn zugleich die Tugend der *Zivilität* (*civility*) die Gemeinschaft prägt – wobei auch diese Tugend aus einer Reflexion auf die Anforderungen als „cooperating part of a larger whole" herrührt, wenn auch einen eher nüchternen und mäßigenden Zug aufweist.

Piety und *civility* werden zunächst auf einer rein säkularen bzw. naturalistischen Grundlage erörtert. *Piety* umfasst die Tugenden der Bescheidenheit (*humility*) und der Loyalität im Bewusstwerden der dynamischen Kontextualität des Selbst, sowohl im Hinblick auf das Universum als Inbegriff der natürlichen Einbettung allen Handelns als auch im Hinblick auf die Gemeinschaft als Inbegriff der aus partikularen Bindungen hervorgehenden Selbst-Formierung. Wird die Frömmigkeit somit unter Absehen einer genuin religiösen Semantik wesensmäßig bestimmt, so weist sie laut Selznick auf der *Handlungs*ebene quasi-religiöse Charakteristika auf, die am deutlichsten vielleicht darin zum Tragen kommen, dass „as an expression of devotion to particular persons, institutions, communities, and beliefs, piety is a foundation of *sacrifice*" (Selznick 1992: 390, Hervorh. i. O.). In der ultimativen Bereitschaft zum Opfer zeigt sich gewissermaßen performativ die Anerkennung eines Wertes, welcher wichtiger ist als die unmittelbare Erfüllung von Wünschen (‚erster Ordnung' wie Taylor sagen würde) und im letzten möglicherweise gar als die Erhaltung des eigenen Selbst, weil er dessen Wert erst konstituiert.

Selznick bemüht sich, der Gefahr der ‚blinden' Selbst-Opferung dadurch zu begegnen, dass er in gut pragmatistischer Manier die in die ‚Frömmigkeit' selbst eingelassenen Reflexionspotenziale herausstellt. Zunächst sei der partikularistische Grundzug der Frömmigkeit von einer affirmativen Haltung gegenüber faktischen Ausformungen von Gemeinschaften loszulösen. *Piety* bleibt zwar auf einen konkreten gemeinschaftlichen Kontext bezogen, idealisiert und transzendiert diesen aber in Form einer Interpretation des Sinns dieser Gemeinschaft als (stets unvollkommenes) ‚Projekt' der Wertrealisierung, wie Selznick im Anschluss an MacIntyres Patriotismus-Aufsatz (MacIntyre 1993, urspr. 1984) ausführt. Entscheidend ist dabei jedoch nicht, dass sich Handelnde auf das Ideal statt die Institution berufen, sondern dass gewissermaßen das ‚Projekthafte' am Projekt der Gemeinschaft erkannt und anerkannt wird. Dadurch kann der Weg zur *civility* als komplementärem Moment zur *piety* gebahnt werden.

Civility stellt eine Verpflichtung zur respektvollen Kommunikation dar. Darin, dass Kommunikation schließlich selbst als bereichernder Wert erfahren und erkannt werden kann, liegt, wie oben bereits erwähnt, die werttheoretische Quintessenz von Deweys Vision einer *Great Community*. *Civility* ist dann keine *externe* Beschränkung von *piety* mehr, sondern ein reflexiver Wert, der in der Erfahrung des besseren Selbst-Verstehens durch die Präsenz des Anderen wächst und sich in kulturellen Lernprozessen entfaltet. Wo *piety* und *civility* gleichermaßen entfaltet sind, ergibt sich die Perspektive einer moralischen Ganzheit und Integrität, also *Authentizität*, denn Streben nach Objektivität und Vertiefung der Identität bzw. Treue zu den eigenen Ursprüngen gehen dann zusammen (vgl. Selznick 1992: 399). Damit ist auch eine Richtschnur für die Bestimmung von *piety* und *civility* als grundlegenden Tugenden der *politischen* Gemeinschaft skizziert: Der partikulare Reflexionskontext, von dem aus sie in diesem Fall inhaltliche Füllung gewinnen können, kann nicht in der Loyalität gegenüber einer religiösen Tradition liegen, welche den Glauben an ein ‚Geheimnis' (im Sinne von Mysterium – *mystery*) verlange, dessen Erfahrbarkeit außerhalb des Erfahrungshorizontes der politischen Kommunikationsgemeinschaft liegt (Selznick 1992: 426f.). Sie kann nach Selznick nur in einer auf naturalistischen Konzepten aufbauenden ‚öffentlichen Philosophie' liegen. Dabei sollten aber auch die Reflexionspotenziale der traditionellen Religionsgemeinschaften eingebracht werden.

2.3.2 Naturalismus, ‚Ökumene' und öffentliche Philosophie

Selznick sieht auch Schwierigkeiten und Gefahren einer naturalistischen Religionstheorie pragmatistischer Prägung. Seine Einwände lassen sich dahingehend zusammenfassen, dass der Pragmatismus in der Gefahr steht, die tradierten Formen der Religion durch säkulare Praktiken ersetzen bzw. gar selbst die Erbschaft der Religion antreten zu wollen – was eben im Ideal von der Demokratie als ‚säkularer Religion' zum Ausdruck kommt. Auch wenn die öffentliche Philosophie nicht die Zustimmung zu Glaubens*geheimnissen* verlangen kann, sollte sie nicht die Entmystifizierung der Religion verlangen und in der Säkularisierung der Gesellschaft den Fortschritt am Werke sehen. Entscheidend ist vielmehr die Kommunikation zwischen den Institutionen und von ihnen getragenen moralischen Traditionen, wofür eine *public philosophy* den Rahmen stiften muss. Man könnte Selznicks Position als die eines institutionalistisch-traditionsfreundlichen Naturalismus beschreiben. Säkularisierungsoptimismus ist dieser Position zwar fremd, dies aber aus einer säkularistischen Perspektive heraus:

„In one important respect [Dewey] fails to meet the challenge of modernity, which requires a robust understanding of evil, especially evil encouraged by the sovereignty of will. The optimistic spirit of pragmatism looks to the solution of all human problems, so long as the ethos of science, which includes open communication, is honored and maintained. Human frailty and recalcitrance; the persistence of domination; genuinely tragic choices; the collusion of good and evil; these are theoretical orphans" (Selznick 1992: 31).

An dieser und ähnlichen Passagen scheint mir deutlich zu werden, dass von Soosten nicht Recht hat, wenn er behauptet, dass kommunitaristische Bezugnahmen auf die Religion mit dem Begriff der Sünde und mit dem „Überlieferungsstrom, mit dem der protestantische Topos vom selbstbezüglichen Streben des Subjekts (...) in den philosophischen Diskurs der Moderne prägend hineinwirkte", nichts anfangen könnten (von Soosten 1992: 53). Die soziale Tatsache der radikal-existentialistischen Interpretierbarkeit authentischer Moral sowie die historische Einsicht in die Abgründigkeit des menschlichen Selbst, wie sie in totalitären Selbst-Übersteigerungsideologien zum Ausdruck kommt – diese Erfahrungen bilden den Hintergrund für Selznicks Auffassung, dass der Pragmatismus sich heute nicht mehr selbst genügen kann in seinem optimistischen Weltverbesserungsanspruch. Kommunikation und wissenschaftlicher Fortschritt sind offensichtlich keine Garantie für eine Gemeinschaft, in der die Entfaltung des Handlungspotenzials aller Mitglieder zum Integrationsprinzip werden.

In diesem Licht sollten auch die im Schlusskapitel von Selznicks kommunitaristischer Streitschrift *The Communitarian Persuasion* formulierten kommunitaristischen ‚Glaubensartikel' verstanden werden. Dieses Kapitel mit dem von Deweys Religionsschrift übernommenen Titel *A Common Faith* schließt Selznicks Überlegungen zur Konzeptualisierung einer *public philosophy* ab.[3] Im Gegensatz zu Bellahs deskriptiv reichhaltiger aber begrifflich dürftiger Darstellung der amerikanischen ‚Zivilreligion' zielt Selznicks Argumentation auf die konzeptionell-theoretische Ebene. Anders als bei Rousseaus zivilreligiösem Glaubensbekenntnis geht es ihm allerdings weniger um Aussagen über Gott als Ein- bzw. Ausschlusskriterium der Mitgliedschaft in einer politischen Gemeinschaft, sondern um unser Verhältnis zu den Werten als Voraussetzung eines kollektiven Lernprozesses. Auch wenn Selznick einleitend hinzufügt, dass mit der Formulierung eines „gemeinsamen Glaubens" möglicherweise der Rahmen eines kommunitaristischen Konsenses gesprengt würde (Selznick 2002a: 141), sorgt die im Hintergrund wirksame Einhegung dieses Glaubensbekenntnisses in pragmatistischem Geiste für eine beträchtliche Entschärfung zumindest in Richtung der säkularistisch gesonnenen Kommunitaristen. So findet Selznick die Vorstellung einer ‚Religiosität ohne Gott' durchaus plausibel, denn „being religious has more to do with practice than belief" (Selznick 2002a: 145). Alle in dieser Darstellung eines gemeinsamen kommunitaristischen Glaubens präsentierten Aspekte finden sich im Übrigen inhaltlich bereits in *A Moral Commonwealth* formuliert, nur dass sie nun zu einer Vision einer möglichst weit gefassten ‚ökumenischen Bewegung' zusammengeführt werden.

Auch wenn Selznick diesen ökumenischen Dialog zunächst so beschreibt, dass er von einem interkonfessionell-christlichen zu einem interreligiösen Dialog geweitet werden solle, um schließlich auch den *secular humanism* einzuschließen, so wird doch deutlich, dass diese ökumenische Bewegung in Deweys ‚humanistischem Naturalismus' und dem daraus folgenden ‚Glauben' an den Wert ‚erweiterter Horizonte' und ‚verbesserter Kompetenzen' der Kooperation und Reflexion nicht nur einen weiteren Partner, sondern auch ihre letzte Richtschnur hätte (Selznick 2002a: 157-160). Das ist nun freilich auch keine gänzlich harmlose Auffassung angesichts des in den Vereinigten Staaten ausgetragenen Konflikts, ob der ‚säkulare Humanismus' als Religion zu betrachten sei oder nicht. Heute stellt er sich vorwiegend als ‚Wissenschaft' dar, um nicht gleichrangig mit anderen ‚Religionen' behandelt zu werden (etwa im Bildungssystem). Selznick aber hält an der Semantik des quasi-religiösen Humanismus fest. Zu bewähren hätte sich das ‚ökumenische Ideal' dann nicht nur im Dialog zwischen allen Weltreligionen, sondern auch unter Einbezug des „naturalist faith, informed by the view that moral truths are grounded in and tested by the funded experience of human communities" (Selznick 2002a: 158). Die Mega-Ökumene würde jedoch lernbereite Offenheit von Seiten der Theologie(n) wie der Philosophie(n) erfordern – weshalb für letztere „a more authentic and generous version" als der militante Naturalismus verlangt werde (Selznick 2002a: 158). Der ‚gemeinsame Glaube' wäre dann ein Glaube an die Sichtbarkeit des für den Menschen Guten in der Erfahrungspraxis aller Gemeinschaften.

Von diesem Ineinander religiöser Erfahrung und Handlungspraxis einerseits und pragmatistischen Geltungsrahmen andererseits ist dann auch Philip Selznicks Formulierung ‚konkreter' kommunitaristischer ‚Glaubensartikel' bestimmt: Ausgangspunkt ist zunächst, dass ‚Gott' als Inbegriff ‚moralischer Wahrheit' zu verstehen sei, wobei zumindest eine ‚Manifestation' davon sei, dass „God is moral truth made incarnate and expressed as revelation", wobei Inkarnation „refers to an idea embodied in living traditions, rituals, teachings, and institutions" (Selznick 2002a: 146f.). Im Anschluss wartet Selznick mit zwei nicht unbedingt spektakulären ‚Glaubenswahrheiten' auf, von denen er meint, dass sie „the affinity of religious beliefs and the communitarian persuasion" (Selznick 2002a: 147) demonstrieren könnten: Erstens dem Glauben an die *moralische Gleichheit* aller Menschen, die in religiöser Sprache als ‚Gottesebenbildlichkeit' oder ‚Gotteskindschaft' ausgedrückt werden; sowie zweitens die Überzeugung von der Fehlbarkeit der menschlichen Natur, d. h. der dauerhaften Präsenz von Egoismus, Stolz und Götzendienst in den menschlichen Angelegenheiten. Dieser zweite Glaubenssatz wird von Selznick auch als Haltung eines ‚moralischen Realismus' bezeichnet, wonach "we cannot *rely* on the human inclination to recoil from evil and ,choose life' (...) We cannot count on disinterested love (...) Yet the potential for such love remains an indispensable resource for human betterment" (Selznick 2002a: 148).

Religiöse Traditionen können dann besonders aufschlussreiche und erfahrungsgesättigte Einsichten in die Möglichkeit der authentischen Wertebindung vermitteln, weil sie gewissermaßen den Härtetest der Möglichkeit einer universalen (d. h. für alle möglichen) Bildung des Selbst unter Bedingungen einer sündhaften und zutiefst entfremdeten Welt thematisieren.[4]

In der Darstellung der weitestmöglich gefassten ökumenischen Bewegung aus Religion und humanistischem Naturalismus als Trägerin des ‚gemeinsamen Glaubens' taucht schließlich auch das Begriffspaar *piety/civility* als Kennzeichnung des Grundmodus gelungener normativer Integration wieder auf. Damit wird der Rahmen gesteckt, in dem das ,ökumenische' Projekt einen weiten Kreis von Koalitionspartnern in einer ‚Bundestheologie' einschließt. Entscheidend an der Bundessemantik ist, dass sie das Grundmerkmal einer *Gemeinschaft* adressiert und qua öffentlicher Kommunikation zu erneuern versucht, nämlich eine Ethik der ‚offenen Verpflichtung' gegenüber ‚ganzen' Personen und nicht bloß im Sinne einer funktionalen Bezugnahme auf einzelne Leistungsgesichtspunkte öffentlicher Institutionen. Es ist die einzelne Person in ihrem Verlangen nach ‚Ganzheit' und unbedingter ‚Anerkennung', welche das Projekt der Errichtung einer authentischen Gemeinschaft charakterisiert.

Die Religion ist also Mahner, Rater und Tröster angesichts der Wahrscheinlichkeit des Scheiterns des humanistischen Projektes. Wie bei Dewey gibt es auch bei Selznick anscheinend viel gemeinsame Arbeit, hingegen wenige Konflikte. Es geht darum, die Bündnisgenossen unter dem naturalistischen Schirm der Realisierung des menschlichen Potenzials zu sammeln. Was dabei außen vor bleibt, ist die Frage, ob die Annahme einer religiösen Haltung nicht auch *anti*-naturalistisch ausfallen könnte und welche Entscheidungen und Orientierungspunkte dann dafür eine Rolle spielen könnten. Anders formuliert: Kann die offensichtliche Spannung zwischen säkularem Humanismus und traditionellem Theismus allein dadurch produktiv gewendet werden, dass Ersterer seinen Optimismus aufgibt, während Letzterer die Tugend der ‚Zivilität' kultiviert? Der zweite große pragmatistische Religionstheoretiker, William James, hat der Zerrissenheit der Moderne im Entscheidungskonflikt zwischen einem Ethos der Wissenschaftlichkeit und einem Ethos des Glaubens besondere Aufmerksamkeit geschenkt. Seine Einsichten macht sich nun auch Taylor zunutze und integriert sie in seine neo-aristotelisch-hegelianische Theorie der Moderne.

2.4 Charles Taylor: Humanismus zwischen säkular-humanistischer Zerbrechlichkeit und transzendenzgesättigter Fülle

Als Grundanliegen in der Sozialphilosophie von Charles Taylor kann die Suche nach den Quellen der modernen Identität und deren Bedeutung für das Verständnis moralischer Verpflichtungen und den Umgang mit moralischen Konflikten betrachtet werden. Methodischer Ausgangspunkt Taylors ist sein so genanntes ‚Prinzip der besten Analyse', wonach die Qualität einer Identitätsrekonstruktion sich daran bemisst, inwiefern durch sie die Erfahrungen der Adressaten, insbesondere deren moralische Dilemmata und Konflikte erhellt werden. Um dieser Erfahrungswelt gerecht zu werden, müssen wir nach Taylors Auffassung das begriffliche Repertoire der aristotelischen Tradition der Güter- und Tugendethik erweitern. In der Moderne finden sich dann neben „Lebensgütern" auch noch „Hypergüter" und „konstitutive Güter". Hypergüter fordern von uns eine kritische Reflexivität aller unserer Güterbezüge im Namen moralischer Grundsätze, z. B. dem Prinzip „gleicher Achtung" aller Personen oder der „Leidensminimierung" (Taylor 1994: 126f.). Die Hypergüter beanspruchen ihrem Gehalt nach universelle Gültigkeit (vgl. Taylor 1994: 130-132), Taylor hält es aber für falsch, alle Güterkonflikte als zugunsten der Hypergüter vorentschieden zu betrachten (Taylor 1994: 126-129). Offensichtlich besteht hier eine Analogie zur Tugend der *civility* bei Selznick. Konstitutive Güter verleihen unserem Leben Sinn und dem Selbst narrative Einheit, wobei dafür entscheidend ist, dass konstitutive Güter und damit zusammenhängende Tugenden eines guten Lebens nur durch „Artikulation" an Überzeugungskraft gewinnen können. Der Glaube an Gott und die Tugend der Frömmigkeit sind von Grund auf durch ihre sprachliche Artikulation und kulturellen Praktiken vermittelt – anders könnten sie gar keine konstitutiven Güter sein. Konstitutive und Hypergüter sind zudem Bezugspunkte für „starke Wertungen", auf deren Grundlage Handelnde ihre je situativ auftretenden Wünsche und Neigungen als „gut" oder „schlecht" bzw. differenzierter als „höher" oder „niedriger", „tugendhaft" oder „lasterhaft", „tief" oder „oberflächlich", „edel" oder „unwürdig" usw. bewerten können (Taylor 1988b: 11, 1994: 56ff.).

2.4.1 Güterpluralismus und theistische Perspektive

Taylor wurde zwar in einem Kommentar von Alan Ryan ein „Deweyan without knowing it" genannt – „without knowing it" aufgrund der gänzlichen Missachtung Deweyscher Konzepte; allerdings hat er in einer Stellungnahme zu Rortys Neo-Pragmatismus seine Ablehnung des Deweyschen Standpunktes als „anthropozentrisch" explizit gemacht (vgl. Joas 1997: 224). Die spezifischen Güter der Moderne bilden nach Taylor keine harmonische Einheit, deshalb stellt sich die Aufgabe ihrer Versöhnung und die Frage nach ihren Quellen (den konstitutiven Gütern). Unter der Oberfläche allgemein akzeptierter Moralforderungen wie Freiheit, Gerechtigkeit und Solidarität zeige sich, dass religiöse, aufklärerische und romantische Quellen als konstitutive Güter ihre kulturellen Spuren hinterlassen haben (Taylor 1994: 855-860). Den Unterschied zu den üblichen Selbstbeschreibungen der neuzeitlichen Moralphilosophie bringt Taylor in Form einer Kritik an dem vereinheitlichenden Zug der modernen Moralphilosophien zum Ausdruck. Den „Drang zur Vereinheitlichung" kritisiert er als eine „seltsame Verkrampfung", bei der „die enorme Vielfalt der moralischen Erwägungen in ein Prokrustesbett" gezwängt werde, um dann umso ingrimmiger gegen skeptizistische Einwände verteidigt zu werden (Taylor 1994: 173). Das alternative Theorieprogramm, welches er in den Blick nimmt, müsste sich folglich dadurch auszeichnen, dass es die „Mannigfaltigkeit der Güter, auf die ein gültiger Anspruch erhoben werden kann", würdigt (867).

Wie bereits erwähnt, hat auch Taylor dem Ideal bzw. der Ethik der *Authentizität* eingehende Betrachtungen gewidmet und erkennen lassen, dass das Verständnis dieses Ideals der Schlüssel auch zum Verständnis der modernen Güterkonflikte und der Suche nach einer Versöhnungsmöglichkeit ist (Taylor 1995). Entscheidend für den Versuch einer Versöhnung der zerrissenen neuzeitlichen Identität ist nicht zuletzt das moralische Artikulationsvermögen des Selbst, d. h. welche moral- und identitätskonstitutiven Sprachen es erlernt und wie es diese Sprachen verwenden kann, um das eigene Handeln sinnhaft in der Welt zu orientieren. Am Ende seines monumentalen Werkes über die *Quellen des Selbst* bekennt Taylor offen, dass nach seiner Auffassung nur durch den Einbezug der am stärksten auf Transzendenz hin ausgerichteten Quelle, dem „jüdisch-christlichen Theismus" (Taylor 1994: 899), eine umfassende Sichtweise entwickelt werden könnte, die die Gesamtheit der Güter zur bestmöglichen Versöhnung führen könnte.

Diese theistische Perspektive ist nicht zu verwechseln mit Bellahs Berufung auf die ‚biblische Tradition' Amerikas. Bellahs Antwort hält Taylor – darin MacIntyre folgend – für „eine allzu schlichte Ansicht von unserer bedrängten Lage", denn

> „ohne es je zu sagen, drücken [Bellah et al.] sich so aus, als gäbe es in unserer Kultur eigentlich kein unabhängiges Problem des Sinnverlustes, als würde die Wiederherstellung der Bindung im Sinne Tocquevilles irgendwie auch unsere übrigen Probleme völlig lösen: das Problem des Sinns, der expressiven Einheit, des Verlusts der Substanz und der Resonanz in unserer vom Menschen verfertigten Umwelt sowie das Problem des entzauberten Kosmos" (Taylor 1994: 879).

Ohne die hier aufgeführten Probleme im Einzelnen erläutern zu können, kann der entscheidende Punkt darin gesehen werden, dass „neo-durkheimianische" Strategien einer Verbindung von politischer Gemeinschaft und kollektiver religiöser Erfahrung (Taylor 2002: 68-70) wie die von Bellah das Problem der individuellen Erfahrung der Quellen des Guten ganz unter den Aspekt der öffentlichen Kommunikation subsumieren und deren Komplementarität voraussetzen. In einer Welt konkurrierender Güter sind Einzelne wie Kollektive jedoch unweigerlich mit Dilemmata konfrontiert.

2.4.2 Religiöser und naturalistischer Humanismus

In der Vorlesung anlässlich der Verleihung des *Marianist Award* durch die Gesellschaft Mariä (so genannten ‚Marianisten') an der Universität von Dayton im Jahr 1996 ist Talyor zum ersten Mal öffentlich der Bedeutung seiner eigenen religiösen Tradition, der des Katholizismus, für sein Verständnis der Moderne nachgegangen, indem er nach den Konturen einer „katholischen Moderne" gefragt hat (Taylor 1999a). Wie Selznick so fühlt sich auch Taylor vom theologischen Konzept der ‚Inkarnation' (wörtlich ‚Fleischwerdung') angesprochen. Er streicht den Zusammenhang mit der Zielvorstellung der Erlösung heraus, und deutet ihn von Grund auf pluralistisch:

> „Redemption happens through Incarnation, the weaving of God's life into human lives, but these human lives are different, plural, irreducible to each other. Redemption-Incarnation brings reconciliation, a kind of oneness. This is the oneness of diverse beings who come to see that they cannot attain wholeness alone, that their complementarity is essential, rather than of beings who come to accept that they are ultimately identical" (Taylor 1999a: 14).

Daran anschließend stellt Taylor ein spezifisch katholisches Verständnis von *Authentizität* vor, wonach Katholizität (=Universalität) *durch* Ganzheit („wholeness") realisiert werden müsse. Teil der römisch-katholischen Erfahrung sei die Einsicht, dass eine Verengung dieses katholischen Authentizitätsverständnisses in Form einer „universality without wholeness" eher zur Karikatur einer „unity of the part masquerading as the whole" führe (Taylor 1999a: 14). Rhetorisch geschickt vergleicht Taylor die ‚Mission' als Katholik in der Moderne mit der Rolle des Jesuiten Matteo Ricci im chinesischen Ritenstreit des 17. und 18. Jahrhundert. Der Tod Riccis im Jahr 1610 führte zum Scheitern der Akkulturation des christlichen Glaubens an die chinesischen Gebräuche. „Unity-through-identity" siegte über „unity-across-difference" (Taylor 1999a: 14). Die Situation heute unterscheidet sich von der Riccis darin, dass die Moderne selbst im Konflikt mit und Absetzung von der christlichen Religion entstanden sei. Hier besteht die Herausforderung an die katholisch-christliche Identität darin anzuerkennen, dass in dieser unbestreitbaren Absetzbewegung zugleich ein besseres Verständnis auch der eigenen konstitutiven Güter erfolgte – und zwar nicht derart, dass nun die eigene Identität noch klarer gegen alle ‚Irrtümer' abgegrenzt werden kann, sondern im Gegenteil, dass die Gegner den eigenen Gütern zu einer authentischeren Ausdrucksform verholfen haben.

Entscheidend ist die Frage, wie wir in Bezug auf konstitutive Güter lernen. Bekanntlich scheiterte die Mission in China an der rigiden Haltung der Kirche, vorangetrieben von ihren traditionellen Ordensgemeinschaften. Als Papst Pius XII. 1939 (!) das Verbot der chinesischen Riten wieder aufhob, führte er als Begründung die ‚veränderte Lage' an. Dahinter steht wiederum (wie auch schon beim Verbot) der Versuch der Identitätssicherung. In ähnlicher Weise hat die katholische Kirche sich inzwischen an die Spitze der Menschenrechtsverfechter gesetzt, wo sie früher von den ‚modernistischen' Irrlehren sprach. Ihren Umgang mit den früher verurteilten ‚Modernisten' reflektiert sie aber nur unzureichend. Heute müsste sie eigentlich mit Talyor „a vote of thanks to Voltaire and others" abgeben (Taylor 1999a: 18), denn diese haben dabei geholfen, dass das Evangelium sehr viel tiefer verstanden werde, nachdem seine Hüter nicht mehr die gesellschaftlichen Geschicke in der Hand hätten. Taylor geht es also um die Akzeptanz der historischen Erfahrung, dass Identitätsfixierung und institutionelle ‚Verwirklichung' der Inkarnationsvorstellung (als theokratische Ordnung) zu einem Verlust an Authentizität führt, während das Zulassen von Nicht-Identität (als mögliche Realisierung von Werten, nicht bloße ‚Toleranz') zu einer Bereicherung und echter „universality through wholeness" führen kann.

Vielleicht etwas gewagt, doch jedenfalls im Einklang mit Taylors intellektueller Biographie kann man von einem Hegelschen Gedankenmotiv der Entzweiung als notwendiger Voraussetzung einer höheren Einheit sprechen. Dies impliziert die Infragestellung einer rein religiös-konfessionellen Lesart der eigenen Geschichte, einer Lesart, die diese als reines Kontinuum versteht bzw. wie man vielleicht formulieren könnte: die ‚Inkarnation' bloß als Geschichte der Orthodoxie begreift. Damit hört der dialektische Lernprozess allerdings nicht auf. Vielmehr versucht Taylor die Plausibilität der Vorstellung einer ‚katholischen Moderne' (im Unterschied zu einem ‚modernen Katholizismus') dadurch zu belegen, dass er umgekehrt auch die Nicht-Autarkie der Absetzbewegung von der Religion nachweist.

Während Taylor ‚einfache Antworten' wie die von Bellah et al. vermeiden will, nimmt er in einer bestimmten Hinsicht durchaus eine radikale *Komplexitätsreduktion* vor, indem der ‚Kampf der Götter' (Weber) auf ganz wesentliche Grundunterscheidungen zurückgeführt wird: „We could think of modern culture as the scene of a three-cornered, perhaps ultimately a four-cornered battle" (Taylor 1999a: 29). Dabei wird zugleich MacIntyres Diagnose des Widerstreits unterschiedlicher Meta-

Traditionen des Moraldiskurses (1988, 1990) wieder aufgegriffen. Zum ersten geht es dabei um die Frage, *wo* (d. h. in welcher *Seinssphäre*) die konstitutive Quelle des Guten angesiedelt wird: Während für den *Naturalismus* sämtliche Güter aus der immanenten Perspektive des menschlichen Lebens selbst gewonnen werden, sieht der *Theismus* oder allgemeiner: eine *religiöse Perspektive* diese Quelle in einem Bereich ‚jenseits' des im menschlichen Leben an Gütern Realisierbaren. Für die mögliche ethische Orientierung von Individuen und Kollektiven in der modernen Gesellschaft nimmt Taylor dann noch einmal jeweils eine Unterscheidung nach modernefreundlichen oder ‚humanistischen' Ausprägungen dieser Grundorientierungen vor. Säkularer Humanismus ist dann „based exclusively on a notion of human flourishing, which recognizes no valid aim beyond this" (Taylor 1999a: 19). Auch eine religiöse Position kann aber ‚humanistisch' sein, wenn sie den ‚Primat des Lebens' in *praktischer* Hinsicht anerkennt, während sie ihn auf der Begründungsebene ablehnt (dies ist Taylors eigene Position). Umgekehrt kann eine naturalistische Position anti-humanistische Züge annehmen, wenn sie sich von der Vorstellung moralischer Gleichheit und universaler Würde verabschiedet, wie dies bei Nietzsche der Fall ist. Damit wird eine von den liberalen Ansätzen deutlich unterschiedene Beschreibung von gesellschaftlichem Pluralismus vorgenommen, bei der zunächst der *ontologische Ort des konstitutiven Gutes* und nicht die konkrete inhaltliche Füllung bzw. Artikulationsweise (etwa unterschiedliche konfessionelle Standpunkte) im Mittelpunkt stehen.

Es sollte nochmals betont werden, dass Taylor diesem säkularistischen Humanismus nicht abspricht, authentische Werte im Blick zu haben. Die Frage ist für ihn vielmehr, inwiefern diese Werte im Lichte prägender Erfahrungen immer so artikuliert werden können, dass sie Authentizität *und* Humanismus gleichermaßen aufrechterhalten. Dahinter steht die Annahme, dass die Frage nach den Quellen der Moral als Frage nach dem *aus sich selbst heraus Liebens-Werten* verstanden werden kann, nach dem, was das rechte Tun als Bindung verlangt und in der Erhellung des Selbst-Verständnisses zugleich ermöglicht (vgl. Talyor 1999b: 120). Gemäß dem „best account principle" werden nun die Stärken und Schwächen dieser Positionen danach untersucht, inwiefern sie die identitätsprägenden Erfahrungen des modernen Menschen in einen Sinnzusammenhang stellen und Perspektiven einer authentischeren Orientierung bieten können. Es handelt sich nach Taylor bei den verschiedenen Konzeptionen stets um ein „perspectival reading, and in the end we have to ask ourselves which perspective makes the most sense of human life" (Taylor 1999a: 26). Für die ‚Lesarten' gilt, dass sie vor allem auch die Art der moralischen Konflikte und Dilemmata erhellen müssen, nicht nur eine (dann oft vorschnelle) ‚Lösung', etwa im Sinne eines ‚objektiven' Moralprinzips, anbieten dürfen.

Die Stärke des säkularen Humanismus als Orientierungsperspektive lag und liegt nun nach Taylor darin, dass er den innerweltlichen Verwirklichungsmöglichkeiten des guten Lebens durch Hierarchie- und Metaphysikkritik sowie durch die Institutionalisierung von freiheitlichen und zugleich problemeffektiven Institutionen eine kraftvollere Artikulationsmöglichkeit verschaffte. Der säkulare Humanismus ist in den Gütern, die er anstrebt, konkret und universalistisch zugleich, und dies verleiht ihm gleichermaßen Rationalität wie Erhabenheit. Damit findet er auch Unterstützung durch einen epistemischen Ethos der kritischen Rationalität. Mit seinem Siegeszug wird jedoch in Taylors Augen zugleich seine narrative Schwäche sichtbar: Es fehlt ihm nämlich an der Möglichkeit, der Erfahrung von Leiden, Tod und Versagen einen Sinn abgewinnen zu können, und er verwickelt sich angesichts der immer wieder hervortretenden faktischen Unwürdigkeit des Objekts seiner Liebe (d. h. des Menschen) schnell in Haltungen der moralischen Superiorität und schließlich des utopistischen Zynismus. Zuletzt gilt dann nur noch der ‚Neue Mensch', nicht jedoch der Andere in seiner konkreten Mangelhaftigkeit als Respekt erheischend (wobei dieser Respekt dann auf der Perfektionierung durch diejenigen, die ihn herbeiführen, beruhen würde – also eigentlich den ‚Machern' gelten würde). Dort, wo die liberalen Prinzipien des Humanismus inhaltlich hochgehalten werden, kann das Gefühl moralischer Überlegenheit dazu führen, dass die Gerechtigkeitsidee über den konkreten Menschen (vor allem den *Gegner*) gestellt wird – was als Folge einer Selbstüberforderung des moralischen Subjekts begriffen werden kann.[5] Das Problem liegt darin, dass die ‚Würde' des Anderen letztlich Teil des zu realisierenden Projektes ist – nicht eine transzendente und damit unverfügbare Maßgabe jedweder Gesellschaftsprojekte. Taylor spricht hier von einer „tragic irony", die darin zum Tragen kommt, dass der aus Enttäuschung gespeiste Umschlag umso drastischer ausfällt, je höher das Ideal angesetzt war (Taylor 1999a: 33). Diese Phänomene wären ein gefundenes Fressen für eine genealogische Dekonstruktion der universalistischen Moral à la Nietzsche, indem die Motivation zur ‚Moral' als ‚Wille zur Macht' entschleiert würde.

Im Anschluss kommt es zur „revolt from within unbelief, as it were, against the primacy of life" (Taylor 1999a: 27), wie bei Nietzsche selbst und den an ihn anschließenden Denkern eines *antihumanistischen Naturalismus* wie Foucault, Derrida oder Bataille. Verbunden mit heroisierend-manipulativen Praktiken kann der säkulare Humanismus letztlich in einen Anti-Humanismus der Herrschaft als Selbstzweck oder der Verschmelzung von Tod und Leben in einer modernen Mythologie der Selbst-Aufopferung und letztlich nihilistischen Selbst-Übersteigung münden. Taylor geht es dabei nicht um eine moralische Verurteilung Nietzsches und seiner Adepten. Entscheidend sei zunächst die Einsicht, dass in dieser Verbindungslinie „another manifestation of our (human) inability to be content simply with an affirmation of life" sichtbar werde (Taylor 1999a: 28). Die Negierung des Lebens übt eine nicht ignorierbare *Faszination* aus.

Die transzendente Perspektive wird dann besonders erhellend, wenn sie genau diese Umschläge in den naturalistischen Konzeptionen erklären kann, ohne den humanistischen Anspruch fallen zu lassen. Hierin liegt die bleibende Aktualität eines Denkers wie Dostojewski, der mit seiner christlichen ‚Psychologie' gewissermaßen moderner als die Moderne gewesen ist. Was diese religiöse Lesart deutlich macht, ist die Unverzichtbarkeit einer Vorstellung bedingungsloser Liebe, denn: „Wherever action for high ideals is not tempered, controlled, and ultimately engulfed in an unconditional love of the beneficiaries, this ugly dialectic risks repetition" (Taylor 1999a: 33). Bei Taylor wird also ein Argument wieder aufgegriffen und zugespitzt, das bereits Selznick gegen Deweys Säkularisierungsoptimismus geltend machte, wo es aber als Bekenntnis des ‚moralischen Realismus' blass geblieben war: dass nämlich der säkulare Humanismus in der Gefahr stehe, an seiner Abhängigkeit von innerweltlichem Erfolg und Machbarkeit sowie der metaphysischen Beschränktheit dieser Güter zu scheitern und sich in sein Gegenteil zu verkehren. Der Theismus hält eine Perspektive bereit, die als Antwort auf das Problem der Unwürdigkeit der Würdeträger zumindest der bleibenden Aufmerksamkeit wert ist: die Perspektive von bedingungsloser Liebe als höchstem Gut, aus dem sich dann auch ein bedingungsloser Humanismus speisen kann. Die theistische Deutung des Humanismus bietet dann eine Antwort auf eine recht seltsame Maximierungsproblematik an, nämlich „how to have the greatest degree of philanthropic action with the minimum hope in mankind" (Taylor 1999a: 35).

2.4.3 Der (Un-)Wille zum Glauben

Joas sieht in der traditionell-theistischen Position Taylors zu Recht eine Abgrenzung zu Dewey und eine implizite Wiederaufnahme des Anliegens von James, nämlich „das Recht zu glauben mit den Mitteln einer postmetaphysischen Philosophie" zu verteidigen (Joas 1997: 217f.). Allerdings war bis vor kurzem eine wichtige Unterlassungssünde in Taylors insgesamt imponierenden und quellenreichen philosophischen Œuvre zu beklagen. So hat er es versäumt, sich „mit der gesamten Wertphilosophie des 20. Jahrhunderts von Max Scheler bis John Dewey" zu befassen, und sich trotz des postulierten Theismus „mit keinem Wort den religiösen Erfahrungen und existentiellen Theologien des 20. Jahrhunderts" befasst (Joas 1997: 221). Der Gipfel an Unbegreiflichkeit aber ist nun nach Joas, dass „Taylor sogar bei seiner Bemühung um die Rehabilitation einer theistischen Begründung unserer moralischen Quellen ohne die Theorie der religiösen Erfahrung von William James auskommen kann", stelle diese doch im Hinblick auf den

Ursprung der Werte „die entscheidende moderne Alternative" zu Nietzsche dar (Joas 1997: 223f.). Diese Einschätzung des intimen Taylor-Kenners Joas macht deutlich, welcher Stellenwert der Tatsache zukommt, dass Taylor Ende der 1990er Jahre nun doch James' Religionstheorie nicht nur rezipiert, sondern ihr im Jahr 2000 sogar eine Vorlesungsreihe am Wiener *Institut für die Wissenschaften vom Menschen* gewidmet hat, die dann auch als Buch erschienen ist (Taylor 2002).

Die Erkundung der möglichen Bedeutung des Theismus für die neuzeitliche Identität und die Versöhnung der Moderne hat aber nicht nur eine ethische Seite, die in seinem Verhältnis zu humanistischem und anti-humanistischem Naturalismus herausgearbeitet werden kann. In den Vorlesungen zu James' Religionstheorie hat Taylor zudem die epistemische bzw. epistemologische Seite des Gegensatzes zwischen Theismus und Naturalismus herausgearbeitet. Freilich verwendet Taylor auch in diesem Zusammenhang den Begriff der ‚Ethik'. Er will damit den Zusammenhang zwischen einer epistemischen Haltung und einer Lebensweise bekräftigen, d. h. herausarbeiten, welche Lebensentscheidungen zu einer je unterschiedlichen Erschließungsmöglichkeit von Wahrheit führen („epistemologisch-moralische Frage der Ethik des Glaubens" (Taylor 2002: 50)). Es ist also nicht so, dies ist Taylors Grundthese im Anschluss an James, dass wir die theistische oder die naturalistische Haltung einnehmen, weil uns das vorab „verfügbare" Wissen die eine oder andere Position als gesicherter erscheinen lässt; sondern umgekehrt: mit der einen oder anderen Haltung wird über den Erfahrungsbereich vorentschieden. Insofern widerspricht diese Art der Thematisierung epistemischer Fragen nicht der These Taylors, dass die Verbannung der Transzendenz im aufklärerisch-,postrevolutionären Klima' der Moderne vorrangig *moralische*, nicht epistemische Gründe habe (Taylor 1999a: 25), sondern erläutert diese.

Auf die sehr facettenreiche Darstellung des kulturgeschichtlichen Ortes von James' Sicht der Religion durch Taylor kann an dieser Stelle nicht im Detail eingegangen werden. Taylor sieht James am Endpunkt einer langen Entwicklung der Ausbildung einer auf persönliche Überzeugung und persönliches Engagement drängenden Religiosität des lateinischen Westens. Er ordnet ihn genauer einem spezifischen Strang des religiösen Humanismus zu, welcher, im Bestreben die Inspiration gegen die Veralltäglichung zu verteidigen, „bereit ist, die traditionell überlieferte Offenbarung im Namen der eigenen inneren Inspiration in Frage zu stellen" (Taylor 2002: 22), was dann den oben bereits dargelegten ausschließlichen Fokus auf die *individuelle religiöse Erfahrung* mit sich bringt. Das führt nach Taylor (der freilich nicht beansprucht, dies als erster bemerkt zu haben) zu bestimmten Beschränkungen in James' stark vom Protestantismus geprägten Religionsbegriff: Er weist Kirchen zwar einen instrumentellen Wert zu, hat aber keinen Sinn für das „Phänomen eines kollektiven religiösen Lebens" (Taylor 2002: 27) als

Realität *sui generis* und die Dimensionen von Religion (Theologie, Institution, Sakramente), welche diese Realität entscheidend mitprägen. Auch die individuelle Erfahrung ist *als* Erfahrung auf Versprachlichung angelegt und damit auf kulturelle Vermittlung religiöser Artikulationsfähigkeit angewiesen (Taylor 2002, 29f.). Durch all dies werde freilich nicht das Authentizitätsurteil in Frage gestellt, dass „die wahre Religion in der individuellen Erfahrung liegt" (Taylor 2002: 31) – vielmehr gelte es zu begreifen, dass die individuelle Erfahrung immer eingebettet in Sozialität ist und in bestimmten Kontexten *durch* gemeinsame Erfahrung eine Art von erfahrenem Gut vermittelt („together-goods", vgl. Taylor 1999b: 113).

Die nach langer Zeit endlich erfolgte Würdigung der Jamesschen Religionstheorie, insbesondere seiner Überlegungen zu den „Zweimalgeborenen", bringt Taylor zu der Einschätzung, dass James „unser großer Philosoph der Schwelle" sei, welcher „einen wichtigen Ort der Moderne [beschreibt] und (...) das entscheidende Drama [artikuliert], das sich dort abspielt" (Taylor 2002: 55). Taylor schließt sich James' Sicht in der *Vielfalt religiöser Erfahrung* an, dass die authentischere religiöse Erfahrung im Gang durch die Verzweiflung und in der radikalen Konversion besteht. Denn hierbei werden die Abgründe der menschlichen Existenz – Angst, Sinnverlust, Schuld – durchschritten, ohne das letzte Wort zu haben. Mit James hält Taylor zudem fest, dass ausgehend von dieser Phänomenologie des Durchgangs durch das irdische Jammertal (bzw. die Hölle auf Erden) die „Vollständigkeit" von einzelnen Religionen beurteilt werden kann. Nur wenn sie ein starkes Konzept von „Erlösung" vorweisen, kann ihnen diese Vollständigkeit zugeschrieben werden. Diese Auszeichnung von „Erlösungsreligionen" als besonders authentisch gibt den Hintergrund ab für die Herausstellung zweier Weltreligionen, nämlich des *Christentums* (das auf den jüdischen Messianismus zurückgeht) und des *Buddhismus* – bei James (1997a: 187), bei Taylor (diese Passage von James zitierend, Taylor 2002: 35f.; siehe auch Taylor 1999a, wo immer wieder auf buddhistische Konzepte zurückgegriffen wird) und auch bei Selznick (siehe den Abschnitt zu „Buddhist Self-Regard" in Selznick 1992: 223-227).

Das Drama der Erlösung in der Moderne – in dem sich James zugleich apologetisch positioniert – wird nun dadurch heraufbeschworen, dass es kulturbedingte geistige Hindernisse gibt, sich für diesen Weg der Authentizität durch Erlösung zu öffnen, ja ihn überhaupt für eine legitime Option zu halten – wobei kulturbedingt eben wieder meint, dass es sich dabei nicht von vornherein um „schlechte" Gründe handelt. Mit dem Triumph der (Natur-)Wissenschaften gehen „pessimistische und materialistische Überzeugungen", vor allem aber auch „agnostische Einwände" einher, die den Glauben als etwas „Weichliches" darstellen (James 1997a: 223). Im Aufsatz *Der Wille zum Glauben* hat James sich diesen Einwänden intensiv zugewandt, indem er jene bereits erwähnte epistemische Ethik thematisiert. So fasst die religionskritische ‚Ethik des Glaubens' die Perspektive der Wissenschaft als allgemeine Lebensmaxime auf. Gilt für die Wissenschaft: „Verwandele deine Hypothesen niemals in akzeptierte Theorien, bevor sie hinlänglich bewiesen sind", so lautet die Lebensmaxime: Wir sollten uns hüten, an unbewiesene Dinge zu glauben, die uns das Leben erleichtern oder sonstwie als wünschenswert erscheinen. In dieser Weise formuliert, wird sofort die starke kulturelle Attraktionskraft dieser Haltung deutlich: „Auf dem Pfad der Männlichkeit, des Muts und der Integrität kehren wir diesen billigen Tröstungen den Rücken und stellen uns dem Universum, wie es wirklich ist" (Taylor 2002: 42). Die Gegenposition James' lautet, ebenso kurz gefasst, dass es Lebensbereiche und Grundmomente von Vergesellschaftung überhaupt gibt, bei denen der Glaube an das Eintreten einer Tatsache die Voraussetzung für deren Eintreten ist. Bei Liebe und Freundschaft ist es so; aber auch beim Vertrauen überhaupt.[6] Es *könnte* beim religiösen Glauben also genauso sein: Der Glaube ist die Voraussetzung einer Erfahrung, die auf anderem Wege nicht zu haben ist. Und daran schließt sich die Pascalianische Umformulierung der zunächst als Wahrheitsliebe deklarierten glaubenskritischen Position als eine „Wahlentscheidung" an, deren Inhalt schon weit weniger attraktiv erscheint: „Lieber den Verlust der Wahrheit als die Möglichkeit des Irrtums riskieren!" (James 1997b: 153). James bezweifelt, dass es im Lichte der genannten Erfahrungen vernünftig sei, sich so zu positionieren. Mehr noch: Er bezweifelt darüber hinaus, dass bei *irgendeiner* Form von Wahrheitsfindung ein *vorgängiges* Moment von Leidenschaft vermieden werden könne. Andererseits gesteht er zu, dass die glaubenskritische Position in der Moderne über ein besonderes Prestige verfüge, weil sie *argumentieren* und *demonstrieren* kann, mithin über „Beredsamkeit" verfügt, wo der Glaubende nur sein „Hier stehe ich und kann nicht anders" hervorbringt – und dennoch wird der Rationalismus, wie James in *Die Vielfalt religiöser Formen* an den Leser gewandt schreibt, den Glaubenden nicht überzeugen, weil er die Ebene seiner „dunklen Intuitionen" nicht erreicht (James 1997a: 105).

Hier kommt Taylor auf seine Diagnose der Unversöhntheit der Moderne zurück: Wir spüren, so schreibt er, die bleibende Anziehungskraft zweier Positionen, die „aus sehr verschiedenen Quellen" (Taylor 2002: 50) schöpfen und inkommensurable Begriffstotalitäten errichtet haben: „Jede der beiden Einstellungen erschafft gewissermaßen eine totale Umwelt, und zwar in dem Sinne, daß sämtliche Überlegungen, die im Umkreis der einen Einstellung angestellt werden, im Umkreis der anderen Einstellung verwandelt wieder auftauchen" (Taylor 2002: 52). Die moderne Existenz ist dadurch geprägt, dass ihr beide epistemisch-moralischen Welten nicht obsolet erscheinen können. Jeder muss sich entscheiden, auf welche Weise er sich zu ihnen verhalten will, wobei für die theistische Option zu gelten scheine: „Wenn man auf der Schwelle zwischen den beiden großen Optionen steht, hängt alles davon ab, ob man das Gefühl hat, daß außerhalb von einem selbst noch etwas Größeres existiert" (Taylor 2002: 55). Eine Milderung dieser Wahl ergibt sich allerdings, wenn James' Verengung des Religionsbegriffs berücksichtigt wird: Gemeinschaftliche Erfahrungen bedeutet Artikulation über trotziges Festhalten an dunklen Intuitionen hinaus. Eine gut institutionalisierte Theologie kann als Reflexionsinstanz hinsichtlich der Herausforderungen des Glaubens durch die Glaubenskritik gelten, indem sie sich der Frage stellt, wo anthropozentrische Verzerrungen, modische Bequemlichkeiten usw. tatsächlich Wunschdenken in den Rang von Glaubensinhalten befördert haben. ‚Glauben' umfasst also mehr als die dunkle Ahnung, dass ‚noch etwas Größeres existiert', er erfordert auch die Akzeptanz des *Institutionellen*. Das Institutionelle der Religion ist Stärkung in der Jamesschen Wahlsituation und Bürde zugleich, weil mit der Institution bzw. der durch sie getragenen Gemeinschaft ein Erbe verbunden ist, wie MacIntyre schreibt (vgl. MacIntyre 1987: 294f.). Mit *diesem* Hindernis des Glaubens befasst sich Taylor freilich nur am Rande. Immerhin: Taylor stellt gegenüber James heraus, dass der Artikulationshorizont religiöser Erfahrung aus einem weiteren kulturellen Kontext herstammt; dies erst generiert Kommunikationsfähigkeit religiöser Erfahrung.

3. Schluss

Der Versuch, die Konturen eines möglichen kommunitaristischen Religionsbegriffs zu bestimmen, hat zu folgendem Ergebnis geführt: Dort, wo im kommunitaristischen Denken über die Beschwörung des ‚zivilreligiösen' Bündnisses zwischen biblisch-narrativen Religionsgemeinschaften und demokratischer Bewegung (Bellah) einerseits und über die Erinnerung an eine überlegene religiös-metaphysische Tradition (MacIntyre) andererseits hinaus begriffliche Anstrengungen hinsichtlich der Religion unternommen werden (wie bei Selznick und Talyor), wird Religion als persönliche Erfahrungsdimension in der Bildung eines authentischen Selbst thematisiert. Als besonders fruchtbar erweist sich die Auseinandersetzung mit Religionstheorien pragmatistischer Provenienz, weil die Beschreibung religiöser Erfahrung hier in eine alternative Semantik zur existentialistischen Emphase der Selbst-Wahl und zum ‚Nihilismus' der Nietzsche-Tradition eingelassen ist, zugleich aber offen gegenüber einem individualistischen Verständnis von Authentizität. Im Mittelpunkt steht dann eine besondere Form der Dezentrierung, Transformation und Versöhnung des Selbst in der Erfahrung eines ultimativen Wertes, welcher der Verfügungsmöglichkeit des Individuums entzogen ist, zugleich jedoch als konstitutiv für die Haltung zu Natur, Gesellschaft und sich selbst erfahren wird. Am Ende könnte es also statt der Alternative „Nietzsche oder Aristoteles" (MacIntyre 1987: 149) heißen ‚Nietzsche oder James' (vgl. Joas 1997: 224) – und/oder Dewey, so könnte man ergänzen.

Ein Hauptgegensatz zwischen Deweys und James' Theorien der religiösen Erfahrung einerseits und kommunitaristischen Positionen andererseits liegt freilich in der wohlwollenden Haltung Letzterer zur *institutionalisierten Form* von Religion und dem Wert *religiöser Traditionen*. Institutionalisierte Religion ist nicht bloß ‚abgeleitetes' Resultat der ‚genuinen' religiösen Erfahrung Einzelner. Authentizität erweist sich vielmehr erstens in der Erfahrung, dass Religionsgemeinschaften spezifische Anerkennungspraktiken stützen, in denen sich Individuen als ‚ganze Personen' angesprochen wissen und erfahren können. Zweitens steht Authentizität für die Fähigkeit der Institutionen, die Erfahrungswelt der Individuen in den religiösen Horizont zu integrieren und Artikulationsmöglichkeiten von Erfahrungen des Guten auch religiös zur Sprache zu verhelfen, statt sie als heterodox auszuschließen. Hier wird eine Schwäche der pragmatistischen Religionstheorie reflektiert, die Hans Joas folgendermaßen auf den Punkt gebracht hat:

„Die Entinstitutionalisierung der Religion führt (...) mit hoher Wahrscheinlichkeit nicht zu den von Dewey erwarteten Folgen, sondern zu einer Subjektivierung der Religion. (...) Wer religiös sein will, ohne einer bestimmten partikularen Religion zu folgen, begibt sich in dieselbe Paradoxie wie einer, der sprechen möchte, ohne dabei eine bestimmte Sprache zu benutzen" (Joas 1997: 193).

Dabei ist freilich zu berücksichtigen, dass sich das Selbstverständnis und die Kommunikationspraxis dieser institutionalisierten Religion selbst gewandelt hat. Für die römisch-katholische Kirche etwa war das Zweite Vatikanische Konzil ein entscheidender Schritt der Aufgabe des Monopolanspruchs an religiöser Erfahrung, welcher für Dewey gerade den fatalen Zug der überkommenen religiösen Institutionen ausmachte, weil sie religiöse Erfahrung eher „verhindern (...) als sie zu ermöglichen" (Joas 1997: 190). Ein katholischer Kommunitarist wie Taylor argumentiert bewusst unter Berufung auf das Zweite Vatikanum.

Im Anschluss an Dewey und James (nicht zuletzt an deren jeweiliger Bestimmung des Ortes religiöser Erfahrung in der Moderne) lassen sich jedoch auch unterschiedliche Akzentuierungen eines kommunitaristischen Religionsbegriffs beobachten. Statt wie Selznick den Schritt in den Deweyschen Naturalismus (wenn auch ‚nicht militant') mitzugehen, kann mit Taylor im Anschluss an James die Differenz zwischen einem naturalistischen und einem theistischen bzw. an der Transzendenz des Ursprungs festhaltenden Verständnis des Guten herausgestellt werden. Dies läuft auf eine unterschiedliche Konzeptualisierung des Lernens zwischen säkularistischen und auf Transzendenz rekurrierenden Verständnissen des Guten hinaus. Zwar ist sowohl bei Selznick als auch bei Taylor eine Komplementärvorstellung wirksam. Doch besteht diese Komplementarität bei Selznick eher in einer Art Zusammenführung spezialisierter Reflexionspotenziale (einerseits der pragmatistischen Konzeption der Ermittlung von Werten durch Erfahrung und Reflexion, andererseits der traditionell-religiösen Konzeptionen der Selbstbildung unter widrigen Umständen); bei Taylor hingegen liegt sie in der Einsicht der faktisch produktiven Konkurrenz eigentlich unvereinbarer Standpunkte, die aber die Notwendigkeit der Wahl nicht hinfällig macht, weil die Seite der Transzendenz einen Akt der persönlichen Konversion erfordert, welcher in Konzepten einer „natürlichen Frömmigkeit" nicht mehr erfasst werden kann.

Selznicks Kritik an Deweys Säkularisierungsoptimismus beschränkt sich auf die Feststellung, dass er keine semantischen Potenziale zur Erfassung des Bösen und der Wertverfehlung in der persönlichen Handlungsorientierung bereithält. Taylor will hingegen zeigen, dass aus dem säkularistischen Humanismus selbst der Umschlag in den Nihilismus erfolgen kann, weil sein ‚konstitutives Gut' aufgrund seiner Selbstreferentialität (menschliche Entfaltung als das Gute) die Verzweiflung (im Sinne Kierkegaards) bereits in sich trägt. Der Standpunkt, von dem aus dies verdeutlicht werden kann, ist *kein* säkular-humanistischer, sondern eine ‚perspektivische Lesart' der modernen Existenz von der theistischen Überzeugung her. Wenn sich ein Handelnder die Deweysche Sicht zu eigen macht, bedeutet dies, dass er die Möglichkeit einer werthaften Selbstentfaltung ganz vom möglichen Gelingen einer diesseitigen Wertrealisierung abhängig macht. Damit ist die religiöse Erfahrung (und die Selbst-Deutung dieser Erfahrung) – und das heißt ja: die Erfahrung fundamentaler Wertzusammenhänge und persönlicher Lebensorientierung – auf Gedeih und Verderb an den menschlichen Fortschritt und dessen katastrophische Infragestellungen ausgeliefert. Mit Fundamentalenttäuschungen dieser imaginierten Ganzheitlichkeit des Selbst in der Welt wird eine sich in Deweys Kategorien verstehende Person deshalb nicht klarkommen.

Die Frage ist, ob Selznick mit seiner Vorstellung einer *public philosophy* dieser Gefahr entgeht. Dies hat dann auch Bedeutung für die Frage nach der Verknüpfung von pragmatistischem bzw. kommunitaristischem Verständnis der Religion als persönlicher Erfahrung von Werten in Form von „Selbstbildung und Selbsttranszendenz" (Joas 1997) mit der Identifikation der Wertebasis einer politischen Gemeinschaft. Die Implikationen für die Konturierung eines kommunitaristischen Religionsbegriffs können im Hinblick darauf wiederum in der Frage gefasst werden, wie ‚naturalistisch' der Rahmen für die Einbindung der Religion in die öffentliche Philosophie auszufallen hat bzw. wenn nicht naturalistisch, welche Alternativen dann in Betracht zu ziehen wären. Wenn wie bei Selznick einerseits der allgemeine Reflexionsrahmen naturalistisch bestimmt zu werden scheint, während andererseits eine säkularistische Orientierung als vollgültige ‚Religion' beschrieben wird, sodass am Ende lauter ‚Religionen' Erfahrungsaustausch betreiben, so impliziert dies die Gefahr der Nivellierung der fundamentalen Unterschiede in der *metaphysischen* Dimension von Religiosität. Aus der Sicht Taylors können sich naturalistische und Transzendenz des Guten behauptende Überzeugungen in der humanistischen *Praxis* verbinden und verbünden; die ontologische Ausrichtung der religiösen Positionen an einem Gut ‚jenseits des Lebens' darf damit aber nicht verwischt werden. Die beiden Perspektiven unterscheiden sich nicht nur hinsichtlich der Tatsache, dass die eine (mutmaßlich) allgemein zugänglich ist, während die andere den Glauben an ein Offenbarungsgeheimnis impliziert, sondern sie stellen unterschiedliche Verständnisse des zu liebenden Gutes dar. ‚In der Welt' zu sein bedeutet dann nicht notwendigerweise, ‚von der Welt' zu sein. Taylor wagt eine Argumentation, welche die bleibende Bedeutung dieser Unterscheidung vertritt, und darin liegt ihre Provokation.

Anmerkungen

1. Für Übersichten vgl. etwa Mulhall/Swift (1992), Forst (1994), Haus (2003a).

2. Selznicks Bekanntheitsgrad liegt deutlich unter dem anderer kommunitaristischer Denker, was auch daran liegen mag, dass er plakative Thesen vermeidet (siehe aber die Rezeption bei Schmalz-Bruns 1995 und Haus 2003a: 199-126). Bekannt geworden ist Selznick eher im Kontext der Institutionentheorie und Organisationssoziologie. Wie Bellah ist Selznick ein Mitunterzeichner der *Communitarian Platform*. Zugleich hat er in zwei eng zusammengehörenden Büchern den Entwurf einer kommunitaristischen Gesellschaftstheorie vorgestellt.

3. Dieses Kapitel wurde übrigens auch separat unter dem Titel *On a Communitarian Faith* in der Zeitschrift der amerikanischen Kommunitaristen, *The Responsive Community*, veröffentlicht (Selznick 2002b).

4. Um dem liberalen Standardeinwand des Pluralismus, aber auch dem postmodernistischen Einwand der Kulturgebundenheit einer Vorstellung des ‚kohärenten Selbst' zu begegnen, führt Selznick übrigens eine interessante Diskussion der buddhistischen Erlösungslehre durch (Selznick 1992: 223-227).

5. Für deutsche Leser besonders erhellend ist Taylors Wiedergabe des Erlebnisses eines buddhistischen Freundes bei einer Parteiversammlung der GRÜNEN, wo dieser im Umgang mit dem ‚verblendeten' Gegner nichts mehr von ökologischer Harmonie verspürte (Taylor 1999a: 34).

6. Im Lichte der aktuelle Theorie-Diskussion zum Begriff des Vertrauens (Hartmann/Offe 2001, Schmalz-Bruns/Zintl 2002) erscheint mir diese Argumentation James' bemerkenswert.

Literatur

Bellah, Robert/Madsen, Richard/Sullivan, William/Swidler, Ann/Tipton, Steven (1987): Gewohnheiten des Herzens. Individualismus und Gemeinsinn in der amerikanischen Gesellschaft. Köln.
Bellah, Robert/Madsen, Richard/Sullivan, William/Swidler, Ann/Tipton, Steven (1991): The Good Society. New York.
Dewey, John (1934): A Common Faith. New Haven.
Forst, Rainer (1994): Kontexte der Gerechtigkeit. Politische Philosophie jenseits von Liberalismus und Kommunitarismus. Frankfurt a. M.
Hartmann, Martin/Offe, Claus (Hrsg.) (2001): Vertrauen. Die Grundlage des sozialen Zusammenhalts. Frankfurt a. M.
Haus, Michael (2003a): Kommunitarismus. Einführung und Analyse. Wiesbaden.
Haus, Michael (2003b): Ort und Funktion der Religion in der zeitgenössischen Demokratietheorie. In: Minkenberg/Willems (2003): 45-67.
Heft, James L. (Hrsg.) (1999): A Catholic Modernity? Charles Taylor's Marianist Award Lectures. Oxford/New York.
Honneth, Axel (Hrsg) (1993): Kommunitarismus. Frankfurt a. M./New York.
Horton, John/Mendus, Susan (Hrsg.) (1994): After MacIntyre. Critical Perspectives on the Work of Alasdair MacIntyre. Cambridge.
James, William (1997a): Die Vielfalt religiöser Erfahrung. Eine Studie über die menschliche Natur. Frankfurt a. M.
James, William (1997b): Der Wille zum Glauben. In: Martens (1997): 128-160.
Joas, Hans (1995): Der Kommunitarismus – eine neue ‚progressive Bewegung'? In: Forschungsjournal Neue Soziale Bewegungen 8, 3: 29-38.
Joas, Hans (1997): Die Entstehung der Werte. Frankfurt a. M.
Kallscheuer, Otto (1992): Gemeinsinn und Demokratie. Hinter dem Etikett ‚Kommunitarismus' verbirgt sich eine Debatte um das Selbstverständnis der USA. In: Zahlmann (1992): 109-117.
Lehman, Edward W. (2003): Piety and Civility in the Public Arena. Review of Philip Selznick's The Communitarian Persuasion. In: The Responsive Community 13, 2: 70-76.
MacIntyre, Alasdair (1987): Der Verlust der Tugend. Zur moralischen Krise der Gegenwart. Frankfurt a. M./NewYork.
MacIntyre, Alasdair (1988): Whose Justice? Which Rationality? Notre Dame.
MacIntyre, Alasdair (1990): Three Rival Versions of Moral Enquiry. Encyclopaedia, Genealogy, and Tradition. Notre Dame
MacIntyre, Alasdair (1993): Ist Patriotismus eine Tugend? In: Honneth (1993): 84-102.
MacIntyre, Alasdair (1994): A Partial Response to my Critics. In: Horton/Mendus (1994): 283-304.
Martens, Ekkehard (Hrsg.) (1997): Pragmatismus. Ausgewählte Texte. Stuttgart.
Minkenberg, Michael/Willems, Ulrich (Hrsg.) (2003): Politik und Religion. PVS-Sonderheft 33. Wiesbaden.
Mulhall, Stephen/Swift, Adam (1992): Liberals and Communitarians. Oxford.
Rawls, John (1992): Die Idee des politischen Liberalismus. Aufsätze 1978-1989. Herausgegeben von Wilfried Hinsch. Frankfurt a. M.
Schmalz-Bruns, Rainer (1995): Reflexive Demokratie. Die demokratische Transformation moderner Politik. Baden-Baden.
Schmalz-Bruns, Rainer/Zintl, Reinhard (Hrsg.) (2002): Politisches Vertrauen. Soziale Grundlagen reflexiver Kooperation. Baden-Baden.
Selznick, Philip (1992): The Moral Commonwealth. Social Theory and the Promise of Community. Berkeley/Los Angeles.

Selznick, Philip (2002a): The Communitarian Persuasion. Washington, D.C.
Selznick, Philip (2002b): On a Communitarian Faith. In: The Responsive Community 12, 3: 67-74.
Sandel, Michael (1993): Die verfahrensrechtliche Republik und das ungebundene Selbst. In: Honneth (1993): 18-35.
Soosten, Joachim von (1992): Sünde und Gnade und Tugend und Moral. Die Erbschaft der religiösen Traditionen. In: Zahlmann (1992): 48-56.
Taylor, Charles (1988a): Negative Freiheit. Zur Kritik des neuzeitlichen Individualismus. Frankfurt a. M.
Taylor, Charles (1988b): Was ist menschliches Handeln? In: Taylor (1988a): 9-51.
Taylor, Charles (1994): Quellen des Selbst. Die Entstehung der neuzeitlichen Identität. Frankfurt a. M.
Taylor, Charles (1995): Das Unbehagen an der Moderne. Frankfurt a. M.
Taylor, Charles (1999a): A Catholic Modernity? In: Heft (1999): 13-37.
Taylor, Charles (1999b): Concluding Reflections and Comments. In: Heft (1999): 105-125.
Taylor, Charles (2002): Die Formen des Religiösen in der Gegenwart. Frankfurt a. M.
Walzer, Michael (1988): Exodus und Revolution. Berlin.
Zahlmann, Christa (Hrsg.) (1992): Kommunitarismus in der Diskussion. Berlin.

Ist fundamentalistische Religion auch fundamentalistische Politik? Sozialwissenschaftliche Fundamentalismuskonzeptionen im Vergleich

Christl Kessler

1. Einleitung

Religion ist entgegen allen Säkularisierungserwartungen keineswegs mit der Moderne verschwunden oder auch nur politisch bedeutungslos geworden. Es scheint im Gegenteil, als seien gerade die fundamentalistischen Spielarten aller religiösen Traditionen besonders lebendig in modernen Industriegesellschaften und etablierten Demokratien wie den USA ebenso wie in den weniger ‚entwickelten' Regionen der Welt und in Staaten, die nicht als gefestigte Demokratien gelten können. Die Frage, ob fundamentalistische Religion *per se* eine Gefahr für den Bestand oder die Etablierung einer rechtsstaatlichen, liberalen Demokratie darstellt, ist daher keine rein akademische. Die Qualität empirisch fundierter politikwissenschaftlicher Antworten auf diese Frage steht und fällt mit der begrifflichen Schärfe der konzeptionellen Annahmen.

Die folgenden Ausführungen diskutieren diese Vorannahmen am Beispiel der breit rezipierten Fundamentalismuskonzeption von Almond/Appleby/Sivan (2003), die auf dem *Fundamentalism Project* basiert, sowie dem Fundamentalismusbegriff, wie er von Martin Riesebrodt entwickelt wurde (1990, 1998, 2000). Beide Konzeptionen entwickeln einen allgemeinen Begriff von Fundamentalismus; das Verhältnis von Fundamentalismus und Demokratie steht nicht im Zentrum ihrer Analyse. Dies ist ein Schwerpunkt der Ausführungen, mit denen Heiner Bielefeldt und Wilhelm Heitmeyer ihren Sammelband *Politisierte Religion. Ursachen und Erscheinungsformen des modernen Fundamentalismus* einleiten (Bielefeldt/Heitmeyer 1998b). Ihre Definition von Fundamentalismus ziehe ich aus diesem Grund ergänzend heran.

Ich werde zeigen, dass diese Fundamentalismusdefinitionen die Frage nach dem Verhältnis von religiösem Fundamentalismus und Demokratie konzeptionell verhindern. In allen drei Fundamentalismuskonzeptionen wird diese Frage schon vorab beantwortet, indem die politische Agenda fundamentalistischer Bewegungen durchweg aus den Merkmalen des religiösen Fundamentalismus abgeleitet wird. Damit wird implizit vorausgesetzt, dass die politische Agenda zwangsläufig aus der religiösen folgt. Diese Zwangsläufigkeit gilt es aber empirisch zu untersuchen, anstatt sie theoretisch vorauszusetzen.

Darüber hinaus wird bei Almond/Appleby/Sivan und, wenn auch mit etwas anderem Akzent, bei Bielefeldt/Heitmeyer bereits die fundamentalistische Ablehnung von Säkularisierungsprozessen als Gefahr für demokratische Ordnungen begriffen. Diese Gleichsetzung von Säkularisierung und Demokratie ist höchst problematisch, da sie dazu verleitet, die Legitimität politischer Aktion nicht an der Akzeptanz demokratischer Verfahren zu messen, sondern am Bekenntnis zur Säkularität des politischen Diskurses.

Nach einem kurzen Rekurs auf die historische Genese des Begriffs werde ich vergleichen, wie Riesebrodt und Almond/Appleby/Sivan jeweils die Entstehungsbedingungen, die soziale Organisationsform, die allgemeinen Charakteristika von Fundamentalismus, unterschiedlichen Fundamentalismustypen sowie das Verhältnis von Fundamentalismus zur Außenwelt und zur Demokratie bestimmen. Letzteres ist auch Gegenstand des Fundamentalismusbegriffes von Bielefeldt/Heitmeyer, der an dieser Stelle in den Vergleich aufgenommen wird. Im zweiten Teil des Beitrags werde ich das analytische Potenzial dieser Fundamentalismuskonzeptionen diskutieren und abschließend unter Rückgriff auf Manfred Brockers Typologie politisierter Fundamentalismen (Brocker 2003) skizzieren, wie dieses Potenzial weiter entwickelt werden kann.

2. Fundamentalismus in den Sozialwissenschaften

Historisch war ‚Fundamentalist' die Selbst- wie Fremdbezeichnung einer bestimmten Strömung innerhalb des US-amerikanischen Protestantismus Anfang des 20. Jahrhunderts. Namensgebend scheint vor allem eine Publikationsreihe mit dem Titel *The Fundamentals* gewirkt zu haben. In dieser Reihe wurden zwischen 1910 und 1912 zwölf theologische Essays veröffentlicht, die bedroht geglaubte Glaubenswahrheiten verteidigten und sich unter anderem gegen eine textkritische Bibelexegese, den sozialreformerisch orientierten theologischen Liberalismus und den evolutionären wie den Sozial-Darwinismus richteten (Ammermann 1991: 2; Brocker 2003: 25; laut Marsden 1980: 118 erschienen die *Fundamentals* zwischen 1910 und 1915). Bereits 1910 waren die später als *five points of fundamentalism* bekannt gewordenen Glaubensgrundsätze verabschiedet worden, zu denen auch die wörtliche Auffassung der Heiligen Schrift gehörte.[1] In theologischen Definitionen ist der wörtliche Glaube an die Bibel nach wie vor ein wichtiges Unterscheidungsmerkmal zwischen fundamentalistischen und nicht-fundamentalistischen christlichen Glaubensauffassungen (so z. B. Barr 1984). Seit den 1970er Jahren wird der Begriff Fundamentalismus in den Medien wie in der Wissenschaft zunehmend auch auf Bewegungen innerhalb nicht-christlicher Religionen angewendet. Mittlerweile wird Fundamentalismus häufiger mit dem Islam in Verbindung gebracht als mit dem Protestantismus. Fundamentalismus ist auch in den Sozialwissenschaften ein häufig verwendeter Begriff, wobei seine Verwendung keineswegs einheitlich ist. Debattiert werden grundlegende Fragen, wie die, ob sich der Begriff aus der US-amerikanischen, protestantischen Tradition auf andere Bewegungen überhaupt übertragen lässt, ob der Begriff ‚Bewegung' angemessen ist, ob Fundamentalismus notwendigerweise ein politisches Phänomen ist und auch, ob er notwendigerweise ein religiöses Phänomen ist. Ausgearbeitete Fundamentalismuskonzeptionen existieren nur wenige.

Die wohl am weitesten rezipierte Fundamentalismusdefinition wurde von den Historikern R. Scott Appleby, Emmanuel Sivan sowie dem Politologen Gabriel A. Almond im Rahmen des *Fundamentalism Project* unter der Schirmherrschaft der *American Academy of Arts and Science* vorgelegt. Im Fundamentalismus-Projekt wurde das Phänomen des religiösen Fundamentalismus in einer Serie von Konferenzen interdisziplinär und kulturübergreifend bearbeitet. Im fünften und letzten Band der daraus entstandenen Publikationen komprimieren Gabriel A. Almond, Emmanuel Sivan und R. Scott Appleby in mehreren Essays die Ergebnisse der Debatten zu einer empirisch fundierten theoretischen Annäherung an das Phänomen (Almond/Appleby/Sivan 1995a, 1995b; Sivan 1995). Die gleichen Autoren nehmen das Thema in ihrem Buch *Strong Religion* (2003), einer leicht überarbeiteten Fassung dieser Essays, wieder auf.

Der Soziologe Martin Riesebrodt entwickelt seine Fundamentalismuskonzeption in einer vergleichenden Analyse des protestantischen Fundamentalismus in den USA von 1920 bis 1928 und des schiitischen Fundamentalismus im Iran zwischen 1961 und 1979 (Riesebrodt 1990). Damit vergleicht Riesebrodt die beiden prominentesten Beispiele der Fundamentalismusdebatte miteinander. Die protestantische Bewegung gab dem Phänomen Fundamentalismus den Namen und mit der Übertragung auf die schiitische Bewegung fand der Begriff auch außerhalb des Christentums allgemeine Verwendung. Seinen hier entwickelten Fundamentalismusbegriff hat Riesebrodt in späteren Publikationen weiter ausgearbeitet und in eine allgemeinen Religionstheorie eingebettet (Riesebrodt 1998, 2000).

Im Sammelband *Politisierte Religion* der Konfliktforscher Heiner Bielefeldt und Wilhelm Heitmeyer (1998) wird Fundamentalismus zunächst von unterschiedlichen Disziplinen theoretisch beleuchtet, darunter findet sich auch der bereits erwähnte Beitrag von Martin Riesebrodt. Den zweiten Teil des Bandes bilden Beiträge zu Fundamentalismen in unterschiedlichen religiösen Traditionen. Es folgen Analysen der religiösen Identitätspolitik von fundamentalistischen Bewegungen und des Verhältnisses von Fundamentalismus und Gewalt. Im letzten Teil werden „Reaktionen und Fehlreaktionen der deutschen Mehrheitsgesellschaft" thematisiert. Im Gegensatz zu Almond/Appleby/Sivan und Riesebrodt beanspruchen Bielefeldt/Heitmeyer in ihrem einleitenden Beitrag nicht, eine ausgearbeitete Fundamentalismuskonzeption vorzulegen, sondern konzentrieren sich auf das Verhältnis von Demokratie und Fundamentalismus.

3. Entstehungsbedingungen und Definition von Fundamentalismus

Zu Beginn seiner vergleichenden Untersuchung definiert Riesebrodt Fundamentalismus als religiöse Revitalisierungsbewegung. Als solche ist Fundamentalismus eine Reaktion auf Krisenerfahrungen, die wiederum durch rapiden sozialen Wandel ausgelöst werden. Riesebrodt stellt idealtypisch der fundamentalistischen Revitalisierung von Religion die sozialrevolutionäre oder sozialreformerische Revitalisierung entgegen. All diese Formen religiöser Revitalisierung beziehen sich zur Krisenbewältigung auf eine göttlich offenbarte ideale Ordnung, allerdings in unterschiedlicher Weise, einmal durch einen utopischen Regress und einmal durch einen mythischen Regress auf diese Ordnung (Riesebrodt 1990: 21).

Im utopischen Regress wird die Rückkehr zur idealen Ordnung als historisch-evolutionäre Weiterentwicklung der göttlichen Ordnung konzipiert. Es gilt, den Geist der idealen Ordnung unter den aktuellen Bedingungen der Gegenwart wieder neu zu verwirklichen. Dies führt zu sozialreformerischen oder sozialrevolutionären Ansätzen, die von radikaler Gesinnungsethik geprägt sind. Im mythischen Regress auf die ideale Ordnung dagegen wird nicht die analoge Wiederherstellung, sondern die identische Reproduktion der idealen Ordnung angestrebt. Während beim utopischen Regress der Geist der Gesetze im Vordergrund steht, ist dies beim mythischen Regress der Buchstabe des Gesetzes. Der Gesinnungsethik auf der Seite des utopischen Regresses steht die Gesetzesethik auf Seiten des mythischen Regresses gegenüber. Fundamentalismus ist in der Riesebrodtschen Konzeption eine religiöse Revitalisierungsbewegung, die auf Krisenerfahrungen mit einem mythischen Regress auf die göttliche Ordnung reagiert.

Ähnlich wie bei Riesebrodt ist Fundamentalismus bei Almond/Appleby/Sivan eine Reaktion auf gesellschaftliche Entwicklungen. Während Riesebrodt allgemein von Krisenerfahrungen als Auslöser für fundamentalistische Bewegungen spricht, ist Fundamentalismus bei Almond/Appleby/Sivan eindeutig eine Reaktion auf Säkularisierungsprozesse, die mit Modernisierungsprozessen einhergehen:

> „We call our book Strong Religion because these movements are *militant and highly focused antagonists of secularization.* They call a halt to the centuries-long retreat of the religious establishments before the secular power. They follow the rule of offense being better than defense, and they often include extreme options of violence and death" (Almond/Appleby/Sivan 2003: 2, Hervorh. v. V.).

„These movements do not qualify as fundamentalisms by our definition, however, because *they do not originate in reaction to secularization* and the marginalization of religion, and they do not strive to create a religious alternative to secular structures and institutions" (Almond/Appleyby/Sivan 2003: 90, Hervorh. v. V.).

Das entscheidende Kriterium für Fundamentalismus ist die Verteidigung der Religion gegen ihre Marginalisierung in Säkularisierungsprozessen:

„to qualify as ‚pure' religious fundamentalism in our understanding, a movement must be concerned first with the erosion of religion and its proper role in society. It must, therefore be protecting some religious content, some set of traditional cosmological beliefs and associated norms of conduct. *This defense of religion is the sine qua non of fundamentalism; without it, a movement may not properly be labeled fundamentalist*" (Almond/Appleyby/Sivan 2003: 93f., Hervorh. i. O.).

Modernisierungsprozesse sind auch bei Riesebrodt Auslöser von Krisenerfahrungen, die den Ausgangspunkt von Fundamentalismus bilden. Mit Bezug auf die Entstehungsbedingungen von Fundamentalismus gibt es daher Parallelen in beiden Konzeptionen. Da Riesebroft aber analytisch die Krisenerfahrung und nicht die mit Modernisierung einhergehende Säkularisierung selbst zum Ausgangspunkt der Überlegung macht, ist Fundamentalismus hier nicht auf eine Gegenbewegung zur Säkularisierung begrenzt, sondern kann auch auf gesellschaftliche Krisen reagieren, in denen Säkularisierungsprozesse nur am Rande eine Rolle spielen. Gleichzeitig begreift Riesebrodt die Rückbesinnung auf Religion implizit als eine von vielen möglichen Krisenverarbeitungsstrategien (1990: 18ff., 1998: 75). Damit stellt sich bei ihm die Frage, warum Fundamentalismus und nicht andere religiöse oder auch nicht-religiöse Bewältigungsstrategien gewählt werden.

Riesebrodt definiert Fundamentalismus nicht ausschließlich durch dessen Opposition zur Säkularisierung, sondern primär durch die fundamentalistischen Werte und Normvorstellungen, die er als Radikalisierung religiös-patriarchaler Traditionen begreift.

„Der fundamentalistische Typ [religiöser Revitalisierungsstrategien] hingegen ist gekennzeichnet durch die Idealisierung patriarchalischer Autorität als gottgewollter Norm. Er betont patriarchalische Unterordnung und Verantwortung sowie strikte Durchsetzung einer patriarchalischen Sozial- und Sexualmoral" (Riesebrodt 2000: 54).

Fundamentalismus entsteht aus einem Traditionalismus, der sich durch soziale Wandlungsprozesse bedroht sieht, eine allgemeine Krise der Gesellschaft konstatiert und sich in Reaktion darauf radikalisiert. Dabei werden nicht alle Traditionen gleichermaßen verteidigt, sondern spezifisch die patriarchalischen Ordnungsprinzipien, die patriarchalischen Sozialbeziehungen und die patriarchalische

Sozialmoral (Riesebrodt 1990: 214ff., 1998: 76). Auch Almond/Appleby/Sivan thematisieren den patriarchalen Charakter von Fundamentalismus am Rande, sehen in ihm aber keine zentrale Kategorie (Almond/Appleby/Sivan 2003: 76).[2]

4. Soziale Form des Fundamentalismus

Ein weiterer wesentlicher Unterschied zwischen beiden Ansätzen besteht in ihrer Konzeption der Organisationsform von Fundamentalismus. Almond/Appleby/Sivan sprechen konsequent von Fundamentalismus als religiös-politischer ‚Bewegung', ohne jedoch ihren Bewegungsbegriff explizit auszuführen. Riesebrodt dagegen verwehrt sich schon in seiner Arbeit von 1990 gegen die Begrenzung des Begriffs auf Bewegungen und spricht hier noch etwas nebulös von Fundamentalismus als sozialem Phänomen, das neue Vergesellschaftungs- und Vergemeinschaftungsprozesse ermöglicht (Riesebrodt 1990: 20). In späteren Arbeiten begreift er Fundamentalismus nicht als Bewegung, sondern als Kulturmilieu (Riesebrodt 2000: 59ff.).

Kulturmilieus sind in der Riesebrodtschen Terminologie im Gegensatz zu Klassenkulturen zu verstehen. Klassenkulturen zeichnen sich durch sozioökonomische Homogenität aus und beziehen ihre Gruppenidentität aus dieser sozioökonomischen Lage. Das ‚Arbeitermilieu' ist ein klassisches Beispiel für eine solche Klassenkultur. In Kulturmilieus dagegen sind außerökonomische, sozialmoralische Ordnungsvorstellungen identitätsstiftend. Identitätskonstruktion und Solidaritätserwartung beziehen sich nicht auf die gemeinsame sozioökonomische Stellung, sondern auf geteilte Werte oder geteilte Merkmale. Riesebrodt führt als Beispiele geschlechtliche und religiöse Zusammengehörigkeit oder auch den Glauben an die Überlegenheit letzter Werte wie Pazifismus oder Vegetariertum an. Kulturmilieus können sowohl klassenhomogen als auch klassenheterogen sein, wobei Fundamentalismus in der Regel ein klassenheterogenes Kulturmilieu darstellt (Riesebrodt 2000: 72ff.).

Fundamentalistische Kulturmilieus formen sich in bewusster Auseinandersetzung mit modernistischen Kulturmilieus und bieten durch ihren Rückgriff auf Tradition und letzte Werte eine alternative Krisenbewältigung von Modernisierungserfahrungen an. Sowohl das fundamentalistische als auch das modernistische Kulturmilieu ist im Huntingtonschen Sinne zivilisations- und damit religionsübergreifend (Riesebrodt 2000: 52ff.).

Die Riesebrodtsche Konzeption von Fundamentalismus als Milieu statt als Bewegung ermöglicht es, zwischen Fundamentalismus als religiös bestimmtem Kulturmilieu und Fundamentalismus als politischer Bewegung zu unterscheiden. Während bei Appleby/Almond/Sivan Fundamentalismus konzeptionell immer schon politisch ist – ein fundamentalistisches Milieu wäre in ihrer Begrifflichkeit lediglich ein potenzieller Fundamentalismus – kann Riesebrodt zwischen politischem und unpolitischem Fundamentalismus unterscheiden. Damit ermöglicht dieser Fundamentalismusbegriff die analytische Trennung zwischen religiösem Phänomen und politischem Potential, ein zentraler Aspekt, auf den ich später noch einmal zurückkommen werde. Darüber hinaus legt die Konzeption eines klassenheterogenen Kulturmilieus nahe, innerhalb des fundamentalistischen Milieus unterschiedliche sozio-ökonomische Gruppen auf jeweils spezifische Motivationen und Aneignungsformen der fundamentalistischen Ideologie hin zu untersuchen (Riesebrodt 1998: 77f.).

5. Merkmale von Fundamentalismus

Im ersten Kapitel von *Strong Religion* beschreiben Almond/Appleby/Sivan ähnlich wie Riesebrodt Fundamentalismus unter der Überschrift „Enclave Culture" als eine bestimmte Kultur. Sie bewegen sich jedoch mit ihrem Rückgriff auf die *Cultural Theory* von Mary Douglas in einem anderen theoretischen Rahmen als Riesebrodt, der seinen Begriff des Kulturmilieus in Abgrenzung und Weiterentwicklung marxistisch orientierter Ansätze, wie Pierre Bourdieus Habitusbegriff oder E. P. Thompsons Klassenbegriff, entwickelt (Riesebrodt 1996: 60ff.). Nach der Analyse von Almond/Appleby/Sivan weist religiöser Fundamentalismus alle Charakteristika einer Enklavenkultur auf, die im *Grid-Group*-Raster der *Cultural Theory* niedrig auf der *Grid*-Achse und hoch auf der Gruppen-Achse verortet ist: Der Gruppenzusammenhalt ist hoch, aber intern gibt es kaum feste Strukturen. Enklavenkulturen kennzeichnen Gruppen, die sich im Widerspruch zu der sie umgebenden, dominierenden Gruppe befinden. Die zentralen Kategorien der Enklavenkultur sind daher drinnen versus draußen. Mit dem Rückgriff auf die *Cultural Theory* verlassen die Autoren im Grunde den engeren Bewegungsbegriff, da die Enklavenkultur in der *Cultural Theory* nicht eine bestimmte Organisationsform, sondern einen Modus der sozialen Interaktion, der Generierung von Gruppenidentität und Gruppensolidarität bezeichnet. Die beispielreiche Beschreibung fundamentalistischer Bewegungen als Enklavenkultur im ersten Kapitel führt Almond/Appleby/Sivan jedoch nicht dazu, Fundamentalismus als spezifischen Modus von Gruppeninteraktion zu fassen, der sich in unterschiedlichen Organisationsformen manifestieren kann. Im weiteren Argumentationsgang dient die Analyse des Fundamentalismus als Enklavenkultur lediglich der Ableitung von Kriterien zur Definition von Fundamentalismus als religiös-politischer Bewegung.

Diese Kriterien setzen sich aus fünf ideologischen und vier organisatorischen Merkmalen zusammen, die in einem inneren Zusammenhang stehen. Eine Bewegung muss eine ausreichende Anzahl dieser Merkmale aufweisen, um als fundamentalistisch gelten zu können. Das wichtigste Merkmal ist hierbei, wie bereits ausgeführt, die Reaktion auf Säkularisierung und die Marginalisierung von Religion (1). Nur wenn dieses Kennzeichen gegeben ist, kann von Fundamentalismus gesprochen werden. Die vier weiteren ideologischen Kennzeichen von Fundamentalismus sind moralischer Manichäismus (2) sowie Absolutismus und die Unfehlbarkeit (3) der religiösen Quellen(texte), die wiederum selektiv aus dem jeweiligen Fundus religiöser Tradition ausgewählt werden. Das Merkmal der Selektivität (4) bezieht sich aber nicht nur auf die Auswahl von religiösen Texten und Traditionen, sondern auch auf die Aneignung der Moderne und die Opposition gegen bestimmte Aspekte der Moderne. Weitere Kennzeichen sind Millenialismus und Messianismus (5), die beide die Wichtigkeit des ‚letzten' Kampfes begründen. Organisatorisch zeichnen sich fundamentalistische Bewegungen durch ausgewählte, ‚erwählte' Mitgliedschaft (1), klare Grenzen zwischen Mitgliedern und Nicht-Mitgliedern (2), charismatisch-autoritäre Strukturen (3) und strikte Verhaltensvorschriften für Mitglieder (4) aus (Almond/Appleyby/Sivan 2003: 94ff.).

Trotz anderer Terminologie überlappen sich diese Definitionskriterien stark mit Martin Riesebrodts Darstellung der fundamentalistischen Ideologie. Auch er spricht vom selektiven Rückgriff auf Traditionen, die radikalisiert und als absolut gesetzt werden. Der Absolutheitsanspruch bezieht sich einerseits auf den Wahrheitsgehalt der offenbarten und in den Heiligen Texten niedergelegten göttlichen Gesetze, zum anderen auf ihren absoluten Geltungsanspruch für alle Menschen und alle Lebensbereiche. Riesebrodt spricht hier von einem gesetzesethischen Monismus, der alle Formen von kulturellem oder strukturellem Pluralismus ablehnt, egal ob dieser Pluralismus sich auf Ethik und Moral anderer gesellschaftlicher Gruppen und Kulturen bezieht oder ob es sich um Ethiken für gesellschaftliche Teilbereiche handelt. Das religiöse Gesetz gilt im Wirtschaftsleben, in der Justiz wie im privaten Familienverband, für die eigene wie für fremde Gesellschaften.

Der fundamentalistische Manichäismus kann sich laut Riesebrodt in einem regressiven oder einem expansiven religiösen Nativismus äußern. Unter religiösem Nativismus ist die Hinwendung zu den eigenen religiösen Wurzeln zu verstehen, gekoppelt an die Ablehnung alles Fremden bzw. als fremd definiertem. Für die US-amerikanischen Protestanten war dies die deutsche textkritische Bibelexegese und die italienischen katholischen Einwanderer, für die iranischen Schiiten die imperialistische USA und die westliche Kultur. Das Fremde ist immer das Böse und das Satanische, das Eigene immer das Gute und Göttliche.

Die organizistische Sozialethik, die Riesebrodt als weiteres Kennzeichen von Fundamentalismus identifiziert, korrespondiert sowohl mit dem gesetzesethischen Monismus als auch mit dem Manichäismus. Auch in modernen Industriegesellschaften sieht die fundamentalistische Ideologie den Hauptgegensatz zwischen Gläubigen und Ungläubigen, nicht zwischen sozial oder ökonomisch bestimmten Klassen und Schichten. Innerhalb des fundamentalistischen Gegenmodells zur Gesellschaftsordnung der Ungläubigen gibt es keine Klassengegensätze, da sich alle als Gläubige gegenseitig anerkennen, das religiöse Gesetz in allen Lebensbereichen gilt und in patriarchaler Verantwortung für die Armen und Bedürftigen gesorgt wird.

Auch Millenialismus und Messianismus finden sich bei Riesebrodt als Kennzeichen fundamentalistischer Ideologie. Was bei Almond/Appleby/Sivan der Verhaltenskodex ist, identifiziert Riesebrodt inhaltlich spezifischer als rigide patriarchalische Moral. Riesebrodt führt jedoch ein weiteres Merkmal, den Republikanismus, als Kennzeichen fundamentalistischer Ideologie an. Das ideale Staatswesen ist eine Republik der Gläubigen. Wo das hierokratische Moment des Deutungsmonopols von Rechtsgelehrten überwiegt, wie im schiitischen Fundamentalismus, ist dieser Republikanismus nicht demokratisch. Wo das demokratische Moment der individuellen religiösen Autonomie überwiegt, wie im US-amerikanischen protestantischen Fundamentalismus, hat der Republikanismus demokratische Züge (Riesebrodt 1990: 215ff.).

6. Typen von Fundamentalismen

In beiden Konzeptionen wird der Begriff des Fundamentalismus weiter differenziert, wobei diese Differenzierung bei Almond/Appleby/Sivan eher eine Abgrenzung ist. Riesebrodt unterscheidet unter Rückgriff auf die Begrifflichkeit von Max Weber innerhalb des Fundamentalismus zwei idealtypische Formen: den rationalen und den charismatischen Fundamentalismus. Im Ersteren reicht es aus, die tägliche Lebenspraxis entsprechend der religiösen Vorschriften zu gestalten, um Heilsgewissheit zu erlangen. Im charismatischen Fundamentalismus muss diese Befolgung der religiösen Vorschriften durch außeralltägliche Gnadengaben ergänzt werden, damit der oder die Gläubige sich der eigenen Errettung gewiss sein kann. Damit spielt im charismatischen Fundamentalismus das religiöse Erleben, das Wunder und das Außeralltägliche eine größere Rolle, während ein strikter Moralismus im Zentrum des rationalen Fundamentalismus steht. Religiöse Gruppen, in denen der außeralltägliche Aspekt, das charismatische Erlebnis, zum zentralen Punkt wird und über den Aspekt der gesetzesethischen Lebensführung dominiert, werden von Riesebrodt nicht mehr als fundamentalistisch betrachtet. Die rigide Befolgung des (patriarchalen) religiösen Gesetzes im Alltag ist damit bei Riesebrodt das wesentliche Kennzeichen von jeglichem Fundamentalismus (Riesebrodt 1990: 19ff.).

Almond/Appleby/Sivan wenden ihre Fundamentalismusmerkmale auf die im Fundamentalismusprojekt untersuchten Bewegungen an und kommen so zu folgender Typologie: abrahamitischer Fundamentalismus (zu dem sie allerdings auch die radikalen indischen Sikhs zählen), synkretistischer Fundamentalismus und potenzieller bzw. marginaler Fundamentalismus. Im eigentlichen Sinne fundamentalistisch ist lediglich der erste Typus. Er verdankt seinen Namen der Beobachtung, dass die Bewegungen, die auf Basis der von Almond/Appleby/Sivan erarbeiteten Merkmale als fundamentalistisch zu klassifizieren sind, in abrahamitischen Religionen beheimatet sind. Die einzige Ausnahme bilden die bereits erwähnten indischen Sikhs. Im synkretistischen Fundamentalismus rangieren ethnonationalistische oder ethnokulturelle vor den religiösen Aspekten oder sind untrennbar mit den religiösen verbunden. Damit wird das fundamentalistische Verhältnis von Religion und Politik umgedreht. Im eigentlichen Sinne fundamentalistische Bewegungen handeln aus religiösem Antrieb heraus und werden erst aus dieser Motivation zu politischen Akteuren. Am Beginn des synkretistischen Fundamentalismus stehen nicht religiöse Motive, sondern soziale und politische Missstände. Religiöse Aspekte werden erst später inkorporiert oder instrumentalisiert. Potenzielle Fundamentalismen sind, wie der Name schon sagt, Gruppen, Strömungen und Ideologien, die zwar fundamentalistische Aspekte aufweisen, aber noch keine fundamentalistischen Bewegungen sind, sei es, weil sie zwar alle Charakteristika einer fundamentalistischen Bewegung aufweisen, aber kein einziges davon stark ausgeprägt ist, sei es, weil es zwar eine fundamentalistische Ideologie, aber keine Organisation gibt (Almond/Appleyby/Sivan 2003: 104ff.).

7. Fundamentalismus und die Außenwelt

Diese Typologie zeigt, dass für Almond/Appleby/Sivan ‚echter' Fundamentalismus eine Bewegung ist, die über organisatorische Strukturen, Institutionen und Mitglieder verfügt, und als militante Gegenreaktion auf Säkularisierung immer auch ein politisches Ziel anstrebt: der Religion wieder die ihr angemessene prägende Rolle in der Gesellschaft zu verschaffen, in manchen Fällen bis hin zur Errichtung einer theokratischen Herrschaft. Fundamentalismus wird hier als genuin religiöse und gleichzeitig genuin politische Bewegung konzipiert. Damit steht dieser Fundamentalismusbegriff in klarem Gegensatz zu dem von Riesebrodt, der ausführt:

> „Die hier vorgeschlagene typologische Unterscheidung (utopische versus fundamentalistische religiöse Revitalisierungsbewegungen) impliziert, dass fundamentalistische Bewegungen in der Regel keinesfalls ‚politisch' in dem Sinne zu sein hätten, dass sie die Macht im Staat anstrebten und subversiv oder gar gewalttätig agierten. Ganz im Gegenteil findet man im fundamentalistischen Lager viele Gruppen, die quietistisch

oder gar pazifistisch sind. Der politische Aktivismus ist oftmals nur ein vorübergehender Zug, den fundamentalistische Bewegungen unter gewissen Zeitumständen annehmen, aber auch wieder ablegen können. Fundamentalistische Religiosität findet sich demzufolge in einer Vielzahl unterschiedlicher Organisationsformen. Ausgangspunkt ist dabei häufig eine weltablehnende Haltung, die sich durch räumliche oder symbolische Abgrenzung von der Gesellschaft als Kommune oder Kulturmilieu organisiert. Unter gewissen, näher zu bestimmenden Umständen wird diese Haltung vorübergehend verlassen, und der Fundamentalismus nimmt neue Organisationsformen an, die seinem Anspruch auf Allgemeingültigkeit Ausdruck verleihen, wie etwa den einer sozialen Bewegung, Partei oder Geheimgesellschaft" (Riesebrodt 2000: 55).

Den grundsätzlich apolitischen Charakter des fundamentalistischen Kulturmilieus begründet Riesebrodt mit dem Verhältnis von fundamentalistischem Kulturmilieu zur nicht-fundamentalistischen Umgebung. Riesebrodt attestiert dem Fundamentalismus eine grundsätzlich weltablehnende Haltung, die sich auch in politischen Organisationsformen äußern kann, ihn im Allgemeinen jedoch nicht zum politischen Akteur prädestiniert.

Auch Almond/Appleby/Sivan sprechen in ähnlich erscheinender Terminologie von Welteroberung, Weltveränderung, Welterschaffung und Weltentsagung als den unterschiedlichen Modi, in denen die fundamentalistische Bewegung mit dem säkularisierten Außen interagiert. Im Gegensatz zu Riesebrodt ist in ihrer Konzeption aber die aktive Eroberung der Welt, die Umkehrung der Säkularisierung, der dominante Modus der Interaktion. Dies folgt aus ihrer Definition des Fundamentalismus als reaktiv und militant. Die Strategie der Welteroberung kann jedoch aus pragmatischen Erwägungen heraus modifiziert werden, wenn Fundamentalisten sich angesichts der Kräfteverhältnisse gezwungen sehen, andere Strategien zu ergreifen. Sie kann auch aus ideologischen Gründen in den Hintergrund treten, wenn es im messianischen Fundamentalismus auf den Messias zu warten gilt, beziehungsweise auf sein Äquivalent in nicht judeo-christlichen Varianten (Almond/Appleby/Sivan 2003: 145ff.). Die Strategie der Transformation verfolgt das gleiche ultimative Ziel der Umkehr von Säkularisierungsprozessen, hat aber einen längeren Zeithorizont und sieht sich als Wegbereiter des finalen göttlichen Eingreifens. Die Zivilgesellschaft ist hier das Feld der Auseinandersetzung. Die Strategie, hier und jetzt eine (Gegen-)Welt zur sündigen, verdorbten Außenwelt zu schaffen, äußert sich im Aufbau von Parallelstrukturen in Bildung, Ökonomie, Gesundheits- und Wohlfahrtswesen – dem, was Riesebrodt wohl die Organisationsstrukturen eines fundamentalistischen Kulturmilieus nennen würde. Der Welt zu entsagen ist in Almonds/Applebys/Sivans Konzeption eine für Fundamentalisten relativ seltene Strategie, in der die eigene Reinheit und Bewahrung des Glaubens über das Streben nach Hegemonie in der umgebenden Gesellschaft dominiert (Almond/Appleby/Sivan 2003: 145ff.).

8. Fundamentalismus und Demokratie

Als genuin politische Bewegung ist Fundamentalismus bei Almond/Appleby/Sivan grundsätzlich politisiert, wobei es von den jeweils spezifischen Machtverhältnissen und ideologischen Ausprägungen abhängt, auf welche Weise das politische Ziel des Kampfes gegen Säkularisierung verfolgt wird. Riesebrodt sieht im Fundamentalismus nicht zwangsläufig einen politischen Akteur. Als solcher aber, darin stimmen beide Ansätze überein, bewegt Fundamentalismus sich außerhalb des demokratischen Spektrums, da er erklärter Gegner einer pluralistischen Gesellschaft und eines säkularen, weltanschaulich neutralen Staates ist. Damit negiert der Fundamentalismus wesentliche Merkmale liberaler, rechtsstaatlicher Demokratien. Riesebrodts Verweis auf die demokratischen Züge des protestantischen Fundamentalismus kann nicht überzeugen, wenn er gleichzeitig konstatiert, dass Fundamentalisten Schwierigkeiten damit haben, demokratisch getroffene Entscheidungen zu akzeptieren, wenn sie dem göttlichen Gesetz widersprechen (Riesebrodt 1990: 221).

In ihren Ausführungen zur Zukunft des Fundamentalismus sehen Almond/Appleby/Sivan trotz ihrer Warnung vor der *Strong Religion* im Fundamentalismus jedoch weniger eine Gefahr für die Demokratie, als vielmehr in der Demokratie eine Gefahr für den Fundamentalismus. Demokratien können einerseits die demokratiefeindlichen Aktivitäten rechtsstaatlich bekämpfen, andererseits den fundamentalistischen Bewegungen anbieten, auf demokratisch legitimierten Wegen politischen Einfluss zu gewinnen. In demokratischen Staaten erfahren fundamentalistische Bewegungen weniger Repressionen, aber umso mehr Druck, als politische Akteure Kompromisse zu machen und Koalitionen einzugehen. In dieser Kombination von Repression und Integration liegt die Chance der Demokratien, fundamentalistische Bewegungen zu mäßigen (Almond/Appleby/ Sivan 2003: 225ff.).

Während Almond/Appleby/Sivan hier ein – man ist versucht zu sagen: amerikanisches – Vertrauen in die Selbsterhaltungskräfte der Demokratie zeigen, appellieren die deutschen Autoren Bielefeldt und Heitmeyer eher an die wachsame, auseinandersetzungsbereite Öffentlichkeit einer wehrhaften Demokratie. Wie bereits erwähnt beanspruchen die Autoren nicht, eine ausgearbeitete Fundamentalismuskonzeption vorzulegen, sondern erläutern in ihrem einleitenden Beitrag zum Sammelband *Politisierte Religion. Ursachen und Erscheinungsformen des modernen Fundamentalismus* ihre Definition von Fundamentalismus als „moderne Form der politisierten Religion" (Bielefeldt/Heitmeyer 1998: 12). Als Entstehungsbedingungen für diese politisierte Religion identifizieren sie, hierin Riesebrodt sehr ähnlich, die „Krisen, Brüche und Zumutungen der Modernisierung" kurz, die „Ambivalenz der Moderne" (Bielefeldt/Heitmeyer 1998: 16f.). Im Einzelnen nennen sie hier Rationalisierung, Individualisierung, Pluralismus und Säkularisierung.

Das wesentliche Kennzeichen von Fundamentalismus als politisierter Religion ist seine Weigerung, religiös begründete politische Positionen durch Argumente zu stützen, die auch für nicht-religiöse Akteure nachvollziehbar sind. Fundamentalisten leiten aus der göttlichen Offenbarung direkt politische Handlungsanweisungen ab und übertragen die göttlichen Gebote unmittelbar auf alle Lebensbereiche. Ohne dass es im Detail ausgeführt wird, entspricht diese Charakterisierung Merkmalen, die sowohl Riesebrodt als auch Almond/Appleby/Sivan dem Fundamentalismus attestieren: Manichäismus, gesetzesethischer Monismus und Absolutheitsanspruch. Folgt man Bielefeldts/Heitmeyers Argumentation, ist Fundamentalismus ein Problem für die demokratische Ordnung, weil göttliche Offenbarung kein Argument in einem gleichberechtigten Diskurs mit Nicht-Gläubigen sein kann. Es widerspricht den Grundlagen des demokratischen Diskurses, religiöse Gebote und Normen ohne ‚Übersetzung' in die politische Debatte einzubringen. Der fundamentalistische „Modus der Unmittelbarkeit" negiert damit die säkulare Rechtsordnung sowie die Autonomie des politischen Diskurses (Bielefeldt/Heitmeyer 1998: 14).

Noch eindeutiger als bei Almond/Appleby/Sivan ist Fundamentalismus hier ein politisches Phänomen. Almond/Appleby/Sivan verbinden in ihrem Fundamentalismusbegriff Religion und Politik, halten aber eine politische Abstinenz fundamentalistischer Bewegungen in der ‚Weltentsagung' für prinzipiell möglich. Auch Bielefeldt/Heitmeyer differenzieren zwischen einem „aktivistischen" und einem „quietistischen" Fundamentalismus, sehen in beidem jedoch ein politisches Problem, da beide eine „Krise der demokratischen Verständigung" bedeuten (Bielefeldt/Heitmeyer 1998: 15).

Bevor im Folgenden die Implikationen dieser unterschiedlichen Ansätze für die Untersuchung des politischen Potenzials religiöser Gruppen genauer betrachtet werden, seien noch einmal kurz die Gemeinsamkeiten und Unterschiede zusammengefasst, wie sie in Tabelle 1 dargestellt sind.

Einigkeit herrscht in der Diagnose, dass Fundamentalismus eine Reaktion auf Modernisierungsprozesse ist, wobei diese bei Almond/Appleby/Sivan auf Säkularisierungsprozesse beschränkt werden. Einig ist man sich auch darüber, dass Fundamentalismus ein religiöses Phänomen ist sowie in der Beschreibung der allgemeinen Charakteristika fundamentalistischer Ideologie, auch wenn die Terminologie hier relevante Unterschiede aufweist. Entscheidende Unterschiede finden sich in der Definition der sozialen Organisationsform von Fundamentalismus und seines bestimmenden Wesensmerkmals, dem *sine qua non*, das es rechtfertigt, von Fundamentalismus zu sprechen. Bei Riesebrodt ist Fundamentalismus ein Kulturmilieu, das sich über patriarchalische, religiös legitimierte Werte und Normvorstellungen definiert, bei Almond/Appleby/Sivan ist Fundamentalismus eine religiös-politische Bewegung gegen Säkularisierung, bei Bielefeldt/Heitmeyer ist Fundamentalismus politisierte Religion, die diskursive Übersetzungsleistung verweigert. Aus diesen Differenzen resultieren unterschiedliche Bestimmungen des Verhältnisses von Fundamentalismus und Außenwelt und, damit zusammenhängend, seines Gefahrenpotenzials für eine Demokratie. Man ist sich zwar darin einig, dass die ideologischen Charakteristika des Fundamentalismus in normativem Widerspruch zu demokratischen Grundsätzen stehen. Wie ‚gefährlich' dieser Widerspruch für Demokratien ist, hängt aber stark davon ab, in welchem Maß Fundamentalismus als politischer Akteur wahrgenommen wird, und hier gibt es wesentliche Unterschiede. Fundamentalismus als religiös definiertes klassenheterogenes Kulturmilieu kann, muss aber nicht zum politischen Akteur werden. Fundamentalismus als religiös-politische Bewegung ist in der Regel ein politischer Akteur; die Mechanismen etablierter Demokratien können aber für seine Einhegung sorgen und sein demokratiegefährdendes Potenzial neutralisieren. Fundamentalismus als politisierte Religion ist in jedem Fall eine krisenhafte Erscheinung, auf die ein demokratisches Gemeinwesen mit diskursiven Mitteln reagieren muss.

Tabelle 1: Fundamentalismusbegriffe im Vergleich

	Riesebrodt	Almond/Appleby/Sivan	Bielefeldt/Heitmeyer
Entstehungs-bedingungen	Krisenerfahrung, ausgelöst durch rapiden sozialen Wandel	Säkularisierung, Marginalisierung von Religion	Risiken der Moderne
Soziale Form	Kulturmilieu	Religiös-politische Bewegung	
Bestimmendes Charakteristikum	Radikalisierung religiös-patriarchaler Tradition	aktive, militante Reaktion auf Säkularisierung	Politisierung von Religion
Merkmale	Patriachale Ideologie Manichaismus gesetzesethischer Monismus Millenarismus/Messianismus organizistische Sozialethik rigide patriachalische Moral Republikanismus	Reaktivität Selektivität Manichaismus Unfehlbarkeitsanspruch Millenarismus/ Messianismus Grenzziehung Verhaltenskodex charismatische Autorität Auserwähltsein	Unmittelbare Übertragung religiöser Gebote auf alle Lebensbereiche
Typologie	rationaler F. charismatischer F.	abrahamitischer, reiner F. synkretistischer F. potenzieller F.	aktivistischer F. quietistischer F.
Verhältnis zur Außenwelt	Weltablehnung als Weltbeherrschung (Bewegung/ Geheimgesellschaft/Partei) Weltablehnung als Weltflucht (Kommune/Subkultur)	Welteroberung Welttransformation Weltentsagung Welterschaffung	
Verhältnis zur Demokratie	Ideologie des F. steht in Widerspruch zu demokratischen Normen. F. ist nur phasenweise politischer Akteur	Ideologie steht im Widerspruch zu demokratischen Normen. F. kann in etablierten Demokratien neutralisiert werden	Modus der Unmittelbarkeit widerspricht säkularer, rechtsstaatlicher Demokratie. Demokratien müssen sich in öffentlicher Debatte mit F. auseinander setzen

9. Analytisches Potenzial der Fundamentalismuskonzeptionen

Keine der drei Konzeptionen des Fundamentalismusbegriffes lässt die Frage nach dem Verhältnis zwischen Fundamentalismus und Demokratie offen. Fundamentalismus und Demokratie stehen sich in allen Konzepten antagonistisch gegenüber, auch wenn es Formen von Fundamentalismus geben kann, die politisch irrelevant sind oder demokratisch eingehegt werden können. Die Eingangsfrage nach dem politischen Potenzial religiöser Gruppen, die in ihren religiösen Normen und Werten fundamentalistische Merkmale aufweisen, lässt sich mit diesen Begrifflichkeiten daher nur sehr eingeschränkt stellen.

Wenn Fundamentalismus ein anti-demokratisches Kulturmilieu ist, gilt es lediglich noch zu untersuchen, unter welchen Bedingungen dieses Milieu politisch mobilisiert werden kann. Wenn Fundamentalismus eine anti-demokratische religiös-politische Bewegung ist, bleibt zu analysieren, welche Bedingungen die Modi der politischen Aktion bestimmen. Wenn Fundamentalismus eine politisierte Religion ist, muss nach ihren Entstehungsbedingungen gefragt werden und danach, wie demokratische Gemeinwesen gegen Fundamentalismus gestärkt werden können.

Meines Ermessens ist die Ausgangsfrage des Verhältnisses von Fundamentalismus und Demokratie in diesen Konzeptionen jedoch nicht so überzeugend geklärt, dass sie schon *ad acta* gelegt werden könnte. Die Begründung des antagonistischen Verhältnisses von Fundamentalismus und Demokratie lässt sich in allen drei Konzeptionen auf zwei Kernargumente zurückführen. Das Erste lautet, dass der Kampf gegen Säkularisierung auch ein Kampf gegen die Grundlagen der Demokratie ist. Anders ausgedrückt, die Säkularität des demokratischen Rechtsstaates und des politischen Raumes ist eine Grundbedingung der Demokratie. Ihre Ablehnung ist daher eine Kampfansage an die Demokratie. Das zweite Argument stützt sich auf den Inhalt der fundamentalistischen Werte und Normvorstellungen, der den normativen Grundlagen der Demokratie widerspricht. Aus diesen Werten und Normvorstellungen eine Gefahr für die politische Ordnung abzuleiten, impliziert, dass von einer nicht-demokratischen religiösen Weltdeutung auf eine anti-demokratische politische Einstellung und anti-demokratisches politisches Handeln geschlossen werden kann. Beide Argumente leuchten zunächst ein, verlieren aber bei genauerer Betrachtung an Überzeugungskraft.

Das Säkularitätsargument bezieht sich zum einen auf den demokratisch verfassten Staat, zum anderen auf die Sphäre der Politik in einem demokratisch verfassten Staat. Ein demokratischer Staat muss *per definitionem* ein säkularer Staat sein. Die normative Basis der Gleichbehandlung aller Bürger sowie das Menschenrecht auf Religionsfreiheit verlangen staatliche Neutralität in weltanschaulichen Fragen, wie Bielefeldt (2001: 33ff.) ausführt. Wichtig ist hier die Unterscheidung zwischen

Säkularität und Säkularismus – ein Staat, der sich eine säkulare Weltanschauung zu Eigen macht, verletzt die Säkularität des Staates ebenso wie ein Staat, der sich religiös legitimiert. Die einzig weltanschauliche Grundlage des Staates muss das Bekenntnis zur Geltung der Menschenrechte sein. Wie diese Geltung der Menschenrechte begründet wird – ob religiös, humanistisch oder auch utilitaristisch – darf der Staat nicht festlegen. Er hat kraft seines Gewaltmonopols lediglich für deren Wahrung zu sorgen.

Neben dieser Säkularität des Staates wird in den Ausführungen von Bielefeldt/Heitmeyer auch die Säkularität des politischen Raumes als Basis demokratischer politischer Auseinandersetzung betrachtet. Solange religiöse Akteure in der Lage sind, ihre religiös motivierten politischen Vorstellungen in der politischen Debatte zu säkularisieren, ist die Einmischung von Religionsgemeinschaften in die politische Debatte für Bielefeldt/Heitmeyer ein Kennzeichen demokratischer Normalität und bereichert den demokratischen Diskurs. Religiöse Akteure dürfen in diesem Diskurs aber nicht mit ihren religiösen Überzeugungen argumentieren, sondern

> „können sich in ihren politischen Forderungen und Vorschlägen zunächst nur auf die normativen Leitvorstellungen der allgemeinen politischen Kultur – Menschenwürde, Menschenrechte, Demokratie, Sozialstaatlichkeit, Umweltschutz usw. – berufen" (Bielefeldt/Heitmeyer1998: 14).

Mit diesen Beispielen für die normativen Grundlagen verweisen die Autoren hier jedoch ungewollt darauf, dass die normativen Leitvorstellungen demokratischer Gemeinwesen in einem beträchtlichen Maße selbst Verhandlungssache sind. Umweltschutz ist, wenn überhaupt, erst seit wenigen Jahrzehnten eine normative Grundlage demokratischer Gesellschaften. Die Anfänge des deutschen Sozialstaates liegen in der Bismarkschen Sozialgesetzgebung, nicht in der Weimarer Republik. Die DDR war zwar ein Sozialstaat, aber keine Demokratie. Daraus folgt natürlich nicht, dass im Umkehrschluss Sozialstaat und Umweltschutz keine normativen Leitvorstellungen einer Demokratie sein können. Die Beispiele illustrieren aber, dass die normativen Leitvorstellungen einer Demokratie permanent neu ausgehandelt und immer wieder neu bestimmt werden. Nicht die Zustimmung zu den normativen Grundlagen einer politischen Kultur qualifiziert einen politischen Akteur als demokratisch, sondern die Zustimmung zum demokratischen Verfahren der Aushandlung dieser normativen Grundlagen:

> „Democracy is a system of conflict regulation that allows open competition over the values and goals that citizens want to advance. In the strict democratic sense, this means that as long as groups do not use violence, do not violate the rights of other citizens, and stay within the rules of the democratic game, all groups are granted the

right to advance their interests, both in civil society and in political society" (Stepan 2000: 39).

Alfred Stepans Konzept der *Twin Toleration* von Religion und Demokratie fordert religiösen Akteuren keinen Diskurswechsel ab, sondern lediglich die Anerkennung der *rules of the game*. Diese Regeln bestehen in einem fairen und gewaltfreien Wettbewerb um politische Macht, verbunden mit der konstitutionellen Garantie grundlegender Freiheiten und Minderheitenrechte, unabhängig davon, welche Gruppe die politische Macht gerade ausübt (Linz/Stepan 1996: 3ff.; Dahl 1971: 1ff.). Während sich der demokratische Staat als Inhaber des Gewaltmonopols und Garant der Verfassung durch Säkularität auszeichnen muss, steht die Wahl der Argumente den Akteuren im demokratischen politischen Wettbewerb frei. Mit dem ‚unübersetzten' religiösen Diskurs im politischen Raum nehmen religiöse Akteure also ihr demokratisches Recht wahr, sich an der Aushandlung der normativen Grundlagen ihrer Gesellschaft zu beteiligen. Bielefeldt/Heitmeyer dagegen sehen im Eindringen des religiösen Partikulararguments in den politischen Raum bereits eine Gefährdung der Demokratie.

Man würde Bielefeldts/Heitmeyers Argumentation jedoch Unrecht tun, wollte man ihnen vorwerfen, dass sie fundamentalistischen Gruppen das Recht absprechen, politisch zu agieren, solange sie sich an die demokratische Rechtsordnung halten. Es geht in ihrer Argumentation nicht darum, fundamentalistische Gruppen aufgrund ihrer Ideologie verbieten zu lassen, sondern darum, die Säkularität des politischen Raumes zu verteidigen. Aber ist die Säkularität des politischen Raumes tatsächlich ein Wesensmerkmal demokratischer Politik? Oder eher ein „antiseptic view of political life", wie Michael Walzer (1998: 301) es formuliert? Bielefeldt/Heitmeyer verweisen implizit auf die religiöse Färbung des säkularen politischen Diskurses, wenn sie fundamentalistische Argumentation mit säkularen Ideologien vergleichen:

„Indem die religiöse Sprache sich mit politischer Programmatik und Propaganda auflädt, verflacht Religion selbst zur politischen Ideologie, die sich ungeachtet ihres spezifisch religiös eingefärbten Heilsanspruchs von anderen, säkularen Ideologien der Moderne oft nur wenig unterscheidet" (Bielefeldt/Heitmeyer 1998: 15).

Aus der Ähnlichkeit religiöser und säkularer politischer Ideologie folgt hier, dass beide im demokratischen politischen Diskurs keinen Platz haben. Walzer argumentiert im Gegenzug, dass es ohne eine religiöse Sprache um die demokratische Partizipation gewöhnlicher Bürger und Bürgerinnen schlecht bestellt sei. Ein säkularer politischer Diskurs ist differenziert, professionalisiert, pragmatisch und von der Lobbyarbeit unterschiedlicher Interessengruppen bestimmt. Eine breite politische Beteiligung, die politische Mobilisierung der ‚normalen' Bevölkerung erfordert jedoch einen anderen Politikstil, der nicht vom pragmatischen Aushandeln von Kompromissen, sondern von leidenschaftlichem Eintreten für die gute Sache geprägt ist. Breite politische Partizipation wird getragen von Erzählungen über das ‚Gute Leben', dem Gegenentwurf zur gegenwärtigen Ungerechtigkeit und Unterdrückung. Solche Erzählungen haben meist eine religiöse Färbung. Religiöse und quasi-religiöse politische Erzählungen machen Hoffnung. Sie versprechen, dass gesellschaftliche Veränderung, auch in revolutionären Dimensionen, möglich ist. Sie erzählen von Befreiung und von einer gerechten Gesellschaft, einer gottesfürchtigen Gesellschaft, einer ethnisch reinen Gesellschaft. Der Glaube an die gute Sache, an das hehre Ziel ermöglicht Disziplin und Opfer auf dem langen Weg dorthin. Religiöse und quasi-religiöse Erzählungen liefern ein klares Bild des Gegners: die Kapitalisten, die Kolonialmacht, die Königstreuen, die Ungläubigen stehen der guten Gesellschaft im Wege (Walzer 1998: 299).

Diese Art von Politik ist nicht zwangsläufig „politics gone bad", sondern schlicht „popular politics", wie Michael Walzer formuliert (Walzer 1998: 299). Folgt man Walzers Argumentation, muss in einem demokratischen Gemeinwesen diese Art von Politik legitim sein, da nur auf diese Weise breite politische Partizipation erreicht werden kann:

„Religious, or near-religious promises are necessary, on this view, to turn ordinary men and women into political activists. These promises can never, of course, receive political fulfillment, but that is not to say that the activism they inspire has no effects; it is the only possible source of political excitement, popular participation, and forward movement" (Walzer 1998: 299).

Nun ist eine breite politische Partizipation in einer demokratischen Ordnung prinzipiell wünschenswert, andererseits ist Massenmobilisierung häufig antidemokratisch. Religiöse und säkulare Eiferer an der Spitze erfolgreicher Massenmobilisierungen zwingen Andersgläubige zur Konversion, betreiben ethnische Säuberungen, internieren die politischen Gegner und morden im Namen Gottes oder der guten Sache (Walzer 1998: 301). Quasi-religiöse oder religiöse politische Diskurse bergen also die Gefahr, dass eigene Werte mit Gewalt gegen andere durchgesetzt werden. Andererseits kann die völlige Säkularität des politischen Raumes in einer Demokratie nicht gewollt sein, da quasi-religiöse oder religiöse Diskurse eine breite politische Mobilisierung ermöglichen. Wir haben es hier mit einem strukturellen Konflikt demokratischer politischer Ordnung zu tun, der nicht schlicht durch normative Ansprüche an die Säkularität des politischen Diskurses aufgelöst werden kann. Einzig die Säkularität des neutralen Staates, der mit seinem Gewaltmonopol die Einhaltung der Regeln demokratischer Konfliktbearbeitung garantiert, ermöglicht es einer demokratischen politischen Ordnung, diesem strukturellen Konflikt standzuhalten (Walzer 1998: 302).

Die Säkularität des Staates ist demnach die entscheidende Größe, nicht aber die Säkularität des politischen Raumes. Es entbehrt nicht einer gewissen Grundlage, fundamentalistische politische Akteure bereits aufgrund ihrer Weigerung, auf eine religiöse Legitimation ihrer politischen Standpunkte zu verzichten, als Gefahr für die Demokratie zu betrachten, da religiöse Argumentation zu undemokratischen Absolutheitsansprüchen tendiert. Am Kern des Problems geht diese Argumentation jedoch vorbei. So hat die Bürgerrechtsbewegung der USA in den 1960er Jahren ihre demokratische Forderung nach der Aufhebung der Rassendiskriminierung religiös legitimiert. Befreiungstheologen haben in den 1980er Jahren den Kampf gegen Militärdiktaturen religiös legitimiert.

Peter Berger hat mit Blick auf das Fundamentalismusprojekt polemisch angemerkt: „Fundamentalism, when all is said and done, usually refers to any sort of passionate religious movement" (Berger 1999: 2).

Aber nicht ihre religiöse Leidenschaft, nicht die Stärke der *Strong Religion* bringt Fundamentalisten in Gegensatz zu demokratischen politischen Ordnungen, sondern der normative Gehalt dieser Religiosität. Wesentliche Merkmale fundamentalistischer Weltdeutung und Organisationsstruktur – der Absolutheitsanspruch, die charismatische Autoritätsstruktur, das elitäre Bewusstsein des Auserwähltseins, die Unverhandelbarkeit der göttlichen Offenbarung von lebenspraktischen Anweisungen – stehen in normativem Widerspruch zu demokratischen Idealen wie Gleichheit, Toleranz, Verhandlungsbereitschaft und individuellen Freiheitsrechten. Dies ist das zweite, ungleich schwerer wiegende Argument, das religiösen Fundamentalismus in ein antagonistisches Verhältnis zur Demokratie bringt.

Aber, und hier liegt das Problem, fundamentalistische Weltdeutung und Organisationsstruktur ist zunächst einmal religiöse Weltdeutung und Struktur religiöser Institutionen. Aus dem normativen Widerspruch zwischen fundamentalistischer Religiosität und Demokratie auf den anti-demokratischen Charakter fundamentalistischer politischer Akteure zu schließen, impliziert, dass religiöse Überzeugungen und die Struktur religiöser Gemeinschaften eins zu eins in politische Überzeugungen und Modelle für politische Strukturen übertragen werden. Unbestreitbar trifft dies für die von Almond/Appleby/Sivan als fundamentalistisch klassifizierten Bewegungen zu. Aber kann daraus der Umkehrschluss gezogen werden, dass eine undemokratische religiöse Kultur immer zu undemokratischen politischen Einstellungen führt? Selbst fundamentalistische Werte und Normvorstellungen können demokratische Elemente enthalten, wie Riesebrodt mit Blick auf die Wertschätzung der individuellen religiösen Autonomie im protestantischen Fundamentalismus feststellt (Riesebrodt 1990: 221). Auch in anderen Spielarten des Fundamentalismus sind Zwangsbekehrungen nicht die Regel. Schließlich geht es Fundamentalisten um ein tatsächliches Erstarken von Religion und Religiosität, um frommere und engagiertere Christen, Juden, oder Muslime, nicht schlicht um mehr Gläubige. Aus nahe liegenden Gründen stehen diejenigen fundamentalistischen Bewegungen im Zentrum der wissenschaftlichen Aufmerksamkeit, die als politische Akteure auftreten. Bevor aber die Übereinstimmung von religiösen und politischen Einstellungen auch für solche fundamentalistische Gruppen systematisch untersucht wurde, die nicht politisch aktiv sind, kann die religiös-fundamentalistische Weltdeutung nicht mit einer politischen Opposition zu demokratischen Ordnungen gleichgesetzt werden. Innerhalb des begrifflichen Rahmens von Almond/Appleby/Sivan stellt sich diese Frage nicht, da religiöse Gruppen ohne politische Agenda nicht als fundamentalistisch, oder nur als potenziell fundamentalistisch betrachtet werden. Die Riesebrodtsche Konzeption von Fundamentalismus als religiös definiertem Kulturmilieu, in dem patriarchale Werte und Strukturen geteilt werden, eröffnet hier mehr Differenzierungsmöglichkeiten zwischen religiösen Werten und politischen Einstellungen.

Nicht nur innere Widersprüche fundamentalistischer Werte und Normen selbst lassen Vorsicht beim Rückschluss von religiösen Überzeugungen auf politische Einstellungen geraten sein. In der Regel sind die Werte und Normen eines Individuums nicht widerspruchsfrei; tatsächliche Handlungen wiederum stimmen nicht unbedingt mit Normen und Werten überein. Auch fundamentalistische Religiosität muss nicht bruchlos zu anti-demokratischen Einstellungen führen.

So werden in einer Studie über politische Herrschaftsvorstellungen von neopfingstlichen Gruppen in Honduras diesen Kirchen wesentliche Kennzeichen fundamentalistischer Religiosität bescheinigt. Ihre Kirchenführer betrachten die Probleme der honduranischen Gesellschaft als Folge ihrer Gottlosigkeit. Der Weg zurück zu Gott führt über Evangelisierung und Mission mit dem Ziel individueller Bekehrung. Gleichzeitig zieht eine Minderheit dieser Christen auch strukturelle Erklärungen für gesellschaftliche Probleme heran, und die Haltungen zu politischem Engagement von Christen differieren stark (Braungart 1994).

Ein weiteres Beispiel für diese Ambivalenzen zwischen Demokratie und fundamentalistischer Religiosität ist die charismatische Erneuerungsbewegung auf den Philippinen (Kessler/Rüland: i. E.). Sie weist viele Merkmale eines fundamentalistischen Kulturmilieus auf: die strikte patriarchalische Sozialmoral, den ethischen Gesetzesmonismus, die klare Unterscheidung zwischen ‚erneuerten' und ‚nicht erneuerten' Christen, das manichäische Weltbild, die weit verbreitete wörtliche Bibelinterpretation sowie die Erklärung gesellschaftlicher Krisenerscheinungen durch Gottlosigkeit. Gleichzeitig sind die charismatischen Christen in ihren politischen Einstellungen nicht eindeutig von nicht-charismatischen Christen zu unterscheiden. Das Verhältnis von charismatischer Religiosität zur Demokratie ist ebenso ambivalent wie der potenzielle Effekt der charismatischen Erneuerung auf die Konsolidierung der philippinischen Demokratie. Einerseits kann es im philippinischen Kontext von Korruption und der daraus resultierenden Delegitimierung der demokratischen Ordnung durchaus stabilisierend wirken, wenn charismatischen Politikern Integrität zugesprochen wird. Andererseits erschwert die starke Präsenz charismatischer Gruppen im politischen Raum in einer Gesellschaft mit einer substanziellen muslimischen Minderheit deren Identifikation mit der demokratischen Ordnung und ihre gesellschaftliche Integration.

Auf individueller Ebene ist die Zwangsläufigkeit, mit der die oben diskutierten Fundamentalismuskonzeptionen eine bestimmte religiöse Weltdeutung mit politischen Werten und Normen verbinden, zu hinterfragen. Auch aus den Strukturen religiöser Institutionen auf ihre Haltung als politische Akteure zu schließen, kann irreführend sein. Die internen Strukturen der römisch-katholischen Kirche prädestinieren sie auch heute noch nicht zur Wegbereiterin von Demokratie. Dessen ungeachtet wurden innerhalb dieser undemokratischen Strukturen theologische Positionen entwickelt, die es der Kirche ermöglichten, in den letzten Jahrzehnten mehrfach als eine solche Wegbereiterin von Demokratie zu fungieren (Philpott 2004).

Mit diesen Beispielen soll keineswegs behauptet werden, eine religiöse Weltdeutung, die im Widerspruch zu demokratischen Normen steht, gehe nicht häufig mit anti-demokratischen politischen Einstellungen einher. Es geht lediglich darum, die Zwangsläufigkeit dieses Zusammenhangs in Frage zu stellen. Wenn der Begriff ‚religiöser Fundamentalismus' aufgrund einer solchen Zwangsläufigkeit schon impliziert, dass Fundamentalismus als politischer Akteur anti-demokratisch ist, lässt sich nicht nach den Bedingungen fragen, die aus religiösen Fundamentalisten eine Bedrohung für demokratische Ordnungen werden lassen. Vor dem Hintergrund des Erfolgs von religiösen Gruppen, die eine fundamentalistische Religiosität vertreten, muss aber gerade diese Frage meines Erachtens verstärkt gestellt werden.

Einmal vorausgesetzt, der antidemokratische Charakter der religiösen Inhalte übertrage sich eins zu eins auf die politische Agenda des Fundamentalismus, bleibt dennoch zu fragen, wie Fundamentalismus als politischer Akteur agiert. Riesebrodts Konzeption von Weltbeherrschung versus Weltflucht lässt ebenso wie Almonds/Applebys/Sivans Differenzierung von Welteroberung, Weltveränderung, Welterschaffung und Weltentsagung offen, ob Fundamentalisten demokratische Spielregeln akzeptieren.

Manfred Brocker (2003) schlägt hier eine weiterführende Differenzierung vor. Nachdem er eingangs klarstellt, dass Fundamentalismus primär ein religiöses Phänomen ist und politisiert werden muss, unterscheidet er entlang der Achsen Gewaltbereitschaft und politischem Ziel zwischen vier Spielarten von politisiertem Fundamentalismus. Politisierter Fundamentalismus kann eine Änderung der

Verfassung hin zu einer theokratischen politischen Ordnung anstreben (theokratischer Fundamentalismus), oder er kann innerhalb der bestehenden (demokratischen) Verfassung versuchen, den eigenen religiösen Normen Gesetzeswirkung zu verschaffen (religiös-politischer Fundamentalismus). Wird letzteres mit Gewalt versucht, spricht Brocker von militantem Fundamentalismus, wird eine Verfassungsänderung mit gewaltsamen Mitteln verfolgt, spricht er von revolutionärem Fundamentalismus (Brocker 2003: 32ff.).

Ein religiös-politischer Fundamentalismus mag liberalen Gläubigen, Agnostikern und Atheisten ein Dorn im Auge sein, innerhalb des kontinuierlichen Aushandlungsprozesses um die normativen Grundlagen einer demokratisch verfassten Gesellschaft ist er ein legitimer Akteur. Die anderen Spielarten des politisierten Fundamentalismus negieren jedoch die Grundregeln der demokratischen Konfliktlösung, Gewaltfreiheit und Säkularität des Staates, und disqualifizieren sich damit im demokratischen Diskurs. Brockers Konzeption eröffnet damit nicht nur die Fragestellung, unter welchen Bedingungen religiöser Fundamentalismus politisiert wird. Diese wäre auch mit der Riesebrodtschen Konzeption zu bearbeiten. Brockers Unterscheidung zwischen verschiedenen Formen des politisierten Fundamentalismus ermöglicht darüber hinaus, zu untersuchen, unter welchen Bedingungen politisierter Fundamentalismus eine Form annimmt, die ihn in Widerspruch zur demokratischen Gesellschaftsordnung bringt.

Für Bielefeldt/Heitmeyer und Almond/Appleby/Sivan steht Fundamentalismus als politischer Akteur immer schon in einem antagonistischen Verhältnis zur Demokratie. Diese Definition erschwert es, nach der inneren Beziehung zwischen dem Charakter der fundamentalistischen Religiosität und der politischen Agenda fundamentalistischer Bewegungen zu fragen. Die Konzeption von Riesebrodt sowie die Differenzierung des politisierten Fundamentalismus durch Brocker erlaubt dagegen, analytisch zwischen fundamentalistischer Religiosität und fundamentalistischer Politik zu unterscheiden. Diese Differenzierung ermöglicht es, das politische Potenzial fundamentalistischer religiöser Gruppen zu untersuchen, ohne bereits mit der Identifizierung fundamentalistischer Religiosität Aussagen über die politische Agenda und die politische Strategie dieser Gruppen zu treffen.

Für die Untersuchung des demokratischen bzw. des demokratie-gefährdenden Potenzials religiöser Bewegungen sind letztlich zwei Aspekte des zugrunde gelegten Fundamentalismusbegriffes relevant: ob dieser erlaubt, zwischen fundamentalistischer Religiosität und fundamentalistischer Politik zu unterscheiden, und wie kausal die Modi und die Agenda der politischen Aktion aus der religiösen Haltung abgeleitet werden. Dass die hier diskutierten Fundamentalismuskonzeptionen die Agenda der politischen Aktion aus religiösen Werten und Normen ableiten, erklärt sich nicht zuletzt daraus, dass sie in der Forschung über politisierte Fundamentalismen entwickelt wurden. Um das politische Potenzial einer zunächst nur durch ihre fundamentalistische Religiosität definierten Gruppe zu untersuchen, darf jedoch nicht umstandslos aus dem Charakter der Religiosität auf die politischen Einstellungen der Mitglieder dieser Gruppe noch auf deren potenzielle politische Agenda geschlossen werden. Stattdessen muss die Frage gestellt werden, wie stark und in welcher Weise die religiös legitimierten Normen und Werte einer Gruppe die politischen Einstellungen und Ordnungsvorstellungen ihrer Mitglieder bestimmen. Fundamentalismus muss daher auf individueller Ebene als eine bestimmte Form der Religiosität betrachtet werden. Welche strukturellen und situativen Faktoren dazu führen, dass aus dieser Religiosität eine anti-demokratische politische Einstellung und anti-demokratische politische Aktion resultieren, muss Gegenstand von empirischer Forschung sein, und zwar gerade weil politisierte fundamentalistische Bewegungen in erster Linie als Opponenten demokratischer Ordnungen in Erscheinung treten.

Anmerkungen

1. Die Generalversammlung der Presbyterianischen Kirche der USA verabschiedete 1910 die folgenden fünf Punkte als Fundamente des Glaubens: die wörtliche Unfehlbarkeit der Bibel, die Jungfrauengeburt Jesu, sein stellvertretender Sühnetod, seine Wiederauferstehung und seine Wiederkehr sowie seine Fähigkeit, Wunder zu wirken (Gerstner 1975: 30). Sandeen spricht ebenfalls vom Einfluss dieser von der Generalversammlung der Presbyterianischen Kirche verabschiedeten Glaubenssätze, sieht aber in der Definition von Fundamentalismus durch diese fünf Glaubenssätze eine Überbewertung: „It is true that Fundamentalists were quite partial to a dogma-oriented definition of their Christianity and to creed building, but they showed no particular preference for five rather than fourteen, nine, or seven articles" (Sandeen 1970: XIV). Sandeen betont dagegen den Prämillenarismus als das entscheidende Merkmal des Fundamentalismus.

2. Bewegungen, die gemeinhin als fundamentalistisch bezeichnet werden, weisen alle sehr strikte und meist auch stark hierarchische Geschlechterverhältnisse auf. Dieses Phänomen wird von Almond/ Appleby/Sivan zwar immer wieder erwähnt, aber nicht systematisch in ihre Analyse oder Definition aufgenommen. In den fünf Bänden des Fundamentalismus-Projekts selbst, der Grundlage ihres Buches *Strong Religion,* gibt es bezeichnenderweise nur unter der Überschrift „Family and Interpersonal Relationships" in Band 2 (Marty/Appleby 1993) Beiträge, die sich dezidiert mit Geschlechterverhältnissen in fundamentalistischen Bewegungen beschäftigen.

Literatur

Almond, Gabriel. A/Appleby, Scott.R./Sivan, Emmanuel (2003): Strong Religion. Chicago/London.
Almond, Gabriel A/Sivan, Emmanuel/Appleby, Scott R. (1995a): Fundamentalism. Genus and Species. In: Marty/Appleby (1995): 399-424.
Almond, Gabriel. A/Sivan, Emmanuel/Appleby, Scott R. (1995b): Explaining Fundamentalisms. In: Marty/Appleby (1995): 425-444.
Barr, James (1984): Escaping from Fundamentalism. London.
Berger, Peter (Hrsg.) (1999a): The Desecularization of the World. Resurgent Religion and World Politics. Grand Rapids.
Berger, Peter (1999b): The Desecularization of the World. A global overview. In: Berger (1999a): 1-18.
Bielefeldt, Heiner (2001): Säkularisierung – ein schwieriger Begriff. Versuch einer praktischen Orientierung. In: Hildebrandt/Brocker/Behr (2001): 29-42.
Bielefeldt, Heiner/Heitmeyer, Wilhelm (Hrsg.) (1998a): Politisierte Religion. Ursachen und Erscheinungsformen des modernen Fundamentalismus. Frankfurt a. M.
Bielefeldt, Heiner/Heitmeyer, Wilhelm (1998b): Einleitung. Politisierte Religion in der Moderne. In: Bielefeldt/Heitmeyer (1998a): 11-33.
Braungart, Karl (1994): Heiliger Geist und politische Herrschaft bei den Neopfingstlern in Honduras. Heidelberg.
Brocker, Manfred (2003): Politisierte Religion. Die Herausforderung des Fundamentalismus in vergleichender Perspektive. In: Zeitschrift für Politikwissenschaft 13, 1: 23-52.
Dahl, Robert A. (1971): Polyarchie. Participation and Opposition. New Haven/London.
Gerstner, John H. (1975): The Theological Boundaries of Evangelical Faith. In: Wells/Woodbridge (1975): 21-37.
Hildebrandt, Mathias/Brocker, Manfred/Behr, Hartmut (Hrsg.) (2001): Säkularisierung und Resakralisierung in westlichen Gesellschaften. Wiesbaden.
Kessler Christl./Rüland Jürgen. (i. E.): ‚Give Jesus a hand!' Charismatic Populist Religion in the Philippines. Manila.
Linz, Juan J./Stepan, Alfred (1996): Problems of Democratic Transition and Consolidation. Southern Europe, South America and Post-Communist Europe. Baltimore/London.
Marty, Martin E./Appleby, Scott R. (Hrsg.) (1993): Fundamentalism and Society. Reclaiming the Sciences, the Family, and Education. Chicago.
Marty, Martin.E./Appleby, Scott R (Hrsg.) (1995): Fundamentalisms comprehended. The Fundamentalism Project. Vol. 5. Chicago/London.
Philpott, Daniel (2004): The Catholic Wave. In: Journal of Democracy 15, 2: 32-46.
Riesebrodt, Martin (1990): Fundamentalismus als patriarchalische Protestbewegung. Amerikanische Protestanten (1910-28) und iranische Schiiten (1961-79) im Vergleich. Tübingen.
Riesebrodt, Martin (1998): Fundamentalismus, Säkularisierung und die Risiken der Moderne. In: Bielefeldt/Heitmeyer (1998a): 67-90.
Riesebrodt, Martin (2000): Die Rückkehr der Religionen. Fundamentalismus und der ‚Kampf der Kulturen'. München.
Sandeen, Ernest R. (1970): The Roots of Fundamentalism. British and American Millennarianism 1800-1930. Chicago/London.
Sivan, Emmanuel (1995): The Enclave Culture. In: Marty/Appleby (1995): 11-68.
Stepan, Alfred (2000): Religion, Democracy and the Twin Tolerations. In: Journal of Democracy 11, 4: 37-57.
Walzer, Michael (1998): Drawing the Line: Religion and Politics. In: Soziale Welt 49, 3: 295-308.
Wells, David F./Woodbridge John D. (Hrsg.) (1975): The Evangelicals. What they believe, who they are, where they are changing. Nashville.

Die politischen Implikationen des Religiösen in den Neuen Religiösen Bewegungen

Reinhard W. Sonnenschmidt

1. Einleitung

Der Ausdruck Neue Religiöse Bewegungen (NRB) ist als *terminus technicus* in die religionspolitologische Diskussion eingegangen, im englischen Sprachraum wird als allgemeines Forschungsfeld von *New Religious Movements* (NRM) gesprochen. Mitnichten soll jedoch mit diesem Ausdruck eine anonyme Aktion oder eine verdinglichende oder verdinglichte Auffassung von menschlichen Handlungen vorangetrieben werden. Im Gegenteil: Es muss klar und eindeutig darauf hingewiesen werden, dass diejenigen Personen, die sich in einer solchen Bewegung engagieren bzw. eingebunden sind, keine willenlosen Marionetten oder ferngesteuerte Verirrte sind. Manche Sichtweise, die diesen Standpunkt vertritt, evoziert den Eindruck, sie habe den richtigen Standpunkt und könne heilende Rezeptur anbieten. Das ist die eine Seite. Die andere Seite, die der Neuen Religiösen Bewegungen, nimmt gleichermaßen für sich in Anspruch, im Recht zu sein und tritt gelegentlich auch rechthaberisch auf.

Daher ist es angebracht, einige grundsätzliche Erwägungen voranzustellen, und zwar nicht zu dem notwendigen und hilfreichen Prozess der Beratung von Betroffenen und deren Angehörigen durch ausgewiesene Fachmänner und Fachfrauen. Vielmehr stehen im Vordergrund einige grundsätzliche Erwägungen zum Phänomen und Begriff der *Gruppe*. Es geht allerdings nicht um quantitative oder qualitative, statistische oder ideelle Befunde, sondern darum, dass Neue Religiöse Bewegungen, gleichviel, ob sie 30, 300 000 oder 3 Millionen Personen umfassen, vor demselben prozessualen Problem stehen, nämlich repräsentative Symbolordnungen sprachlicher oder verhaltensorientierender Natur zu entwickeln, an die jeder Einzelne glauben muss. Das ist, um es vorwegzunehmen, die Politik von Neuen Religiöse Bewegungen und demgemäß sind die Implikationen. Aber zunächst meine These. Sie lautet:

1. Jede Gruppe von Personen ist gekennzeichnet durch das dreifache Wirken von Kohärenz (Zusammenhalt), Struktur (Aufbau) und Permanenz (Dauer).
2. Jeder Einzelne muss daran glauben, dass seine Gruppe diejenige ist, in der intern geschaffene Symbole gelten, die die Gruppe als solche ‚unsterblich' werden lassen.

3. Die Unerbittlichkeit oder Unbedingtheit dieses Glaubens an die symbolische Unsterblichkeit der eigenen Gruppe bildet das Maß dafür, inwiefern die Gruppe zusammenhält, feststeht und dauert.

Ich möchte auf einige Beispiele eingehen, die diese dreiteilige These unterstützen. So bemerkt Georg Simmel in seiner *Soziologie. Untersuchungen über die Formen der Vergesellschaftung* (1908), Kollektivgebilde besäßen ihrem Teilhaber gegenüber eine relative Ewigkeit, ja, seien gegen seine Besonderheit gleichgültig. Sie überleben sein Kommen und Gehen, und das bedeute die „Unsterblichkeit der Gruppe" (383). Das einheitliche Selbst der Gruppe werde durch einen potenziell unbegrenzten Zeitraum hindurch erhalten, ihre Bedeutung sei der jedes Individuums unendlich überlegen, denn das individuelle Leben mit seinen Zweckreihen, seinen Werten, seiner Macht sei darauf eingerichtet, in einer begrenzten Zeit beendet zu sein. So müsse jedes Individuum von vorne anfangen, aber das Leben der Gruppe entbehre einer solchen *a priori* gesetzten Zeitgrenze. Ihre Formen seien so, als ob sie ewig leben sollte, d. h., sie gelangt „zu einer Summierung der Errungenschaften, Kräfte, Erfahrungen, durch die sie sich weit über die immer wieder abgebrochenen Reihen des individuellen Lebens erhebt" (384).

Der Soziologe Zygmunt Bauman spricht in seinem Buch *Tod, Unsterblichkeit und andere Lebensstrategien* (1994) gar von einer „Strategie der Gruppenunsterblichkeit". Diese

> „besteht generell gesagt darin, ihre eigene Gruppe von der Bedingung der Vergänglichkeit auszunehmen, die sich auf alle anderen Kategorien und Kollektive der menschlichen Gattung erstreckt. Andere Gruppen sind der Zeit unterworfen; ihre Anwesenheit in der Geschichte bleibt auf eine Episode beschränkt. Ihnen ist nur ein kurzer Auftritt auf der historischen Bühne vergönnt, dem alsbald der Abgang folgen muss. Der Geschichte selbst wird durch die fortwährende, geradezu *nicht-zeitliche Anwesenheit der eigenen Gruppe* oder durch die Prinzipien, deren *letzte, endgültige, entwickelteste Verkörperung* zu sein die Gruppe beansprucht, die Einheit eines ewigen, ununterbrochenen Kontinuums zugeschrieben. Die *Permanenz der eigenen Gruppe* und die Vergänglichkeit aller übrigen bedingen und rechtfertigen sich wechselseitig" (Baumann 1994: 179).

Unbestritten, so Bauman, sei eine Gruppe weniger als das Ganze, d. h. eine Partikularität, die sich allerdings in das Gewand der Allgemeinheit kleide, um ihr eigenes Überleben zu rechtfertigen. Ihre allgemeine Legitimation habe jedoch nur insofern Bestand, als es anderen Partikularitäten nicht erlaubt sei, Allgemeinheit zu beanspruchen. Der Anspruch der anderen sei bloß eine ‚scheinhafte Allgemeinheit'. Jede Partikularität, die ernsthaft um ihr Überleben kämpfe, müsse andere Partikularitäten als defizitär hinstellen. Das heißt, sie seien 1. unvereinbar mit allgemeinen Prinzipien, 2. hässliche Schandflecke auf der unverdorbenen Landschaft

der Allgemeinheit, 3. keinesfalls bewahrenswert und daher 4. dringend einer Säuberungsaktion bedürftig.
Wenn Sie so wollen: Es kann nur eine einzige Einheits-Gruppe geben! Oder wie der Sozialanthropologe Dieter Claessens in seinem Buch *Das Konkrete und das Abstrakte. Soziologische Skizzen zur Anthropologie* (1980) diese Perspektive bündig zusammenfasst:

„Ohne dass das dieser Gruppe – in der Bewegung auf eine sich stabilisierende und von der Umwelt distanzierende Insulationsgruppe zu – bewusst ist, zielen die gesamten Prozesse der gegenseitigen Selbstdarstellung der Mitglieder, der gegenseitigen Investition, des Sicheinigens auf Kooperation, der Homogenisierung des Gruppenbinnenklimas darauf, der Gruppe für den Konfliktfall nach innen und nach außen Identität, und das heißt auch Souveränität zu verschaffen. Grenzziehung und Souveränitätsanspruch werden Ausdruck des Selbstverständnisses und der emotionalen Ineinanderverklammerung der Gruppe" (Claessens 1980: 87).

Die letzte Charakteristik: die emotionale Ineinanderverklammerung der Gruppe, bildet den Ausgangspunkt für eine abschließende Betrachtung in psychologischer Hinsicht. Hier hat der Psychiater Ronald D. Laing in seiner *Phänomenologie der Erfahrung* (1969; engl. bezeichnenderweise *The Politics of Experience*) Grundsätzliches formuliert, was die Einschätzung Neuer Religiöser Bewegungen als spezifische Formen einer *Gruppe im weitesten Sinn* leiten kann.

Laing fragt nach dem Wesen einer Gruppe. Zunächst stehen „wir" gegen „sie". Jeder Einzelne erfährt seine Gruppe als eine einzige Kollektivität, das heißt, es ist ein Akt elementarer Gruppensynthese. Jeder ist einer von „uns", was zu einem Zugehörigkeitsgefühl führt. Dieses Gefühl nennt Laing „ubiquitär", also allumfassend oder genauer: „reziproke Interiorisation" (Laing 1969: 78), gegenseitige Verinnerlichung. Die Ausprägung eines „Nexus", eines Zusammenhangs, tendiert zur Vollendung in einer „*Unitas* als *Ubiquitas*", also einer „Einheit als Allumfasstheit". Kurz: „wir" sind *hier*, „sie" sind *dort*. In jeder Person ist der existierende Nexus „*inkarniert*", jeder anerkennt seine Zugehörigkeit zu diesem Nexus. Daher ist jeder andere gleichwertig. „In dieser Gruppe von reziproker Loyalität, von Brüderlichkeit bis zum Tode ist jede Freiheit reziprok verbürgt: Einer für den anderen" (Laing 1969: 78). Die Gruppeneinheit wird erreicht durch die Erfahrung eines jeden von der Gruppe. Jeder anerkennt die Existenz der Gruppe in seinem Handeln.

Das Vorgehen, diese Anerkennung zu stabilisieren, beschreibt Laing als einwirken bzw. zwingen durch Sympathie, Erpressung, Verschuldung, Schuld, Dankbarkeit oder nackte Gewalt. Das Ziel ist, die Verinnerlichung der Gruppe im Einzelnen unverändert beizubehalten. So wird die Entität der Gruppe in jedem *bewahrt.* Das Leben gilt als Preis für die Loyalität zur Gruppe, das Verlassen der Gruppe als Tod.

„Jeder Ausbruch aus dem Nexus (Verrat, Treuebruch, Häresie usw.) ist nach Nexus-Moral strafbar. Die schlimmste Strafe für Gruppenmenschen ist Verbannung oder Exkommunikation: der Gruppentod" (Laing 1969: 79).

Schutz vor der Außenwelt ist erforderlich wegen der außerordentlichen Gefährlichkeit der externen Welt. Angesichts der externen Gefahr ist die Erzeugung von Terror im Nexus der Gruppe keine Seltenheit. Gewalt und reziproke, also gegenseitige Sorge verbürgen Recht und Verpflichtung der Sorge eines jeden um einen jeden. Jede meiner Handlungen ist die Sorge der anderen Gruppenmitglieder. „,Wir' wollen dasselbe Objekt, aber nichts voneinander. Das Objekt kann Tier, Pflanze, Mineral, Mensch, Gott, Realität, Imagination sein" (Laing 1969: 83).

„Wir finden diesen dämonischen Gruppenmystizismus häufig beschworen in den Nürnberger Parteitagsreden der Nazis vor dem Kriege. Rudolf Hess proklamiert: Wir sind die Partei, die Partei ist Deutschland, Hitler ist die Partei, Hitler ist Deutschland – und so weiter. Wir sind Christen, sofern wir Brüder in Christo sind. Wir sind in Christo, und Christus ist in jedem von uns" (Laing 1969: 84).

Das Verhalten Vieler zu kontrollieren heißt, auf ihre *Erfahrungen* einzuwirken, denn dasselbe wollen, dasselbe hassen, dieselbe Bedrohung fühlen, legt das Verhalten fest.

Das Produkt der Praxis ist die Herausbildung einer Gruppen*struktur* und Gruppen*permanenz*, eines konstanten Musters, das die Trägheit menschlicher Gruppen erweist. „Diese Gruppenträgheit kann nur Instrument der Mystifikation sein, wenn sie als Teil der ‚natürlichen Ordnung der Dinge' gilt" (Laing 1969: 87).

Zum einen wird die Gruppe Maschine, zum anderen ist die Gruppe die Menschen selbst. Sie „arrangieren sich zu Mustern und Schichten, sie nehmen und geben sich verschiedene Gewalten, Funktionen, Rollen, Rechte, Pflichten und so weiter" (Laing 1969: 88), sie leben und sterben für die Permanenz der Muster, d. h.: „Jede Gruppe fordert eine mehr oder weniger radikale innere Transformation von den Personen, aus denen sie besteht" (Laing 1969: 89f.).

2. Die Neuen Religiösen Bewegungen

Die NRB sind mittlerweile ein weltweites Phänomen. Seit den sechziger Jahren des 20. Jahrhunderts mangelt es an klaren Vorgaben für die Lebensführung.

Werthaltungen und Sinnstiftungen sind unverbindlicher geworden. Neue Lebensformen und Sinngestaltungen konkurrieren miteinander. Zugleich ergehen an den Einzelnen Forderungen nach Flexibilität, Mobilität und Entscheidungsbereitschaft. Im engeren Sinne sind die NRB auf Religionen nicht-christlichen Ursprungs bzw. christliche Gemeinschaften außerhalb der katholischen Kirche, der evangelischen Landeskirchen und des Arbeitskreises christlicher Kirchen bezogen.

Es bestehen unterschiedlich ausgeprägte Grade von Organisation und Engagement: von der Religionsgemeinschaft mit internationaler Organisationsstruktur bis zum losen Zusammenschluss in Meditations- und Lebenshilfegruppen. Allerdings ist NRB ein neutraler, abstrakter Sammelbegriff, den man differenzieren kann in: Psychogruppen, Kulte, Psychokulte, destruktive Kulte, Jugendreligionen, spirituelle Gruppen, alternative Glaubenssysteme, unkonventionelle Religionen, Neureligionen, neureligiöse Bewegungen, politische Sondergruppen und Gemeinschaften.

Damit ist zugleich ein Begriff mit angesprochen, der oftmals für Verwirrung sorgt, weil er anscheinend aus dem Kampfreservoir der so genannten ‚Amtskirchen' stammt: Sekte.[1]

Der Begriff Sekte stammt vom Lateinischen *sequi*, was „folgen" bedeutet und die Übersetzung von griech. *hairesis*, „Wahl", „Gefolgschaft" ist. Bezeichnet werden damit Gruppen außerhalb der Kirche, die einem Glaubensführer und Glaubenslehren oder Praktiken anhingen, welche für abweichend erklärt wurden, so z. B. in der Konstitution *Ad decus* des Kaisers Friedrich II. von 1220, die ein „widerspenstiges Anhängen" an eine „Sekte" mit dem Tode bestraft (so auch noch in der Bamberger Halsgerichtsordnung von 1507, Artikel 30). Religiöses Abweichen galt als kriminelles Delikt, aber es war auch ein neutrales Verständnis möglich, so bei Roger Bacon im 13. Jahrhundert und Nikolaus von Kues im 15. Jahrhundert. Sie sprachen von *secta Christiana* und vermieden noch die eindeutig negative Zuspitzung. Diese wurde im 16. Jahrhundert entwickelt, als der Begriff ‚Sekte' diejenigen christlichen Gemeinschaften umfasste, die ohne reichsrechtliche Legitimation waren und sich neben den anerkannten Religionsparteien bildeten. Diese Auffassungen gelten mit der Erklärung der Religionsfreiheit in den europäischen Staaten als überwunden.

Umgangssprachlich werden diejenigen Gruppen als „Sekten" bezeichnet, von denen man annimmt, sie wichen von den existierenden gemeinsamen Überzeugungen und Lebensformen ab, genauer: von den ethischen Überzeugungen hinsichtlich Menschenwürde, Menschenrechten, Freiheit, Toleranz, Selbstentfaltung und Selbstverwirklichung.

Sozialwissenschaftlich bezeichnet „Sekte" eine kleine, exklusive, religiöse, weltanschauliche, wissenschaftliche oder auch politische Gruppe, die totales Engagement, Trennung von der Außenwelt und deren Zurückweisung sowie extreme Ausformung von Innen- und Außenbeziehungen fordert. Die damit einhergehende Isolation wird als Verkapselung gegenüber der ‚normalen' Welt aufgefasst, wobei dissidente Weltanschauungen und deviante Lebensformen im Sektenmilieu relativ ungestört fortentwickelt werden.

Allerdings wird der Sektenbegriff konterkariert durch die Fülle von mehr oder weniger religiösen Gruppierungen wie etwa:

- *hinduistisch-indische Traditionen* (Hare Krishna, Ananda Marga [=Weg zur/der Glückseligkeit], Transzendentale Meditation, Osho-Bewegung, Sant Thakar Singh)
- *buddhistische Gruppierungen*
- *islamische Sufi-Bewegungen*
- *japanische und koreanische Neureligionen* (AUM-Shinrikyo, Sun Myung Mun)
- *gnostisch-esoterische Gruppierungen* (Rosenkreuzer, Gralsbewegung, Sonnentempler)
- *neue, westlich-christliche Bewegungen* (Zeugen Jehovas, Christliche Wissenschaft, Sieben-Tags-Adventisten, Mormonen, Freie Bibelgemeinden)
- *self-religions*, die Therapie und Religion verbinden mit dem Ziel, das ‚individuelle Selbst' zu verwirklichen
- *Neu-Offenbarungen* (Universelles Leben [Gabriele Wittek], Fiat-Lux [Erika Bertschinger-Eicke, gen. Uriella])
- *Okkultismus/Esoterik* (Workshops, Seminare, Heilgruppen, Heilen mit Kristallen, Minipyramiden und Steinen, Geistheiler, Reiki-Meister, Karma-Therapeuten, Reinkarnation, Horoskope, Tarot-Karten, Channeling, Schwitzhütte, indianisches Medizinrad, indianische Hopi-Kerzen, altkeltisch-neuheidnische Runenkunde, Hexenkreis Yggdrasil)
- *Psychokulte* (Scientology, Landmark Education, Zentrum für experimentelle Gesellschafts-Gestaltung).

Daher wird wegen der Abstraktheit des Ausdrucks NRB vorgeschlagen, diesen durch ‚konfliktträchtige Orientierungen' zu ersetzen. Statt des vorverurteilenden Beigeschmacks des Wortes ‚Sekte' wird durch die Alternativbezeichnung folgendes hervorgehoben: *sinn*stiftende Orientierung und Konflikt*potenzial*. Damit ist ‚Sinn' in Aussicht gestellt und ein Konflikt nicht zwingend zu erwarten, aber möglich.

Was sind nun *Kriterien* für Konfliktträchtigkeit? Hierzu stelle ich einen allgemein anerkannten, klassisch zu nennenden Ansatz des amerikanischen Psychiaters Robert J. Lifton vor, der mit bedeutenden Studien zur chinesischen Kulturrevolution, zu Ärzten im Dritten Reich und apokalyptischer Gewalt hervorgetreten ist. Die Kriterien lauten:

1. Milieukontrolle: Die Kontrolle der inneren Kommunikation verweist auf den ‚Gottesblick' der Gruppe. Die Faktoren, die hier greifen, sind Gruppendynamik und Gruppensitzungen. Durch die Isolation von der Außenwelt werden psychischer und physischer Druck ausgeübt. Die räumliche Distanz hat zur Folge die Selbstteilung in ein Gruppen-Identitäts-Ich und ein Personen-Ich.

2. Mystische Manipulation oder geplante Spontaneität: den Sinn für einen ‚höheren Zweck' zu entwickeln bedeutet, von der Geschichte, von Gott, von irgendeiner übernatürlichen Macht auserwählt zu sein. Der Einzelne wird Ausführender des ‚mystischen Gebotes', hat also einen überragenden Sendungsauftrag inne. Absolutes Vertrauen in die auf Gott gestützten Prinzipien helfen, diese ‚himmlische Täuschung' wachzuhalten.

3. Forderung nach Reinheit: Die Gegensätze von Rein-Unrein, Gut-Böse spornen an, ständig nach absoluter Läuterung zu streben. Schuld- und Schamgefühle verstärken den Bekenntniszwang, der in das ‚Ethos der dauernden Reform' mündet. Permanente Beichtsitzungen führen zu ritueller Kritik und Selbstkritik. Ein typischer Satz ist: ‚Ich übe tätige Reue, um besser richten zu können' oder ‚Je schärfer ich mich anklage, desto schärfer darf ich dich verurteilen.'

4. Bekenntniskult: Eine Sündhaftigkeit wird künstlich erzeugt im Namen einer willkürlich auferlegten Buße. Das psychologische Reinwaschen dient der Selbstenthüllung und ist Selbstaufgabe. Der Einzelne liefert sich aus an die Gruppe und wird deren Besitz.

5. Heilige Wissenschaft: Ein unanfechtbares Dogma ist für alle Zeiten wahr und gültig für jeden Gedanken und jede Handlung. Kenntnisse und Erfahrungen der Außenwelt sind zu vermeiden.

6. Überladene Sprache: Die Tendenz zur Fetischisierung bzw. ‚Vergottung' von Wörtern und Bildern führt zu einer Klischeesprache, die auf Einfachheit reduziert. Diese Sprache des Nicht-Denkens ist Jargon, linguistische Behinderung und Begrenzung des Denkens und Fühlens. Die Anpassung an die strenge Orthodoxie des Sprachgebrauchs bedeutet die Loslösung von wirklichen Lebenserfahrungen.

7. Doktrin vor Person: Es herrscht eine eigentümliche Aura von Halbrealität, d. h. der Konflikt zwischen dem, was man meint, und dem, was man der Doktrin oder dem Dogma zufolge meinen sollte. Die Botschaft lautet: ‚Entdecke die Wahrheit des Dogmas selbst und dann unterwirf dich ihr!' Wer Widersprüche spürt, muss Schuldgefühle entwickeln. Vorwürfe anderer im Namen der Doktrin bedeuten, ein schlechtes Gewissen zu haben. Daraus folgt, sich den starren Kontu-

ren des doktrinären Schemas anpassen zu müssen, Zweifel zu zerstreuen und das Böse in sich zu bekämpfen.

8. Verfügung über Existenz: Es soll die absolute oder totalitäre Idee der Wahrheit gelten. Die das Licht nicht gesehen haben, sind mit dem Makel des Bösen behaftet. Sie haben kein Existenzrecht. Daher muss Angst vor Auslöschung und Vernichtung erzeugt werden. Wer akzeptiert wird, erlebt große Befriedigung, und darf sich als Angehöriger der Elite fühlen.

Soweit die Kriterien. Ein Beispiel gesprochener und aufgezeichneter Rede wird die Aktualität und Brisanz des geschriebenen Wortes unterstreichen. Ich habe die Scientology-Bewegung ausgewählt, weil die Finanzkraft besonders ausgeprägt und die Ideologie besonders aussagekräftig sind.

3. Scientology

In der Ausgabe 90 des nur Mitgliedern der *International Association of Scientologists* (IAS) zugänglichen Magazins IMPACT bedankt sich der *Chairman of the Board* des *Religious Technology Center* (RTC), Los Angeles, und *Master of Ceremonies*, David Miscavige, in einer Rede Ende 2000 zunächst für das *Engagement* der IAS-Mitglieder, „auf der ganzen Welt Unterdrückung effektiv zum Verschwinden" (6) zu bringen. Nachdem er seine einleitenden Worte beendet hat, übergibt Miscavige an den *Executive Director* des *Office of Special Affairs International*, Mike Rinder, der hervorhebt, dass „unsere Religion sich rund um den Globus ausbreitet wie niemals zuvor", um dann die Scientologen als „Architekten der Welt von morgen" (8) zu bezeichnen. Der Kampf gegen die Unterdrückung (Menschenrechtsverletzung, Copyright-Piraterie) sei eine „Herausforderung", bei der es „keine Kompromisse" gebe, „wenn es darum geht, die Technologie zu schützen" (11f.). Bevor die „Technologie" zur Anwendung gelange, müsse „Ethik" (d. h. die Entfernung von Fremd- und Gegenabsichten aus der Umwelt) vollständig etabliert werden, d. h., sie sei „bei jedem zur Anwendung zu bringen, der versucht, den Weg zum Zustand OT zu versperren" (12) („OT" ist die höchste geistige Stufe und bedeutet „Operierender Thetan", ein Wesen, das über Materie, Energie, Raum und Zeit herrscht). „Standhaftigkeit" und „Beharrlichkeit" seien die Eigenschaften, die ein wahres IAS-Mitglied ausmachten (12). Gefragt sei in diesem Zusammenhang die „Mitarbeit von uns allen – von allen Scientologen" (19), und Rinder bekräftigt dies mit einem Zitat von L. Ron Hubbard:

„Wir Scientologen trotzen heutzutage der größten Versklavung, die es je gab – der Versklavung des Denkens. Die Schlacht ist noch nicht zu Ende – aber hören Sie mir zu, wir haben einen Durchbruch erzielt! Wir sind heute die einzige Gruppe auf Erden, die nicht unter der Fuchtel einer Interessengruppe oder einer Glaubensrichtung steht. Wir dienen keinem vergänglichen Herren. Einst gab es nur mich, dem manchmal übel wurde – angesichts einer verlogenen Presse, die aufgestachelt war, weil ich kein Sklave sein wollte. Aber jetzt gibt es Sie und Sie und Sie. Manchmal haben wir einen Mann oder eine Frau verloren, aber nur, weil sie nicht mutig genug waren, um auf dem Gipfel eines Berges zu stehen und zu sagen: ‚Ich bin ich. Ich denke. Ich fühle. Ich bin kein Sklave. Kommt schon! Seid frei!'" (19).

David Miscavige beendet die Reden dieses Abends unter anderem mit dem Hinweis auf die „kumulative Wirkung all dieser Siege" (20) (Mitgliedschaftsregel Nr. 15 lautet: „Mitglieder haben das Recht, in der Ausfechtung unserer Schlachten und in der Verbreitung unserer vielen Gewinne zu helfen" (42)). Es wird Wert gelegt auf den „Nachdruck", mit dem die „Ethikpräsenz" durchgesetzt werden soll (20), und Miscavige untermauert dies mit den Worten L. Ron Hubbards: „Beharrlichkeit versichert die Wahrheit, dass wir nicht umzubringen sind. Wir sind immer noch da, können nicht weggemockt werden. Das macht den SP wahnsinnig" (20). (Ein SP ist eine „suppressive person", d. h. eine unterdrückerische Person, die vorgeblich gegen Scientology agiert). Aber das ist nicht genug. Miscavige weiter:

„Aber während wir unsere jüngsten Siege feiern, dürfen wir die Herausforderungen, denen wir uns noch stellen müssen, nicht vergessen. Denn einen Planeten aus den Klauen der Unterdrückung zu befreien und sechs Milliarden Menschen zu befreien, ist gelinde gesagt ein höchst abenteuerliches Unterfangen. Es erfordert äußerste Hingabe, äußerstes Engagement und sehr viel Mut. Es erfordert auch die gemeinsamen und koordinierten Anstrengungen aller Scientologen. Und darum geht es natürlich bei der International Association of Scientologists" (20).

Wiederum wird eine Aussage Hubbards herangezogen, um das Gesagte zu verdeutlichen:

„Aber wir dürfen nicht den höchsten Preis der Freiheit vergessen, wie LRH ihn definiert hat: ‚Ständige Wachsamkeit, ständige Bereitschaft, zurückzuschlagen. Um keinen anderen Preis ist sie zu haben.' Dass diese Verantwortung von nur einigen wenigen Schultern getragen werden muss, ist gegenwärtig ein bedauerlicher Umstand. Aber mit Sicherheit wird der Tag kommen – in zehn, zwanzig oder auch hundert Jahren –, an dem Sie wahrheitsgemäß sagen können: ‚Ich war nicht nur da, ich war im Team'" (20).

Ein Grund zur Sorge besteht aber nicht, da für Miscavige „unser Sieg über die Unterdrückung auf dem gesamten Planeten" feststeht, da Scientologen mit „LRH-Tech bewaffnet" seien (20). Dass „unser endgültiger Sieg" (21) erreicht werde, hänge von zwei Bedingungen ab: einmal „unsere Reihen [zu] vergrößern" und zum zweiten „von der unerschütterlichen, beständigen Hingabe jedes einzelnen IAS-

Mitglieds. So einfach ist das. So lebenswichtig ist das" (21). Zum Abschluss der Rede werden die Zuhörer aufgefordert, an folgende Worte Hubbards zu denken:

„‚Die (anständigen) Leute (...) gewinnen. Sie gewinnen, weil sie Gutes im Sinn haben. Sie tun Gutes. Sie verstehen ihr Handwerk. Und die Feinde verlieren und werden weiter verlieren, weil sie Böses im Sinn haben. Sie tun Böses. Sie sind inkompetent. Erinnern Sie sich an das Prinzip, aktiv und erfolgreich zu sein. Es funktioniert! Und wenn Sie das nächste Mal einen Angriff sehen, erinnern Sie sich an die alte Wahrheit: ‚Auch das wird vorübergehen.' Nicht aber Scientology. Wir sind hier und werden all die Jahrzehnte und Jahrhunderte hier sein, die dieser Zivilisation noch verbleiben. Wir retten Wesen, nicht Menschen. Und die Bösen sterben innerhalb ihrer eigenen Generation. Wir nicht. Das nächste Mal also, wenn Sie sich bedrückt fühlen – lesen Sie dies! Der Feind kann nicht einmal für morgen planen. Wir arbeiten in der Ewigkeit'" (21).

In der Ausgabe 93 des Magazins IMPACT erklärt David Miscavige im Europa-Hauptquartier East Grinstead (südlich von London)

„was es heißt, die einzige Gruppe wirklich freier Menschen auf der Erde zu repräsentieren; und was es heißt, als diese Gruppe zu handeln: Es heißt, unsere Religion zu vereinen, zu fördern und zu unterstützen – von Verbreitungsprogrammen für die Bewohner ferner Länder bis zur Einführung der Technologie L. Ron Hubbards in den höchsten Ebenen der Gesellschaft; es heißt, Scientology und Scientologen trotz aller Widrigkeiten zu schützen, und jedes Mal nicht nur siegreich, sondern stärker und zahlreicher aus diesen Auseinandersetzungen hervorzugehen; und letztlich heißt es, die Ziele der Scientology zu einer konkreten Realität zu machen" (8).

Den Preis der Freiheit zahle die IAS, und zwar „von Alaska bis Argentinien, vom Südpazifik bis zur Ostsee" (8). Aber darüber hinaus betont Miscavige, dass sie nicht die Einzigen seien, die „die Fackel der Freiheit tragen" (9). Vielmehr hätten sich Menschen aus allen Erdteilen angeschlossen, die „nicht nur unsere Ziele unterstützen, sondern die wirklich Schulter an Schulter mit uns stehen" (9). Was genau die Scientologen unternehmen, sagt Miscavige deutlich:

„Es gibt natürlich immer noch Schlachten. Wie Sie gerade gehört haben, gehen wir letztendlich immer siegreich daraus hervor, aber was noch wichtiger ist, wir sind weit über den Punkt hinaus, an dem sie den Hauptteil unserer Zeit und Energie in Anspruch nehmen. Seit geraumer Zeit sind wir über den Berg und agieren immer mehr als ‚Kreuzzug der 4. Dynamik' gegen die Kräfte des Bösen, die jeden Menschen auf der Erde beeinträchtigen" (13).

Das letzte Ziel dieses „Kreuzzuges gegen das Böse zum Wohl der Menschheit" wird an entscheidender Stelle durch ein Zitat von L. Ron Hubbard benannt:

„Die Religion des Scientologen ist Freiheit für alles Geistige auf allen Dynamiken, was entsprechende Disziplin und entsprechendes Wissen bedeutet, um diese Freiheit weiterhin zu garantieren. Wir sind die Menschen, die den Zyklus des Homo sapiens beenden und den Zyklus einer guten Erde beginnen. Auf diesem Weg gibt es keine Hindernisse außer denen, die wir uns selbst schaffen. Unsere Fähigkeit gehört allen Welten" (31).

Miscavige unterlässt es nicht zu bestimmen, was die Menschen erwartet und die Scientologen erreichen: Die Zivilisation von morgen zu errichten, bedeute,

„dieser Welt die Wahrheit zu bringen. (...) Wir dürfen niemals vergessen, dass wir mit der Fackel der Freiheit nur das Eingangstor beleuchten, durch das wir dann mit wirklicher Tech vordringen; dass wir immer vorwärtsgehen müssen, um denen für immer Licht zu bringen, die im Dunkel der Unwissenheit leiden und denen nicht bewusst ist, dass es Hoffnung auf eine bessere Welt gibt. (...) Wir werden die Sieger und die SPs die Verlierer sein, denn die Wahrheit kann nicht ausgelöscht werden. Und eine hingebungsvolle Gruppe wird immer erfolgreich sein, solange ihr Wille nicht nachlässt, durchzuhalten und alle Hindernisse zu überwinden. Weit davon entfernt nachzulassen, brennt unser Wille stärker und heller denn je" (32f.).

Das letzte Wort überlässt Miscavige dann L. Ron Hubbard:

„Wir sind die Erben des Sonnenaufgangs von morgen. Unsere Gegner ernten nur die Dämmerung. (...) Wenn wir schließlich unseren Willen durchgesetzt haben, wird die Unmenschlichkeit des Menschen gegenüber dem Menschen ein Ende haben. Wir haben die Lösungen. Autorität gehört denen, die die Arbeit tun können. Und Scientology wird das Morgen so sicher erben, wie die Sonne aufgeht" (33).

Die wichtigsten Themen der Reden von David Miscavige und Mike Rinder (und L. Ron Hubbard) lassen sich wie folgt zusammenfassen: Engagement; Architekten der Welt von morgen; Herausforderung; Kompromisslosigkeit; Ethik anwenden; Standhaftigkeit; Beharrlichkeit; Mitarbeit; Schlachten ausfechten; Nachdruck; Hingabe; Mut; Anstrengungen; Wachsamkeit; Bereitschaft, zurückzuschlagen; Verantwortung; endgültiger Sieg; Arbeiten in der Ewigkeit; Fackel der Freiheit tragen; Schulter an Schulter stehen; Kreuzzug; Disziplin; Wissen; Zyklus des Homo sapiens beenden; keine Hindernisse; dieser Welt die Wahrheit bringen; für immer Licht bringen; Sieger; Wahrheit; Durchhaltewille; brennender Wille; Erben des Sonnenaufgangs von morgen.

Die oben diskutierten Kriterien von Lifton lassen sich angesichts der zitierten Aussagen und der aus ihnen entwickelten Themenliste fast nahtlos auf die Scientology-Bewegung anwenden. Deutlich wird die strikte ‚Grenzziehung als Identitätsbildung', verbunden mit dem Anspruch auf volle ‚Souveränität' gegen die anderen. Die anderen bleiben partikular und damit Verlierer. Das Selbstverständnis als einzige Gruppe, die Erlösung bringen kann und wird, dokumentiert die ‚emotionale Ineinanderverklammerung' und das Streben nach ‚Gruppenunsterblichkeit'. Es herrscht der ‚dämonische Gruppenmystizismus', d. h. die wechselseitige Verinnerlichung der Loyalität des ‚Wir' im Licht gegen ‚Sie' in der Dämmerung.

Dadurch erlangt das Phänomen der NRB eine politische Dimension, die sich in folgenden Implikationen äußert:

1. Das, was als religiös empfunden oder als Religion ausgegeben wird, ist ein transzendenzerheischender Gruppenprozess, der unabhängig von der Menge der Anhänger oder Mitglieder Realität konstruiert.

2. Diese konstruierte Realität ist insofern *politisch*, als sie gemeinschaftskonstituierend (also *kollektiv*) und bewusstseinsbildend (also *individuell*) wirkt.

3. Die Auseinandersetzung mit dem Gegner erreicht nicht das gewohnte Niveau fairen Verfahrens, sondern verfolgt die Strategie des ‚Alles-oder-Nichts'.

4. Damit evozieren die Repräsentanten einer solchen Gruppe beim Einzelnen den Eindruck einer *Auserwähltheit*, die sich bis zur Selbstaufgabe bzw. Selbstopferung und/oder Aufopferung Anderer ‚für die gute und gerechte Sache' steigern kann.

5. Allein die in Aussicht gestellte Beendigung des ‚Zyklus des Homo sapiens' offenbart ein Versprechen von *Heil*, das den Sieg durch Kampf erstreitet und an der Tötung des Todes arbeitet, mithin Unsterblichkeit anstrebt.

6. Die *Allmachtsphantasie*, die dieser Realitätskonstruktion zugrundeliegt, ist gekennzeichnet durch eine mit Manie ausgeklügelte Vereinnahmung von Welt, Raum, Zeit, Ewigkeit.

7. In solcherlei Gruppe ist kein Platz für Diskussion mit dem Ziel der Konfliktschlichtung oder Schadensbegrenzung, sondern Richtschnur ist der tatkräftige Abschluss der ‚Kadaver-Erscheinung der verworrenen Tage'. Dergleichen rigide *Bewusstseinshaltung* und *Realitätsperspektive* richten gnadenlos.

Anmerkungen

1. Die folgenden Ausführungen beziehen sich auf den Bericht der Enquête-Kommission von 1998 zu *Neue religiöse und ideologische Gemeinschaften und Psychogruppen* (Deutscher Bundestag 1998).

Literatur

Bauman, Zygmunt (1994): Tod, Unsterblichkeit und andere Lebensstrategien. Frankfurt a. M.
Claessens, Dieter (1980): Das Konkrete und das Abstrakte. Soziologische Skizzen zur Anthropologie. Frankfurt a. M.
Deutscher Bundestag, Referat Öffentlichkeitsarbeit (Hrsg) (1998): Neue religiöse und ideologische Gemeinschaften und Psychogruppen. Endbericht der Enquête-Kommission ‚Sogenannte Sekten und Psychogruppen'. Bonn.
Laing, Ronald D. (1969): Phänomenologie der Erfahrung. Frankfurt a. M.
Lifton, Robert Jay (1963): Thought Reform and the Psychology of Totalism. A Study of ‚Brainwashing' in China. New York.
Lifton, Robert Jay (1987): Das Ende der Welt. Über das Selbst, den Tod und die Unsterblichkeit. Stuttgart.
Magazin IMPACT, Ausgabe 90 und 93.
Simmel, Georg (1908): Soziologie. Untersuchungen über die Formen der Vergesellschaftung. Berlin.

Herausgeber, Autorinnen und Autoren

Manfred Brocker
Biographie: Prof. Dr. rer. pol., Dr. phil.; geb. 1959; Studium der Politikwissenschaft, Philosophie und Volkswirtschaftslehre an den Universitäten Aachen, Oxford und Köln; 1990 Promotion in Philosophie; 1993 Promotion in Politischer Wissenschaft; 2002 Habilitation; 1994-2002 Wissenschaftlicher Assistent an der Universität zu Köln; 1997-1998 Visiting Fellow an der Yale University; seit 2005 Professor für Politikwissenschaft an der Katholischen Universität Eichstätt-Ingolstadt.
Forschungsschwerpunkte: Politische Theorie und Philosophie; Politik und Religion; das politische System der USA.
Wichtigste Veröffentlichungen: Arbeit und Eigentum, Darmstadt 1992; Protest – Anpassung – Etablierung. Die Christliche Rechte im politischen System der USA, Frankfurt a. M. 2004; Geschichte des politischen Denkens (Hrsg.), Frankfurt a. M. 2007.

Michael Droege
Biographie: Dr.; 1994-1999 Studium der Rechtswissenschaft an der Universität Bielefeld; 1999-2001 Wissenschaftlicher Mitarbeiter am Institut für Öffentliches Recht an der Universität Bielefeld; seit 2001 wissenschaftlicher Assistent am Institut für Öffentliches Recht der Johann Wolfgang Goethe-Universität Frankfurt am Main; 2003 Promotion; 2004 Ass. Jur.
Forschungsschwerpunkte: Steuer- und Finanzverfassungsrecht, Religionsverfassungsrecht, Öffentliches Wirtschaftsrecht.
Wichtigste Veröffentlichungen: Staatsleistungen an Religionsgemeinschaften im säkularen Kultur- und Sozialstaat, Berlin 2004; Unternehmensgründungen aus Hochschulen, Hamburg 2003; Identität und Integration in Europa. In: K. Groh/ J. Terhechte u.a. (Hrsg.), Europäische Verfassung – Verfassungen in Europa, München 2005: 104-131.

Sabine A. Haring
Biographie: Mag. Dr. rer.soc.oec., geb. 1970; Diplomstudium der Soziologie und Geschichte; Doktoratsstudium der Soziologie; 1998-2005 Wissenschaftliche Mitarbeiterin am FWF-Projekt „Zum ethischen, religiösen und linguistischen Relativismus in Österreich um 1900. Analysen seiner Vor- und Wirkungsge-

schichte" an der Karl-Franzens-Universität Graz; Universitätsassistentin am Institut für Soziologie ebenda seit 1997.
Forschungsgebiete: Historische und Politische Soziologie, Religionssoziologie, Soziologische Theorie, zentraleuropäische Geschichte des 19. und 20. Jahrhunderts.
Wichtigste Veröffentlichungen: Religion und ihre weltlichen Ersatzbildungen in Politik und Wissenschaft, Wien 2006; (Mithrsg.): Aggression und Katharsis. Der Erste Weltkrieg im Diskurs der Moderne, Wien 2004; (Mithrsg.): Analyse und Kritik der Modernisierung um 1900 und um 2000, Wien 2000.

Michael Haus
Biographie: Dr., Wissenschaftlicher Assistent am Institut für Politikwissenschaft der TU Darmstadt.
Forschungsgebiete: Politische Theorie, Lokale Politikforschung, Verwaltungswissenschaft.
Wichtigste Veröffentlichungen: Die politische Philosophie Michael Walzers. Kritik, Gemeinschaft, Gerechtigkeit, Wiesbaden 2000; Kommunitarismus. Einführung und Analyse, Wiesbaden 2003.

Hans-Michael Haußig
Biographie: Dr., geb. 1960; Studium der Religionswissenschaft, Judaistik und Semitistik an der Freien Universität Berlin und der Hebräischen Universität in Jerusalem; z.Z. Wissenschaftlicher Assistent am Institut für Religionswissenschaft der Universität Potsdam.
Forschungsgebiete: Religionsvergleichende Fragestellungen, Judentum, Islam.
Wichtigste Veröffentlichungen: Der Religionsbegriff in den Religionen. Studien zum Selbst- und Religionsverständnis in Hinduismus, Buddhismus, Judentum und Islam, Berlin/Bodenheim 1999.

Mathias Hildebrandt
Biographie: PD Dr. phil.; geb. 1962; Studium der Politischen Wissenschaft, Geschichte und Soziologie in Erlangen; 1991-1995 wissenschaftlicher Mitarbeiter am Institut für Politische Wissenschaft der Universität Erlangen-Nürnberg; 1994/1995 Visiting Fellow an der Duke University; 1995-2007 wissenschaftlicher Assistent und Oberassistent an der Universität Erlangen-Nürnberg; Habilitation 2002; 2003-2004 Lehrstuhlvertretung an der Universität Augsburg.

Forschungsgebiete: Politische Philosophie und Theorie, Ideengeschichte, Politik und Religion.
Wichtigste Veröffentlichungen: (Hrsg. zs. mit M. Brocker): Unfriedliche Religionen? Wiesbaden 2005; Multikulturalismus und Political Correctness in den USA, Wiesbaden 2005; (Hrsg. zs. mit P. Bendel): Integration von Muslimen, München 2006; (Hrsg. zs. mit Hartmut Behr): Politik und Religion in der Europäischen Union, Wiesbaden 2006.

Christl Kessler
Biographie: Dr.; geb. 1967; Studium der Politischen Wissenschaft, Soziologie und Psychologie an der Freien Universität Berlin; seit 2002 wissenschaftliche Mitarbeiterin des Arnold Bergstraesser Instituts für kulturwissenschaftliche Forschung in Freiburg.
Forschungsgebiete: Migration, Gender, Demokratisierung, Religion, nachhaltige Entwicklung. Geografischer Schwerpunkt: Südostasien.
Wichtigste Veröffentlichungen: Responses to Rapid Social Change: Populist Religion in the Philippines, in: Pacific Affairs 2007 (zs. mit Jürgen Rüland); Is there a woman behind every tree? Soziale Organisation von Gemeindewald in Nordthailand. Eine Dorfstudie, Frankfurt: IKO 2002; Inclusions and exclusions: Democratization in Thailand in the context of environmental and resource conflicts. In: Geojournal 52, 2000, 1: 71-80 (zs. mit Reiner Buergin).

Antonius Liedhegener
Biographie: PD Dr. phil.; geb. 1963; Studium der Geschichte und Katholischen Theologie in Münster und Southampton; 1996 Promotion in Geschichte (Münster); 2005 Habilitation in Politikwissenschaft (Jena); 1997-1999 wissenschaftlicher Mitarbeiter, 1999-2005 wissenschaftlicher Assistent, seit 2005 Privatdozent und Oberassistent am Institut für Politikwissenschaft der Friedrich-Schiller-Universität Jena.
Forschungsschwerpunkte: Politik und Religion, Katholizismusforschung, Politische Systeme Bundesrepublik Deutschland und USA, Sozialpolitik und deutsche Zeitgeschichte.
Wichtigste Veröffentlichungen: Macht, Moral und Mehrheiten. Der politische Katholizismus in der Bundesrepublik Deutschland und den USA seit 1960, Baden-Baden 2006; Streit um das Kopftuch. Staat, Religion und Religionspolitik in der Bundesrepublik Deutschland, in: Zeitschrift für Politikwissenschaft 15, 2005: 1181-1202.

Arne Moritz
Biographie: Dr.; geb. 1972 in Lahr; Studium in Hildesheim, Freiburg i. Br. und Halle/Saale; wiss. Mitarbeiter am Institut für Philosophie der Martin-Luther-Universität Halle.
Forschungsschwerpunkte: Mittelalterliche Philosophie; Praktische Philosophie.
Wichtigste Veröffentlichungen: Explizite Komplikationen. Der radikale Holismus des Nikolaus von Kues, Münster 2006.

Clemens Pornschlegel
Biographie: Prof. Dr. phil; Professor für Neuere Deutsche Literatur an der LMU München; Lehrtätigkeit an den Universitäten Tours, Montréal und Besançon.
Forschungsschwerpunkte: Ästhetik des Politischen, Geschichte der deutschen Bildungsidee, Literatur und normative Systeme.
Wichtigste Veröffentlichungen: Der literarische Souverän. Studien zur politischen Funktion der deutschen Dichtung, Freiburg 1994; (Hrsg. zs. mit Ethel Matala de Mazza): Inszenierte Welt. Theatralität als Argument literarischer Texte, 2003; Wem gehören die Töchter? Zum sexuellen Machtanspruch der Konsumgesellschaften, in: Jörg Metelmann (Hrsg.): Porno Pop. Sex in der Oberflächenwelt, Würzburg 2005.

Michaela Rehm
Biographie: Dr. phil.; Studium der Politikwissenschaft, Philosophie und Komparatistik in München und Bonn. Magister und Promotion in München. Von 1997 bis 2003 wissenschaftliche Mitarbeiterin am Geschwister-Scholl-Institut für Politische Wissenschaft in München; seit 2003 wissenschaftliche Mitarbeiterin am Philosophischen Seminar der Georg-August-Universität Göttingen.
Forschungsschwerpunkte: Politische Philosophie und Moralphilosophie der frühen Neuzeit und der Aufklärung, aktuelles Forschungsprojekt zur Entwicklung des modernen Naturrechts.
Wichtigste Veröffentlichungen: Aufsätze zur politischen Philosophie und Ethik; Bürgerliches Glaubensbekenntnis. Moral und Religion in Rousseaus politischer Philosophie, Paderborn 2006.

Matthias Riedl
Biographie: Dr. phil.; wissenschaftlicher Mitarbeiter im Fach Politische Wissenschaft an der Friedrich-Alexander-Universität Erlangen.

Forschungsschwerpunkte: Politische Ideengeschichte und zivilisationsvergleichende Politikforschung.
Wichtigste Veröffentlichungen: Joachim von Fiore – Denker der vollendeten Menschheit, Würzburg 2004; (Hrsg. zs. mit T. Schabert): Das Ordnen der Zeit (Eranos – Neue Folge vol. 10), Würzburg 2003; (Hrsg. zs. mit E. Barone und A. Tischel): Pioniere, Poeten, Professoren. Eranos und der Monte Verità in der Zivilisationsgeschichte des 20. Jahrhunderts (Eranos – Neue Folge vol. 11), Würzburg 2003; (Hrsg. zs. mit T. Schabert): Propheten und Prophezeiungen/ Prophets and Prophecies (Eranos – Neue Folge vol. 12), Würzburg 2005.

Christian Schwaabe
Biographie: PD Dr.; geb. 1967; Studium der Soziologie und Politikwissenschaft in München; seit 1997 wissenschaftlicher Mitarbeiter am Geschwister-Scholl-Institut für Politische Wissenschaft der Universität München; 2001 Promotion; 2004 Habilitation in Politikwissenschaft; 2005/2006 Vertretungsprofessur für Politikwissenschaft in Heidelberg.
Forschungsgebiete: Politische Theorie und Philosophie, Theorien der Moderne, Vergleichende Regierungslehre.
Wichtigste Veröffentlichungen: Freiheit und Vernunft in der unversöhnten Moderne. Max Webers kritischer Dezisionismus als Herausforderung des politischen Liberalismus, München 2002; Antiamerikanismus. Wandlungen eines Feindbildes, München 2003; Die deutsche Modernitätskrise. Politische Kultur und Mentalität von der Reichsgründung bis zur Wiedervereinigung, München 2005.

Reinhard W. Sonnenschmidt
Biographie: PD Dr. phil.; geb. 1958; Studium der Sozialwissenschaften, Germanistik, Pädagogik und Philosophie an der Ruhr-Universität Bochum; Promotion 1989; Habilitation 2000; seit 1990 am Institut für Politikwissenschaft der Universität Duisburg-Essen als Lehrbeauftragter, wissenschaftlicher Mitarbeiter und Lehrstuhlvertreter tätig.
Forschungsgebiete: Politische Theorie und Ideengeschichte, Neue Religiöse Bewegungen, Religionsgeschichte, Ethnologie.
Wichtigste Veröffentlichungen: Herrschaft und Knechtschaft. Hegels politische Philosophie und ihre theoretischen Implikationen für eine Soziologie der Herrschaft, Bochum 1990; Mythos, Trauma und Gewalt in archaischen Gesellschaften, Gräfelfing 1994; Politische Gnosis. Entfremdungsglaube und Unsterblichkeitsillusion in spätantiker Religion und politischer Philosophie, München 2001.

Neu im Programm Politikwissenschaft

Frank Decker / Viola Neu (Hrsg.)
Handbuch der deutschen Parteien
2007. 440 S. Br. EUR 29,90
ISBN 978-3-531-15189-2

Das Handbuch der deutschen Parteien schließt eine Lücke in der Parteienliteratur. Erstmals wieder werden alle wichtigen Parteien in der Geschichte und Gegenwart der Bundesrepublik Deutschland, insgesamt mehr als 80, umfassend und systematisch in einem Band behandelt. Neben die Darstellung der einzelnen Parteien treten zudem Beiträge, die die Einzeldarstellung in einen umfassenderen Zusammenhang einordnen.

Steffen Kailitz (Hrsg.)
Schlüsselwerke der Politikwissenschaft
2007. XXXVI, 493 S. Br. EUR 24,90
ISBN 978-3-531-14005-6

Die Politikwissenschaft kann stolz auf einen bemerkenswerten Bestand an fruchtbaren Theorien und Forschungsergebnisse blicken. Die Vielzahl der politikwissenschaftlichen Werke ist aber selbst für den ausgebildeten Politikwissenschaftler kaum überschaubar. Die „Schlüsselwerke" sollen bei der Orientierung helfen. Aus dem reichhaltigen Bestand der politikwissenschaftlichen Literatur nimmt der Band jene heraus, die in besonderem Maße die Entwicklung der Politikwissenschaft spiegeln. Der spannende Streifzug durch die Politikwissenschaft führt von Platons politischer Philosophie bis zum aktuellen Vetospieleransatz von Georg Tsebelis.

Klaus Schubert / Simon Hegelich / Ursula Bazant (Hrsg.)
Europäische Wohlfahrtssysteme
Ein Handbuch
2008. 704 S. Br. EUR 49,90
ISBN 978-3-531-15784-9

In diesem Handbuch wird die Sozial- und Wohlfahrtspolitik der EU-25-Staaten und die wohlfahrtspolitische Entwicklung der EU dargestellt und analysiert. Weiterhin wird die sozial- und politikwissenschaftliche Debatte über die Entwicklung der Wohlfahrtssysteme in Europa rekapituliert und fortgesetzt. Das Buch dient somit als umfassende Einführung in die sozial- und wohlfahrtspolitische Praxis der europäischen Länder.

Erhältlich im Buchhandel oder beim Verlag.
Änderungen vorbehalten. Stand: Januar 2008.

www.vs-verlag.de

VS VERLAG FÜR SOZIALWISSENSCHAFTEN

Abraham-Lincoln-Straße 46
65189 Wiesbaden
Tel. 0611.7878-722
Fax 0611.7878-400

Neu im Programm Politikwissenschaft

Gerhard Bäcker / Gerhard Naegele / Reinhard Bispinck / Klaus Hofemann / Jennifer Neubauer

Sozialpolitik und soziale Lage in Deutschland

Band 1: Grundlagen, Arbeit, Einkommen und Finanzierung
4., grundlegend überarb. u. erw. Aufl.
2008. 622 S. Geb. EUR 34,90
ISBN 978-3-531-33333-5

Band 2: Gesundheit, Familie, Alter und Soziale Dienste
4., grundlegend überarb. u. erw. Aufl.
2008. 616 S. Geb. EUR 34,90
ISBN 978-3-531-33334-2

Das völlig überarbeitete und erweiterte Hand- und Lehrbuch bietet in zwei Bänden einen breiten empirischen Überblick über die Arbeits- und Lebensverhältnisse in Deutschland und die zentralen sozialen Problemlagen. Im Mittelpunkt der Darstellung stehen Arbeitsmarkt, Arbeitslosigkeit und Arbeitsbedingungen, Einkommensverteilung und Armut, Krankheit und Pflegebedürftigkeit sowie die Lebenslagen von Familien und von älteren Menschen. Das Buch gibt nicht nur den aktuellen Stand der Gesetzeslage wieder, sondern greift auch in die gegenwärtige theoretische und politische Diskussion um die Zukunft des Sozialstaates in Deutschland ein.

Erhältlich im Buchhandel oder beim Verlag.
Änderungen vorbehalten. Stand: Januar 2008.

Manfred G. Schmidt / Tobias Ostheim / Nico A. Siegel / Reimut Zohlnhöfer (Hrsg.)

Der Wohlfahrtsstaat
Eine Einführung in den historischen und internationalen Vergleich
2007. 430 S. Br. EUR 24,90
ISBN 978-3-531-15198-4

Dieses Studienbuch führt umfassend in die Sozialpolitik ein. Neben einem grundlegenden Kapitel zu den Theorien und Methoden der Sozialpolitikforschung enthält es Teile zur Geschichte der Sozialpolitik in Deutschland, zur vergleichenden Perspektive auf andere Länder, zu verwandten Politikfeldern wie Wirtschafts-, Steuer-, Arbeitsmarkt-, Beschäftigungs- und Bildungspolitik. Der Band schließt mit einer Bewertung der positiven und negativen Wirkungen von Sozialpolitik.

Klaus Schubert / Simon Hegelich / Ursula Bazant (Hrsg.)

Europäische Wohlfahrtssysteme
Ein Handbuch
2008. 704 S. Br. EUR 49,90
ISBN 978-3-531-15784-9

In diesem Handbuch wird die Sozial- und Wohlfahrtspolitik der EU-25-Staaten und die wohlfahrtspolitische Entwicklung der EU dargestellt und analysiert. Weiterhin wird die sozial- und politikwissenschaftliche Debatte über die Entwicklung der Wohlfahrtssysteme in Europa rekapituliert und fortgesetzt.

www.vs-verlag.de

VS VERLAG FÜR SOZIALWISSENSCHAFTEN

Abraham-Lincoln-Straße 46
65189 Wiesbaden
Tel. 0611.7878-722
Fax 0611.7878-400